U0861425

柯桥区人大志

（2007—2017）

绍兴市柯桥区人大志编纂委员会　编

方志出版社
Publishing House of Local Records

绍兴市柯桥区人大志编纂委员会

主　　任　吴　晓

副 主 任　蔡金标　胡国炜　葛美芳　沈祖卫　王张泉　刘　斌

委　　员　李亚根　钱兔根　王　勤　宋金木　徐国娣　徐智煊

　　　　　高青泉　杨高相　李光辉　孙胜利　倪华丰　朱　峰

　　　　　周　维　沈庭洋

顾　　问　李会鹏

绍兴市柯桥区人大志编辑部

主　　编　胡国炜

副 主 编　李亚根　杨高相（实务）

责任编辑　祁传林

编　　辑　李　怡　裘可钦　高　洁　陈仲华

绍兴县第十三届人民代表大会第二次会议场景(2008 年 2 月 26 日)(人大办提供)

绍兴县第十四届人民代表大会第一次会议场景(2012 年 2 月 9 日)(人大办提供)

绍兴市柯桥区第一届人民代表大会第一次会议场景(2017 年 2 月 20 日)(人大办提供)

2009 年 2 月 17 日,绍兴县第十三届人大第三次会议主席团会议通过有关事项(人大办提供)

2012 年 2 月 11 日，绍兴县第十四届人民代表大会第一次会议第四代表团审议工作报告(人大办提供)

2009 年 9 月 18 日，中共绍兴县委召开全县人大工作会议(人大办提供)

2016 年 10 月 20 日，中共绍兴市柯桥区委召开绍兴市柯桥区区、镇两级人大换届选举动员会(人大办提供)

2014 年 3 月 5 日，省委督导组到绍兴市柯桥区督导人大工作（人大办提供）

2013 年 8 月 21 日，在浙全国人大代表到绍兴县调研行政审批制度改革工作（人大办提供）

2011 年 6 月 15 日，全国人大财经委调研汇报会召开（全国人大专门委员会调研组到绍兴县调研健全县级财政保障机制情况）（人大办提供）

绍兴县撤县设立绍兴市柯桥区，揭牌仪式在 2013 年 11 月 8 日举行（孙胜利、沈浩根摄）

省市领导进人大代表联络站之一——浙江省副省长郑继伟(左五)2015年11月17日到绍兴市柯桥区柯桥街道联络站接待群众(人大办提供)

省市领导进人大代表联络站之二——绍兴市人大常委会主任谭志桂(左一)2016年10月28日到柯桥区漓渚镇棠棣村联络站调研(人大办提供)

省市领导进人大代表联络站之三——中共绍兴市委副书记、绍兴市市长俞志宏(左二) 2015年11月23日到柯桥区柯桥街道联络站接待群众(人大办提供)

省市领导进人大代表联络站之四——绍兴市政协主席陈长兴(左二) 2015年11月25日到柯桥区华舍街道联络站接待群众(人大办提供)

省市领导进人大代表联络站之五——绍兴市人大常委会副主任车晓端（左一）2015年11月11日到柯桥区福全镇联络站接待群众

（人大办提供）

省市领导进人大代表联络站之六——绍兴市副市长丁晓燕（右三）2015年11月18日到柯桥区兰亭镇联络站接待群众

（人大办提供）

绍兴县十三届人大常委会组成人员合影（沈浩根摄）

绍兴县十三届人大常委会
◀ 主任徐林土
（人大办提供）

绍兴县（绍兴市柯桥区）十四届人大常委会组成人员合影（人大办提供）

◀ 绍兴县（绍兴市柯桥区）十四届人大常委会、区一届人大常委会主任吴晓（人大办提供）

绍兴市柯桥区一届人大常委会组成人员合影（人大办提供）

2013年9月24日，绍兴县十四届人大常委会第十一次会议在县行政中心举行（人大办提供）

2014年5月23日，绍兴市柯桥区十四届人大常委会第十八次会议第一小组审议报告场景（人大办提供）

2009年3月17日，绍兴市柯桥区人大常委会主任会议成员视察大香林二期工程建设现场（人大办提供）

2009年9月3日，绍兴县十三届人大常委会第三十三次主任会议举行(人大办提供)

2013年5月28日，绍兴县第十四届人大常委会第九次会议举行，专题询问食品药品安全工作(人大办提供)

2007年4月9日，绍兴县人大常委会召开颁发任命书大会，为新一届政府部门负责人颁发任命书(人大办提供)

2017年2月23日，绍兴市柯桥区一届人大一次会议上新当选的区级国家机关工作人员举行宪法宣誓(人大办提供)

2008年8月26日，部分县人大代表视察农村社区卫生所建设情况(人大办提供)

2012 年 1 月 15 日，绍兴县十四届人大代表培训会召开，对新当选的县人大代表集中进行履职能力培训（人大办提供）

2012 年 10 月 26 日，绍兴县人大常委会领导陪同省人大常委会领导参加 2012 年中国柯桥国际纺织品博览会（秋季）（人大办提供）

2007 年 7 月 27 日，绍兴县十三届人大一次会议重点督办建议办理情况汇报交流会召开（人大办提供）

2014 年 9 月，柯桥区人大代表建议督办工作绩效评估和满意度测评会召开，区人大常委会组织代表进行建议办理工作绩效评价（人大办提供）

2009 年 1 月，绍兴县人大常委会预算监督咨询小组成立，当月 22 日，县人大常委会财政预算咨询小组聘书颁发仪式举行（人大办提供）

2014 年 3 月 28 日，《中华人民共和国各级人民代表大会常务委员会监督法》辅导讲座举行（人大办提供）

2010年11月初，绍兴县人大干部读书会举行(人大办提供)

2007年5月，全国十二县(市、区)人大常委会第四次联席会议在绍兴县召开(人大办提供)

2014年12月25日，绍兴市人大代表柯桥区中心组开展会前视察活动(人大办提供)

2009年2月16日,绍兴县镇(街道)人大工作会议召开(人大办提供)

2009年3月21日,绍兴县人大宣传信息工作会议召开(人大办提供)

绍兴市柯桥区主城区图景(轻纺城建管委提供)

序

地方人大志是地方志书的重要组成部分，具有“存史、育人、资政”的作用。《柯桥区人大志(2007—2017)》经过编纂人员一年多时间的辛勤工作，目前已纂修完成，这是一件很有意义、也值得庆贺的事。

2007年2月至2017年2月的10年间，国家政治、经济、文化、社会和生态文明建设取得举世瞩目的成就，人民代表大会制度也经历了一个不断完善和发展的过程。党中央先后就深化政治体制改革、健全国家法治体系、推动人民代表大会制度与时俱进等作出重大战略决策，尤其在人大工作和建设方面，对加强人大讨论决定重大事项、优化人大代表和人大常委会组成人员结构、增强人大监督工作刚性、健全代表联络和服务机制、严肃换届选举纪律等，提出了许多具体要求，为人大工作的开展指明了方向。全国人大先后制定出台了监督法、宪法宣誓制度等，同时对选举法、地方组织法、立法法、代表法等作出了进一步修改和完善，还推出了专题询问等具体的监督工作方法，健全了我国人民当家作主的法律制度。所有这一切，更加坚定了人大代表和人大工作者的道路自信、理论自信、制度自信和文化自信，为坚持和完善人民代表大会制度、推动地方人大工作与时俱进，提供了强大的思想动力和可靠的制度保证。

这10年间，柯桥区人民代表大会历经县(原绍兴县)十三届、县(区)十四届(2013年11月撤县设柯桥区)和区一届之始。各届人大在县(区)委领导下，自觉做到坚持党的领导、人民当家作主和依法治国三者的有机统一，紧紧依靠代表的主体作用，认真履行法律规定的讨论决定重大事项、监督、选举任免等职权，不断加强和改进代表工作，切实加强队伍、机构、制度和思想政治建设，人大工作取得了长足进步。十三届人大期间，推进基层人大工作规范化建设，设立“一月一法”专题讲座，建立“代表建议直通车”制度，创制人大代表换届选举工作“十法”；十四届人大期间，形成基层人大干部队伍“121”（一正二副一干事）格局，建立代表联络站，创立领导干部代表进选区制度，首次将代表议案列人大会议议程，这些举措均获得上级人大的充分肯定。人大及其常委会围绕中心、服务大局、关注民生、务实创新，取得的工作成效也得到了社会各界和人民群众的广泛认同。实践证明，人民代表大会制度作为国家的根本政治制度，具有鲜明的制度特色和巨大的政治优势，在推进地方经济社会高质量发展和民主法治建设中有着无可替代的作用，必须坚定不移地把它完善好、巩固好、发展好，努力实现新时代人大工作和建设的高水平发展。

《柯桥区人大志(2007—2017)》系原《绍兴县人大志》之一、之二的续志。志书本着求真存实、辩证客观、详略得当的原则，较为系统、全面地记述了2007年2月至2017年2月县第十三届至县（区）第十四届人大及其常委会的历史轨迹，展示了全县（区）人民通过人大及其常委会行使当家作主的民主权利，依法管理本行政区域政治、经济、文化和社会事务的活动史实，具有较为鲜明的时代特征和地方特色，是一部融资料性、思想性、科学性和实用性为一体的地方人大史书，为人大工作的承前启后、继往开来提供了历史之鉴。同时，本志对县（区）人大一些创新性工作作了特别记载，对乡镇人大、县（区）人大常委会街道工委的履职和工作情况也作了记述，以便全面地反映地方人大工作的真实面貌，具有与前二志不同的编纂特色。在此，向辛勤工作的编志人员和所有关心、支持、帮助本志编纂工作的同志致以深切谢意，并特为此志书作序。

绍兴县（柯桥区）第十四届、柯桥区第一届人大常委会主任　吴　晓

2019年12月

凡例

一、本志以马克思列宁主义、毛泽东思想、邓小平理论、“三个代表”重要思想、科学发展观、习近平新时代中国特色社会主义思想为指导，坚持辩证唯物主义和历史唯物主义的立场、观点和方法，实事求是、全面、客观、系统地记述绍兴县（柯桥区）人民代表大会制度不断完善、发展的各项工作情况和活动史实。

二、本志是《绍兴县人大志（1996—2007）》的续编，时间上限为始于2007年2月，下限止于2017年2月。

三、本志共分6编，依次分为县（区）人民代表大会代表、县（区）人民代表大会会议、县（区）人民代表大会常设机构、县（区）人民代表大会常务委员会履职、代表工作和代表活动、镇人民代表大会及街道人大工作等。

四、本志对各历史时期的名称、政权及大会（会议）届次，一般按原称呼，不作改动。

五、本志资料主要来源于县（区）人民代表大会会议文件汇编、县（区）人大常委会工作纪实、县（区）人民代表大会常务委员会会刊、县（区）人大杂志、县（区）地方志编纂的绍兴县（区）年鉴中历届人民代表大会常务委员会史卷等文件汇编和各镇、街道整理报送的文件资料。

六、本志专有名词一般首次出现时用全称，后用简称。如《中华人民共和国宪法》，简称“宪法”；“中国共产党”，简称“中共”；“绍兴县（柯桥区）人民代表大会常务委员会”，简称“县人大常委会或区人大常委会”；绍兴县人民政府、人民法院、人民检察院，简称“一府两院”；人民代表大会代表简称“人大代表”。

七、本志行政区划和职务名词以当时称谓为准。如县（区）称谓，十三届时称“绍兴县、（县）”，十四届时前期称“绍兴县、（县）”，后期称“柯桥区、（区）”，之后称“柯桥区、（区）”；2012 年人大换届时为“绍兴县第十四届人民代表大会”，2013 年 11 月改为“绍兴市柯桥区人民代表大会”，2017 年人大换届时为“绍兴市柯桥区第一届人民代表大会”。

目 录

第四章　人事任免

第五章　调查研究、宣传信息工作及其他

第五编　代表工作和代表活动

第一章　代表组织机制

第二章　代表联系群众

概 述

（一）

绍兴县（柯桥区）位于浙江省中北部，会稽山北麓，北濒杭州湾，东界绍兴市上虞区，西和西北部与杭州市萧山区接壤，东南和西南分别与嵊州市、诸暨市为邻，腹部横亘绍兴市越城区。绍兴县域面积为1177平方公里，辖4个街道、15个镇。2013年11月，撤销绍兴县，设立绍兴市柯桥区，将原绍兴县的3个镇划归绍兴市越城区管辖，市、区行政区划调整后，柯桥区行政区域面积为1040平方公里，下辖4个街道、12个镇、1个国家级经济技术开发区、2个省级开发区。

县（区）地理位置独特，水陆交通便利。三江水系：源于会稽山区的36条溪流，自南而北，流经绍兴、上虞平原，至三江口（曹娥江、西小江、钱塘江）汇流入海，形成三江水系。境内河流、湖泊纵横交错，河面宽阔，水势平稳，浙东运河穿越而过，形成纵横贯通的三江水系航道，共40余条，通航里程992.9公里。绍兴水路东连曹娥港、宁波港，西通杭州港与京杭运河相通；高速铁路贯穿城区；沪杭甬、绍诸、杭金衢等高速公路贯穿全境。四通八达的交通催生区域内工业、农业、商业和贸易、旅游、服务等行业的快速发展，县（区）经济总量一直保持在浙江省前列。2016年，全区实现地区生产总值1239.3亿元、财政总收入165.2亿元（其中一般公共预算收入106亿元），完成固定资产投资746.7亿元，城镇和农村居民人均可支配收入分别达到5.4万元和3.1万元，位居全国综合实力百强区第十五位。在2007年至2016年的10年间，绍兴县（柯桥区）坚持产业、市场与城市建设联动发展，大力推进中国轻纺城“二次、三次创业”，市场集群化、现代化、国际化水平不断提升。柯桥经济技术开发区升格为国家级开发区，滨海工业区列入国家级循环化改造示范试点。柯桥城市建成区扩展到53.8平方公里，全区建成全省美丽乡村示范村76个、精品村13个。柯桥还连续11年创建成为省级“平安区”，且荣获“中国全面小康十大示范区”、全国法治县（市、区）创建先进单位等诸多称号。

县级人民代表大会是中国人民代表大会体系的重要组成部分，是地方国家权力机关，代表人民行使本级国家权力、管理本级国家事务，是体现人民当家作主的机关。县（区）人民代表大会常务委员会是县（区）人民代表大会的常设机关，拥有宪法和法律赋予的讨论决定重大事项、监督“一府两院”工作、任免国家工作人员等职权，对本级人民代表大会负责并报告工作。自2007年2月绍兴县十三届人民代表大会第一次会议至2017年2月绍兴市柯桥区第一届人民代表大会第一次会议期间，县（区）人大及其常委会认真履行宪法和法律赋予的职责，围绕经济建设中心，以推进民主法治建设为主要任务，服从服务于改革发展稳定大局，坚持民主集中制原则，集体行使权力，有力地促进本行政区域内经济的发展、社会的安定和民生的改善。其中，县（区）人大常委会共举行常委会会议81次，依法履行监督、讨论决定重大事项83项，任免国家工作人员870人次，督办代表建议、批评意见2374件，形成书面调查报告58份，为县（区）委重大决策提供参考，推进人大工作制度化、规范化，推动基层国家政权建设。

（二）

坚持中国共产党的领导，是县（区）人大及其常委会开展工作的首要原则。县（区）人大及其常委会贯彻县（区）委全委会和县（区）委人大工作会议精神，积极发挥职能作用，促进县（区）委重大决策部署的落实。每年审查批准当年国民经济和社会发展计划、财政预算，监督计划、预算的执行和审计工作。审查批准国民经济和社会发展“十二五”规划、“十三五”规划，监督“十一五”规划、“十二五”规划的执行，促进各项目标任务完成。为推进区域经济转型升级、平稳较快发展，监督促进战略性新兴产业和现代服务业发展，监督科技创新和文化、旅游、创意产业、电子商务等发展工作，连续两届监督实施印染产业集聚升级工程和大香林二期工程，关注投资环境改善和招商选资，积极推动电商换市，助推县（区）委“服务业兴县（区）”“工业强县（区）”战略的有效落实。每年监督政府性投资项目建设工作，持续促进政府行政审批制度改革，通过高效审批为经济社会转型升级注入“加速度”。多次组织视察或审议中国轻纺城再次创业工作，关注城市人气集聚和休闲旅游业发展，推进“国际纺织之都、现代商贸之城”建设。助推小城市试点培育、美丽乡村建设，作出整治城乡违法违章建筑、城乡环境综合治理等决议，跟踪监督决议的实施，促使政府拆除了大量违法违章建筑。全力督查“三改一拆”工作，督促解决农村住房困难等问题，促进改善人居环境，打造“美丽乡村”建设“升级版”，增强人民获得感、幸福感、安全感。

（三）

县（区）人大及其常委会始终把贯彻依法治国方略，加快推进法治县（区）建设作为最基本的任务，以推进民主法治建设、强化社会公平正义为己任，加大法律监督力度，致力优化法治环境，促进行政机关依法行政和司法机关公正司法。首次实施宪法宣誓制度，弘扬宪法精神，增强国家机关工作人员宪法意识。监督“五五”普法规划、“六五”普法规划的实施和“六五”普法规划、“七五”普法规划的制定，作出《关于进一步加强法制宣传教育的决议》。对区政府工作部门负责人举行任前法律知识考试，对“两院”新任命干部进行任前资格审查和工作考察。组织开展水污染防治法、道路交通安全法等多部法律法规贯彻执行情况的检查，监督实施行政执法责任制，维护法律法规的严肃性。上下联动开展对公检法司机关依法履职、公正司法情况的专项监督，还就公安局、法院和检察院专项工作进行监督。对法官法和检察官法执行情况开展检查，组织人大代表旁听法庭庭审和参加检察开放日活动，促进公检法司机关依法公正履职。依法组织开展人大代表换届选举，指导和督促政府依法开展村委会换届选举工作，配合省、市人大开展对多部法律法规的立法调研，首次开展规范性文件备案审查工作，扎实做好人大信访工作，维护法制尊严和法治权威。

（四）

坚持以人为本，维护群众利益，持续促进民生福祉改善，是县（区）人大及其常委会工作的出发点和落脚点。县（区）第十三至十四届人大期间，人大及其常委会先后围绕代表和群众反响比较强烈的热点难点问题依法履行职责。围绕水和气两个重点，先后对鉴湖水域保护、城区活水工程建设、城镇生活污水收集、平原绿化等工作开展专题监督，每年跟踪监督“五水共治”“五气合治”工作，作出《关于全面提升城镇水患防御能力议案决议》并持续监督实施，推动水、气质量的持续好转和人居环境安全。监督城乡居民养老保险制度实施、养老保险基金管理、新型农村合作医疗、新医改方案实施及社会救助、妇女儿童权益保障等工作，不断完善社会保障体系。监督公立医院综合改革、妇女儿童医院等医疗机构建设、分级诊疗和村级卫生服务站建设，以及城区教育、学前教育、外来人员子女教育、校舍安全改造和提档升级、名师名校创建文化发展、城区教育、职业教育、体育事业等工作，作出《关于将兰花定为绍兴县“敬师花”的决定》，营造尊师重教的社会氛围，推动和保障社会事业的发展。每年组织代表专题视察政府实事工作和重点工程，促进相关部门抓质量、赶进度、保安全、重绩效，还积极回应社会关切，围绕食品药品安全等关键领域开展监督工作，促进农贸市场升级改造，保证人民群众舌尖上的安全，持续促进民生福祉改善。

（五）

人民代表大会代表是人民代表大会的主体，发挥好代表作用是发挥人民代表大会作用的前提。县（区）人大及其常委会始终把代表工作作为基础性工作，尊重代表主体地位，提升代表履职能力，深化代表服务保障，让人大工作更好植根人民群众。每届人大之初组织代表开展履职培训，每年根据工作实际分批组织代表参加上级组织的培训活动，邀请代表列席人大常委会会议，参加专项调研、执法检查、专题视察等活动，提升代表的履职能力。深入开展“双联三争”活动，建立并实施代表建议“直通车”制度，组织开展“代表接待选民日”、代表向选民述职和代表履职登记等活动，持续开展领导干部代表带头进选区活动，全面建立实体代表联络站和网上代表联络站，多渠道联系群众、倾听民声、反映诉求，努力为人民服务。建立常委会领导及人大机关委室联系镇街人大工作制度，指导镇街开展人大工作规范化建设，全面推行镇政府实事工程代表票决制、街道财政预算监督管理制度，组织代表评议基层站所、届中评议政府工作、代表约见政府及部门负责人等活动，上下联动开展监督“已治理的河”等主题活动，充分发挥代表监督作用。还不断改进代表议案建议督办方式，健全常委会领导分工督办重点建议等多项督办制度，一大批代表建议办出了实效，解决了基层渴望解决的问题。

（六）

县（区）人大及其常委会把加强自身建设作为依法履职的重要保障，不断提升履职能力和水平。认真学习贯彻中共十七大、十八大和各次全会精神，落实中央和省委关于加强县乡人大工作和建设的意见，把握人大工作正确的政治方向。实施“一月一法”专题讲座（后改为“人大讲坛”）制度，举办人大机关干部读书会，每年组织人大干部到全国人大培训中心学习培训，提高人大代表和人大干部的法律和业务知识水平。以调研转变作风、提高监督质量，多篇调研报告得到县（区）委主要领导批示。制定出台《关于提高常委会审议质量的若干意见》等多项规定，推进人大工作制度化、规范化。参加“千名干部联企促发展”“蹲点调研谋发展”等活动，帮助联系村（企业）解决困难。增设了常委会农村经济工作委员会、研究室和规范性文件备案审查科，健全人大工作机构。执行中央八项规定，组织开展“三严三实”“两学一做”“晒家风、扬清风、促作风”等主题教育活动，增强干部的廉洁意识。及时将人大及其常委会工作通过会刊、杂志、报纸、网站等向代表通报和社会公告，接受社会监督。开展人大制度理论研究，总结、宣传人大工作，获得省人大宣传信息工作先进“五连冠”，扩大了人大工作的影响力。

2007 年 2 月至 2017 年 2 月，县（区）人大及其常委会努力加强自身建设，不断提升履职能力和水平。一组组数据，一次次专题调研，一个个工作报告，一份份重要文件，一项项决议决定，无不凝结着县（区）人大及其常委会执著奋进的心血和汗水，承载着为民用权、为民履职、为民服务的浓浓情怀和尽职履责、砥砺前行的坚实足迹。

新的一轮发展征程序幕已拉开，新的一轮改革正在孕育新突破，加快从县域经济向城市经济迈进，产业梯度转型、产城协同融合将成为柯桥新一轮发展的主引擎。柯桥区人大及其常委会按照区第一次党代会的总体部署与要求，积极开启基本实现现代化建设新征程，以生态文明建设为统领，推动“时尚柯桥、印象柯桥、幸福柯桥”建设，确保率先完成经济转型升级、率先建成美丽乡村、率先高水平全面建成小康社会，确保柯桥在新一轮发展中继续走在前列、勇立潮头。

大事记

2007 年

2 月 5—9 日，绍兴县第十三届人民代表大会第一次会议召开，听取、审议县人大常委会和“一府两院”工作报告等；选举县第十三届人大常委会主任、副主任、委员，县人民政府县长、副县长，县人民法院院长，县人民检察院检察长；选出出席绍兴市第七届人民代表大会代表 62 名。

2 月 28 日，县第十三届人大常委会第一次会议举行。

3 月 23 日，县人大常委会召开全县镇（街道）人大工作会议。

4 月 9 日，县第十三届人大常委会第二次会议及颁发任命书大会相继举行，依法重新任命新一届政府工作部门 26 名局长（主任）。

4 月下旬，县人大常委会组成人员分组考察全国“十强县”人大工作。

4 月 24 日，县人大常委会首次举行“一月一法”讲座。

5 月 15 日，省人大常委会副主任章猛进到绍兴县走访省人大代表。

5 月 21 日，县第十三届人大常委会第三次会议举行。

5 月 24—25 日，全国十二县（市、区）人大常委会第四次联席会议在绍兴县召开。与会人员参观考察了城镇和新农村建设情况。

5 月 31 日，中共绍兴县人大常委会机关总支部成立大会在绍兴稽山宾馆召开。

6 月上旬至 7 月上旬，全县镇、街道人大工作规范化建设试点分别在齐贤镇、湖塘街道开展。

6月20日，县人大常委会组织部分人大代表视察柯桥经济开发区、滨海工业区建设发展情况。

7月18日，县人大常委会召开镇街道人大工作规范化建设工作会议。

7月19日，县人大常委会与“一府两院”举行联席会议。

7月24日，县第十三届人大常委会第四次会议举行。

8月21日，县第十三届人大常委会第五次会议举行，审议通过《绍兴县人大常委会关于〈绍兴县县域总体规划(2007—2020)〉的决议》。

8月30日，县人大常委会组织部分县人大代表视察大香林二期开发建设情况。

9月7日和8日，绍兴县“敬师花”献花大会、绍兴县小百花越剧促进会成立大会先后举行，县人大常委会有关领导参加。

9月20日，县第十三届人大常委会第六次会议举行。

10月16日，县人大常委会召开全县镇街道人大工作会议，专题交流探讨代表议案建议工作。

10月17日，县人大常委会组织部分县人大代表视察企业污染减排工作。

10月21日，第八届中国(绍兴)国际纺织品博览会在柯桥开幕，中国·柯桥纺织指数发布仪式相继举行，县人大常委会领导参加。

11月12日，山西省人大常委会副主任杜五安一行考察轻纺城市场，县人大常委会领导陪同。

11月29日，县第十三届人大常委会第七次会议举行。

12月15日，“2007中国首届酱文化(绍兴)国际高峰论坛”开幕式举行，省人大常委会叶荣宝副主任参加中国酱文化博物馆开馆仪式，县人大常委会领导陪同。

2008年

1月4日，在绍省十一届人大代表视察绍兴县东盛印染有限公司、宝业集团等，县人大常委会领导陪同。

1月23日，县第十三届人大常委会第八次会议举行。

1月24日，全国人大常委会副委员长路甬祥考察精功科技集团等，县人大常委会领导陪同。

1 月 29 日，县人大常委会和“一府两院”举行联席会议。

2 月 25—29 日，县第十三届人民代表大会第二次会议召开，听取、审议县人大常委会和“一府两院”工作报告等。

3 月 20 日，县人大常委会召开全县镇（街）人大工作会议。

3 月 25 日，县第十三届人大常委会第九次会议举行。

4 月 16—18 日，全省人大代表与选举任免工作座谈会在绍兴县召开。

4 月 24 日，2008 中国（柯桥）国际纺织品面料博览会及中国轻纺城 2007 最具价值品牌颁奖暨品牌论坛”活动举行，县人大常委会有关领导出席。

5 月 22 日，县第十三届人大常委会第十次会议举行。

5 月 30 日，中共浙江省委书记、省人大常委会主任赵洪祝到绍兴县调研。

6 月 5 日，县人大常委会组织部分县人大代表视察创建省级示范文明县城工作。

6 月 11 日，省人大常委会副主任刘奇看望支援四川抗震救灾作出突出贡献的精工集团员工，县人大常委会领导陪同。

6 月 26 日，县人大常委会召开全县镇街道人大工作会议，部署人大代表评议基层站所工作。至 9 月上旬，各镇、街道都组织开展了评议活动。

7 月 11 日，县人大常委会与“一府两院”举行联席会议。

7 月 22 日，县第十三届人大常委会第十一次会议举行，首次听取和审议《关于绍兴县“十一五”规划实施中期评估和 2008 年国民经济和社会发展计划上半年计划执行情况和下半年工作建议的报告》。

8 月 26 日，县人大常委会组织部分人大代表视察农村社区卫生服务站建设情况。

8 月 28 日，县人大工作研究会成立并在绍兴稽山宾馆召开成立大会。

8 月 29 日，中共安徽省委书记、省人大常委会主任王金山率领安徽省党政代表团到绍兴县考察浙江精工科技股份有限公司。

9 月 25 日，县第十三届人大常委会第十二次会议举行。

10 月 7 日，县人大常委会组织部分县人大代表视察平水镇违法建筑集中整治试点情况。

10 月 8 日，省人大常委会副主任吴国华率浙江省部分十一届全国人大代表专题调研绍兴县实施资源节约与环境保护计划情况，县人大常委会领导陪同。

10 月 25 日，2008 中国（绍兴）国际纺织品博览会开幕式举行，县人大常委会领导出席并陪同出席会议的领导参观。

11月6日，全国人大常委会委员、全国人大民族委员会主任委员马启智等视察绍兴县西藏民族中学，县人大常委会领导陪同。

11月25日，县第十三届人大常委会第十三次会议举行。

12月17日，县人大常委会召开全县镇、街道人大工作座谈会。

2009年

1月12日，县第十三届人大常委会第十四次会议举行。

1月22日，县人大常委会举行常委会财经咨询小组聘书颁发仪式。

1月23日，中共浙江省委书记、省人大常委会主任赵洪祝到绍兴县走访企业，看望慰问一线工人。

2月16日，县人大常委会召开全县镇街道人大工作会议。同日，省人大常委会执法检查组到绍兴县检查执行《浙江省促进中小企业发展条例》情况。

2月17—20日，县第十三届人民代表大会第三次会议召开，听取、审议和通过县人大常委会和“一府两院”工作报告等。

3月23日，县第十三届人大常委会第十五次会议举行。

3月25日，县第十三届人大常委会第十六次会议举行，审议通过《绍兴县人民代表大会常务常务委员会关于依法整治城乡违法违章建筑的决议》。

4月11日，绍兴县企业家协会（企业家联合会）成立，县人大常委会领导出席成立大会。

5月8日，2009中国（柯桥）国际纺织品面料博览会开幕，县人大常委会领导参加开幕式。

5月25日，县第十三届人大常委会第十七次会议举行。

6月22日，省人大常委会副主任程渭山到绍兴县调研动物防疫体系建设。

7月8日，县第十三届人大常委会第十八次会议举行。

7月16日，县人大常委会召开镇街道人大工作会议，部署镇（街道）组织人大代表届中评议镇政府（街道办事处）工作。至9月上旬，全县各镇（街道）均组织代表进行了集中评议。

7月17日，县人大常委会与“一府两院”举行联席会议。

7月24日和28日，“中国轻纺城首届创意产业博览会”、中国曲艺高峰（柯桥）论坛先后开幕，县人大常委会领导出席开幕式。

9月18日，县委召开全县人大工作会议。

9月23日，省人大常委会副主任、省关工委主任徐宏俊到绍兴县调研关心下一代工作，县人大常委会领导陪同。

9月25日，县第十三届人大常委会第十九次会议举行。

10月25日，2009中国柯桥国际纺织品博览会开幕，县人大常委会领导出席开幕式。

11月16日，县第十三届人大常委会第二十次会议举行。

12月3日，县人大常委会召开全县镇街道人大工作会议。

2010年

1月6日，县第十三届人大常委会第二十一次会议举行。

1月14日，县人大常委会与“一府两院”举行联席会议。

1月31日至2月3日，县第十三届人民代表大会第四次会议召开，听取、审议和通过县人大常委会和“一府两院”工作报告等。

2月3日，县第十三届人大常委会第二十二次会议举行。

3月25日，县第十三届人大常委会第二十三次会议举行。

3月30日，县人大常委会召开全县镇街道人大工作会议，部署县人大代表建议“直通车”等工作。

4月7日，省人大常委会农经工委到绍兴县开展《中华人民共和国农业法》执法跟踪检查。

4月23日，县人大常委会组织部分县人大代表视察主要河道的水质治理、企业污水处理、村和社区生活污水收集排放和农业面源污染治理等情况。

5月6日，2010年中国柯桥纺织品（春季）博览会开幕，县人大常委会领导出席开幕式。

5月14—15日，全国人大常委会原副委员长、民建中央原主席成思危到绍兴县考察中国轻纺城，县人大常委会有关领导陪同。

5月25日，县第十三届人大常委会第二十四次会议举行。

6月11日，省人大常委会副主任刘奇带领的执法检查组到绍兴县检查实施《中华人民共和国水污染防治法》和《浙江省水污染防治条例》情况。

6月24日,县人大常委会组织部分县人大代表视察轻纺城二次创业情况。

7月6日,县第十三届人大常委会第二十五次会议举行。

7月15日,绍兴建城2500周年庆典、第六届世界合唱比赛开幕式举行,县人大常委会有关领导参加,并组织部分县人大代表参加世合赛开幕式。

7月23日,省人大常委会副主任徐宏俊等在浙部分全国人大代表60余人,到绍兴县专题调研块状经济向现代产业集群提升等情况。

7月30日,县人大常委会与"一府两院"举行联席会议。

8月5日,县人大常委会组织开展土地管理法、城乡规划法执行情况检查。

8月24日,县人大常委会组织部分县人大代表视察大交通建设情况。

9月2日,县第十三届人大常委会第二十六次会议举行。

9月6日,县第十三届人大常委会第二十七次会议举行。

9月18日,县委召开人大工作会议。

9月25日,上海市人大常委会副主任胡炜到绍兴县出席长江越领·红星美凯龙项目开工仪式并为项目奠基。

9月27日,省人大常委会副主任程渭山到绍兴县调研,县人大常委会领导陪同。

9月30日,绍兴县印染行业集聚升级工程首批企业集聚滨海暨银行授信签约仪式举行,县人大常委会领导出席。

10月25日,2010中国柯桥国际纺织品博览会(秋季)开幕,省人大常委会副主任冯明出席,县人大常委会领导参加有关活动。

11月3日,县人大常委会召开全县镇街道人大工作会议。

11月25日,县第十三届人大常委会第二十八次会议举行。

12月15日,县第十三届人大常委会第二十九次会议举行。

2011年

1月13日,县第十三届人大常委会第三十次会议举行。

1月22日,县人大常委会与"一府两院"举行联席会议。

2月16日,县人大常委会召开全县镇街道人大工作会议。

2月27日至3月2日,绍兴县第十三届人民代表大会第五次会议召开,听取和审议县人大常委会和"一府两院"工作报告等。

3月24日，县第十三届人大常委会第三十一次会议举行。

4月11日，省人大常委会执法检查组、省委督查组分别到绍兴县检查水污染防治"一法一条例"贯彻执行和人大工作开展情况。

4月26日，县人大常委会组织部分县人大代表视察农村宅基地转换工作。

5月6日，2011中国柯桥国际纺织品面辅料（春季）博览会开幕，县人大常委会领导出席。

5月11日，省人大常委会执法检查组到绍兴县检查老年人权益保障法贯彻执行情况。

5月19日，县人大常委会组织部分县人大代表视察城乡环境综合治理工作。

5月25日，县第十三届人大常委会第三十二次会议举行。

6月15日，全国人大财经委调研组到绍兴县调研防范地方政府债务风险和健全县级财力保障机制情况。

6月17日，中共浙江省委书记、省人大常委会主任赵洪祝到绍兴县调研。同日，县人大常委会召开镇街道人大工作会议。

7月8日，县人大常委会与"一府两院"举行联席会议。

7月15日，县第十三届人大常委会第三十三次会议举行。

7月28日，县人大常委会组织部分县人大代表视察政府性投资项目建设情况。

8月26日至9月29日，全县县乡两级人大换届选举试点工作在钱清镇开展，同时也是省、市两级人大常委会的试点单位。

8月28日，全国人大常委会原副委员长周光召到绍兴县考察。

9月1日，省人大常委会代表工委一行到绍兴县指导县乡两级人大换届选举试点工作。

9月15日，县第十三届人大常委会第三十四次会议举行。

9月20日，省人大常委会副主任徐宏俊率代表工委人员到钱清镇指导检查县乡两级人大换届选举试点工作。

9月30日，县人大常委会召开县乡两级人大换届选举工作试点现场会。

10月4日，全国人大常委会副委员长严隽琪到绍兴县考察。

10月19—23日，第七届中国曲艺节在柯桥举行，省人大常委会副主任徐宏俊、全国人大常委会原副委员长热地出席。

10月20日，县人大常委会组织部分县人大代表视察代表建议办理工作。

10月25日，2011中国柯桥国际纺织品博览会开幕，省人大常委会副主任程渭山出席。

11月9日，县第十三届人大常委会第三十五次会议举行。

11月10—11日，全省立法工作座谈会在绍兴县召开。

11月14日，县选举委员会第一次会议举行，决定2011年12月25日为全县新一届县、镇两级人民代表大会代表选举日。

11月15日，县委召开全县县、镇两级人大换届选举动员会议。

11月21日，县第十三届人大常委会第三十六次会议举行。

11月28日，全国人大常委会原副委员长顾秀莲到绍兴县考察。

12月16日，县选举委员会第二次会议举行，审查批准县十四届人大代表正式候选人名单。

12月19日，县第十三届人大常委会第三十七次会议举行。

2012年

1月8日，县人大常委会与“一府两院”举行联席会议。

1月9日，县第十三届人大常委会第三十八次会议举行。

1月15日，县人大常委会组织县十四届人大代表集中培训。

1月30日，县人大常委会召开全县镇(街)人大主席(主任)会议。

2月8—12日，绍兴县第十四届人民代表大会第一次会议召开，听取和审议县人大常委会和“一府两院”工作报告等，选举县第十四届人大常委会主任、副主任、委员；选举县人民政府县长、副县长；选举县人民法院院长、县人民检察院检察长；选出出席绍兴市第七届人民代表大会代表66名。

3月8日，县第十四届人大常委会第一次会议举行。

3月19日，县人大常委会召开颁发任命书大会。

3月27日，县第十四届人大常委会第二次会议举行。

3月30日，县人大常委会召开镇街道人大工作会议。

4月13日，县人大工作研究会换届大会在绍兴稽山宾馆召开。

4月23日，县人大常委会组织部分县人大代表视察全县农村环境整治工作。

5月6日，2012中国柯桥国际纺织品面辅料博览会(春季)展会开幕，县人大常委会领导参加有关活动。

5月11日，全国人大常委会委员、全国人大内务司法委副主任委员、民建中央副主席辜胜阻到绍兴县考察，县人大常委会领导陪同。

5月25日，县第十四届人大常委会第三次会议举行。

6月19日，县人大常委会组织部分县人大代表视察萧甬铁路绍兴县城区段高架改造及城市交通建设工作。

7月5日，省人大常委会副主任、省总工会主席厉志海到绍兴县调研镇乡工会和村区工会建设工作，县人大常委会有关领导陪同。

7月20日，县人大常委会召开全县镇街道人大工作会议。

7月24日，县第十四届人大常委会第四次会议举行。

7月27日，县人大常委会与"一府两院"举行联席会议。

8月1—3日，省人大常委会执法检查组检查绍兴县贯彻落实食品安全"一法两规"情况，县人大常委会领导陪同。

8月24日，县人大常委会组织部分县人大代表视察全县重点工程建设情况。

9月14日，县第十四届人大常委会第五次会议举行。

10月24日，县人大常委会组织部分县人大代表视察代表建议办理工作。

10月26日，2012年中国柯桥国际纺织品博览会开幕式举行，县人大常委会领导出席。

11月23日，县第十四届人大常委会第六次会议举行。

2013年

1月11日，县人大常委会召开全县镇街道人大工作会议。

1月21日，县第十四届人大常委会第七次会议举行。同日，县人大常委会与"一府两院"举行联席会议。

2月25日，县人大常委会召开全县镇街道人大工作会议。

2月26日至3月1日，县第十四届人民代表大会第二次会议召开，听取和审议县人大常委会和"一府两院"工作报告等。

3月26日，县第十四届人大常委会第八次会议举行。

4月8日，县人大常委会组织市人大代表绍兴县中心组全体代表进行会前视察。

4月10日，县人大常委会组织部分县人大代表视察县级粮食储备工作情况。

5月6日，2013中国柯桥国际纺织品面辅料博览会（春季）展会开幕式举行，县人大常委会领导出席。

5月28日，县第十四届人大常委会第九次会议举行。

6月9日，县人大常委会组织部分县人大代表视察历史文化村落保护和利用工作。

6月20日，省人大常委会副主任、省女企业家协会会长冯明一行到绍兴县调研女企业家发展情况。

7月9日，县人大常委会召开全县镇街道人大工作会议，交流探讨人大代表议案建议工作。

7月22日，县第十四届人大常委会第十次会议举行。

7月31日，县人大常委会与"一府两院"举行联席会议。

8月7日，县人大常委会组织部分省、市、县三级人大代表视察鉴湖水系生态保护工作。

8月21—22日，浙江省的全国人大代表由省人大常委会副主任茅临生带队到绍兴县调研行政审批制度改革工作，县人大常委会领导陪同。

8月23日，县人大常委会组织部分县人大代表视察县重点投资项目建设情况。

9月18日，县人大常委会首次组织召开代表建议办理工作绩效评估和满意度测评会议。

9月22日，浙江工业大学之江学院（新）开园仪式举行，县人大常委会领导出席。

9月24日，县第十四届人大常委会第十一次会议举行。

10月14日，县人大常委会组织部分县人大代表视察代表建议办理工作。

10月25日，2013中国柯桥国际纺织品博览会（秋季）展会开幕，县人大常委会领导参加。

11月8日，绍兴县撤县设立绍兴市柯桥区揭牌仪式举行，县人大常委会领导参加。

11月26日，区第十四届人大常委会第十二次会议举行。

2014年

1月10日，区第十四届人大常委会第十三次会议举行。

1月13日，组织市七届人大代表柯桥中心组代表集中视察。

1月20日，区人大常委会召开全区镇（街道）人大工作会议。

1月24日，区第十四届人大常委会第十四次会议举行。

2月21日，区第十四届人大常委会第十五次会议举行。

2月25—28日，区第十四届人民代表大会第三次会议召开，听取和审议区人大常委会和“一府两院”工作报告等。

3月5日，以省人大常委会副主任冯明为组长的省委人大工作专项督查组到柯桥区督查贯彻省委人大工作会议情况。

3月25日，区第十四届人大常委会第十六次会议举行。

4月29日，区第十四届人大常委会第十七次会议举行。同日，区人大常委会组织部分区人大代表视察第三医院等4家医院的建设现场。

5月6日，2014中国柯桥国际纺织品面辅料博览会（春季）开幕，区人大常委会领导参加有关活动。

5月21日，省人大常委会副主任茅临生到绍兴调研，区人大常委会领导陪同。

5月23日，区第十四届人大常委会第十八次会议举行。

6月17日，区人大常委会组织部分区人大代表视察政府性投资项目建设工作。

7月2日，柯桥区政府与浙江树人大学共建浙江树人大学杨汛桥校区签约仪式、浙江树人大学杨汛桥校区奠基仪式先后举行，区人大常委会领导出席。

7月4日，区第十四届人大常委会第十九次会议举行。

7月11日，区人大常委会召开人大代表届中评议镇级政府工作部署会议。至9月底，全区各镇、街道均组织代表开展对镇政府（街道办事处）工作的集中评议。

7月24日，区第十四届人大常委会第二十次会议举行。

8月11日，区第十四届人大常委会第二十一次会议举行。

8月26日，组织部分区人大代表视察代表议案决议实施和代表建议办理工作。

9月5日，区第十四届人大常委会第二十二次会议举行，决定增设区人大常委会研究室。

9月4日和16日，区人大常委会举行纪念人大制度建立60周年知识竞赛抽奖仪式，召开纪念人大制度建立60周年座谈会。

9月17日，省人大常委会执法组到柯桥区检查贯彻执行出入境管理法情况。

9月24日，全国人大常委会副委员长沈跃跃到柯桥区视察，区人大常委会领导陪同。

10月13日，区第十四届人大常委会第二十三次会议举行。

10月24日，2014中国柯桥国际纺织品博览会（秋季）开幕，区人大常委会领导参加有关活动。

10 月 28 日，区人大常委会组织部分区人大代表视察区政府实事工程。

11 月 3 日，省人大常委会副主任袁荣祥到柯桥区考察手工业生产发展情况。

11 月 21 日，区第十四届人大常委会第二十四次会议举行。

12 月 1—2 日，全省人大环资工作座谈会在柯桥举行，省人大常委会副主任袁荣祥出席，区人大常委会领导参加接待。

12 月 19 日，区第十四届人大常委会第二十五次会议举行。

12 月 25 日，区人大常委会组织市人大代表柯桥中心组代表集中视察。

12 月 29 日，区人大常委会召开全区镇（街道）人大工作会议。

2015 年

1 月 16 日，区委召开人大工作会议。

1 月 19 日，区第十四届人大常委会第二十六次会议举行。

1 月 23 日，全国人大常委会委员、环资委副主任委员蒋巨峰一行到柯桥区考察调研循环化改造示范点建设工作。

1 月 27—30 日，区第十四届人民代表大会第四次会议召开，听取和审议区人大常委会和“一府两院”工作报告等，补选绍兴市柯桥区人民政府区长。

2 月 15 日，区人大常委会与“一府两院”举行联席会议。

3 月 17 日，区第十四届人大常委会第二十七次会议举行。

3 月 24 日，全省各级人大代表开展“已治理的河”监督活动视频会议召开，至 10 月底全区各级人大代表分别参加监督活动。

4 月 8 日，省人大常委会副主任程渭山到柯桥区调研“金沙·东方山水”国际商务休闲中心项目建设情况。

4 月 13 日，区人大常委会组织部分区人大代表视察鉴湖水域保护治理工作。

4 月 21 日，省人大常委会副主任袁荣祥到柯桥区调研人大工作。

5 月 6 日，2015 中国柯桥国际纺织品博览会（春季）开幕，区人大常委会领导参加有关活动。

5 月 13 日，绍兴市柯桥区人民对外友好协会成立，区人大常委会领导出席成立仪式。

5 月 21 日，区第十四届人大常委会第二十八次会议举行，对区政府大气污染防治工作进行专题询问。

6 月 25 日，区人大常委会组织区人大代表视察政府性投资项目建设情况。

7 月 20 日，区第十四届人大常委会第二十九次会议举行。

8 月 20 日，区人大常委会组织部分区人大代表视察代表议案决议实施和建议办理工作。

9 月 28 日，区第十四届人大常委会第三十次会议举行，专项评议区教体局、区市场监管局工作并进行满意度测评。

10 月 16 日，2015 年中国柯桥纺博会开幕，区人大常委会领导参加有关活动。

10 月 21 日，区人大常委会组织部分区人大代表视察区政府实事工作。

11 月 13 日，区第十四届人大常委会第三十一次会议举行。

11 月 16—17 日，全省美丽乡村和农村精神文明建设现场会在柯桥召开，省人大常委会副主任程渭山参加，区人大常委会领导陪同。

11 月 17 日，副省长郑继伟以省人大代表身份到柯桥街道代表联络站接待选民并座谈，区人大常委会领导参加。

11 月 23 日和 25 日，市委副书记、市长俞志宏，市政协主席陈长兴先后以市人大代表身份分别到柯桥街道、平水镇的人大代表联络站接待选民听取意见，区人大常委会领导陪同。

12 月，区人大常委会组织省、市、区、镇各级人大代表对年收入 4600 元以下贫困人口脱贫情况开展视察核查活动。

12 月 8 日，区人大常委会组织市人大代表柯桥中心组代表开展视察活动。

12 月 23 日，区第十四届人大常委会第三十二次会议举行。

2016 年

1 月 6 日，区人大常委会召开全区镇街道人大工作会议。

1 月 18—21 日，区第十四届人民代表大会第五次会议召开，听取和审议区人大常委会和“一府两院”工作报告等。

1 月 19 日，省人大常委会召开视频会议，部署在全省各级人大代表中开展查找各领域存在的“短板”活动。上半年，全区各级人大代表陆续参加这一活动。

2 月 3 日，区第十四届人大常委会第三十三次会议举行。

2 月 26 日，区第十四届人大常委会第三十四次会议举行，并首次举行宪法宣誓仪式。

3月11日，绍兴市人大常委会部署的“千名人大代表走进校园宿舍，关爱大学生健康成长”主题活动拉开序幕，全区部分各级人大代表之后陆续参加这一活动。

3月25日，省人大常委会副主任、省关心下一代工作委员会主任徐宏俊到柯桥区调研。

3月29日，区第十四届人大常委会第三十五次会议举行。

4月8日，区人大常委会首次组织区人大代表约见政府及部门负责人。

4月13日，省人大常委会副主任茅临生到柯桥区调研“大气污染防治”和“五水共治”专项工作，区人大常委会领导陪同。

4月15日，中共浙江省委书记、省人大常委会主任夏宝龙到柯桥区调研。

4月19日，省人大常委会副主任姒建敏视察齐贤镇河道治理情况，区人大常委会有关领导陪同。

5月，区人大常委会组织开展“领导干部人大代表进选区月”活动。

5月6日，2016中国柯桥国际纺织品面辅料博览会(春季)开幕，区人大常委会领导参加博览会有关活动。

5月20日，区人大常委会组织部分区人大代表视察平安建设和G20峰会安保工作。

5月26日，区第十四届人大常委会第三十六次会议举行。

6月13日，区人大常委会组织区人大常委会组成人员视察“五水共治”“五气合治”、印染产业集聚升级等工作。

7月26日，区第十四届人大常委会第三十七次会议举行。

8月17日，区人大常委会组织部分区人大代表视察供销智慧乡村(淘实惠)建设工作。

9月9日，区人大常委会召开区、镇两级人大换届选举准备工作部署会。

9月29日，区第十四届人大常委会第三十八次会议举行。

10月9日，区选举委员会举行第一次会议，作出关于全区新一届区、镇两级人民代表大会代表选举日的决定。

10月14日，2016中国柯桥国际纺织品(秋季)博览会开幕，区人大常委会领导参加有关活动。

10月20日，区委召开区、镇两级人大换届工作动员会议。

10月25日，区人大常委会组织部分区人大代表视察政府性投资项目工作。

10月27日，全省人大代表联系人民群众工作暨加强代表联络站建设视频交流会举行，区人大常委会柯桥街道工委作交流发言。

11 月 8 日，省人大常委会副主任王辉忠到柯桥区调研人大工作。

11 月 15 日，区第十四届人大常委会第三十九次会议举行。

11 月 29 日，区第十四届人大常委会第四十次会议举行。

12 月 9 日，区选举委员会第二次会议举行，审查确定正式代表候选人名单。

12 月 14 日，区第十四届人大常委会第四十一次会议举行。

12 月 20 日，区、镇两级人大代表选举日，区人大常委会专职组成人员分赴各地参加投票选举活动。

2017 年

1 月 11 日，区人大常委会组织新一届区人大代表集中培训。

1 月 12 日，区第十四届人大常委会第四十二次会议举行。

1 月 19 日，区人大常委会召开全区镇街道人大工作会议。

2 月 19—23 日，柯桥区第一届人民代表大会第一次会议召开，听取和审议区人大常委会和“一府两院”工作报告等；选举区第一届常委会主任、副主任、委员；选举区人民政府区长、副区长；选举区监察委员会主任、区人民法院院长、区人民检察院检察长；选出出席绍兴市第八届人民代表大会代表 63 名。

2 月 23 日，区第一届人大常委会第一次会议举行。

第一编
县（区）人民代表大会代表

人民代表大会代表是国家权力机关的组成人员，是国家权力的直接行使者。根据《中华人民共和国宪法》规定，县、乡两级人民代表大会代表由选民直接选举产生，全国、省和设区的市级人民代表大会代表各由下一级人民代表大会间接选举产生。2007年2月至2017年2月，全县（区）进行了两次换届选举，2011年12月选举产生县（后改为区）第十四届人民代表大会代表297名，2016年12月选举产生区第一届人民代表大会代表289名，期间因代表出缺补选县第十三届人民代表大会代表11名，补选县（区）第十四届人民代表大会7名。在此期间，由县（区）人民代表大会选举产生的出席绍兴市第六届、第七届、第八届人民代表大会代表分别为64名、66名和63名，补选市第六届、第七届人民代表大会代表分别为4名和1名，由绍兴市人民代表大会选举产生的本县（区）出席浙江省第十一届、第十二届人民代表大会的代表各为6名，由省人民代表大会选举产生的本县（区）出席第十二届全国人民代表大会代表1名。代表的选举和补选，保证了人民代表大会这个权力集体的完整性，推进了人民代表大会的组织建设，为巩固地方国家政权、发挥人民代表大会制度优势奠定了基础。

第一章　代表地位和职务规范

县(区)人民代表大会代表的地位作用和权利义务,前志已有简述。2010 年 3 月和 10 月,全国人民代表大会、全国人民代表大会常务委员会分别对《中华人民共和国全国人民代表大会和地方各级人民代表大会选举法》《中华人民共和国全国人民代表大会和地方各级人民代表大会代表法》作出修改,2015 年 8 月,全国人民代表大会常务委员会同时修改“三法”(《中华人民共和国地方各级人民代表大会和地方各级人民政府组织法》和选举法、代表法)。代表法律制度完善,赋予县(区)人民代表大会代表地位作用、权利义务和履职保障新的内涵。

第一节　代表地位和作用

县(区)人民代表大会代表是县(区)国家权力机关的组成人员,代表人民的利益和意志,依照宪法和法律赋予县(区)人民代表大会的各项职权,参加行使地方国家权力。

根据修改后的选举法、代表法,县(区)人民代表大会代表的性质、地位和作用还体现在:(1)代表应当具有广泛的代表性,应当有适当数量的基层代表,特别是工人、农民和知识分子代表;(2)代表选举应实行城乡按相同人口比例选举人民代表大会代表,体现人人平等、地区平等、民族平等;(3)公民参加代表的选举,不得直接或者间接接受境外机构、组织、个人提供的与选举有关的任何形式的资助;(4)公民不得同时担任两个以上无隶属关系的行政区域的人民代表大会代表,已经当选的两地代表,应辞去其中一个;(5)代表不脱离各自的生产和工作,代表参加履职活动,应当安排好本人的生产和工作,优先执行代表职务；（6）代表受原选区选民或者原选举单位的监督，由选民直接选举的代表应当以多种方式向原选区选民报告履职情况；（7）代表可以向本级人民代表大会常务委员会书面提出辞职，接受辞职须经常务委员会组成人员的过半数通过；（8）代表应当具有行使代表权利和承担代表义务的能力，丧失行为能力的，代表资格终止。

县（区）人民代表大会代表的法律地位和作用，是由人民在国家政治生活中的地位决定的，县（区）行政区域内的一切组织和个人必须尊重和维护。

第二节　代表权利和义务

县（区）人民代表大会代表是一个政治职务，具有法定权利和义务。根据修改后的代表法对代表权利和义务作出的规定，县（区）人民代表大会代表享有下列权利：（1）出席县（区）人民代表大会会议，参加审议各项议案、报告和其他议题，发表意见；（2）依法联名提出议案、质询案、罢免案等；（3）提出对各方面工作的建议、批评和意见；（4）参加县（区）人民代表大会的各项选举；（5）参加县（区）人民代表大会的各项表决；（6）获得依法执行代表职务所需的信息和各项保障；（7）法律规定的其他权利。

县（区）人民代表大会代表还应履行下列义务：（1）模范地遵守宪法和法律，保守国家秘密，在自己参加的生产、工作和社会活动中，协助宪法和法律的实施；（2）按时出席县（区）人民代表大会会议，认真审议各项议案、报告和其他议题，发表意见，做好会议期间的各项工作；（3）积极参加闭会期间统一组织的视察、专题调研、执法检查等履职活动；（4）认真参加履职学习，加强调查研究，不断提高执行代表职务的能力；（5）与原选区选民或者原选举单位和人民群众保持密切联系，听取和反映他们的意见和要求，努力为人民服务；（6）自觉遵守社会公德，廉洁自律，公道正派，勤勉尽责；（7）法律规定的其他义务。

第三节　代表履职规范和保障

县（区）人民代表大会代表执行代表职务，包括会议期间的工作和闭会期间的活动两个方面。修改后的代表法规定代表须遵循的履职规范有：（1）按时出席本级人大会议，如因健康等特殊原因不能出席会议的，应当按照规定请假；（2）在出席本级人大会议前，应当听取人民群众的意见和建议，为会议期间执行代表职务做好准备；（3）审议各项议案和报告，发表意见，应当围绕会议议题，遵守议事规则；（4）提出的建议、批评和意见应当明确具体,注重反映实际情况和问题;(5)在闭会期间的活动以集体活动为主,以代表小组活动为基本形式;(6)应当根据安排,围绕经济社会发展和关系人民群众切身利益、社会普遍关注的重大问题,开展专题调研;(7)应当正确处理从事个人职业活动与执行代表职务的关系,不得利用执行代表职务干涉具体司法案件或者招标投标等经济活动牟取个人利益;(8)应当采取多种方式经常听取人民群众对代表履职的意见,回答原选区选民或者原选举单位对代表工作和代表活动的询问,并以多种形式向原选区选民报告履职情况,接受监督。

与此同时,根据代表法对保障代表履职的新规定,县(区)人大常委会、人民政府和人民法院、人民检察院,应当及时向代表通报工作情况,提供信息资料,保障代表的知情权;县(区)人大常委会应当有计划地组织代表参加履职学习,协助代表熟悉人民代表大会制度、掌握履行代表职务所需的法律知识和其他专业知识;县(区)人民代表大会主席团或者常委会受理有关机关提出的对代表采取逮捕、刑事审判或者法律规定的其他限制人身自由措施的许可申请后,应当审查是否存在对代表在人民代表大会各种会议上的发言和表决进行法律追究,或者对代表提出建议、批评和意见等其他执行职务行为打击报复的情形,并据此作出决定;有关机关、组织应当认真研究办理代表建议、批评和意见,并自交办之日起三个月内答复;涉及面广、处理难度大的建议、批评和意见,应当自交办之日起六个月内答复;有关机关、组织在研究办理代表建议、批评和意见的过程中,应当与代表联系沟通,充分听取意见;代表建议、批评和意见的办理情况,应当向县(区)人大常委会报告,并印发下一次人民代表大会会议;代表参加视察、专题调研活动形成的报告,由本级人大常委会办事机构转交有关机关、组织;对报告中提出的意见和建议的研究处理情况应当向代表反馈;代表的活动经费,应当列入本级财政预算予以保障,专款专用;县(区)人大常委会的办事机构和工作机构是代表执行代表职务的集体服务机构,为代表执行代表职务提供服务保障。

第二章　代表选举

地方各级人民代表大会每届任期五年。根据选举法第二条“不设区的市、市辖区、县、自治县、乡、民族乡、镇的人民代表大会的代表，由选民直接选举”和第六条“全国人民代表大会和地方各级人民代表大会的代表应当具有广泛的代表性，应当有适当数量的基层代表，特别是工人、农民和知识分子代表；应当有适当数量的妇女代表，并逐步提高妇女代表的比例”等规定，柯桥区（原绍兴县）在2007—2016年的10年间，共进行了两次县、乡两级人民代表大会代表的同步换届选举，依法选举产生绍兴县（后转为柯桥区）第十四届人民代表大会代表297名和柯桥区第一届（选举时为第十五届）人民代表大会代表289名（另有2个名额预留）。

第一节　选举工作机构

县（区）、镇人民代表大会换届选举，遵循坚持中国共产党领导、坚持发扬民主、坚持严格依法办事原则。县（区）、镇（街道、直属机关）设立党委换届工作领导小组，县（区）、镇分别设立选举委员会，街道和县（区）直属机关分别设立县（区）选举委员会的选举办事处。选举委员会在县（区）人大常委会和同级党委领导下，主持本级人民代表大会代表的选举，其职责是：划分选举本级人民代表大会代表的选区，分配各选区应选代表的名额；进行选民登记，审查选民资格，公布选民名单；受理对于选民名单不同意见的申诉，并作出决定；确定选举日期；了解核实并组织介绍代表候选人的情况；根据较多数选民的意见，确定和公布正式代表候选人名单；主持投票选举；确定选举结果是否有效，公布当选代表名单；公布选举信息;法律规定的其他职责。选举委员会下设办公室,除负责办理县(区)人民代表大会代表选举的具体事务外,同时负责联系、指导和检查镇人民代表大会代表的选举工作。各镇、街道和县(区)直属机关辖区内选举县(区)人民代表大会代表的具体工作,由镇选举委员会或街道、县(区)直属机关选举办事处办理。县(区)、镇选举委员会的组成人员由县(区)人大常委会任命,选举委员会的组成人员为代表候选人的,应辞去选举委员会的职务。

县第十三届人民代表大会代表的选举在《绍兴县人大志(1996—2007)》中已记载,本志记述县第十四届、区第一届人民代表大会选举工作机构。根据《中华人民共和国全国人民代表大会和地方各级人民代表大会选举法》的规定,2011年11月9日,绍兴县第十三届人大常委会第三十五次会议决定,设立绍兴县选举委员会,主持县第十四届人民代表大会代表的选举,县选举委员会也于当月14日通过并公布县选举委员会办公室成员名单;2016年9月29日,绍兴市柯桥区第十四届人大常委会第三十八次会议决定,设立绍兴市柯桥区选举委员会,主持区第一届人民代表大会代表的选举,区选举委员会又于当年10月9日通过并公布区选举委员会办公室成员名单。县(区)人大常委会会议还通过了选举委员会各选举办事处成员名单。

2016年10月9日,区选举委员会第一次会议讨论决定代表选举日等事项(人大办提供)

县(区)选举委员会组成人员一览表

表 1-2-1

选举年份	主　任	副主任	委　员
2011年绍兴县选举委员会	孟柏千	姚国海 平水龙	于　琪　王　群　方慧琴　冯祝泉　刘　斌　刘越英　孙尧富　吴国建　吴海胜　宋国梁　张　健　陈广见　周银火　胡斌钦　唐水森　蒋建国　缪水祥

续表 1-2-1

选举年份	主　任	副主任	委　员
2016 年绍兴市柯桥区选举委员会	马芳妹	姚国海 金水法 杨伟卿 邢柏生 胡国炜	王秋珍　冯文华　朱伟芳　孙　洁　李卫龙　李兴成　吴国建　吴岳炎　余建林　沈伟阳　张　健　陆晓巍　陈　方　胡斌钦　祝安钧　徐伟民　黄宇峰　蒋建国　喻光耀　鲁建潮　靳豫玖　濮建明

县(区)选举委员会办公室成员一览表

表 1-2-2

选举年份	负责人	所属各组成员
2010 年绍兴县选举委员会办公室	主　任:刘　斌 副主任:邵纪康 胡斌钦	组织组:赵建新(组长)　沈伟阳　尉惠娟　陈　敏　劳志明　赵克文
		宣传组:宋金木(组长)　孙胜利　徐智煊　赵奕芳　于丽华　冯文华
		秘书组:杨高相(组长)　张国富　倪华丰　赵士君　叶晓路
		保卫组:宋国梁(组长)　李光辉　金彩娥　李德军　孙华根　郑宝海　王金祥
		县直机关联系组:徐晁华(组长)　张光潮　王健儿
2016 年绍兴市柯桥区选举委员会办公室	主　任:李亚根 副主任:王　勤 杨高相 陆晓巍 沈伟阳	秘书组:杨高相(组长)　倪华丰　周　维　赵士君　沈庭洋　高　洁
		组织组:王　勤(组长)　俞　丰　宋世昌　裘可钦　卢雪勇　张致良　占国民　钱国标
		宣传组:叶加林、宋金木(双组长)　陈卫祥　韩闽敏　朱利奇　冯杨波
		法制组:蒋倬臣、钱兔根(双组长)　李　东　刘青红　喻雯颖　郑宝海　孙华根　陈　梁
		区直机关联络组:徐智煊(组长)　金轶晟　王金成　王　玲

2010 年绍兴县选举委员会各选举办事处成员名单

柯桥街道选举办事处:

主　任:董金香

副主任:茅志娟　许云富　夏崇林　徐兴建　沈水免

成　员:周定荣　马宇涛　王杏英　张祖伟　徐勇涛　韩赵娜

柯岩街道选举办事处:

主　任:韩金海

副主任:孙爱珍　洪泉进　傅爱云　裘华建　孙法中

成　员:朱丽虹　翁　杰　章月红　陈谷萍　郝龙山　王荣富

华舍街道选举办事处:

主　任:徐光炎

副主任:许伟江　王国昌　娄　盛　谭震建　单和根

成　员:赵宁美　马宇微　滕　瑛　谭耀庆　袁　沣　朱伟锋　梁　丽

湖塘街道选举办事处:

主　任:宣卫刚

副主任:胡成江　宋　辉　傅国良　蒋桂芬

成　员:朱永华　余　蕾　金兰芬　沈仁堂　钱国权

县直机关选举办事处:

主　任:郎煜江

副主任:吴海胜　金　强　周如生　陈文荣

成　员:叶加林　陈栋樟　倪东辉　蒋月英　徐民江　朱浩林　余伟国　滕　瑛

2016年绍兴市柯桥区选举委员会各选举办事处成员名单

柯桥街道选举办事处:

主　任:柯静杨

副主任:毛国先　谢水萍　张志方　娄　盛　徐燕明　张　羚

成　员:徐国庆　周定荣　俞哲雯　徐　兰　许燕燕　王　慧　陈建卫　周江超

柯岩街道选举办事处:

主　任:孙卫国

副主任:陈旭鹏　王利芳　许家新　陈　萍　高鑫祥　何永兴

成　员:王志浩　翁　杰　金惠芳　陈丽丽　金建敏　黄文金　陈谷萍　王荣富

华舍街道选举办事处:

主　任:陈卫星

副主任:朱志康　罗　赟　陈建红　李　君　车建成　俞建龙

成　员：张晓辉　赵宁美　滕　瑛　邱宏珍　胡松祥　李　磊　严　慎　韦煜钦

湖塘街道选举办事处：

主　任：陈百干

副主任：宋　辉　傅国良　汤　超　朱丽虹　樊步彦　钱国权

成　员：池建方　黄灵芳　李春芳　谢耀坤　金忆铭　张卫国　夏泽华

区直机关选举办事处：

主　任：吴岳炎

副主任：陈栋樟　张妙娟　马国勇　孟田灿

成　员：肖国建　张海英　黄国兴　张祥华　孙利人　邹国林　何亦勇　徐海芳

第二节　选举程序和方法

代表名额分配　2011 年，省人民代表大会常务委员会确定绍兴县第十四届人民代表大会代表名额 297 名，与上届人民代表大会代表名额相同。2016 年，根据行政区划调整新情况，省人民代表大会常务委员会重新确定柯桥区第十五届（后改为第一届）人民代表大会代表名额 291 名。依据全国人民代表大会 2010 年 3 月对选举法作出修正后，对县级人民代表大会代表名额由原来按农村每一代表所代表的人口数四倍于镇每一代表所代表的人口数分配，改为“按照每一代表所代表的城乡人口数相同的原则，以及保证各地区、各民族、各方面都有适当数量代表的要求进行分配”的规定，中共浙江省委有关文件规定了代表构成的比例要求。其中，2011 年规定选举产生的代表，工人、农民占 45% 左右，专业技术人员占 25% 左右，党政干部比例不超过 25%，非中共党员占 35% 左右（其中民主党派人士应占适当比例），妇女代表占 23% 以上；2016 年的规定中，又将党政干部和妇女比例分别减少和增加一个百分点。县（区）人民代表大会代表名额按照上述原则和要求进行分配，先由县（区）选举委员会分配到各镇、街道和县（区）直机关，再由街道和县（区）直机关选举办事处、镇选举委员会结合选区划分分配到所辖各选区。

代表候选人的资格条件　2011 年和 2016 年，中央和省委均对县、乡两级人民代表大会换届选举工作发文提出意见，对把好代表候选人“入口关”、严格把握人选标准提出明确要求。根据选举法、代表法规定和中央、省委有关文件要求，代表人选应当具有宪法法律规定的选举权和被选举权，拥护中国共产党的领导和中国特色社会主义制度，模范遵守宪法和法律，密切联系群众，在本职工作中发挥带头作用，自觉遵守社会公德,廉洁自律,公道正派,勤勉尽责,具备履职意愿和履职能力,具有良好社会形象,得到群众广泛认同。对于那些政治上有问题的,严重损害国家和人民利益的,与敌对势力相勾结或接受国(境)外组织、个人参选资助或培训的,品行不端、道德败坏的,有行贿受贿、权钱交易行为的,因严重违纪违法被给予组织处理、纪律处分或被判刑以及涉嫌违纪违法正在接受调查处理的,宗族势力、宗教势力、黑恶势力的,有拉票贿选或其他不正当竞争行为的,在身份上弄虚作假或身份与代表性不一致的,没有履职能力或当选后不尽责的、履职意愿不强的人等,一律不得推荐或继续提名为人大代表人选。

选区划分和动员培训 县(区)人民代表大会代表按选区进行选举,选区划分工作由县(区)选举委员会委托街道、县(区)直机关选举办事处和镇选举委员会办理。选区划分遵循便于选民参加选举活动、便于代表联系选民、便于选民了解和监督代表等原则,按居住状况或者按生产单位、事业单位、工作单位进行划分。选区的大小,按照每一选区选一名至三名代表并且各选区每一代表所代表的人口数大体相等的规定确定。选区划分后,各选区建立选举工作组,负责选举的具体工作。各镇、街道、县(区)直机关和各选区均召开选举工作动员会议,培训选举工作骨干,公布选举委员会各项决定,运用各种形式开展宣传教育,公告选区划分结果。

选民登记 凡年满十八周岁具备选民资格的中华人民共和国公民都应当按选区进行选民登记,年龄计算以选举日为准。每一选民只能在一个选区登记,经登记确认的选民资格长期有效。选民登记一般按"三进三出"方法进行,即对上次选民登记以后新满十八周岁的、新迁入的、被剥夺政治权利期满后恢复政治权利的选民予以登记,对选民经登记后迁出原选区的、死亡的和依照法律被剥夺政治权利的人给予除名。流动人口原则上在户籍所在地参加选举,在现居住地一年以上并持有《浙江省临时居住证》《浙江省居住证》的人员,凡取得户籍所在地选民资格证明的,也可以在现居住地选区登记。选民名单由选举委员会在选举日的20日前公布。

杨汛桥镇第四大选区的选民在观看选民榜

(人大办提供)

推荐、协商、确定代表候选人 代表候选人的推荐者为二种：一是各政党、各人民团体单独或者联合推荐，二是选民10人以上联名推荐。各政党、各人民团体联合或者单独推荐的代表候选人的人数，每一选民参加联名推荐的代表候选人的人数，均不得超过本选区应选代表的名额。2016年起实行了严格的代表候选人考察审查制，即代表候选人经提名推荐后，均须经由党委组织部门会同各有关部门联合进行考察、审查，把好代表“入口关”。代表候选人交由选区各选民小组讨论、协商后，根据较多数选民意见确定正式代表候选人名单。初步代表候选人名单在选举日的15日以前公布，正式代表候选人名单在选举日的7日前公布。

安昌镇区人大代表候选人与选民见面场景

（人大办提供）

投票选举 投票选举分选举大会、设立投票站和设置流动票箱三种形式，以投票站为主，辅之以确实需要的流动票箱，有条件的地方召开选举大会。投票站和选举大会均设立秘密写票处，保证选民自由行使选举权利；每只流动票箱有3人以上管理，确保选举公正、公平。投票选举前由选举委员会做好正式代表候选人的介绍工作，组织正式代表候选人与选民见面。选举的监票、计票人员由选区的各选民小组推选，选区工作组统一安排。投票选举在规定的选举日进行，选民凭选民证或者身份证领取选票。选举结束并确认选举有效后，举行选举揭晓仪式，宣布选举结果，公布当选代表名单，发放代表当选证书，由选举委员会公告当选代表名单。

代表资格审查和选举工作总结 代表选举工作结束后，由县（区）人大常委会代表资格审查机构对选举产生的县（区）人民代表大会代表进行代表资格审查，主要审查当选代表是否符合宪法法律规定的代表的基本条件，选举是否符合法律规定的程序，以及是否存在破坏选举和其他当选无效的违法行为，在确认代表资格有效后，报县（区）人大常委会会议审议同意，并于新一届人民代表大会第一次会议前公布代表名单。选举结束后，选举委员会和各选举办事处分别统计选举数据，总结选举情况，做好选举资料的收集归档工作，并逐级上报选举工作总结及有关资料、表册。之后，选举机构即行撤销。

第三节　选举结果及特色

县(区)第十四届人民代表大会代表选举　此次选举首次实行城乡按相同人口比例选举人民代表大会代表。选举工作在试点基础上,于2011年11月中旬至12月下旬进行,12月25日为全县县、镇两级人大代表选举日。试点工作由县人大常委会组织,于8月26日至9月29日在钱清镇开展,同时作为浙江省和绍兴市的试点单位。省人大常委会副主任徐宏君、市人大常委会副主任施淑汝分别到试点单位指导选举工作,省、市、县各级新闻媒体均报道了选举工作情况。2011年11月11日,县委批转县人大常委会党组《关于做好县、镇人大换届选举工作的意见》,提出了选举工作目标、任务和原则性要求。11月9日,县人大常委会作出《关于县、镇两级人民代表大会换届选举有关事项的决定》,确定了选举时间和选举机构的设置。11月14日,县选举委员会召开第一次会议,决定了选举日期和选举工作计划、政策等事项。11月15日,县委召开全区选举工作动员会,县、镇两级人大换届选举全面展开。12月25日,县、镇两级人大代表依法选举产生,并于2012年2月9-12日召开县新一届人民代表大会第一次会议。

此次县人民代表大会代表选举与镇人民代表大会代表选举同步进行,分别由同级选举委员会主持。全县共划分109个大选区(选举县人大代表)、470个小选区(选举镇人大代表),选民登记共669051人,参加投票选举的选民659618人。除6个小选区进行第二次选举外,其余选区均一次选举成功。当选的297名新一届县人民代表大会代表,党政干部69名,非中共党员102名(其中民主党派人士15名),工人农民173名(一线工人农民55名),具有大学本科及其以上文化程度的116名,还有专业技术人员55名,连任的代表150名。代表的构成比例符合有关政策规定的代表结构要求。经2012年1月5日县人大常委会代表资格审查委员会会议审查,并经2012年1月9日县人大常委会会议审议,确认297名代表的代表资格全部有效。

区第一届(选举时为区第十五届)人民代表大会代表选举　此次选举首次实行代表候选人资格联合考察、审查制度。选举工作未进行试点,于2016年10月至12月进行,选举日为12月20日。2016年9月28日,区委批转区人大常委会党组《关于做好区、镇人大换届选举工作的意见》,提出选举工作目标、任务和原则性要求。9月29日,区人大常委会作出《关于区、镇人大换届选举有关事项的决定》,确定了选举时间和选举机构的设置。10月9日,区选举委员会召开第一次会议,决定选举日期和选举工作计划、政策等事项。10

月 20 日，区委召开全区选举工作动员会，区、镇两级人大换届选举全面展开。12 月 20 日，区、镇两级人大代表依法选举产生，并于 2017 年 2 月 20–23 日召开区新一届人民代表大会第一次会议。

此次区人民代表大会代表选举仍与镇人民代表大会代表选举同步进行，分别由同级选举委员会主持。全区共划分 107 个大选区（选举区人大代表）、368 个小选区（选举镇人大代表），选民登记共 628140 人，参加投票选举的选民 610358 人。除 11 个小选区进行第二次选举外，其余选区均一次选举成功。当选的 289 名新一届区人民代表大会代表（另有 2 个名额预留），党政干部 69 名，妇女 87 名，非中共党员 105 名，工人农民 141 名（其中一线工人农民 93 名），具有大学本科及其以上文化程度的 156 名，还有专业技术人员 75 名，构成比例符合有关政策规定的代表结构要求。经 2017 年 1 月 4 日区人大常委会代表资格审查委员会会议审查，并经 2017 年 1 月 12 日区人大常委会会议审议，确认 289 名代表的代表资格全部有效。

选举工作经验介绍 2011 年的绍兴县县、镇两级人民代表大会代表换届选举，经验得到省、市有关方面充分肯定。省人民代表大会常务委员会副主任徐宏竣、省委组织部部长蔡琦先后对试点经验作出重要批示。县人大常委会代表工委负责人在全省选举工作座谈会上专题介绍工作经验。2012 年 9 月，县人大常委会副主任邢柏生在全省换届选举总结

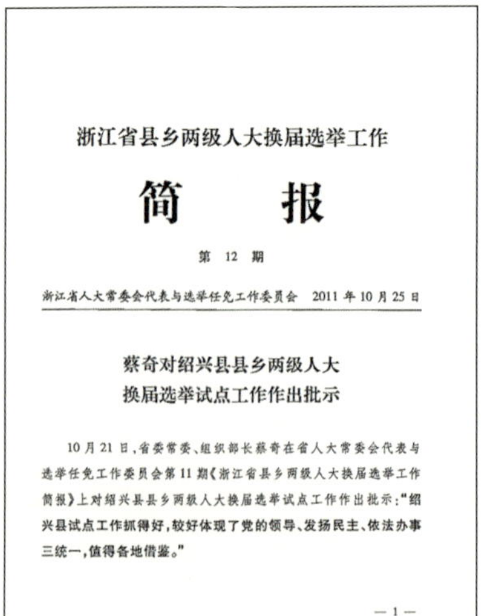
浙江省县乡两级人大换届选举工作

简　报

第 12 期

浙江省人大常委会代表与选举任免工作委员会　2011 年 10 月 25 日

蔡奇对绍兴县县乡两级人大换届选举试点工作作出批示

10 月 21 日，省委常委、组织部长蔡奇在省人大常委会代表与选举任免工作委员会第 11 期《浙江省县乡两级人大换届选举工作简报》上对绍兴县县乡两级人大换届选举试点工作作出批示："绍兴县试点工作抓得好，较好体现了党的领导、发扬民主、依法办事三统一，值得各地借鉴。"

— 1 —

蔡琦批示简报

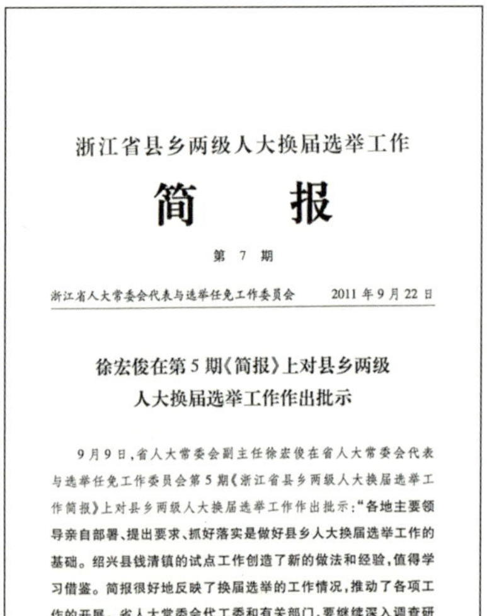
浙江省县乡两级人大换届选举工作

简　报

第 7 期

浙江省人大常委会代表与选举任免工作委员会　2011 年 9 月 22 日

徐宏俊在第 5 期《简报》上对县乡两级人大换届选举工作作出批示

9 月 9 日，省人大常委会副主任徐宏俊在省人大常委会代表与选举任免工作委员会第 5 期《浙江省县乡两级人大换届选举工作简报》上对县乡两级人大换届选举工作作出批示："各地主要领导亲自部署、提出要求、抓好落实是做好县乡人大换届选举工作的基础。绍兴县钱清镇的试点工作创造了新的做法和经验，值得学习借鉴。简报很好地反映了换届选举的工作情况，推动了各项工作的开展。省人大常委会代工委和有关部门，要继续深入调查研

— 1 —

徐宏竣批示简报

会议上作“着眼优化代表结构创新选举工作方法”的经验介绍。2014年4月，县人大常委会主任吴晓在全国人民代表大会常务委员会举办的县级人民代表大会常务委员会主任培训班上作“改进选举工作方法确保代表的广泛性”为题的选举工作经验介绍。

附：

改进选举工作方法 确保代表的广泛性

代表的广泛性是人民代表大会制度的本质要求，地方人大换届选举应当按照这一要求选举代表。但在目前经济社会急剧转型，群众政治参与热情日益高涨的形势下，代表选举的复杂性增强，保证代表的广泛性难度加大。针对这一情况，柯桥区（原绍兴县）在2011年的县、乡两级人大换届选举中积极探索，以优化代表结构为抓手，改进选举工作方法，在确保当选代表具有广泛的代表性中取得了较好效果。县、乡两级人大代表均实现了“三升一降”（妇女、非党、基层代表的比例上升，党政干部代表比例下降）目标，一次选举成功率也达到了99%。

选举工作的做法和体会主要有三个方面：

一、重视选情分析，强化选举的质量意识。代表选举中的主要矛盾是“四难”，也就是：因组织形态多样，科学划分选区较难；因人员流动广泛，正确登记选民较难；因竞选代表激烈，优化代表结构较难；因群众思想认识不一，组织选民参选较难。特别是优化代表结构方面，因为目前一些企业家、党政干部及社会知名人士竞选代表激烈，而直接选举民主性强，选民参选自由度高，选举局面很难掌控，实现这一目标难度更大。在这样的情况下，我们认为强化选举的质量意识更为重要。必须彻底改变代表选出就等于选举成功的传统观念，把优化代表结构作为提高选举质量的一个重要标志。具体工作中采取了四项措施。一是确立“三保一提高”（保障选民的选举权利，保证代表构成的合理比例，确保当选代表具有较高素质，提高一次选举成功率）的选举工作总目标，以这个目标统一各个层面的认识，引领选举活动；二是着力营造重结构、重素质、重民主的代表选举环境，使各级干部和选举机构自觉克服“只看贡献实绩，不看代表履职”和“摆摆平”等错误偏见，按照规定的代表构成比例，做到造就氛围讲比例、班子把关保比例、说服教育成比例；三是从各级领导班子做起，将代表名额分配的重心下移，使得县级人大代表中县级党政领导只留7名，党政干部、老干部分别比上届减少9名和4名，乡级人大代表中的乡镇党政班子（不含人大）成员也不超过3人；四是紧紧依靠各级干部和选举工作人员，做好一些重点对象的思想工作，引导这些人员顾全大局、让贤让位，心情舒畅地参与选举工作，尤其是在提名代表候选人时，要求不讲户籍讲业绩，不按本土按选区，克服本位主义，保证所在选区的选举工作实现优化代表结构目标。从实践结果看，这些措施还是比较有效的。

二、创新工作方法，依靠机制来保证结构。选举工作时间性和程序性强，优化代表结构必须从选举的准备阶段做起，贯穿于选举工作全过程。柯桥区探索运用了十种方法，从机制上保证这个目标实现。在选区划分方面，运用“解方程法”划分选区，认真分析本行政区域内所有机关、团体和企业事业单位的情况，通过科学搭配，求得不同选区之间每一代表所代表人口数大体相等，每个选区有优秀代表资源，选举产生的代表能实现合理结构，选区内各组成单位之间和谐顺畅。在选民登记方面，运用“单位先行法”、“主动服务法”和“统一对接法”开展选民登记工作，防止企事业单位与农村（居委会）之间出现“重”和“漏”，主动为外来务工人员参选提供服务，避免同一选民在两地参选或者均未能参选。在推荐、协商代表候选人方面，分别运用“公推群荐法”和“结构分解法”推荐和协商代表候选人，坚持先选民集体商讨而后联名推荐，先选民联名推荐而后政党、团体推荐，同时按非中共党员、妇女、专业技术人员等进行分类协商，依法确定各类别的正式代表候选人名单，使代表候选人既广泛而又有群众基础。在投票选举方面，运用“因村制宜法”确定投票方式，防止抢夺票箱等事件发生；运用“二次动员法”分别在选举开始前和投票选举前进行宣传动员，力求所有选民参加投票选举；运用“力量统配法”统一调配选举工作人员，确保选举公正、公平。在维护选举秩序方面，运用“排查预防法”排查社会稳定问题，对排查出的重点地区和重点对象采取不同防范措施，着力控制贿选、拉帮结派、宗族等非法干预和操纵选举等行为。这些方法的运用，使选举的成功和实现理想的选举结果都有了保障。

三、优化选举环境，支持选举机构依法履职。选举委员会是代表选举的主持机构，确保代表的广泛性，必须充分发挥选举机构在组织、领导本级人大代表选举中的重要作用。我们还从多方面着手，努力优化选举环境，为各级选举机构主持代表选举提供支持。一是广泛调查征集优秀人选，重点掌握可以留任的现任代表名单和可供选民提名的非中共党员、妇女、专业技术人员和工人农民中的优秀人选名单，为提名推荐代表候选人提供充足资源。二是广泛宣传代表结构和条件，从法律和政策的角度进行引导，为选民提名推荐和协商代表候选人指明方向。三是分级联合审查代表候选人资格，采取选举委员会和党委换届选举领导小组联合审查的方式，实行初步代表候选人和正式代表候选人两次审查，既把好代表候选人产生的法律关，又把好代表候选人的结构和素质关。

四是充分发挥党委的领导作用,依靠党委落实各级领导班子和选举工作人员在代表选举中的分工包干、错失追究等责任制,由领导班子成员协调和处理代表名额分配、选区划分、代表候选人协商和确定中的一些突出矛盾,做好有思想矛盾并有一定知名度的人员的思想工作。通过这些措施,有力支持了各级选举机构依法履行职责,使选举两级人大代表取得圆满成功。

第四节 代表的补选

根据代表法第四十九条规定,代表有下列情形之一的,其代表资格终止:迁出或者调离本行政区域的;辞职被接受的;未经批准两次不出席本级人民代表大会会议的;被罢免的;丧失中华人民共和国国籍的;依照法律被剥夺政治权利的;丧失行为能力的。县(区)第十三、十四届人民代表大会届期内,被依法终止代表资格的代表分别为12名和41名,其中2013年10月行政区划调整时划出东部三镇所在地的县十四届人民代表大会代表共27名。根据选举法第五十六条“代表在任期内,因故出缺,由原选区或者原选举单位补选”的规定,依法补选县第十三届人民代表大会代表11名和县(区)第十四届人民代表大会代表7名。

补选代表由县(区)人大常委会主持,选区所在地的镇人大主席团(人大街道工委)承办选举事务。选举工作分为核实选民名单、提名推荐代表候选人、协商确定代表候选人、投票选举四个阶段,约20天时间,并采取无记名投票的方式。正式候选人名单及候选人基本情况在选举日的7日前公布,候选人人数一般与应选代表的名额相同。对补选产生的代表,由县(区)人大常委会代表资格审查委员会进行代表资格审查,并经常委会会议确认。

县(区)人民代表大会代表资格终止情况表

表1-2-3　　单位:人

届　次	终止原因	终止人数	被终止者姓名(年份)
第十三届	迁出或者调离本行政区域	7	许　晋(2008年)、冯建荣、陈吉安、孙建焕(2009年)徐焕明、陶关锋、周剑敏(2010年)
	辞职被接受	3	潘政权(2008年)、王柏泉(2009年)、盛苗根(2010年)
	去　世	2	宋天平、濮匡正(2010年)

续表 1-2-3

届 次	终止原因	终止人数	被终止者姓名（年份）
第十四届	迁出或者调离本行政区域	8	孙 君、郭曙光(2013)、何加顺(2014 年)、丁生产、傅海彪、丁 飞、赵 凯、王绿叶(2015 年)
	行政区域调整时划出	27	王立勇、冯 娟、徐寿增、陶海良、黄一鸣、鲁仁忠、潘萍锋、马彩英、王国权、张翠峰、陈成松、郑雪奎、赵正富、屠德忠、蒋建中、鲁传林、潘卫新、潘文娟、丁洁青、李鲁旗、邱剑浩、罗国庆、金妙红、孟雁凤、钱志荣、倪宝根、董圆法(2013 年)
	辞职被接受	5	张咸良、杨国良(2013 年) 林建光、陶国强(2014 年) 相位民(2015 年)
	去 世	1	徐林土(2014 年)

县(区)人民代表大会代表补选情况表

表 1-2-4

届 次	补选时间	选区名称	当选代表名单
第十三届	2008 年 12 月 22 日	县人武部选区	傅海彪
	2010 年 10 月 29 日	柯桥街道第 8、11、12 选区	余建林、王炳豪、何加顺
		钱清镇第 1、2 大选区	阮建尧、宋金木
		马鞍镇第 2 大选区	孟柏千
		安昌镇第 7 大选区	柯静杨
		王坛镇第 1、2 大选区	濮如松、卢宝良
		稽东镇第 1 大选区	孙 浩
第十四届	2014 年 1 月 17 日	区人武部选区	傅海彪
第十四届	2014 年 2 月 17 日	马鞍镇第二、五大选区和兰亭镇第一大选区	丁生产、陈新荣、林建光
	2014 年 11 月 20 日	钱清镇第二大选区	阮建尧
	2015 年 11 月 11 日	稽东镇第三大选区	周 江
	2015 年 12 月 17 日	区人武部选区	彭振业

第三章　代表名录

第一节　县(区)人民代表大会代表

县第十三届人民代表大会代表名单

绍兴县第十三届人民代表大会代表名单已在上篇《绍兴县人大志(1996—2007)》中记载(代表选举工作在2006年11月中旬至12月中旬进行,共选举产生代表297名。其中:中共党员191人,占64.31%;非中共党员106人,占35.69%;妇女76人,占25.59%)。届内代表的变动情况,已在第二章第三节中记述,另有1位代表(王柏泉)被依法许可采取刑事等强制措施。

县(区)第十四届人民代表大会代表名单

绍兴县第十四届人民代表大会(后转为绍兴市柯桥区第十四届人民代表大会)代表共297名,代表名单于2012年1月9日由县人大常委会公告,之后届内的代表变动情况已在第二章第三节中记述,另有4位代表(唐耀军、金尧兴、姚荣根、吴建龙)被依法许可采取刑事等强制措施。

柯桥街道(共22名)

王关林　王欢忠　王惠娟(女)　王翰樵　李天兴　沈冬云　沈祥星
陈尧根　陈利锋　祝赛青(女)　钱利红(女)　徐国龙　曹天龙　盛国娟(女)
章金根　董金香(女)　蒋建英(女)　喻光耀　虞建妙　鲍亚芳(女)　潘亚敏(女)

潘国泉

县直属、县人武部（共 8 名）

陈国同　孟争强　俞俊海　秦丰明　凌渭土　郭曙光　章小玲(女)　潘伟英(女)

柯岩街道（共 22 名）

王源祥　朱调云(女)　朱清尧　李会鹏　李红霞(女)　吴水芳(女)　吴永福　吴培生　沈百庆　陈正文　陈茂兴　陈林川　陈柏兴　邵纪康　金灿新　金国琴(女)　周兴夫　顾晓萍(女)　高永清　陶晓东　章生茂　韩金海

华舍街道（共 19 名）

马友安　马仕秀　马伟钧　马宝泉　马银贤　马福林　王红卫　包如贵　包海英(女)　朱良凤(女)　李鹏勇　吴建龙　周松祥　单月茶(女)　胡阿羊　顾洁萍(女)　徐冬泉　徐光炎　濮如松

湖塘街道（共 14 名）

丁爱芬(女)　丁雅芬(女)　王国祥　平水龙　沈土根　宋金木　茅元根　罗建明　胡炳海　宣卫刚　钱慧霞(女)　高海峰　唐耀军　魏森林

钱清镇（共 24 名）

万爱法　王郎水　孔永华　朱建刚　孙忠富　李杏芬(女)　李海林　杨再祥　何加顺　邹妙琴(女)　沈国光　张兴根　金柏林　周天祥　周建英(女)　孟柏干　俞姜丽(女)　俞雅文(女)　姚国海　秦爱芬(女)　徐阿毅　徐其林　高安良　魏中华

杨汛桥镇（共 13 名）

王荣标　王绿叶(女)　吴利明　吴　晓(女)　汪建中　陆兴法　陈火庆　陈阿坤　金良顺　周永利　胡小明　唐利民　傅小桂(女)

夏履镇（共 7 名）

卢丽君(女)　叶加林(女)　李三海　李仁荣　赵　凯　徐仁良　高海根

齐贤镇（共 24 名）

于文萍(女)　马红光(女)　毛兴贤　任晓英(女)　孙耀琴(女)　吴国建　余金方　沈如川　沈建利　张　宁(女)　陈尧根　赵六四　赵增强　胡兴良　俞园娟(女)　费存良　钱家林　钱雪林　徐光贤　徐杏木　徐晁华

韩文元 谢如炎 魏阳林

马鞍镇(共15名)

叶燕芳(女) 朱秀娟(女) 任宏亮 孙 君 杨国良 陈永根 陈林夫
陈晓寅 周柏林 胡亚春(女) 姚雅浓(女) 钱立琦 徐 锋 蒋振东
傅见林

安昌镇(共16名)

王铢根 李亚根 余定泉 汪国琴(女) 沈长庆 张国生 张勤良
陈桂英(女) 赵建新 胡柏成 柯静杨 施平平(女) 濮黎明 徐关浩
徐宝金 徐 雯(女)

福全镇(共14名)

王国英(女) 叶水根 邢柏生 李光辉 何国行 何国俊 陈 刚
邵利珍(女) 金尧兴 金关良 秋国良 谢佰荣 虞阿五 朱利慧(女)

兰亭镇(共11名)

孙岳传 杨林江 吴雅琴(女) 何鸣惠(女) 余慧娟(女) 张宝康 张咸良
陈志芳 章生建 蒋倬臣 潘云峰

漓渚镇(共10名)

王叶刚 王炎富 朱建敏 孙卫国 陈文兰(女) 邵爱娟(女) 金立成
钱汉宁 徐林土 徐洪尧

陶堰镇(共9名)

于庆国 王立勇 冯 娟(女) 李鲁旗 徐寿增 陶海良 黄一鸣
鲁仁忠 潘萍锋(女)

孙端镇(共14名)

马彩英(女) 王国权 毛中萍(女) 杨高相 余茂法 张翠峰(女) 陈成松
郑雪奎 赵正富 屠德忠 蒋建中 鲁传林 潘卫新 潘文娟(女)

富盛镇(共10名)

丁洁青 孙 浩 邱剑浩 沈祖卫 罗国庆 金妙红(女) 孟雁凤(女)
钱志荣 倪宝根 董圆法

平水镇(共20名)

马芳妹(女) 王张泉 王金兔 吕 萍(女) 孙伟刚 李炳炎 杨国胜
杨 燕(女) 沈忠勇 宋友祥 宋兴隆 骆业奎 袁启森 徐晓耿

唐勤江　章建平(女)　尉乐萍(女)　葛丽萍(女)　傅幼林　裘海林

王坛镇（共 13 名）

丁贵根　于利华(女)　王震江　孙秋根　孙胜利　孙益忠　金秀芳(女)
洪大通　徐爱华(女)　徐慧娟(女)　陶国强　葛美芳　董仲江

稽东镇（共 12 名）

丁　飞　丁炳方　方慧琴(女)　李玲娣(女)　李朝斌　杨芬娟(女)　沈汉江
沈关梁　张　英(女)　相位民　姚荣根　高洪水

县直机关（共 8 名）

陈国同　孟争强　俞俊海　秦丰明　凌渭土　郭曙光　章小玲(女)
潘伟英(女)

区第一届人民代表大会代表名单

绍兴市柯桥区第一届人民代表大会代表共 289 名，代表名单于 2017 年 1 月 12 日由区人大常委会公告。

柯桥街道（共 25 名）

马高祥　王关林　王欢忠
吕旭幸　吴红平(女)　沈冬云
沈祥星　陈丙田　茅奇凤(女)
周青美(女)　周波青(女)　柯静杨
祝赛青(女)　夏燕红(女)　钱兔根
徐国龙　黄　文(女)　曹天龙
盛国娟(女)　章金根　虞兴源
虞建妙　潘国泉　戴晶莹(女)
魏阳林

柯岩街道（共 24 名）

朱调云(女)　朱清尧　祁小仙(女)
李会鹏　李红霞(女)　杨高相

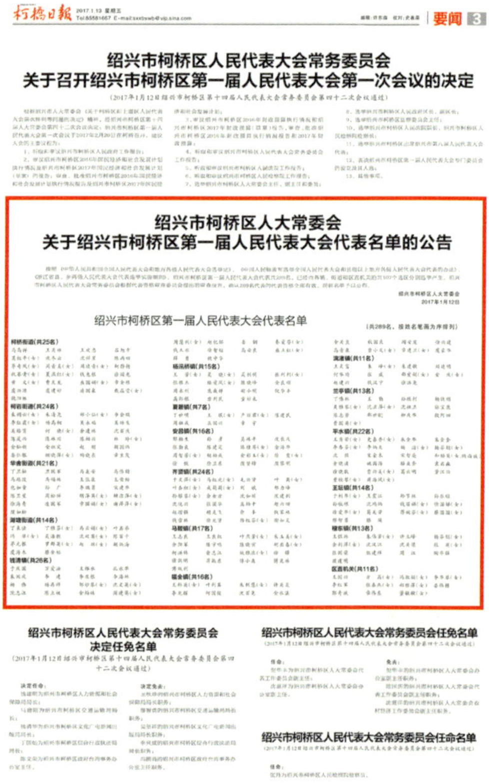
柯桥日报　2017.1.13 星期五　要闻 3
绍兴市柯桥区人民代表大会常务委员会
关于召开绍兴市柯桥区第一届人民代表大会第一次会议的决定
绍兴市柯桥区人大常委会
关于绍兴市柯桥区第一届人民代表大会代表名单的公告
绍兴市柯桥区第一届人民代表大会代表名单
绍兴市柯桥区人民代表大会常务委员会决定任免名单
绍兴市柯桥区人民代表大会常务委员会任免名单
绍兴市柯桥区人民代表大会常务委员会任命名单

《柯桥日报》公布代表名单

吴永福　吴培生　吴培育　何　晓(女)　余建林　沈百庆　陈茂兴
陈林川　陈柏兴　林　玲(女)　金灿新　金祖定　赵　刚　胡国炜

娄仁根　顾晓萍(女)　陶晓东　章生茂

华舍街道(共21名)

丁卫松　卫国军　马友安　马伟钧　马越波　马福林　王张泉
王荣标　包如贵　孙　广　李鹏勇　宋建华　陈卫星　周松祥
胡萍英(女)　顾洁萍(女)　徐海青　凌国军　章国娟(女)　谢萍萍(女)　濮如松

湖塘街道(共14名)

丁来法　丁雅芬(女)　马云娟(女)　叶鑫弟　冯　琴(女)　吴海胜　沈双英(女)
陈百干　茅元根　罗群英(女)　赵　琼(女)　胡炳海　虞海木　蔡金标

钱清镇(共26名)

于庆国　万爱法　王郎水　孔永华　朱国庆　李　建　李亚根
李海林　杨　伟　杨再祥　邹妙琴(女)　沈文英(女)　沈志江　陈立权
金柏林　周建英(女)　周慧利(女)　赵忆怀　娄　钢　秦爱芬(女)　钱木水
徐智煊　高安良　盛立红(女)　薛　勇　魏中华

杨汛桥镇(共15名)

王　芳(女)　吴　晓(女)　吴利明　张利利(女)　张根木　陆爱凤(女)　陈晓峰
金良顺　周永利　庞巍祥　胡小明　倪华丰　高郎根　唐利民
童妙来

夏履镇(共7名)

丁世明　王　珉(女)　卢丽君(女)　陈建民　周祖成　孟国兴　章　宇

安昌镇(共16名)

邢柏生　孙　彦　吴林平　沈长庆　张勤良　陈建定　陈桂英(女)
金海华　周智芳(女)　胡柏成　俞彩玉(女)　徐　雯(女)　徐　锐　徐卫东
濮坚锋　濮黎明

齐贤镇(共24名)

于文萍(女)　马红光(女)　毛兴贤　叶　英(女)　叶杏红(女)　成莉莉(女)　刘　斌
祁力峰　孙耀琴(女)　余金方　沈如川　沈建利　沈悦兴　张国华
孟柏干　赵六四　赵增强　胡克飞　俞　丰　钱家林　钱雪林
徐光贤　韩红芬(女)　谢如炎

马鞍镇(共17名)

王志良　王良红　叶燕芳(女)　朱玉美(女)　余阳军　陈宇鸣　陈晓寅

胡亚春（女） 柯洪炜 俞志江 姚雅浓（女） 徐 锋 诸剑明 蒋振东
傅小森 傅见林 傅双利

福全镇（共16名）

王科英（女） 叶利其 朱利慧（女） 许关炎 李光辉 何国俊 沈百尧
金水法 金关良 秋国良 闻安发 徐兴建 高青泉 曹小文（女）
章建兰（女） 虞豪华

漓渚镇（共11名）

王炎富 朱 峰（女） 朱建敏 刘建明 何华均 张 威 邵爱娟（女）
金 庆（女） 赵建兴 钱汉宁 徐洪尧

兰亭镇（共13名）

丁伟林 王 勤 孙胜利 杨铁刚 吴雅琴（女） 沈亚萍（女） 沈祖卫
张宝康 陈志芳 邵世昉 柳庆华 殷阿四 曹国英（女）

平水镇（共21名）

王秀芳（女） 史春香（女） 朱金华 朱金奎 李杏芬（女） 李炳炎 杨 洁（女）
沈 强 宋金木 宋智亮 和锡英（女，纳西族） 金晓波 姚国海
骆业奎 袁启森 徐晓耿 曹兴美（女） 葛云明 董江兴 董桂琴（女）
蒋海凤（女）

王坛镇（共14名）

于利华（女） 王震江 孙节林 孙乐禄 孙秋根 沈鸿炳 钱苗娣（女）
徐国娣（女） 徐爱华（女） 葛美芳 蒋婉芬（女） 蔡圆圆（女） 缪智勇 滕 瑛

稽东镇（共13名）

王银林 朱伟芳（女） 许立峰 杨芬娟（女） 余利萍（女） 沈汉江 沈关梁
张 英（女） 张国荣 陆建祥 周 江 陶华强 濮建明

区直机关（共11名）

王国兴 方 茜（女） 冯淑娟（女） 李华琴（女） 李红军 张春燕（女） 郑雅萍（女）
娄伟栋 郭奇斌 章伟东 董毓敏（女）

第二节 县(区)出席绍兴市人民代表大会的代表

出席绍兴市第六届人民代表大会代表

(2007 年 4 月至 2012 年 4 月,共 64 名)

丁晓燕(女)	于庆国	万爱法	马仁芳(女)	王永昌	王幼卿	王荣彪
史赛敏(女)	冯光成	冯建荣	邢玉清(女)	朱关烈	朱建敏	刘玲美(女)
孙永根	孙岳传	孙建文(女)	杨学夫	李会鹏	肖国英(女)	沈久尔
沈小军(女)	沈幼生	沈焕根	宋天平	张尚明	陈长兴	陈礼安
陈茂兴	陈学军	陈康年	邵立聪	周剑敏	庞宝根	胡克勤
赵旱雨	赵张夫	赵增强	祝静芝(女)	顾秋麟	夏柏潮	钱建明
倪长兴	徐林土	徐茂根	徐顺兴	徐美灿	徐焕明	翁桂珍(女)
陶关锋	黄文刚	章增产	尉如海	韩伟权	葛云明	葛伯军
葛美芳	蒋张水	傅茂昌	谢兴长	虞兔良	谭志桂	魏阳林
濮雅萍(女)						

(另外:2010 年 9 月,接受冯光成辞去绍兴市第六届人民代表大会代表职务;2010 年 1 月,补选孙云耀为绍兴市第六届人民代表大会代表;2011 年 1 月,补选朱关烈、王炳豪、徐爱华为绍兴市第六届人民代表大会代表)

出席绍兴市第七届人民代表大会代表

(2012 年 4 月至 2017 年 4 月,共 66 名)

丁晓燕(女)	于庆国	马　萍(女)	马仁芳(女)	车晓端(女)	王　翔	田建华
史赛敏(女)	冯华林	邢柏生	朱关烈	刘建明	刘玲美(女)	许国潮
孙永根	杨国勤(女)	杨学夫	吴　晓(女)	何加顺	何坚刚	沈幼生
沈百安	沈林花(女)	沈焕根	张小帆	张尚明	张金如	张惠民
陈　飞(女)	陈长兴	陈礼安	陈学军	陈建武	金国坚(女)	庞宝根
法　弘	单彩云(女)	胡克勤	赵水荣	赵旱雨	赵张夫	俞伟芬(女)
施明朗	娄华勤(女)	姚国海	顾永水	顾亚红(女)	顾秋麟	夏柏潮
夏能勇	钱勇军	徐阿幼	徐阿羊	徐林土	徐茂根	徐国龙
徐顺兴	韩伟权	葛伯军	葛海泉	蒋张水	蒋婉英(女)	舒炳炎

虞兔良　　魏雅萍(女)　濮雅萍(女)

（另外：2013 年 3 月，补选俞志宏为绍兴市第七届人民代表大会代表）

出席绍兴市第八届人民代表大会代表

（2017 年 4 月起，共 63 名）

马　民	马卫光	马仁芳(女)	马洋洋	王　翔	王铼根	车晓端(女)
方秋香(女)	田建华	叶剑静(女)	史赛敏(女)	乐培宏	刘　斌	许　晋
阮坚勇	孙　彦	孙永根	孙海龙	李小和	李云国	杨　燕(女)
杨国勤(女)	肖　峰	吴　晓(女)	沈志江	张志华	张宏伟	张尚明
张咸良	张惠民	陈　飞(女)	陈礼安	陈建武	陈春芳(女)	陈　勤(女)
陈　燕(女)	林　抒	季国苗	季佩红(女)	金国琴(女)	周骄德	郑德均
单彩云(女)	法　弘	胡林晓(女)	俞伟芬(女)	施明朗	施淑汝(女)	洪继明
娄华勤(女)	贺永大	骆学新	顾亚红(女)	钱利红(女)	钱建法	徐阿羊
徐国龙	高建章	蒋张水	韩伟权	童康尔	谢　妍(女)	蔡家苗

第三节　县(区)出席浙江省及全国人民代表大会的代表

出席浙江省第十一届人民代表大会代表

（2008 年 1 月至 2013 年 1 月）

毛中萍(女)　冯建荣　陈显明　庞宝根　徐林土　虞兔良

出席浙江省第十二届人民代表大会代表

（2013 年 1 月起）

吴　晓(女)　吴素英(女)　陈显明　金银燕　庞宝根　高永清

出席全国第十二届人民代表大会代表

（2013 年 3 月起）

徐爱华(女)

第二编

县（区）人民代表大会会议

县(区)人民代表大会是县(区)国家权力机关,在本行政区域内依法行使地方国家权力,而县(区)人民代表大会会议是行使县(区)人民代表大会职权的最重要形式。2013年11月8日,绍兴县撤销县建制,设立绍兴市柯桥区,县人民代表大会更名为区人民代表大会。从2007年2月至2017年2月,县(区)人民代表大会经历县第十三届、县(区)第十四届和区第一届之始。期间,共召开县(区)人民代表大会会议11次,听取审议、审查报告94个,作出决议、决定81项;选举和表决产生县(区)国家机关工作人员157名;选举出席绍兴市人民代表大会代表193名。会议期间,收到代表提出的议案、建议、批评和意见总计2582件。其中,第十三届人民代表大会第一次会议详情前志已记述。

第一章　人民代表大会职权及会议的组织

第一节　人民代表大会性质和职权

根据宪法规定,人民代表大会制度是我国的根本政治制度,它包括的基本内容:(一)我国是工人阶级领导的、以工农联盟为基础的人民民主专政的社会主义国家,国家的一切权力属于人民,人民行使国家权力的机关是全国人民代表大会和地方各级人民代表大会;(二)全国人民代表大会和地方各级人民代表大会都由民主选举产生,对人民负责,受人民监督;(三)国家行政机关、监察机关、审判机关、检察机关都由人民代表大会产生,对它负责,受它监督;(四)中央和地方的国家机构职权的划分,遵循在中央的统一领导下、充分发挥地方的主动性积极性的原则;(五)坚持各民族一律平等,实行民族区域自治,巩固和发展平等团结互助和谐的社会主义民族关系;(六)实行全面依法治国,健全社会主义法治,建设社会主义法治国家;(七)国家根本任务是沿着中国特色社会主义道路前进,建设富强民主文明和谐美丽的社会主义现代化强国,实现中华民族伟大复兴;(八)坚持中国共产党领导,保证党领导人民有效治理国家。

而人民代表大会是国家整个政权体系的重要组成部分,是实行人民代表大会制度的直接承担者。(一)人民代表大会是国家权力机关。全国人民代表大会是最高国家权力机关,地方各级人民代表大会是地方各级国家权力机关。人民通过人民代表大会来行使管理国家权力。国家行政机关、审判机关、检察机关都由人民代表大会产生,对它负责,受它监督。(二)人民代表大会是国家工作机关。全国和地方的人民代表大会负有立法(部分)、讨论决定国家或者本行政区域重大事项，选举、决定或者罢免本级国家机关的组成人员或者领导人员，监督或者保证宪法、法律实施和监督本级其他国家机关工作等繁重的任务，它与国家行政、审判、检察机关一样，必须进行大量的、经常性的工作。（三）人民代表大会是代表机关或者民意机关。全国和地方各级人民代表大会都由民主选举产生，对人民负责，受人民监督。人民代表大会由代表组成，它通过各种方式，联系人民群众，反映人民群众的意见，集中人民群众的智慧，代表人民的利益和意志行使国家权力。

宪法和地方组织法规定县级以上的地方人民代表大会行使下列职权：（一）在本行政区域内，保证宪法、法律、行政法规和上级人民代表大会及其常务委员会决议的遵守和执行，保证国家计划和国家预算的执行；（二）审查和批准本行政区域内的国民经济和社会发展计划、预算以及它们执行情况的报告；（三）讨论、决定本行政区域内的政治、经济、教育、科学、文化、卫生、环境和资源保护、民政、民族等工作的重大事项；（四）选举本级人民代表大会常务委员会的组成人员（；五）选举省长、副省长，自治区主席、副主席，市长、副市长，州长、副州长，县长、副县长，区长、副区长；（六）选举本级人民法院院长和人民检察院检察长；选出的人民检察院检察长，须报经上一级人民检察院检察长提请该级人民代表大会常务委员会批准；（七）选举上一级人民代表大会代表；（八）听取和审查本级人民代表大会常务委员会的工作报告；（九）听取和审查本级人民政府和人民法院、人民检察院的工作报告；（十）改变或者撤销本级人民代表大会常务委员会的不适当的决议；（十一）撤销本级人民政府的不适当的决定和命令；（十二）保护社会主义的全民所有的财产和劳动群众集体所有的财产，保护公民私人所有的合法财产，维护社会秩序，保障公民的人身权利、民主权利和其他权利；（十三）保护各种经济组织的合法权益；（十四）保障少数民族的权利；（十五）保障宪法和法律赋予妇女的男女平等、同工同酬和婚姻自由等各项权利。

地方各级人民代表大会还有权罢免本级人民政府的组成人员，有权罢免本级人民代表大会常务委员会的组成人员和由它选出的人民法院院长、人民检察院检察长。罢免的人民检察院检察长，须报经上一级人民检察院检察长提请该级人民代表大会常务委员会批准。

第二节　会议的召集、主持和程序

地方各级人民代表大会会议每年至少举行一次，县级以上的地方各级人民代表大会会议由本级人民代表大会常务委员会召集。经过五分之一以上代表提议，可以临时召集本级人民代表大会会议。县级以上的地方各级人民代表大会每次会议举行预备会议，选举本次会议的主席团和秘书长,通过本次会议的议程和其他准备事项的决定。预备会议由本级人民代表大会常务委员会主持。每届人民代表大会第一次会议的预备会议,由上届本级人民代表大会常务委员会主持。县级以上的地方各级人民代表大会举行会议的时候,由主席团主持会议。2013 年,县十四届人民代表大会第二次会议首次实施代表缺席会议通报制,由大会秘书处对会议期间代表出席情况、尤其是对缺席者予以实名通报,之后的区人民代表大会会议对缺席的列席人员也进行实名通报,并一直延续了这一做法,代表到会率明显提升。

县(区)人民代表大会会议的议程一般为:听取和审议县(区)人民政府工作报告;审议县(区)上一年国民经济和社会发展计划执行情况及当年国民经济和社会发展计划(草案)的报告;审查、批准县(区)上一年国民经济和社会发展计划执行情况报告及当年国民经济和社会发展计划;审议县(区)上一年财政预算执行情况及当年财政预算(草案)的报告,审查、批准县(区)上一年财政预算执行情况报告及当年财政预算;听取和审议县(区)人大常委会工作报告;听取和审议县(区)人民法院工作报告;听取和审议县(区)人民检察院工作报告;选举和表决人选;表决当年人民政府民生实事项目;其他事项。

县(区)人民代表大会会议的日程由本次会议主席团决定,自县十三届人民代表大会第二次会议至区一届人民代表大会第一次会议止,各次人民代表大会会议会期一般为 3 天半,而各届的第一次会议增加 1 天。

附一:

绍兴市柯桥区第一届人民代表大会第一次会议预备会议日程

2017 年 2 月 19 日(星期日)。中午 12:00 至下午 1:30 代表、列席人员报到。下午 1:30 召开代表团召集人会议,2:15 代表团活动,包括传达召集人会议精神、推选代表团团长、副团长,酝酿大会主席团和秘书长名单草案,酝酿大会议程草案,编好代表讨论小组,各代表小组推选组长、副组长和记录员;3:00 召开预备会议,包括选举大会主席团和秘书长、对大会议程草案进行表决、区委书记徐国龙讲话;召开党员大会(预备会议后);召开主席团第一次会议(党员大会后),推选大会主席团常务主席,对大会执行主席分组名单草案进行表决,对大会日程草案进行表决,对大会副秘书长名单草案进行表决,对议案截止日期的决定草案进行表决,对宪法宣誓办法草案进行表决,提出大会选举办法草案、区第一届人大专门委员会的设立及其人选的表决办法草案、投票表决 2017 年区政府民生实事项目办法草案。

附二：

绍兴市柯桥区第一届人民代表大会第一次会议日程

（2017年2月19日绍兴市柯桥区第一届人民代表大会
第一次会议主席团第一次会议通过）

2月20日（星期一）。上午8:30举行第一次全体会议，举行开幕仪式，区政府代理区长沈志江作政府工作报告；大会合影（全体区人大代表、区领导、老领导）；代表团分组活动（合影后），审议区政府工作报告、国民经济和社会发展计划报告、财政预算报告、选举办法草案、区第一届人大专门委员会的设立及其人选的表决办法草案、投票表决2017年区政府民生实事项目办法草案。下午2:00代表团分组活动，审议区政府工作报告、国民经济和社会发展计划报告、财政预算报告、选举办法草案、区第一届人大专门委员会的设立及其人选的表决办法草案、投票表决2017年区政府民生实事项目办法草案。

2月21日（星期二）。上午8:30代表团集中活动，审议区政府工作报告、国民经济和社会发展计划报告、财政预算报告、选举办法草案、区第一届人大专门委员会的设立及其人选的表决办法草案、投票表决2017年区政府民生实事项目办法草案；10:30召开主席团第二次会议，听取各代表团对区政府工作报告、国民经济和社会发展计划报告、财政预算报告、选举办法草案、区第一届人大专门委员会的设立及其人选的表决办法草案、投票表决2017年区政府民生实事项目办法草案的审议意见。下午2:00举行第二次全体会议，区人大常委会主任吴晓作绍兴市柯桥区人民代表大会常务委员会工作报告，区法院代理院长陈建民作绍兴市柯桥区人民法院工作报告，区检察院检察长周江作绍兴市柯桥区人民检察院工作报告，对大会选举办法草案、区第一届人大专门委员会的设立及其人选的表决办法草案、投票表决2017年区政府民生实事项目办法草案进行表决；4:00召开主席团第三次会议，提出各项候选人建议名单、区第一届人大各专门委员会组成人员人选名单草案、2017年区政府民生实事候选项目。

2月22日（星期三）。上午8:30代表团集中活动，审议区人大常委会和“两院”工作报告，酝酿、讨论各项候选人、区第一届人大各专门委员会组成人员人选、2017年区政府民生实事候选项目，推荐监票人；11:00召开主席团第四次会议，听取各代表团对各项候选人名单、区第一届人大各专门委员会组成人员人选名单草案、2017年区政府民生实事候选项目的酝酿、讨论意见，提出大会各项决议草案，提出大会总监票人和监票人名单草案。下午2:00代表团分组活动，审议区人大常委会、“两院”工作报告，审议各项决议草案，酝酿、讨论各项候选人名单、2017年区政府民生实事候选项目，审议大会总监票人和监票人名单草案；3:40召开主席团第五次会议，听取各代表团对区人大常委会、区"两院"工作报告的审议意见，听取各代表团对各项决议草案的审议意见，确定提交大会表决，听取各代表团对各项候选人名单、2017年区政府民生实事候选项目、大会总监票人和监票人名单草案的酝酿、讨论意见，确定提交大会选举和表决，听取和审议议案处理意见报告。

2月23日(星期四)。上午8:30举行第三次全体会议，对大会总监票人和监票人名单草案进行表决，选举区人大常委会主任、副主任、委员，区政府区长、副区长，区监察委员会主任，区法院院长、区检察院检察长，对2017年区政府民生实事项目进行投票表决，对区第一届人大各专门委员会组成人员名单草案进行表决，新当选区人大常委会主任、区政府区长在大会主席台进行单独宪法宣誓；新一届区人大常委会组成人员，区政府区长、副区长，区监察委员会主任，区法院院长、区检察院检察长合影；区人大常委会副主任、委员，区人大专门委员会组成人员，区政府副区长，区监察委员会主任，区法院院长另行组织集体宪法宣誓(合影后)。下午1:30举行第四次全体会议，选举柯桥区出席绍兴市第八届人民代表大会代表；举行第五次全体会议，报告大会议案收集情况及其处理意见，对大会各项决议草案进行表决，举行闭幕仪式。

第三节　会议的领导机构

大会主席团是代表大会会议的领导机构，领导并主持代表大会会议。主席团成员由预备会议从该届本级人大代表中选举产生。县(区)人民代表大会历次会议主席团、常务主席、秘书长、副秘书长名单如下。

一、县第十三届人民代表大会

(一)第一次会议

主 席 团:(共46人)

丁生产	于庆国	马仕秀	王宝焕	王荣彪	毛中萍(女)	平水龙	冯建荣
刘　斌	刘越英(女)	许　晋	孙云耀	孙爱保	孙黎明(女)	杨高相	李会鹏
余茂法	汪传昌	宋国梁	张建林	陆钰馨	陈永根	陈吉安	陈林川
邵纪康	金良顺	周建鑫	周剑敏	庞宝根	单宝子	孟长胜	赵建新
施平平(女)	袁启森	徐林土	徐晁华	徐焕明	高青泉	高新华	唐水淼

凌渭土　黄文刚　章生建　谢兴长　虞阿五　濮耀魁

主席团常务主席：

徐焕明　冯建荣　孙云耀　徐林土　章生建　平水龙　施平平(女)　于庆国　余茂法

秘 书 长：张建林(兼)

副秘书长：胡国炜　邵纪康　郎煜江　叶加林(女)

(二)第二次会议

主 席 团：(共45人)

丁生产　于庆国　马仕秀　毛中萍(女)　平水龙　刘　斌　刘越英(女)　许　晋

孙云耀　孙爱保　孙黎明(女)　杨高相　李会鹏　余茂法　汪传昌　宋国梁

张建林　陆钰馨　陈永根　陈林川　邵纪康　金良顺　周建鑫　庞宝根

单宝子　郎煜江　孟长胜　赵建新　俞伟芬(女)　施平平(女)　袁启森　徐光炎

徐林土　徐晁华　徐焕明　高青泉　高新华　唐水淼　凌渭土　黄文刚

章生建　傅青春　谢兴长　虞阿五　濮耀魁

主席团常务主席：

徐林土　章生建　平水龙　施平平(女)　于庆国　余茂法

秘 书 长：章生建

副秘书长：胡国炜　刘　斌　郎煜江　方国安

(三)第三次会议

主 席 团：(共42人)

丁生产　于庆国　马仕秀　马建刚　毛中萍(女)　平水龙　冯华林　刘　斌

刘越英(女)　孙云耀　孙爱保　孙黎明(女)　杨高相　李会鹏　余茂法　汪传昌

宋国梁　陈永根　陈林川　邵纪康　金良顺　周建鑫　庞宝根　郎煜江

孟长胜　赵建新　俞伟芬(女)　施平平(女)　袁启森　徐光炎　徐林土　徐晁华

徐焕明　高青泉　唐水淼　凌渭土　黄文刚　章生建　傅青春　谢兴长

虞阿五　濮耀魁

主席团常务主席：

徐林土　章生建　平水龙　施平平(女)　于庆国　余茂法

秘 书 长：章生建(兼)

副秘书长：胡国炜　刘　斌　郎煜江　方国安

（四）第四次会议

主　席　团：（共 39 人）

于庆国　马仕秀　马建刚　毛中萍（女）　平水龙　刘　斌　刘越英（女）　孙爱保
杨高相　杨秀娟（女）　李会鹏　何国行　余茂法　汪传昌　宋国梁　陈永根
陈林川　邵纪康　金良顺　周建鑫　庞宝根　郎煜江　赵建新　俞伟芬（女）
施平平（女）　袁启森　徐光炎　徐林土　徐晁华　徐焕明　高新华　唐水淼
凌渭土　黄文刚　章生建　傅青春　谢兴长　虞阿五　濮耀魁

主席团常务主席：

徐林土　章生建　平水龙　施平平（女）　于庆国　余茂法

秘　书　长：章生建（兼）

副秘书长：胡国炜　刘　斌　郎煜江　缪水祥

（五）第五次会议

主　席　团：（共 42 人）

于庆国　马仕秀　马建刚　毛中萍（女）　平水龙　卢宝良　冯华林　刘　斌
刘越英（女）　阮建尧　孙爱保　杨高相　李会鹏　何加顺　余茂法　余建林
汪传昌　宋国梁　宋金木　陈永根　陈林川　邵纪康　金良顺　周建鑫
庞宝根　郎煜江　赵建新　俞伟芬（女）　施平平（女）　袁启森　徐光炎　徐林土
徐晁华　高新华　唐水淼　凌渭土　黄文刚　章生建　傅青春　傅海彪
虞阿五　濮耀魁

主席团常务主席：

徐林土　章生建　平水龙　施平平（女）　于庆国　余茂法

秘　书　长：章生建（兼）

副秘书长：沈祖卫　刘　斌　郎煜江　缪水祥

二、县（区）第十四届人民代表大会

（一）第一次会议

主　席　团：（共 45 人）

丁　飞　于庆国　马仕秀　马芳妹（女）　毛中萍（女）　方慧琴（女）　平水龙　叶加林（女）
邢柏生　朱建刚　孙　君　孙　浩　孙胜利　杨高相　李亚根　李光辉
李会鹏　李鲁旗　吴　晓（女）　何加顺　余茂法　沈祖卫　宋金木　陈　刚

陈永根　陈林川　邵纪康　金秀芳（女）　金良顺　赵建新　俞园娟（女）　施平平（女）
姚国海　袁启淼　徐光炎　徐林土　徐国龙　徐晁华　章生建　葛美芳
董金香（女）　蒋倬臣　虞阿五　魏阳林　濮如松

主席团常务主席：

何加顺　徐国龙　马芳妹（女）　吴　晓（女）　邢柏生　于庆国　魏阳林　葛美芳
濮如松　沈祖卫

秘 书 长：章生建（兼）

副秘书长：刘　斌　李亚根　吴国建　缪水祥

（二）第二次会议

主 席 团：（共43人）

于庆国　马仕秀　马芳妹（女）　毛中萍（女）　方慧琴（女）　平水龙　叶加林（女）　邢柏生
任宏亮　孙忠富　孙胜利　李亚根　李光辉　李会鹏　李鲁旗　杨高相
吴　晓（女）　吴国建　何加顺　余茂法　沈祖卫　宋金木　陈　刚　陈永根
陈林川　邵纪康　金秀芳（女）　金良顺　赵建新　施平平（女）　姚国海　袁启淼
钱利红（女）　徐光炎　徐林土　徐晁华　章生建　葛美芳　董金香（女）　蒋倬臣
虞阿五　魏阳林　濮如松

主席团常务主席：

吴　晓（女）　邢柏生　于庆国　魏阳林　葛美芳　濮如松　沈祖卫

秘 书 长：邢柏生（兼）

副秘书长：刘　斌　李亚根　吴国建　缪水祥

（三）第三次会议

主 席 团：（共40人）

于庆国　马仕秀　马芳妹（女）　毛中萍（女）　叶加林（女）　邢柏生　朱建刚　孙胜利
李亚根　李光辉　李会鹏　杨高相　吴　晓（女）　吴国建　何加顺　余茂法
沈祖卫　宋金木　张国生　陈　刚　陈永根　陈林川　邵纪康　金秀芳（女）
金良顺　赵建新　施平平（女）　姚国海　袁启淼　钱利红（女）　徐光炎　徐晁华
章生建　葛美芳　董金香（女）　蒋倬臣　傅海彪　虞阿五　魏阳林　濮如松

主席团常务主席：

吴　晓（女）　邢柏生　于庆国　魏阳林　葛美芳　濮如松　沈祖卫

秘 书 长：邢柏生（兼）

副秘书长：刘 斌 李亚根 吴国建 缪水祥

（四）第四次会议

主 席 团：（共 39 人）

于庆国 马仕秀 马芳妹（女） 毛中萍（女） 叶加林（女） 邢柏生 朱建刚 孙伟刚
孙胜利 李亚根 李光辉 李会鹏 杨高相 吴 晓（女） 吴国建 余茂法
沈祖卫 宋金木 陈 刚 陈永根 陈林川 邵纪康 金秀芳（女） 金良顺
赵建新 柯静杨 施平平（女） 姚国海 袁启淼 钱利红（女） 徐光炎 徐国龙
徐晁华 葛美芳 蒋倬臣 傅海彪 虞阿五 魏阳林 濮如松

主席团常务主席：

吴 晓（女） 邢柏生 于庆国 魏阳林 葛美芳 濮如松 沈祖卫

秘 书 长：邢柏生（兼）

副秘书长：李亚根 孙爱保 吴国建 缪水祥

（五）第五次会议

主 席 团：（共 37 人）

于庆国 马仕秀 马芳妹（女） 毛中萍（女） 叶加林（女） 邢柏生 朱建刚 孙伟刚
孙胜利 李亚根 李光辉 李会鹏 杨高相 吴 晓（女） 吴国建 余茂法
沈祖卫 宋金木 张国生 陈 刚 陈永根 陈林川 邵纪康 金良顺
柯静杨 施平平（女） 姚国海 袁启淼 钱利红（女） 徐光炎 徐国龙 彭振业
葛美芳 蒋倬臣 虞阿五 魏阳林 濮如松

主席团常务主席：

吴 晓（女） 邢柏生 于庆国 魏阳林 葛美芳 濮如松 沈祖卫

秘 书 长：邢柏生（兼）

副秘书长：李亚根 孙爱保 吴国建 冯文华

三、区第一届人民代表大会

（一）第一次会议

主 席 团：（共 43 人）

于庆国 王 勤 王张泉 邢柏生 朱 峰（女） 朱伟芳（女） 刘 斌 孙 彦
孙胜利 李亚根 李光辉 李会鹏 李红军 杨高相 吴 晓（女） 沈 强
沈志江 沈祖卫 宋金木 陈百干 陈林川 陈建民 陈晓峰 金水法

金良顺　周　江　胡国炜　柯洪炜　柯静杨　姚国海　袁启森　钱兔根
倪华丰　徐兴建　徐国龙　徐国娣(女)　徐智煊　高青泉　诸剑明　葛美芳
蔡金标　魏阳林　濮如松

主席团常务主席：

徐国龙　沈志江　姚国海　吴　晓(女)　蔡金标　胡国炜　葛美芳　沈祖卫　王张泉
刘　斌

秘 书 长：邢柏生（兼）

副秘书长：李亚根　章金尧　李伟根　冯文华

第四节　会议活动方式

预备会议　预备会议是在人民代表大会正式会议召开之前举行的由全体代表参加的会议，其任务是选举主席团和秘书长，通过此次会议议程和关于会议其他准备事项的决定。预备会议一般在代表大会召开前一天举行，由上一届人大常委会主持。在预备会议开会前，上一届人大常委会应将需要提前交预备会议审议的主席团和秘书长名单草案、会议议程草案以及关于会议其他准备事项交各代表团审议，由代表团提出意见。常委会根据各代表团提出的意见，可以对主席团和秘书长名单草案、会议议程草案以及关于会议其他准备事项

2016 年 1 月 18 日，绍兴市柯桥区第十四届人民代表大会第五次会议预备会议举行
（人大办提供）

提出调整意见，提请预备会议审议通过。

全体会议　全体会议是人民代表大会召开会议、行使权力的基本形式。每次代表大会会议期间，都要召开若干次全体会议。全体会议需达到法定人数才能举行。全体会议的任务是听取报告和议案的说明，投票选举和表决议案。具体来说，它包括听取人大常委会、人民政府、人民法院、人民检察院的工作报告；听取审查批准上一年国民经济和社会发展计划执行情况和本年度国民经济和社会发展计划；听取审查批准本年度国家预算和上一年度预算执行情况的报告；表决提交大会审议的各项议案；通过上述各项报告说明和议案的决定；投票选举国家机关领导人员和出席上一届人民代表大会代表。

2016 年 1 月 20 日，区第十四届人民代表大会第五次会议表决通过各项决议草案（人大办提供）

主席团会议　主席团会议由预备会议产生，是人民代表大会的组织者。主席团产生后即召开第一次主席团会议。主席团第一次会议决定以下事项：推选主席团常务主席若干人；推选主席团成员若干人轮流担任每次大会全体会议的执行主席；决定大会副秘书长人选；决定大会会议日程安排；规定议案表决方法；规定代表提出议案的截止时间。第一次会议以后的各次主席团会议其主要职权包括：有权向大会提出议案；决定各项议案是否列入会议议程；负责提名由本级人大选举的常委会组成人员和其他国家机关领导人员的人选，并根据各代表团协商结果和多数代表意见确定正式候选人名单；有权提出人大常委会组成人员和其他国家机关领导人员的罢免案；负责安排有关国家机关接受大会质询；组织各代表团审议列入大会议程的议题；决定表决议案的方式等。

代表团会议　代表团会议是人民代表大会审议报告和议案的主要形式，一般分为全体会议和小组会议。各级人大代表参加本级人民代表大会会议时，按照行政区域或选举单位组成若干个代表团，作为人民代表大会会议期间的临时性组织。代表团会议的任务包括：讨论常委会提出的关于会议的准备事项，如审议主席团和秘书长名单草案、会议议程草案以及关于会议的其他准备事项；在大会期间，代表团会议传达主席团会议的有关决定和意见，听取有关议案的特别说明，并就大会提交给代表的一切事项进行讨论，如对列入大会议程的政府工作报告、人民法院和检察院工作报告、国民经济和社会发展计划、财政预算等各项报告和议案进行集中审议或分小组审议。代表团会议还可以讨论提出属于本级人民代表大会职权范围内的议案，可以提出罢免案，可以提议组织特定问题调查委员会等。代表团会议可以推派代表或由代表团团长推派代表到主席团或大会全体会议上，对审议的议案发表意见。代表团会议作出决定或通过事项，都需要召开全体会议，由代表团全体代表的过半数赞成。在代表团举行会议时，同级人民政府、人民法院和人民检察院可以派员列席会议，其他有关机关、团体的负责人，经批准也可列席会议。

代表小组会议　代表小组会议是代表团审议各项报告和议案的一种会议形式，主要是便于代表对各项报告和议案更充分地发表意见。地方各级人民代表大会举行会议的时候，各代表团分设若干代表小组，并推选小组召集人召集和主持代表小组会议；人数少的代表团可不分小组，只举行代表团全体会议。

2016年1月19日，区人大会议第四代表团分组审议工作报告（人大办提供）

一、县第十三届人民代表大会各次会议代表团划分情况

第一次会议　前志已分别记述。

县第十三届人民代表大会第二次会议代表团划分一览表

表2-1-1　　单位：名

代表团	团长	副团长	代表小组	小组召集人	代表人数	列席人员人数
第一代表团	高青泉	杨秀娟	柯桥街道	高青泉	33	8

续表 2-1-1

<table>
<tr><th>代表团</th><th>团长</th><th>副团长</th><th>代表小组</th><th>小组
召集人</th><th>代表
人数</th><th>列席人
员人数</th></tr>
<tr><td rowspan="2">第二代表团</td><td rowspan="2">孙爱保</td><td rowspan="2">宣卫刚</td><td>柯岩街道</td><td>孙爱保</td><td>23</td><td>5</td></tr>
<tr><td>湖塘街道</td><td>宣卫刚</td><td>13</td><td>7</td></tr>
<tr><td rowspan="2">第三代表团</td><td rowspan="2">傅青春</td><td rowspan="2">孙建焕</td><td>华舍街道</td><td>孙建焕</td><td>22</td><td>8</td></tr>
<tr><td>安昌镇</td><td>傅青春</td><td>15</td><td>6</td></tr>
<tr><td rowspan="2">第四代表团</td><td rowspan="2">丁生产</td><td rowspan="2">杨国良</td><td>齐贤镇</td><td>丁生产</td><td>23</td><td>5</td></tr>
<tr><td>马鞍镇</td><td>杨国良</td><td>13</td><td>8</td></tr>
<tr><td rowspan="3">第五代表团</td><td rowspan="3">谢兴长</td><td rowspan="3">许志炎
金晓明</td><td>钱清镇</td><td>谢兴长</td><td>21</td><td>7</td></tr>
<tr><td>杨汛桥镇</td><td>许志炎</td><td>11</td><td>8</td></tr>
<tr><td>夏履镇</td><td>金晓明</td><td>7</td><td>7</td></tr>
<tr><td rowspan="4">第六代表团</td><td rowspan="4">周建鑫</td><td rowspan="4">陈　光
孙岳传
陶根夫</td><td>福全镇</td><td>周建鑫</td><td>10</td><td>7</td></tr>
<tr><td>漓渚镇</td><td>陈　光</td><td>11</td><td>7</td></tr>
<tr><td>兰亭镇</td><td>孙岳传</td><td>9</td><td>8</td></tr>
<tr><td>富盛镇</td><td>陶根夫</td><td>7</td><td>7</td></tr>
<tr><td rowspan="3">第七代表团</td><td rowspan="3">单宝子</td><td rowspan="3">蒋国洪
娄刚强</td><td>孙端镇</td><td>蒋国洪</td><td>13</td><td>5</td></tr>
<tr><td>陶堰镇</td><td>单宝子</td><td>8</td><td>7</td></tr>
<tr><td>县机关、县直</td><td>娄刚强</td><td>14</td><td>20</td></tr>
<tr><td rowspan="3">第八代表团</td><td rowspan="3">高新华</td><td rowspan="3">黄金富
余叶娟</td><td>平水镇</td><td>高新华</td><td>20</td><td>4</td></tr>
<tr><td>王坛镇</td><td>黄金富</td><td>13</td><td>7</td></tr>
<tr><td>稽东镇</td><td>余叶娟</td><td>10</td><td>6</td></tr>
<tr><td>离退休特邀组</td><td>—</td><td>—</td><td>—</td><td>张光潮</td><td>—</td><td>19</td></tr>
<tr><td colspan="5">合　　　计</td><td>296</td><td>185</td></tr>
</table>

县第十三届人民代表大会第三次会议代表团划分一览表

表 2-1-2　　　　单位：名

<table>
<tr><th>代表团</th><th>团长</th><th>副团长</th><th>代表小组</th><th>小组
召集人</th><th>代表
人数</th><th>列席人
员人数</th></tr>
<tr><td rowspan="2">第一代表团</td><td rowspan="2">高青泉</td><td rowspan="2">杨秀娟</td><td>柯桥街道(第一)</td><td>高青泉</td><td>17</td><td>4</td></tr>
<tr><td>柯桥街道(第二)</td><td>杨秀娟</td><td>15</td><td>4</td></tr>
<tr><td rowspan="2">第二代表团</td><td rowspan="2">孙爱保</td><td rowspan="2">宣卫刚</td><td>柯岩街道</td><td>孙爱保</td><td>23</td><td>7</td></tr>
<tr><td>湖塘街道</td><td>宣卫刚</td><td>13</td><td>5</td></tr>
</table>

续表 2-1-2

代表团	团长	副团长	代表小组	小组召集人	代表人数	列席人员人数
第三代表团	傅青春	陈尧根	华舍街道	陈尧根	21	7
			安昌镇	傅青春	15	5
第四代表团	丁生产	杨国良	齐贤镇	丁生产	23	7
			马鞍镇	杨国良	14	11
第五代表团	谢兴长	许志炎 金晓明	钱清镇	谢兴长	21	5
			杨汛桥镇	许志炎	11	7
			夏履镇	金　明	7	7
第六代表团	周建鑫	陈　光 孙岳传 陶根夫	福全镇	周建鑫	10	8
			漓渚镇	陈　光	11	7
			兰亭镇	孙岳传	9	9
			富盛镇	陶根夫	7	7
第七代表团	马建刚	孙建焕 娄刚强	孙端镇	马建刚	13	5
			陶堰镇	孙建焕	9	7
			县机关、县直	娄刚强	14	21
第八代表团	冯华林	黄金富 余叶娟	平水镇	冯华林	19	7
			王坛镇	黄金富	13	8
			稽东镇	余叶娟	10	7
离退休特邀组	—	—	—	张光潮	—	19
合　　计					295	193

县第十三届人民代表大会第四次会议代表团划分一览表

表 2-1-3　　单位：名

代表团	团长	副团长	代表小组	小组召集人	代表人数	列席人员人数
第一代表团	杨秀娟	张志根	柯桥街道（第一）	张志根	17	6
			柯桥街道（第二）	杨秀娟	15	7
第二代表团	孙爱保	宣卫刚	柯岩街道	孙爱保	23	10
			湖塘街道	宣卫刚	13	10
第三代表团	傅青春	陈尧根	华舍街道	陈尧根	21	8
			安昌镇	傅青春	15	8

续表 2-1-3

代表团	团长	副团长	代表小组	小组召集人	代表人数	列席人员人数
第四代表团	高新华	徐光炎	齐贤镇	徐光炎	23	10
			马鞍镇	高新华	13	10
第五代表团	谢兴长	许志炎 金晓明	钱清镇	谢兴长	20	5
			杨汛桥镇	许志炎	11	7
			夏履镇	金晓明	7	9
第六代表团	周建鑫	陈　光 孙岳传 陶根夫	福全镇	周建鑫	10	7
			漓渚镇	陈　光	12	6
			兰亭镇	孙岳传	9	9
			富盛镇	陶根夫	8	8
第七代表团	马建刚	冯华林 娄刚强	孙端镇	马建刚	13	5
			陶堰镇	冯华林	9	7
			县机关、县直	娄刚强	14	22
第八代表团	何国行	陶国强 余叶娟	平水镇	何国行	17	7
			王坛镇	陶国强	11	6
			稽东镇	余叶娟	10	7
离退休特邀组	—	—	—	李　敏	—	18
合　　计					291	210

县第十三届人民代表大会第五次会议代表团划分一览表

表 2-1-4　　单位：名

代表团	团长	副团长	代表小组	小组召集人	代表人数	列席人员人数
第一代表团	余建林	杨秀娟	柯桥街道(第一)	余建林	16	7
			柯桥街道(第二)	杨秀娟	17	9
第二代表团	马建刚	宣卫刚	柯岩街道	马建刚	23	13
			湖塘街道	宣卫刚	13	8
第三代表团	傅青春	徐光炎	华舍街道	徐光炎	21	8
			安昌镇	傅青春	14	6
第四代表团	高新华	陈尧根	齐贤镇	陈尧根	23	7
			马鞍镇	高新华	14	11

续表 2-1-4

代表团	团长	副团长	代表小组	小组召集人	代表人数	列席人员人数
第五代表团	孙爱保	陈福奉 金晓明	钱清镇	陈福寿	20	8
			杨汛桥镇	孙爱保	13	9
			夏履镇	金晓明	7	8
第六代表团	周建鑫	陈　光 孙岳传 陶根夫	福全镇	周建鑫	10	6
			漓渚镇	陈　光	12	8
			兰亭镇	孙岳传	9	10
			富盛镇	陶根夫	8	7
第七代表团	冯华林	蒋国洪 娄刚强	孙端镇	蒋国洪	12	7
			陶堰镇	冯华林	9	10
			县机关、县直	娄刚强	14	19
第八代表团	卢宝良	何国行 余叶娟	平水镇	何国行	17	6
			王坛镇	卢宝良	13	6
			稽东镇	余叶娟	10	7
离退休特邀组	—	—	—	李　敏	—	17
合　计					295	197

二、县（区）第十四届人民代表大会各次会议代表团划分情况

县第十四届人民代表大会第一次会议代表团划分一览表

表 2-1-5　　单位：名

代表团	团长	副团长	代表小组	小组召集人	代表人数	列席人员人数
第一代表团	董金香	俞俊海	柯桥街道	董金香	22	17
			县直属、县人武部	俞俊海	8	27
第二代表团	徐光炎	韩金海 宣卫刚	柯岩街道	韩金海	22	11
			湖塘街道	宣卫刚	14	8
			华舍街道	徐光炎	19	9
第三代表团	朱建刚	汪建中 赵　凯	钱清镇	朱建刚	24	8
			杨汛桥镇	汪建中	13	9
			夏履镇	赵　凯	7	10

续表 2-1-5

代表团	团长	副团长	代表小组	小组召集人	代表人数	列席人员人数
第四代表团	俞园娟	张国生 任宏亮	安昌镇	张国生	16	10
			齐贤镇	俞园娟	24	11
			马鞍镇	任宏亮	15	11
第五代表团	陈　刚	王叶刚 张成良	福全镇	陈　刚	14	11
			漓渚镇	王叶刚	10	11
			兰亭镇	张成良	11	8
第六代表团	李鲁旗	郑雪奎 孟雁凤	富盛镇	孟雁凤	10	7
			孙端镇	郑雪奎	14	8
			陶堰镇	李鲁旗	9	12
第七代表团	金秀芳	孙伟刚 高洪水	平水镇	孙伟刚	20	7
			王坛镇	金秀芳	13	6
			稽东镇	高洪水	12	6
离退休特邀组	—	—	—	李　敏	—	23
合　　计					297	230

县第十四届人民代表大会第二次会议代表团划分一览表

表 2-1-6　　　　单位：名

代表团	团长	副团长	代表小组	小组召集人	代表人数	列席人员人数
第一代表团	董金香	俞俊海	柯桥街道	董金香	22	15
			县直属、县人武部	俞俊海	8	27
第二代表团	徐光炎	韩金海 宣卫刚	柯岩街道	韩金海	22	12
			湖塘街道	宣卫刚	14	10
			华舍街道	徐光炎	19	10
第三代表团	孙忠富	汪建中 李三海	钱清镇	孙忠富	24	10
			杨汛桥镇	汪建中	13	11
			夏履镇	李三海	6	11
第四代表团	任宏亮	张国生 陈尧根	安昌镇	张国生	16	11
			齐贤镇	陈尧根	24	12
			马鞍镇	任宏亮	15	11
第五代表团	陈　刚	王叶刚 孙岳传	福全镇	陈　刚	14	12
			漓渚镇	王叶刚	10	11
			兰亭镇	孙岳传	11	10

续表 2-1-6

代表团	团长	副团长	代表小组	小组召集人	代表人数	列席人员人数
第六代表团	李鲁旗	郑雪奎 徐寿增	富盛镇	李鲁旗	10	8
			孙端镇	郑雪奎	14	10
			陶堰镇	徐增寿	9	13
第七代表团	金秀芳	赵　凯 孙伟刚	平水镇	孙卫刚	20	8
			王坛镇	金秀芳	13	8
			稽东镇	赵　凯	13	7
离退休特邀组	—	—	—	李　敏	—	23
合　计					297	229

区第十四届人民代表大会第三次会议代表团划分一览表

表 2-1-7　　单位：名

代表团	团长	副团长	代表小组	小组召集人	代表人数	列席人员人数
第一代表团	董金香	俞俊海	柯桥街道	董金香	23	15
			区直属、区人武部	俞俊海	10	27
第二代表团	徐光炎	韩金海 宣卫刚	柯岩街道	韩金海	23	13
			华舍街道	徐光炎	20	11
			湖塘街道	宣卫刚	15	10
第三代表团	朱建刚	汪建中 李三海	夏履镇	李三海	6	10
			杨汛桥镇	汪建中	13	11
			钱清镇	朱建刚	24	9
第四代表团	张国生	陈尧根 陈新荣	齐贤镇	陈尧根	24	12
			安昌镇	张国生	16	11
			马鞍镇	陈新荣	15	10
第五代表团	陈　刚	王叶刚 林建光	福全镇	陈　刚	14	12
			漓渚镇	王叶刚	9	10
			兰亭镇	林建光	11	11
第六代表团	金秀芳	赵　凯 孙伟刚	平水镇	孙伟刚	20	12
			王坛镇	金秀芳	13	10
			稽东镇	赵　凯	13	10
离退休特邀组	—	—	—	李　敏	—	33
合　计					269	237

区第十四届人民代表大会第四次会议代表团划分一览表

表 2-1-8　　　　单位:名

代表团	团长	副团长	代表小组	小组召集人	代表人数	列席人员人数
第一代表团	柯静杨	俞俊海	柯桥街道	柯静杨	25	14
			区直属、区人武部	俞俊海	10	23
第二代表团	徐光炎	韩金海 宣卫刚	柯岩街道	韩金海	23	13
			华舍街道	徐光炎	20	11
			湖塘街道	宣卫刚	15	12
第三代表团	朱建刚	王叶刚 李三海	夏履镇	李三海	6	16
			杨汛桥镇	王叶刚	14	15
			钱清镇	朱建刚	23	12
第四代表团	孙伟刚	陈尧根 陈新荣	齐贤镇	陈尧根	24	13
			安昌镇	孙伟刚	15	13
			马鞍镇	陈新荣	15	10
第五代表团	陈　刚	孙卫国 孙岳传	福全镇	陈　刚	13	15
			漓渚镇	孙卫刚	9	10
			兰亭镇	孙岳传	10	12
第六代表团	金秀芳	张国生 赵　凯	平水镇	张国生	20	10
			王坛镇	金秀芳	12	12
			稽东镇	赵　凯	13	10
离退休特邀组	—	—	—	徐民江	—	36
合　计					267	257

区第十四届人民代表大会第五次会议代表团划分一览表

表 2-1-9　　　　单位:名

代表团	团长	副团长	代表小组	小组召集人	代表人数	列席人员人数
第一代表团	柯静杨	俞俊海	柯桥街道	柯静杨	25	14
			区直属、区人武部	俞俊海	10	24
第二代表团	徐光炎	韩金海 宣卫刚	柯岩街道	韩金海	23	10
			华舍街道	徐光炎	20	9
			湖塘街道	宣卫刚	14	10
第三代表团	朱建刚	王叶刚 李三海	夏履镇	李三海	6	17
			杨汛桥镇	王叶刚	13	15
			钱清镇	朱建刚	23	13
第四代表团	孙伟刚	陈尧根 陈新荣	齐贤镇	陈尧根	23	13
			安昌镇	孙伟刚	15	13
			马鞍镇	陈新荣	14	10

续表 2-1-9

代表团	团长	副团长	代表小组	小组召集人	代表人数	列席人员人数
第五代表团	陈　刚	孙卫国 孙岳传	福全镇	陈　刚	12	12
			漓渚镇	孙卫刚	9	12
			兰亭镇	孙岳传	10	14
第六代表团	张国生	金秀芳 俞园娟	平水镇	张国生	20	10
			王坛镇	金秀芳	12	14
			稽东镇	俞园娟	12	11
离退休特邀组	—	—	—	徐民江	—	37
合　　计					261	258

三、区第一届人民代表大会各次会议代表团划分情况

区第一届人民代表大会第一次会议代表团划分一览表

表 2-1-10　　单位：名

代表团	团长	副团长	代表小组	小组召集人	代表人数	列席人员人数
第一代表团	柯静杨	章伟东	柯桥街道	柯静杨	25	18
			区直属、驻柯部队、大学	章伟东	11	20
第二代表团	陈百干	余建林 陈卫星	柯岩街道	陈百干	24	15
			湖塘街道	余建林	14	15
			华舍街道	陈卫星	21	13
第三代表团	陈晓峰	朱国庆 章　宇	钱清镇	陈晓峰	26	14
			杨汛桥镇	朱国庆	15	15
			夏履镇	章　宇	7	12
第四代表团	柯洪炜	祁力峰 徐　锐	安昌镇	柯洪炜	16	12
			齐贤镇	祁力峰	24	12
			马鞍镇	徐　锐	17	12
第五代表团	徐兴建	何华均 邵世昉	福全镇	徐兴建	16	15
			漓渚镇	何华均	11	12
			兰亭镇	邵世昉	13	12
第六代表团	沈　强	郑雪奎 孟雁凤	平水镇	沈　强	22	12
			王坛镇	钱苗娣	14	12
			稽东镇	许立峰	13	12
离退休特邀组	—	—	—	徐民江	—	38
合　　计					289	271

第二章 各届人民代表大会会议

第一节 县第十三届人民代表大会

2007年2月至2012年2月，县第十三届人民代表大会共举行会议5次。会议议程共42项，共听取、审议、审查报告41个，作出决议决定37项，选举国家机关工作人员38人次，选举出席绍兴市第六届人民代表大会代表64名。其中第一次会议前志已记述，本志从第二次会议续记。

县第十三届人民代表大会会议概况表

表2-2-1

会议序次	会议日期	代表人数		列席人员(人)	会议议题(个)	听取审议、审查报告(个)	决议决定(项)	代表议案建议(件)
		应到(人)	实到(人)					
第一次	2007年2月5—9日	297	297	160	11	8	8	208
第二次	2008年2月25—29日	296	296	166	7	8	7	202
第三次	2009年2月17—20日	295	295	174	7	8	7	227
第四次	2010年1月31日至2月3日	291	290	192	8	8	7	225
第五次	2011年2月27日至3月2日	295	295	197	9	9	8	252

一、第二次会议

县长冯建荣作政府工作报告(人大办提供)

会议听取、审议并批准县长冯建荣所作的《政府工作报告》。一年来，全县实现生产总值541.49亿元，人均10105美元，比上年分别增长16.2%、18.4%；财政总收入67.02亿元，其中地方财政收入32.79亿元，比上年分别增长28.7%、27.8%。坚持走新型工业化道路，完成工业销售收入2002.19亿元，比上年增长24.1%；加快发展现代服务业，完成总投资23.84亿元，实现成交额574.98亿元，比上年增长15.3%；三大需求协调增长，完成全社会固定资产投资214.58亿元，比上年增长11.1%；三大要素协调保障，积极倡导“亩产论英雄”理念，新增工业项目用地投资强度达到229.94万亩，比上年提高35.2%。新的一年总体要求和主要任务：坚持和深化“亩产论英雄”理念，进一步推动经济转型发展，大力提高经济效益；坚持和深化“三新”工作思路，进一步推动城乡统筹发展，加快构建城乡一体化发展格局；坚持和深化以人为本理念，进一步推动社会和谐发展，更好地保障和改善民生。

会议审议并批准县发展和改革局局长邢玉清提交的《关于绍兴县2007年国民经济和社会发展计划执行情况及2008年国民经济和社会发展计划（草案）的报告》，批准绍兴县2008年国民经济和社会发展计划。

会议审议并批准县财政局局长宋天平提交的《关于绍兴县2007年财政预算执行情况和2008年财政预算（草案）的报告》。2007年，全县完成财政总收入670247万元，同比增长28.7%，其中完成地方财政收入327923万元，同比增长27.8%；2007年，全县财政支出预算为250000万元，实际支出数为272671万元，完成年度预算的109.1%；2008年，拟安排全县地方财政收入预算为389225万元，比2007年执行数增长19%，剔除不可比因素后，经常性财政收入增长11.5%。会议批准绍兴县2008年财政预算。

会议听取、审议并批准县人大常委会主任徐林土所作的《绍兴县人民代表大会常务委员会工作报告》。

会议听取、审议并批准县人民法院院长周剑敏所作的《绍兴县人民法院工作报告》。2007年,共受理各类案件10423件,办结10424件(含旧存),结案率为98.2%。其中共结刑事案件888件,同比上升21.6%,判处罪犯1586人;共结民商事案件6951件,执结涉及工商、城建、卫生、计生、运管的处罚案件238件,标的1000余万元,干警人均办案103件,居全市法院首位。

会议听取、审议并批准县人民检察院检察长王荣彪所作的《绍兴县人民检察院工作报告》。全年共受理提请批捕案件919件1579人,批准逮捕904件1549人,同比增长25%。受理移送审查起诉案件946件1792人,提起公诉865件1627人,同比增长25%。通过不断提高执法水平和办案效率,保证了依法、准确、及时、有力地打击犯罪,刑检工作走在全市前列。

县人大常委会主任徐林土致闭幕词。

二、第三次会议

会议听取、审议并批准县长冯建荣所作的《政府工作报告》。2008年,全年实现生产总值608.27亿元,比上年增长8.8%;财政总收入75.73亿元,其中地方财政收入38.52亿元,分别增长13.0%和17.5%;全社会固定资产投资242.36亿元,比上年增长12.9%;社会消费品零售总额91.04亿元,比上年增长20.8%;城镇居民人均可支配收入26155元,比上年增长12.5%。绍兴县成为中国全面小康十大示范县,在全国县域经济基本竞争力排名中位列第六,在全省县(市)城乡统筹发展水平综合评价中列于首位。2009年工作总体要求和主要任务:以质量效益为标准,全力推进经济转型发展;以协调一体为标准,全力推进城乡统筹发展;以人民幸福为标准,全力推进社会和谐发展;以人民满意为标准,全力加强政府自身建设。

会议审议并批准县发展和改革局局长邢玉清提交的《关于绍兴县2008年国民经济和社会发展计划执行情况及2009年国民经济和社会发展计划(草案)的报告》,批准绍兴县2009年国民经济发展和社会发展计划。

会议审议并批准县财政局局长宋天平提交的《关于绍兴县2008年财政预算执行情况和2009年财政预算(草案)的报告》。2008年,全年完成财政总收入75283.3万元,完成年度调整预算的101%,比上年增长13.0%,其中完成地方财政收入385212万元,完成年度调整预算的101.8%,比上年增长17.5%;国税收入428883.5万元,比上年增长8.8%。完成上解中央收入372071.3万元,比上年增长8.7%,全县经常性地方财政收入比上年增长7.8%。2008年,全年完成财政支出340021万元,完成年度调整预算的100%,比上年决算数增长24.7%,全县经常性财政支出比上年增长8.5%。2009年,拟安排全县财政总收入810000

万元，比上年执行数增长 7%，其中地方财政收入 416000 万元，比上年执行数增长 8%，国税收入 45.89% 亿元，比上年执行数增长 7%；拟安排财政支出 363500 万元，比 2008 年增长 7%。会议批准绍兴县 2009 年财政预算。

会议听取、审议并批准县人大常委会主任徐林土所作的《绍兴县人民代表大会常务委员会工作报告》。

会议听取、审议并批准县人民法院院长周剑敏所作的《绍兴县人民法院工作报告》。2008 年，共受理各类案件 12148 件，办结 11561 件，同比分别增加 19.8% 和 14%；共审结刑事案件 1007 件，判处罪犯 1769 人同比分别增加 13.4% 和 11.5%；共办结民事案件 5693 件、商事案件 2751 件，同比分别增加 18.4% 和 28.4%。

会议听取、审议并批准县人民检察院检察长王荣彪所作的《绍兴县人民检察院工作报告》。2008 年，共受理提请批准逮捕案件 1037 件 1677 人，同比分别增长 12.8% 和 6.2%，经审查，批准逮捕 1651 人；受理移送审查起诉案件 1046 件 1871 人，同比分别增长 10.6% 和 4.4%，经审查，提起公诉 969 件 1757 人，报送市检察院审查起诉 22 件 50 人。

县人大常委会主任徐林土致闭幕词。

三、第四次会议

代理县长孙云耀作政府工作报告（人大办提供）

会议听取、审议并批准代理县长孙云耀所作的《政府工作报告》。2009 年，全年实现生产总值 655.26 亿元，比上年增长 9.8%；财政总收入 81.2 亿元，比上年增长 7.2%，其中地方财政收入 43.6 亿元，比上年增长 13.1%；全社会固定资产投资 272.07 亿元，比上年增长 12.2%；预计研究与试验发展经费支出占生产总值比例为 1.8%；预计万元生产总值综合能耗下降 4%，化学需氧量（COD）排放量下降 3.2%，在全国县域经济基本竞争力排名中继续进入“十强”、位居第五，在全省（市）城乡统筹发展水平综合评价中继续居于首位，再次被评为“中国全面小康十大示范县”。2010 年主要目标任务:致力转型升级,加快经济发展方式转变;夯实发展基础,提升县域经济竞争力;坚持标本兼治,全力推进生态文明建设;加快“三新”联动,提升城乡统筹发展水平;着力改善民生,全力维护社会和谐稳定。

会议审议并批准县发展和改革局局长邢玉清提交的《关于绍兴县 2009 年国民经济和社会发展计划执行情况及 2010 年国民经济和社会发展计划(草案)的报告》,批准绍兴县 2010 年国民经济和社会发展计划。

会议审议并批准县财政局局长宋天平提交的《关于绍兴县 2009 年财政预算执行情况和 2010 年财政预算(草案)的报告》。2009 年,全年完成地方财政收入 435832 万元,完成年度预算的 104.8%,比上年增长 13.1%,其中经常性财政收入增长 6.7%。按收入分类分别为:税收收入 407297 万元,比重为 93.5%,非税收入 28535 万元,比重为 6.5% ;2009 年全县财政支出为 420590 万元,完成年度预算的 100.1%,比上年增长 23.7%,其中经常性财政支出增长 7.3%。2010 年,拟安排地方财政收入 470700 万元,比上年执行增长 8.0%。其中:税收收入 445850 万元,占地方财政收入的比重为 94.7% ;非税收入 24850 万元,比重为 5.3%。会议批准绍兴县 2010 年财政预算。

会议听取、审议并批准县人大常委会主任徐林土所作的《绍兴县人民代表大会常务委员会工作报告》。

会议听取、审议并批准县人民法院院长周剑敏所作的《绍兴县人民法院工作报告》。2009 年,共受理各类案件 12304 件,同比减少 1.7%,办结 12238 件,同比增加 2.6%,结案率为 93.3%,同比上升 0.78 个百分点。其中,共审结刑事案件 1015 件,同比增加 0.8% ;共审结民商事案件 8404 件,涉案标的金额 19.8 亿元,同比分别减少 0.5%、增加 42.6%,调解率达到 51.4%,列全省法院第 7 位。

会议听取、审议并批准县人民检察院检察长王荣彪所作的《绍兴县人民检察院工作报告》。一年中,共批准逮捕各类刑事犯罪案件 911 件 1472 人,提起公诉 970 件 1685 人。依法保障人民群众的利益不受侵害,全力维护社会治安稳定。

会议补选县人民政府县长 1 名。

县人大常委会主任徐林土致闭幕词。

四、第五次会议

会议听取、审议并批准县长孙云耀所作的《政府工作报告》。5 年来,着力推进经济持续平稳较快增长。2010 年,实现生产总值 776.1 亿元,年均增长 11.8% ;实现财政总收入

93.5 亿元，年均增长 17.2%，其中地方财政收入 51.76 亿元，年均增长 20.8%；完成社会固定资产投资 316.8 亿元，年均增长 13.6%，其中工业投资 168.2 亿元，年均增长 8.4%。5 年来，提出并深入实践“亩产论英雄”理念，扎实推进“三创一集”为基础要求的创新型企业培育工作，经济发展的质量效益进一步提升。农业产业化水平进一步提高，培育形成蔬菜、畜禽、水产、花卉、茶叶、竹笋、干鲜果等七大主导特色产业，先后荣获“中国花木之乡”“中国香榧之乡”“中国青梅之乡”等称号。5 年来，坚持“三新”联动，修编完善了县域总体规划，促进城乡一体发展，在全省县（市）城乡统筹发展综合评价中连续 5 年居于首位。5 年来，扎实推进各项社会事业发展，先后荣获“中国曲艺之乡”“中国书法之乡”等称号，创建首批省级卫生强县、国家园林县城。5 年来，高度重视民生改善，大力实施“六个所有”民生计划，累计用于民生事业的财政支出达 123.5 亿元。2000 年，积极开展“转型升级攻坚年”活动，统筹推进新县城、中心镇、农村新社区建设，切实加强生态环境保护与改善，大力推进基本公共服务均等化，全年安排 35.3 亿元财政资金用于民生事业。

“十二五”时期总体目标和主要任务：更加注重经济结构调整，致力经济全面转型升级；更加注重区域融合互动，致力城乡全面转型升级；更加注重民生事业改善，致力社会全面转型升级。2011 年政府工作的主要安排：紧扣结构调整主线，加快构建现代产业体系；提升经济运行质量，努力确保经济平稳增长；加大城乡统筹力度，积极推进区域一体发展；切实加强环境保护，深入推进生态文明建设；坚持人民幸福为本，促进民生改善社会和谐；全面加强自身建设，全力提高政府工作水平。

会议审议并批准县发展和改革局局长邢玉清提交的《关于绍兴县 2010 年国民经济和社会发展计划执行情况及 2011 年国民经济和社会发展计划（草案）的报告》，批准绍兴县 2011 年国民经济和社会发展计划。

会议审议并批准《绍兴县国民经济和社会发展第十二个五年规划纲要》。

“十一五”时期县国民经济和社会发展预期性指标完成情况表

表 2-2-2

序号	指标名称	单位	“十五”末	“十一五”目标		“十一五”末	评价
			绝对值	绝对值	年均增长(%)		
1	生产总值	亿元	390	718	13	776.10	完成
2	人均生产总值	美元	6850	12620	13	15000	完成
3	全社会固定资产投入	亿元	175.52	累计 850		累计 1329	完成

续表 2-2-2

序号	指标名称	单位	“十五”末	“十一五”目标		“十一五”末	评价
			绝对值	绝对值	年均增长(%)		
4	#工业投入	亿元	120	累计 600		累计 732	完成
5	社会消费品零售总额	亿元	55.06	100	14	119.40	完成
6	第三产业增加值占GDP比重	%	30.3	38		35	未完成
7	非纺产业产值比重	%	27.7	50	—	37	未完成
8	自营出口	亿美元	33.64	67	15	79.23	完成
9	合同利用外资	亿美元	5.09	累计 30	10	累计 19.50	未完成
10	实到外资	亿美元	2.35	累计 11.5	5	累计 10.60	未完成
11	R & D 占 GDP 比重	%	1.7	2	—	1.82 (2009)	
12	上市企业	家	8	累计 15	—	14	未完成
13	省级以上名牌产品或著名商标	只	82	130	—	162	完成
14	#国家级	只	10	25	—	50	完成
15	常住人口	万人	96.22	118	—	120	完成
16	高等教育毛入学率	%	38	50	—	54	完成
17	城镇居民人均可支配收入	元	18128	26000	8	32223	完成
18	农村居民人均纯收入	元	9241	14000	9	16685	完成
19	人均期望寿命	岁	76.17	78	—	79.57	完成

“十一五”时期县国民经济和社会发展约束性指标完成情况表

表 2-2-3

序号	指标名称	单位	“十五”末	“十一五”目标		“十一五”末	评价
			绝对值	绝对值	年均增长(%)		
1	财政总收入	亿元	42.32	85	15	93.50	完成
2	#地方财政收入	亿元	20.13	43	16	51.76	完成
3	县城人口规模(常住)	万人	17.3	25	—	27（户籍）	完成
4	城镇登记失业率	%	3.8	＜4	—	3.0	完成
5	职工五大社会保险参保人数	万人	42.9	71.5	—	113.50	完成
6	平均受教育年限	年	8.7	10.5	—	11	完成
7	人均文化体育设施面积	平方米	1.5	2	—	2.04	完成
8	每百平方公路里程（不含村级）	公里	68.6	100	—	133.70	完成

续表 2-2-3

序号	指标名称	单位	“十五”末	“十一五”目标		“十一五”末	评价
			绝对值	绝对值	年均增长(%)		
9	城乡居民收入比	—	1.96 ∶ 1	＜ 2	—	1.93	完成
10	每万人拥有医生数	人	21	27.8	—	26.30	未完成
11	每万人拥有医院(卫生院)床位数	床	36	43	—	40.80	未完成
12	人口自然增长率	‰	2.3	＜ 3	—	−0.54	完成
13	#出生性别比	—	107	＜ 107	—	106.28	完成
14	万元 GDP 综合能耗	吨标煤	1.7	1.28	—	1.36	未完成
15	环境质量指数	%	80	80	—	81	完成
16	水环境功能区水质达标率	%	14	＞ 30	—	31.6	完成
17	环境空气质量符合二级标准天数	天	292	＞ 328	—	325	未完成
18	森林覆盖率	%	51.2	＞ 52	—	51.4	—
19	县城生活污水集中收集处理率	%	50	80	—	80	完成
20	城镇生活垃圾无害化处理率	%	60	85	—	89	完成

“十二五”时期县国民经济和社会发展主要指标表

表 2-2-4

一级指标		二级指标	2015 年目标		指标类型
			绝对值	年均增长率(%)	
经济转型升级	经济增长	生产总值(亿元)	1200	9	预期性
		人均生产总值(亿元)	16.5	10	预期性
		全社会固定资产投资(亿元)	累计 2028	12	预期性
		社会消费品零售额(亿元)	250	15	预期性
		自营出口额(亿美元)	120	10	预期性
		财政总收入(地方)(亿元)	150 (87)	10 (11)	约束性
	结构优化	第三产业增加值占 GDP 比重	40 %	—	预期性
		新兴(优势)产业产值比重	50 %	—	预期性
		规模以上工业高新技术产业增加值占工业增加值比重	＞ 10 %	—	预期性
		R & D 占 GDP 比重	＞ 2 %	—	预期性
	节能减排	万元 GDP 综合能耗	—	按照上级下达指标	约束性
		万元 GDP 综合水耗	—		约束性
		CO_2 及主要污染物排放量	—		约束性

续表 2-2-4

一级指标		二级指标	2015 年目标		指标类型
			绝对值	年均增长率(%)	
城乡转型升级	城乡发展	城市化率	70 %	—	预期性
		县城常住人口规模(万人)	60	—	约束性
		拆迁改造面积(万平方米)	1000	—	预期性
		人均公共绿地面积(平方米)	> 20	—	预期性
		城乡居民收入比	< 2	—	约束性
	生活环增	森林覆盖率	55 %	—	约束性
		城镇生活垃圾集中处理率	100 %	—	约束性
		县城污水集中处理率	90 %	—	约束性
		农村生活污水集中无害化处理率	> 65 %	—	约束性
		县域河道水质标准（鉴湖主体、小舜江流域）	Ⅳ类（Ⅲ类）	—	预期性
社会转型升级	社会事业	新增劳动力人均受教育年限	15	—	约束性
		高等教育毛入学率	60 %	—	约束性
		人才资源总量(万人)	15.5	—	预期性
		人口自然增长率	< 2‰	—	约束性
		人均期望寿命(岁)	80	—	预期性
		万人拥有医生数(住院床位数)	28.5 (40.9)	—	约束性
		新型农村合作医疗农业人口覆盖率	> 95 %	—	约束性
		新增职工五大社会保险参保人数（万人）	> 36.5	—	约束性
		新建保障性住房(套)	> 5000	—	预期性
		城镇登记失业率	< 3.5 %	—	约束性
	居民收入	城镇居民人均可支配收入(元)	51895	10	预期性
		农村居民人均纯收入(元)	27488	10.5	预期性
		城镇居民家庭恩格尔系数	< 30 %	—	预期性
		基尼系数	< 0.4	—	预期性

会议审议并批准县财政局局长王炳豪提交的《关于绍兴县2010年财政预算执行情况和2011年财政预算（草案）的报告》。2010年，全县地方财政收入517568万元，完成年度调整预算的101.5%，同比增长18.8%，其中经常性财政收入增长15.6%，按收入分类分别为：税收收入497221万元，同比增长22.1%，占地方财政收入比重为96.1%；非税收入27347万元。2010年，全县财政支出为518692万元，完成年度调整预算的100.1%，同比增长23.3%，其中经常性财政支出增长15.3%。2011年，拟安排地方财政收入580000万元，比2010年执行数增长12.0%。其中：税收收入554970万元，比2010年执行数增长11.6%；非税收入32030万元，比2010年执行数增长17.1%。会议批准绍兴县2011年财政预算。

会议听取、审议并批准县人大常委会主任徐林土所作的《绍兴县人民代表大会常务委员会工作报告》。

会议听取、审议并批准县人民法院代理院长孙浩所作的《绍兴县人民法院工作报告》。2010年，共受理各类案件13247件，办结13198件，分别同比增长7.7%和7.8%，结案率为93.5%。其中共审结刑事案件899件，判处罪犯1528人，同比分别下降11.4%和10.3%；共结民商事案件8746件，同比增长4.2%；共受理行政案件34件，审结34件，同比上升36%。法官人均结案数159.7件，是全省平均数的1.4倍，各项主要办案质量、效率指标，均居全省前列。

会议听取、审议并批准县人民检察院检察长王荣彪所作的《绍兴县人民检察院工作报告》。2010年，共批准逮捕各类刑事犯罪案件935件1526人，提起公诉970件1723人。全年共对20余起民事申诉案件运用调处手段化解纠纷，促成和解。加强信访接待处置工作，运用释法说理、情绪疏导等方法，促进矛盾源头化解，全年共息诉罢访149件次，有效维护了社会和谐稳定。

会议补选县人民法院院长1名。

县委书记致闭幕词。

第二节　县（区）第十四届人民代表大会

县第十四届人民代表大会，自2012年2月至2017年2月共举行会议5次。会议议题共42项，共听取、审议、审查报告44个，通过决议、决定37项，选举柯桥区国家机关工作人员38名，选举县出席绍兴市七届人民代表大会代表66名。

县(区)第十四届人民代表大会会议概况表

表 2-2-5

会议序次	会议日期	代表人数		列席人员(人)	会议议题(项)	听取审议、审查报告(个)	决议、决定(项)	代表议案建议(件)
		应到(人)	实到(人)					
第一次	2012 年 2 月 8—12 日	297	297	231	11	8	7	264
第二次	2013 年 2 月 26 日至 3 月 1 日	297	297	251	7	8	7	265
第三次	2014 年 2 月 25—28 日	269	269	237	7	9	8	243
第四次	2015 年 1 月 27—30 日	267	267	257	8	9	7	225
第五次	2016 年 1 月 18—21 日	263	263	258	9	10	8	212

一、第一次会议

会议听取、审议并批准代理县长徐国龙所作的《政府工作报告》。过去 5 年，连续五年进入全国县域经济基本竞争力十强县市，被评为“中国全面小康十大示范县”。5 年中，累计实现地区生产总值 3509 亿元，年均增长 11.2%；累计完成财政总收入 435 亿元，其中地方财政收入 230 亿元，年均分别增长 17.6% 和 20%；累计完成固定资产投资 1397 亿元，其中工业投资 783 亿元，年均分别增长 13.1% 和 7.6%；累计实现社会消费品零售总额 534 亿元，年均增长 17.4%。5 年中，中国轻纺城繁荣发展，累计实现市场成交额 3600 亿元，年均增长 12.3%，市场经营面积、注册经营户五年分别增长 2.1 倍和 2.5 倍，中国·柯桥纺织指数成功发布，中国柯桥国际纺织品博览会升格为国家级展会，“网上轻纺城”正式启动。5 年中，累计实现进出口总额 506 亿美元，其中自营出口 353 亿美元，年均分别增长 18% 和 19.4%；建筑业年产值突破 1100 亿元，年均增长 22.5%，被评为浙江省首批“建筑强县”。

以后五年，目标是着力建设走在前列的经济强县、转型升级的示范基地、现代开放的魅力新城和宜居乐业的幸福水乡，重点做好调整经济结构，构建现代产业体系；深化体制改革，科学配置要素资源；坚持建管并重，推进城乡统筹发展；加强环境保护，全力建设生态文明；致力富民强县，促进社会和谐稳定。2012 年，主要安排是加快转型，推动经济平稳增长；以城带乡，促进城乡融合发展；标本兼治，强化生态环境保护；民生优先，加强创新社会管理；转变作风，提升政府自身形象。

会议审议并批准县发展和改革局局长王张泉提交的《关于绍兴县 2011 年国民经济和社会发展计划执行情况及 2012 年国民经济和社会发展计划(草案)的报告》，批准绍兴县

2012 年国民经济和社会发展计划。

会议审议并批准县财政局局长喻光耀提交的《关于绍兴县 2011 年财政预算执行情况和 2012 年财政预算(草案)的报告》。2011 年，全县一般预算收入完成 637690 万元，完成年度调整预算的 101.7%，同比增长 23.2%。按财政部口径计算，财政经常性收入增幅为 19.5%；2011 年全县一般预算支出完成 586443 万元，完成年度调整预算的 101.1%，同比增长 13.1%。2012 年拟安排公共财政预算收入 701500 万元，2011 年执行数增长 10%；2012 年拟安排公共财政预算支出 605000 万元，比 2011 年调整预算的 565000 万元(不包括省转贷绍兴县的 15000 万元地方政府债券)增长 7.1%。会议批准绍兴县 2012 年财政预算。

会议听取、审议并批准县人民法院院长孙浩所作的《绍兴县人民法院工作报告》。5 年来，共受理各类案件 62061 件，办结 61029 件，同比分别增长 17.1% 和 14.6%。5 年来，共审结刑事案件 4661 件，判处罪犯 8079 人，同比分别增长 55% 和 65.7%；共审结各类民商事案件 41834 件，同比增长 34.5%；审结涉及工伤认定、土地使用权确权、不履行法定职责等行政诉讼案件 162 件，同比下降 25%。

会议听取、审议并批准县人民检察院代理检察长丁飞所作的《绍兴县人民检察院工作报告》。5 年来，共批准逮捕各类刑事犯罪案件 4459 件 7223 人，同比上升 55.1% 和 50.14%；提起公诉 4550 件 7987 人，同比上升 46.63% 和 55.03%。其中，批准逮捕黑社会性质组织犯罪、恶势力团伙犯罪及故意杀人、绑架、拐卖妇女儿童等严重影响人民群众生命安全和生活安宁的暴力犯罪嫌疑人 233 人，提起公诉 258 人；批准逮捕盗窃、抢劫、抢夺、诈骗等多发性侵财犯罪嫌疑人 3802 人，提起公诉 4087 人；批准逮捕涉黄、涉赌、涉毒犯罪嫌疑人 584 人，提起公诉 746 人。

县人大常委会主任吴晓致闭幕词。

二、第二次会议

会议听取、审议并批准县长徐国龙所作的《政府工作报告》。过去一年，全县实现生产总值 1008.77 亿元，增长 10.2%，财政收入 127.76 亿元，增长 9.2%，其中地方财政收入 70.44 亿元，增长 10.5%；完成固定资产投资 430.04 亿元，增长 20.5%，第四次被评为“中国全面小康十大示范县”，在全省城乡统筹水平综合评价中连续第六年位居各县(市)首位；加强农业“两区”建设，提升发展七大主导产业实现农业总产值 53.2 亿元，在全县率先实施“工业强县”建设，印染产业集聚升级工程扎实推进，新型建筑工业化等新兴产业培育有所进展，实现规模以上工业总产值 3281.9 亿元；启动工业、商贸旅游“双百亿”重大项目建设，完成“三

县长徐国龙作政府工作报告(人大办提供)

个一批”项目投资220亿元；积极推进信息化和工业化深度融合工作，大力开展产学研合作，加强企业科研机构建设，强化资源要素节约集约利用，新上工业项目投资强度达308万亩。2013年主要任务：深入实施“工业强县”和“服务业兴县”两大战略，提高发展质量效益；注重建管并举，推动城乡共同繁荣；改善水、空气质量为重点，加大治理力度；深化生态文明建设，把改善民生放在更加突出的位置；坚持以人为本，促进社会和谐稳定。

会议听取、审议并批准县人大常委会主任吴晓所作的《绍兴县人民代表大会常务委员会工作报告》。

会议听取、审议并批准县人民法院院长孙浩所作的《绍兴县人民法院工作报告》。一年来，共受理各类案件16209件，审结16179件，其中刑事案件1161件，审结1165件，判处罪犯2018人；审结交通肇事案件109件，判处罪犯113人；审结贪污、贿赂、渎职案件13件，判处罪犯14人；审结民、商案件10191件。各项主要办案质效指标继续位于全省法院前列。

会议听取、审议并批准县人民检察院检察长丁飞所作的《绍兴县人民检察院工作报告》。一年来，受理公安机关移送批捕的各类刑事犯罪嫌疑人1393人，提起公诉1996人；批准逮捕聚众斗殴、贩卖毒品等严重妨害社会管理秩序的犯罪嫌疑人157人，提起公诉199人；批捕非法吸收公众存款、合同诱骗、非法经营、假冒注册商标等犯罪嫌疑人25人，起诉44人；受理查询申请179批，查询单位1061家、查询个人1135人。认真履行检察职能，全面强化法律监督，在服务大局、维护稳定、保障民生、守护公正上取得了新的成效。

会议审议并批准县发展改革局局长王张泉提交的《关于绍兴县2012年国民经济和社会发展计划执行情况及2013年国民经济和社会发展计划(草案)的报告》，批准绍兴县2013年国民经济和社会发展计划。

会议审议并批准县财政局局长喻光耀提交的《关于绍兴县2012年财政预算执行情况

和 2013 年财政预算（草案）的报告》。2012 年，全县公共财政预算收入完成 704424 万元，完成年度预算的 100.4%，同比增长 10.55%；税收收入 668125 万元，同比增长 9.8%，占地方财政收入比重为 94.8%，非税收入 42799 万元。2013 年，拟安排公共财政预算收入 760820 万元，比 2012 年执行数增长 8%；税收收入 725220 万元，比 2012 年执行数量增长 8.5%，非税收入 42100 万元，比 2010 年执行数减少 1.6%。会议批准绍兴县 2013 年财政预算。

县委书记致闭幕词。

三、第三次会议

会议听取、审议并批准区长徐国龙所作的《政府工作报告》。过去一年，全年实现生产总值 1103.1 亿元，同比增长 8.5%；财政总收入 135.8 亿元，同比增长 6.3%，其中公共财政预算收入 77.6 亿元，同比增长 10.1%；预计研究与试验发展经费支出占生产总值比重为 2%；固定资产投资 503.3 亿元，同比增长 17%；社会消费品零售总额 198.6 亿元，同比增长 18.6%；自营出口 108.5 亿美元，同比增长 11.4%；城镇居民人均可支配收入 44821 元、农村居民人均收入 24173 元，同比分别增长 9.8% 和 10.8%；城镇登记失业率 2.9%。柯桥区第五次被评为“中国全面小康十大示范县”，连续八年创建为省“平安县”。加快建设工业强区，完成规模以上工业产值 3508.9 亿元，同比增长 5.3%，工业增加值 578.1 亿元，同比增长 7.5%；完成“机器换人”项目 487 只、“个转企”2614 家、“小升规”137 家。连续第七次荣获全国科技进步先进县。2014 年主要任务：转变发展方式，促进经济持续健康发展；加强环境治理，不断深化生态文明建设；融入中心城市，全面提升城乡一体水平；办好民生实事，切实维护社会和谐稳定；深化改革创新，激发经济社会发展活力。

会议听取、审议并批准区人大常委会主任吴晓所作的《绍兴市柯桥区人民代表大会常务委员会工作报告》。

会议听取、审议并批准区人民法院院长孙浩所作的《绍兴市柯桥区人民法院工作报告》。全年共收案 17724 件，结案 17748 件（含旧存），同比分别上升 9.35% 和 9.68%，其中受理刑事案件 1241 件，审结 1241 件，同比分别上升 6.89% 和 6.52%；受理民商事案件 10570 件，审结 10591 件，同比分别上升 3.48% 和 3.93%；受理行政诉讼案件 69 件，审结 66 件，同比分别上升 27% 和 26%；受理执行案件 5421 件，执结 5426 件，同比分别上升 25.37% 和 25.69%。一线办案法官年人均结案 255.92 件，是全省平均数的 1.38 倍，主要办案质量、效率、效果指标继续位于全市法院前列，并荣立全省法院集体二等功。

会议听取、审议并批准区人民检察院检察长丁飞所作的《绍兴市柯桥区人民检察院工作报告》。全年共批准逮捕各类犯罪1194人,起诉2060人。依法批准逮捕故意杀人、“两抢一盗”、诈骗等严重侵犯公民人身和财产权利犯罪822人,起诉1222人;批准逮捕开设赌场、非法组织传销等严重妨害社会管理秩序犯罪302人,起诉500人;起诉危险驾驶等危害公共安全犯罪96人。

会议审议并批准区发展和改革局局长王张泉提交的《关于绍兴市柯桥区2013年国民经济和社会发展计划执行情况及2014年国民经济和社会发展计划(草案)的报告》,批准绍兴市柯桥区2014年国民经济和社会发展计划。

会议审议并批准区财政局局长喻光耀提交的《关于绍兴市柯桥区2013年财政预算执行情况及2014年财政预算(草案)的报告》。2013年,全区公共财政预算收入完成775655万元,完成年度预算的101.9%,同比增长10.1%。全区公共财政预算支出完成686815万元,完成年度调整预算的101.8%,同比增长9.7%。2014年,全区公共财政预算收入预期818500万元,同比增长8%(按区划调整后实绩计算)。2014年,拟安排全区公共财政预算支出685000万元,同比增长7%(按区划调整,剔除2013年债券支出后计算)。会议批准绍兴市柯桥区2014年财政预算。

会议审议徐光炎等32位代表联名提出的《关于全面提升城镇水患防御能力的议案》,通过《关于全面提升城镇水患防御能力议案的决议》。

会议期间,共收到代表10人以上联名提出的议案56件,经大会主席团讨论决定,将徐光炎等32位代表提出的《关于全面提升城镇水患防御能力的议案》列入大会议程,提交各代表团进行审议。

县委书记致闭幕词。

四、第四次会议

会议听取、审议并批准代理区长阮建尧所作的《政府工作报告》。2014年,全年实现生产总值1137.6亿元,同比增长6.3%;财政总收入145.1亿元,同比增长9.4%,其中公共财政预算收入82.0亿元,同

代理区长阮建尧作政府工作报告(人大办提供)

比增长 8.2%；预计研究与试验发展经费支出占生产总值比重为 2.1%；固定资产投资 576.9 亿元，同比增长 17.4%；社会消费品零售总额 210.3 亿元，同比增长 15.2%；自营出口 110 亿美元，同比增长 4.6%；城镇居民人均可支配收入 4.7 万元、农村居民人均收入 2.7 万元，同比分别增长 9.1% 和 10%；城镇登记失业率 2.65%，第六次被评为“中国全面小康十大示范区”。一年来，积极实施“工业强区”和“服务业兴区”战略，推动经济结构调整，三次产业结构调整为 2.9 ∶ 55.4 ∶ 41.7；按照重建绍兴水城的要求，大力开展以“五清十抓”为重点的水环境治理，启动实施“五水共治”三年行动计划，开工建设 65 个项目，完成投资 108.7 亿元。2015 年目标任务：深入实施“服务业兴区”和“工业强区”两大战略，全力推进经济转型升级、城乡转型升级、社会转型升级，致力打造“时尚柯桥、印象柯桥、幸福柯桥”，更大力度推动现代服务业发展，下大决心推进工业经济转型升级，在新的起点上推进轻纺城“三次创业”，持以改革创新推动科学发展，继续花大力气改善生态环境，更高水平推进新型城镇化，扎实推进农业现代化和美丽乡村建设，持续推进社会事业全面协调发展，运用法治方式推进社会治理创新，继续办好一批民生实事。

会议审议并批准区发展和改革局局长蒋国洪提交的《关于绍兴市柯桥区 2014 年国民经济和社会发展计划执行情况及 2015 年国民经济和社会发展计划（草案）的报告》，批准绍兴市柯桥区 2015 年国民经济和社会发展计划。

会议审议并批准区财政局局长喻光耀提交的《关于绍兴市柯桥区 2014 年财政预算执行情况及 2015 年财政预算（草案）的报告》。2014 年，全年完成公共财政预算收入 820088 万元，完成年度预算 100.2%，同比增长 8.2%（2013 年数据已剔除区划调整因素）。按收入构成，来源于税收的收入 789670 万元，同比增长 10.6%，占公共财政预算收入比重为 96.3%。2014 年，全区公共财政预算支出完成 714241 万元，完成年度预算 101.7%，同比增长 7.6%。会议批准绍兴市柯桥区 2015 年财政预算。

会议听取、审议并批准区人大常委会主任吴晓所作的《绍兴市柯桥区人民代表大会常务委员会工作报告》。

会议听取、审议并批准区人民法院院长孙浩所作的《绍兴市柯桥区人民法院工作报告》。2014 年，全年共收案 18014 件，结案（含旧存）17880 件，同比分别上升 4.01% 和 3.08%；受理刑事案件 981 件，审结 986 件，同比分别下降 20.95% 和 20.55%，判处罪犯 1492 人；受理民商事案件 11982 件，审结 11834 件，同比分别上升 13.36% 和 11.74%，其中调解撤诉 6924 件，调解率达 58.51%，民事调解案件自动履行率达 83.15%；受理执行案件 4967 件，执结 4975 件，同比分别下降 8.37% 和 8.31%，执结率达 97.99%，执结标的额逾 11 亿元。一线办案法官年人均结案256件,是全省平均数的1.37倍,主要办案质效指标继续位居全市法院前列。

会议听取、审议并批准区人民检察院检察长丁飞所作的《绍兴市柯桥区人民检察院工作报告》。2014年,严厉打击严重刑事犯罪,全年共批准逮捕各类刑事犯罪933人,提起公诉1520人;保持反腐高压态势,全年共查办贪污贿赂犯罪案件26件29人,所办案件均为大案,其中现职领导干部要案4人;办案中,加强对未成年人等特殊群体的司法保护,坚持"教育、感化、挽救"方针,对33名未成年犯罪嫌疑人作出不捕、不诉处理,对符合"轻刑快办"规定的382件案件10日内审查起诉,并向法院提出从轻处罚的建议。

会议补选区人民政府区长1名。

区委书记徐国龙致闭幕词。

五、第五次会议

会议听取、审议并批准区长阮建尧所作的《政府工作报告》。5年来,全区地区生产总值、财政总收入、一般公共预算收入、自营出口分别比2010年增长55.5%、65.3%、77.5%和31.3%,经济总量继续位居全市第一、全省前列,位居全国综合实力百强区第十五位。累计完成固定资产投资2519亿元,年均增长16.3%,是"十一五"的两倍。社会消费品零售总额年均增长13.8%,比2010年翻了一番。中国轻纺城经营户、贸易公司分别增加1万家、4000家,轻纺城市场群年交易额比2010年增长一倍。"网上轻纺城"累计交易360亿元,年均增长131%。5年来,始终以经济建设为中心,坚定不移抢机遇、促发展,综合实力在爬坡越坎中跃上新台阶;始终以"两大战略"为抓手,坚定不移重创新、调结构,经济质量在转型升级中再上新水平;始终以建设宜居城市为目标,坚定不移优生态、提品位,城乡环境在统筹协调中呈现新面貌;始终以改善民生为根本,坚定不移办实事、解难事,人民群众安居乐业中更具幸福感;始终以务实高效为追求,坚定不移优服务、增效能,发展环境在深化改革中得到新改善。2015年主要成就,现代服务业发展大力度推进,实现服务业增加值525亿元,工业经济转型升级有效推进,深入开展"三重三爱"主题教育;轻纺城"三次创业"全面启动,积极实施"新611工程";改革创新在一些领域取得新突破,率先在印染行业开展资源要市场化配置综合配套改革;改善生态环境成效明显,强势推进"五水共治",统筹开展"五气合治";新型城镇化建设在更高水平上积极推进,农业现代化和美丽乡村建设富有成效;社会事业得到全面协调发展,社会治理创新取得积极进展;十件民生实事全面完成。

"十三五"发展的主要目标:围绕"率先完成经济转型升级、率先建成美丽乡村、率先高水平全面建成小康社会"三大目标,以生态文明建设为统领,深入实施"服务业兴区"和"工业强区”两大战略，加快建设“时尚柯桥、印象柯桥、幸福柯桥”，为实现中国梦柯桥版打下坚实基础。重点任务：以发展轻纺城为抓手，巩固和提升柯桥作为“国际纺织之都、现代商贸之城”的优势和地位；以打造科技城为抓手，增强经济发展新动力；以打造智慧城为抓手，提升社会建设和管理水平；以打造生态城为抓手，着力改善生态环境质量；以打造健康城为抓手，不断提升人民群众幸福感。2016年，区政府重点抓好五方面工作：第一，持续加大有效投资力度，着力强化创新驱动发展，不断增强新的发展动能；第二，以壮士断腕的勇气和措施推进印染产业集聚升级，大力整治工业小区和“低小散”企业，坚决淘汰落后产能；第三，更大力度推进城乡基础设施建设，深化城乡一体发展和精细管理，全力打造美丽乡村升级版；第四，更加突出生态文明建设，持续深化“五水共治”和“五气合治”，切实提高生态环境质量；第五，全力保障和改善民生，推动社会事业协调发展，营造安定有序的社会环境。

会议审议并批准区发展和改革局局长蒋国洪提交的《关于绍兴市柯桥区2015年国民经济和社会发展计划执行情况及2016年国民经济和社会发展计划（草案）的报告》，批准绍兴市柯桥区2016年国民经济和社会发展计划。

会议审议并批准《绍兴市柯桥区国民经济和社会发展第十三个五年规划纲要》。

“十二五”时期县国民经济和社会发展主要指标完成情况表

表2-2-6

类别	指标名称（单位）	2010年	规划目标		完成预计		指标属性
			2015年	年均增速(%)	2015年	年均增速(%)	
经济转型指标	地区生产总值（亿元）	776.10	1200	9	1200.11	9.1	预期性
	人均生产总值（户籍）（万元）	10.78	16.5	10	18.4	11.2	预期性
	固定资产投入（亿元）	〔1329〕	〔2028〕	12	〔2519〕	16.3	预期性
	社会消费品零售总额（亿元）	119.4	250	15	233.37	14.3	预期性
	出口额（亿美元）	79.23	120	10	104.16	5.6	预期性
	财政总收入（亿元）	97.12	150	10	160.54	10.6	约束性
	一般公共预算收入（亿元）	55.13	87	11	97.85	12.2	约束性
	服务业增加值占生产总值比重(%)	35	40		43.5		预期性
	规上新兴（优势）产业产值比重(%)	25.6	50		—		预期性
	规上高新技术产业增加比重(%)	5.4	10		10		预期性
	研究与试验发展经费支出占生产总值比重(%)	1.91	2		2.15		预期性
	单位生产总值能耗下降率(%)	〔20〕	〔21.5〕		〔21.7〕		约束性

续表 2-2-6

类别	指标名称(单位)	2010 年	规划目标		完成预计		指标属性
			2015 年	年均增速(%)	2015 年	年均增速(%)	
经济转型指标	单位工业增加值用水量（立方米 / 万元）	69.6	＜ 44		38		约束性
	化学需氧量排放削减率(%)	〔15〕	〔12.6〕		〔17.8〕		约束性
	氨氮排放削减率(%)	—	〔17.9〕		〔21.2〕		约束性
	二氧化硫排放削减率(%)	〔15〕	〔15.8〕		〔24.2〕		约束性
	氮氧化物排放削减率	—	〔14.5〕		〔26.7〕		约束性
城乡转型指标	城市化率(%)	65	70		70		预期性
	城区常住人口规模(万人)	51	60		60		约束性
	城区拆迁改造面积(万平方米)	〔645.5〕	〔1000〕		〔1090〕		预期性
	人均公共公园面积(平方米)	10.24	12.3		12.3		预期性
	城乡居民收入比(非常住口径)	1.93	＜ 2		1.821		约束性
	森林覆盖率(%)	51.4	55		55		约束性
	城镇生活垃圾集中处理率(%)	89	100		100		约束性
	城区污水集中处理率(%)	85	90		91		约束性
	农村生活污水集中无害化处理率(%)	—	65		94		约束性
	全区河道水质标准 / 鉴湖主体和小舜江流域	—	Ⅳ类 / Ⅲ类		全区河道Ⅳ类及以上占 65%		预期性
社会转型指标	新增劳动力人均受教育年限	11	15		15		约束性
	高等教育毛入学率(%)	54	60		60		约束性
	人才资源总量(万人)	10.23	15.5		15.5		预期性
	人口自然增长率(%)	−0.54	＜ 2		0.86		约束性
	人均期望寿命(岁)	79.57	80		81		预期性
	每千人拥有医生数(人)	2.63	2.85.		4.37		约束性
	每千人拥有住院床位数(床)	4.08	4.09		6.1		约束性
	城乡居民基本医疗保险参保率(%)	96.6（新农合）	95		98.3		约束性
	新增职工五大社会保险参保人数(万人)	118.2（全部）	〔36.5〕		〔48.2〕		约束性

续表 2-2-6

类别	指标名称(单位)	2010年	规划目标		完成预计		指标属性
			2015年	年均增速(%)	2015年	年均增速(%)	
社会转型指标	新建保障性住房(套)	—	〔2600〕		〔2600〕		预期性
	城镇登记失业率(%)	3.0	＜3.5		2.56		约束性
	城镇居民人均可支配收入(元)	32223	51895	10	53000	10.5	预期性
	农村居民人均纯收入(元)	16685	27488	10.5	29100	11.8	预期性
	城镇居民家庭恩格尔系数(%)	38.2	＜30		29		预期性
	基尼系数	0.262	＜0.4		—		预期性

注:〔 〕内数据为5年累计数。

"十三五"时期区国民经济和社会发展主要指标表

表 2-2-7

类型	指标名称	2015年预计数	2020年		指标属性
			目标值	年均增速(%)	
综合实力	地区生产总值(亿元)	1200.11	1683	7	预期性
	人均生产总值(户籍)(万元)	18.4	25.8	7	预期性
	一般公共预算收入(亿元)97.85	137	7	—	约束性
	固定资产投资(亿元)	663.14	1068	10	预期性
	社会消费品零售总额(亿元)	233.37	376	10	预期性
转型创新	服务业增加值占生产总值比重(%)	43.5	51		预期性
	规上战略性新兴产业增加值占规上工业比重(%)	27	34		预期性
	规上高新技术产业增加值占规上工业比重(%)	10	35		预期性
	研究与试验发展经费支出占生产总值比重(%)	2.15	2.8		预期性
	万人发明专利拥有量(件/万人)	7.6	16		预期性
	人才资源总量(万人)	15.5	20.7		预期性
	全社会劳动生产率(万元/人)	17	23	6.2	预期性
开放协调	出口额(亿美元)	104.16	133	5	预期性
	实际到位外资(亿美元)	2.31	〔12〕		预期性
	城市化率(%)	70	72		预期性
	城乡居民收入比(常住口径)	1.74	＜1.7		约束性
	城镇登记失业率(%)	2.56	＜3.5		约束性
	人口自然增长率(‰)	0.86	＜3.5		约束性
	人均期望寿命(岁)	81	81.5		预期性

续表 2-2-7

类型	指标名称	2015 年预计数	2020 年		指标属性
			目标值	年均增速(%)	
绿色集约	单位生产总值能耗(吨标准煤 / 万元)	0.92	省市下达任务		约束性
	单位工业增加值用水量(立方米 / 万元)	38	省市下达任务		约束性
	二氧化碳和主要污染物排放量(万吨)	—	省市下达任务		约束性
	空气质量优良天数占比(%)	72.6	85		约束性
	地表水断面水质达到或优于Ⅲ类比例(%)	43	60		约束性
	城区生活污水集中处理率(%)	88	100		约束性
	森林覆盖率(%)	55	56		约束性
共享发展	城镇常住居民人均可支配收入(元)	50741	71167	7	预期性
	农村常住居民人均可支配收入(元)	29177	41887	7.5	预期性
	新增城镇就业人数(人)	18322	〔90000〕		约束性
	高等教育毛入学率(%)	60	66		预期性
	每千人拥有医生数(人)	4.37	4.5		约束性
	全民参保登记率(%)	100	100		约束性
	每百名老人拥有养老床位数(张)	3.3	5		约束性

注:〔 〕内数据为 5 年累计数。

会议审议并批准区财政局局长余建林提交的《关于绍兴市柯桥区 2015 年财政预算执行情况及 2016 年财政预算(草案)的报告》。2015 年,全区完成一般公共预算收入 978488 万元,完成年度预算 102.4%,同比增长 7.7%,其中,2015 年起原列政府性基金管理的地方教育费附加等收入 59709 万元,作为政府专项非税收入纳入一般公共预算管理,剔除此因素,同口径增长 12.0%。2015 年,全区一般公共预算支出完成 985258 万元,完成年度预算的 100%,同比增长 23.9%。剔除动用预算稳定调节基金 136294 万元以及新增债券 17000 万元后支出为 831964 万元,同口径增长 6.9%。一般性预算支出用于民生的支出 751604 万元,比 2014 年增长 21.5%,占一般公共预算支出的比重为 76.3%,剔除动用稳定调节基金、新增债券等安排的民生支出 114523 万元后为 637081 万元,同口径增长 9.7%。会议批准绍兴市柯桥区 2016 年财政预算。

会议听取、审议并批准区人大常委会主任吴晓所作的《绍兴市柯桥区人民代表大会常务委员会工作报告》。

会议听取、审议并批准区人民法院院长孙浩所作的《绍兴市柯桥区人民法院工作报告》。2015 年,全年共收案 19389 件,结案(含旧存)19012 件,同比分别上升 7.63% 和 6.33%。

其中受理刑事案件1404件，审结1358件，同比分别上升42.81%和37.73%；判处罪犯2055人，其中判处5年以上有期徒刑69人，同比下降19.77%。受理民商事案件12944件，审结12616件，同比分别上升8.03%和6.61%，其中调解撤诉7531件，调撤率达60.63%，民事调解案件自动履行率达85.40%。受理一审行政案件212件，审结199件，同比分别上升168.55%和148.75%。一线办案法官年人均结案295.50件，是全省平均数的1.636倍，主要办案质效稳居全市法院前列，被省高院推荐参加"全国模范法院"评比。

会议听取、审议并批准区人民检察院代理检察长周江所作的《绍兴市柯桥区人民检察院工作报告》。2015年，共受理提请批准逮捕案件1008件1614人，案件数同比上升36.22%，批准逮捕813件1226人；受理移送审查起诉案件1628件2610人，案件同比上升46.9%，提起公诉1341件2025人。

会议补选区人民检察院检察长1名。

区委书记徐国龙致闭幕词。

第三节　区第一届人民代表大会

柯桥区第一届人民代表大会2017年2月19—23日举行第一次会议。会议议题14项，听取、审议、审查报告9个，通过决议、决定7项，依法选举（表决）国家机关工作人员81人次，选举柯桥区出席绍兴市八届人民代表大会代表63名。

柯桥区第一届人民代表大会会议概况表

表2-2-8

会议序次	会议日期	代表人数		列席人员（人）	会议议题项	听取审议、审查报告（个）	决议、决定（项）	代表议案建议（件）
		应到（人）	实到（人）					
第一次	2017年2月19—23日	289	289	271	14	9	7	259

第一次会议

会议听取、审议并批准代理区长沈志江所作的《政府工作报告》。过去5年，全区地区生产总值、财政总收入、一般公共预算收入分别比五年前增长41%、41.2%和66.3%，位居全国综合实力百强区第十五位。5年中，累计完成固定资产投资2917亿元，年均增长

代理区长沈志江作政府工作报告(人大办提供)

15.8%;累计新增国家高新技术企业77家,引进国家、省"千人计划"人才45人;累计完成"机器换人"项目2282个,完成"下升上"360家、"个转企"4119家,"两化融合"发展指数居全省前列,单位工业增加值能耗累计下降25.8%。湖塘黄酒小镇等9个特色小镇列入省、市创建名单。五年中,累计完成自营出口3586亿元,是上一个五年的1.6倍。轻纺城市场群年交易额比五年前增长69.1%,"网上轻纺城"累计交易额584.3亿元,年均增长90.6%。柯桥经济技术开发区升格为国家级开发区,滨海工业区列入国家级循环化改造示范试点。

以后五年的奋斗目标:加快建设"时尚柯桥",在补齐科技创新短板、推进产业转型升级上取得重大进展,提前实现地区生产总值和人均地区生产总值比2010年翻一番目标,巩固走在前列的经济强区地位;加快建设"印象柯桥",在补齐生态环境短板、深化生态文明建设上取得重大进展,城市、城镇、乡村实现协调发展,成为"空气清新、水体清澈、环境清洁"的江南水乡典范;加快建设"幸福柯桥",在补齐城乡统筹短板、提质扩面民生福祉上取得重大进展,提前实现城乡居民人均可支配收入比2010年翻一番目标,最大程度提高人民群众安全感、幸福感、获得感。2017年,政府工作具体抓好五方面:提升实体经济,增强转型定力,奋力推动经济运行新腾飞;补齐科技短板,强化创新驱动,大力培育科学发展新动能;全面治理生态,加快城乡统筹,全力打造宜人宜居新环境;不断深化改革,切实转变职能,着力创造政务服务新样板;优化社会事业,积极改善民生,致力共享改革发展新成果。

会议听取、审议并批准区人大常委会主任吴晓所作的《绍兴市柯桥区人民代表大会常务委员会工作报告》。

会议听取、审议并批准区人民法院代理院长陈建民所作的《绍兴市柯桥区人民法院工作报告》。过去5年,共受理各类案件93471件,办结93048件。其中,受理刑事案件6244件,审结6287件,判处罪犯10043人;受理各类民事案件34091件,审结34169件,调撤率达 73.57%；受理行政案件 606 件，审结 590 件；受理各类执行案件 26379 件，执结 26089 件；受理各商事案件 20622 件，审结 20358 件，其中民间借贷案件 5792 件；接待信访 1153 人次，实质性化解 13 件。

会议听取、审议并批准区人民检察院检察长周江所作的《绍兴市柯桥区人民检察院工作报告》。5 年中，共办理提请批准逮捕案件 4516 件 7100 人，办理移送审查起诉案件 7054 件 11289 人，案件数同比上升 20.5%，立案查办贪污贿赂、渎职侵权职务犯罪案件 126 件 143 人，案件数同比上升 93.8%。区人民法院先后被评为全省检察机关“四化”建设示范院、全省先进基层检察院。

会议审议并批准区发改局局长缪智勇提交的《关于绍兴市柯桥区 2016 年国民经济和社会发展计划执行情况及 2017 年国民经济和社会发展计划（草案）的报告》，批准绍兴市柯桥区 2017 年国民经济和社会发展计划。

会议审议并批准区财政局局长余建林提交的《关于绍兴市柯桥区 2016 年财政预算执行情况及 2017 年财政预算（草案）的报告》，并通过相应决议。2016 年，全区完成一般公共预算收入 1060220 万元，完成年度预算的 100.1%，按可比口径增长 8.1%。2016 年全区一般公共预算支出完成 989490 万元，完成年度调整预算的 100.3%，同比增长 0.4%。2016 年，政府性基金收入完成 269315 万元，完成年度预算的 88.3%，同比增长 19.5%；政府性基金支出完成 257043 万元，完成年度预算的 83.6%，同比减少 21.0%。会议批准绍兴市柯桥区 2017 年财政预算。

会议依法选举新一届区人大常委会主任 1 人，副主任 6 人，委员 26 人；选举区人民政府区长 1 名，副区长 6 名；选举区监察委员会主任 1 名；区人民法院院长 1 名；区人民检察院检察长 1 名；依法选举柯桥区出席绍兴市第八届人民代表大会代表 63 名，还票决确定社会福利中心建设等 10 件区政府 2017 年民生实事项目。新当选区人大常委会主任吴晓、区政府区长沈志江在大会主席台进行单独宪法宣誓。

区长沈志江在闭幕式上讲话，区人大常委会主任吴晓致闭幕词。

第三章 大会选举和表决人选

第一节 选举和表决人选办法

选举本级国家机关工作人员和上一级人民代表大会代表，是法律规定县级以上地方各级人民代表大会的重要职权。根据地方组织法规定，县(区)人民代表大会选举的国家机关领导人员有本级人民代表大会常务委员会的组成人员；本级人民政府的领导人员；本级人民法院院长和人民检察院检察长，选出的人民检察院检察长，须报经上一级人民检察院检察长提请该级人民代表大会常务委员会批准；选举上一级人民代表大会代表。各项职务的候选人，由县(区)人民代表大会主席团或者代表依照地方组织法规定联合提名。县(区)人民代表大会进行选举和通过决议，以全体代表的过半数通过。选举实行差额选举，但正职

2016 年 1 月 21 日，区第十四届人民代表大会第五次会议投票选举区人民检察院检察长(人大办提供)

候选人如果提名只有 1 人的，也可以进行等额选举。选举均采用无记名投票方式进行。凡当选人数少于应选名额时，不足的名额可以在此次人民代表大会会议上另行选举，也可以在下一次人民代表大会会议上另行选举。

县（区）人大常委会组成人员和人民政府领导人员，人民法院院长，人民检察院检察长，可以向本级人民代表大会提出辞职，由大会决定是否接受辞职；大会闭会期间，可以向县（区）人大常委会提出辞职，由常委会决定是否接受辞职。常委会决定接受辞职后，报县（区）人民代表大会备案。县（区）人民检察院检察长的辞职，须报经市人民检察院检察长提请市人大常委会批准。县（区）人民代表大会举行会议的时候，主席团、常委会或者十分之一以上代表联名，可以提出对本级人大常委会组成人员、人民政府组成人员、人民法院院长、人民检察院检察长的罢免案，由主席团提请大会审议，并根据审议情况提请大会表决。县（区）人民代表大会补选常委会组成人员，人民政府领导人员，人民法院院长，人民检察院检察长时，候选人数可以多于应选人数，也可以同应选人数相等。选举办法由县（区）人民代表大会决定。

根据地方组织法的规定，县（区）人民代表大会根据需要，还可以设立法制委员会、财政经济委员会等专门委员会。各专门委员会的主任委员、副主任委员和委员的人选，由主席团在代表中提名，大会通过。在大会闭会期间，县（区）人大常委会可以任免专门委员会的个别副主任委员和部分委员，由主任会议提名，常委会会议通过。

附一：

绍兴县第十四届人民代表大会第一次会议选举办法

（2012 年 2 月 10 日绍兴县第十四届人民代表大会第一次会议通过）

一、根据《中华人民共和国宪法》和《中华人民共和国地方各级人民代表大会和地方各级人民政府组织法》、《中华人民共和国全国人民代表大会和地方各级人民代表大会选举法》等有关规定，结合本县实际，制定本办法。

二、本次会议选举：

县第十四届人民代表大会常务委员会主任 1 人，副主任 6 人，委员 20 人；

县人民政府县长 1 人，副县长 6 人；

县人民法院院长 1 人；

县人民检察院检察长 1 人。

绍兴县出席绍兴市第七届人民代表大会代表66人，其中绍兴市名额11人，本县名额55人。

三、县第十四届人民代表大会常务委员会组成人员的候选人，必须是本届县人民代表大会代表。

四、县人民代表大会常务委员会组成人员的人选，县长、副县长的人选，县人民法院院长的人选和县人民检察院检察长的人选，由大会主席团或者代表10人以上联名提名。主席团提名的候选人人数，每一代表与其他代表联合提名的候选人人数，均不得超过应选名额。

县人民代表大会常务委员会主任、县人民政府县长、县人民法院院长、县人民检察院检察长的候选人数一般应多于1人，进行差额选举；如果提名的候选人只有1人，也可以进行等额选举。县人民代表大会常务委员会副主任、县人民政府副县长的候选人应比应选人数多1人，进行差额选举。县人民代表大会常务委员会委员的候选人数应比应选人数多十分之一，即多3人，进行差额选举。

如果提名的候选人数符合本办法规定的差额数，由主席团提交代表酝酿、讨论后，进行选举。如果提名的候选人数超过本办法规定的差额数，由主席团提交代表酝酿、讨论后，分代表团进行预选，根据在预选中得赞成票多少的顺序，按照本办法规定的差额数确定正式候选人名单，提交大会选举。

五、绍兴县出席绍兴市第七届人民代表大会的候选人，由各政党、各人民团体联合或者单独推荐，代表10人以上联合提名，也可推荐。

依法提出的候选人名单由大会主席团印发给全体代表，由全体代表酝酿、讨论。如果所提候选人的人数符合《中华人民共和国全国人民代表大会和地方各级人民代表大会选举法》第三十条规定的比应选代表名额多五分之一至二分之一的差额比例，直接进行投票选举。如果所提候选人的人数超过选举法第三十条规定的最高差额比例，分代表团进行预选，根据预选中得票多少的顺序，按照比应选代表名额多五分之一的比例，即多14人，确定正式代表候选人名单，提交大会选举。

六、代表10人以上联合提名(推荐)，应采用书面形式，按《代表联合提名(推荐)候选人登记表》填写。

代表依法联合提名(推荐)的候选人，如果被提名者、被推荐者不愿接受提名(推荐)的，应当尊重本人意愿，可以不列入候选人名单，并向联合提名(推荐)的代表说明。

七、各项候选人的提名(推荐)截止时间为2月11日上午9时整。提名(推荐)登记在截止时间以前送交大会秘书处组织组的，提名（推荐）方有效。

八、预选以代表团为单位进行。参加预选会议的代表超过该代表团全体代表的半数，始得进行预选。预选工作由大会主席团委托各代表团团长主持，预选监票人由各代表团在不是各项候选人的代表中指定。

预选采取无记名投票方式。选票由大会秘书处统一印制。

预选由大会秘书处统一计票，计票工作人员由大会秘书处指定，在预选监票人监督下进行工作。

各代表团预选情况的报告，由预选工作主持人和预选监票人签字后，报大会秘书处汇总，向大会主席团报告。

九、本次会议分三次选举。第一次选举县人民代表大会常务委员会主任、县人民政府县长、县人民法院院长、县人民检察院检察长，四张选票一次投票，分别计票；第二次选举县人民代表大会常务委员会副主任、县人民政府副县长，两张选票一次投票，分别计票；第三次选举县人民代表大会常务委员会委员、绍兴县出席绍兴市第七届人民代表大会代表，两张选票一次投票，分别计票。

本办法规定的各项选举，均采用无记名投票的方式。选票上所列正式候选人名单按姓氏笔画排列。

代表对于选票上的县人民代表大会常务委员会组成人员的候选人，可以投赞成票，可以投反对票，可以另选县十四届人民代表大会的其他代表，也可以弃权。

代表对于选票上的县人民政府县长、副县长候选人，县人民法院院长、县人民检察院院长候选人和绍兴县出席绍兴市第七届人民代表大会代表候选人，可以投赞成票，可以投反对票，可以另选其他选民，也可以弃权。

十、代表填写选票时，对候选人表示赞成的，在其姓名上方的方格内画一个“○”，表示反对的，画一个“×”，弃权的不画任何符号；另选他人的，可在选票预留的空白长方格内填写被选人姓名，并在其姓名上方空格内画一个“○”；只写姓名不画“○”的无效。每张选票所选的人数，等于或少于应选人数的为有效票，多于应选人数的为无效票。划写选票时，必须用钢笔或圆珠笔，符号要正确，笔迹要清楚。

十一、大会选举设总监票人2人，监票人7人，在大会主席团的领导下，对发票、投票、计票工作全过程进行监督。

总监票人由大会主席团在代表中提名，提交大会通过。监票人由各代表团在代表中协商推选，大会主席团通过。各项选举的正式候选人，不能担任总监票人和监票人。

大会选举工作人员由大会秘书处指定,并在总监票人监督下进行工作。

十二、选举大会设票箱四只。代表按座区分别到指定的票箱投票。大会不设流动票箱,不能委托投票。

十三、投票结束后,在总监票人、监票人监督下当场开启票箱,清点票数,并由总监票人将收回的选举张数报告大会执行主席,由大会执行主席宣布选举是否有效。

收回的选票张数等于或少于发出的选票张数,选举有效;多于发出的选票张数,选举无效,需重新投票选举。

十四、县人民代表大会常务委员会组成人员,县长、副县长、县人民法院院长,县人民检察院检察长的候选人,赞成票获得全体代表过半数的始得当选。

赞成票获得全体代表过半的候选人数多于应选名额时,以得赞成票多的当选;如遇得赞成票相等不能确定当选人时,就得赞成票数相等的候选人再次投票,以得赞成票多的当选。县人民代表常务委员会主任、县人民政府县长、县人民法院院长、县人民检察院检察长的候选人赞成票未获得全体代表过半数时,在本次大会另行选举;赞成票获得全体代表过半数的县人民代表大会常务委员会副主任、委员和人民政府副县长的候选人少于应选名额时,是否在本次大会另行选举由大会决定。另行选举时,可以根据在第一次投票时得赞成票多少的顺序确定候选人,也可以依照本办法规定的程序另行提名,确定候选人。另行选举县人民代表大会常务委员会副主任、县人民政府副县长时,候选人应比应选人数多1人,进行差额选举。另行选举县人民代表大会常务委员会委员时,候选人应选人数多十分之一,进行差额选举。

列入县人民代表大会常务委员会副主任正式候选人名单的候选人未当选的,可以依法再提名为县人民代表大会常务委员会委员候选人和依法列入正式候选人名单。

十五、绍兴县出席绍兴市第七届人民代表大会代表候选人,赞成票获得全体代表过半数的,始得当选。

赞成票获得全体代表过半的县推荐的候选人数多于本县应选名额时,以得赞成票多的当选,如遇得赞成票数相等不能确定当选人时,就得赞成票相等的候选人再次投票,以得赞成票多的当选。获得全体代表过半数选票的县推荐的候选人数少于本县应选名额时,是否在本次大会另行选举由大会主席团决定。另行选举时,根据在第一次投票时得赞成票多少的顺序,按照多于应选名额五分之一的要求,确定候选人名单。获得全体代表过半数选票的绍兴市推荐的候选人,得赞成票数等于或者少于未当选的县推荐的候选人的,不能当选。绍兴市名额出现缺额时,是否在本次大会另行选举由大会主席团决定。另行选举时，没有当选的绍兴市推荐的候选人仍作为候选人。

十六、计票完毕，总监票人向大会报告计票结果，由大会执行主席宣布当选人员名单。

十七、在选举过程中遇到有本办法规定以外情况的，由大会主席团依法决定；依法需由大会决定的，提请大会决定。

十八、本办法经绍兴县第十四届人民代表大会第一次会议通过后施行。

附二：

绍兴市柯桥区第一届人民代表大会第一次会议关于区第一届人民代表大会专门委员会的设立及其人选的表决办法

（2017 年 2 月 21 日绍兴市柯桥区第一届人民代表大会第一次会议通过）

根据《中华人民共和国地方各级人民代表大会和地方各级人民政府组织法》第三十条的规定，结合本区实际，制定本办法。

一、绍兴市柯桥区第一届人民代表大会设立法制（内务司法）委员会、财政经济委员会等两个专门委员会。各专门委员会由主任委员 1 人、副主任委员 2 人、委员若干人组成。

二、区第一届人民代表大会法制（内务司法）委员会和财政经济委员会主任委员、副主任委员、委员人选，由大会主席团在区第一届人民代表大会代表中提名，经各代表团酝酿后，提请全体会议表决。

三、全体会议对区第一届人民代表大会法制（内务司法）委员会和财政经济委员会主任委员、副主任委员、委员的人选名单依次合并表决，采用举手表决的方式进行。表决时，代表可以表示赞成，可以表示反对，也可以表示弃权。

四、区第一届人民代表大会法制（内务司法）委员会和财政经济委员会组成人员的人选名单，获得全体代表过半数赞成时，始得通过。表决结果由大会执行主席宣布。

五、本办法经区第一届人民代表大会第一次会议全体会议通过后施行。

第二节　选举和表决人选结果

县（区）人民代表大会根据法律规定的任期年限，每届人民代表大会的第一次会议选举产生新一届国家机关领导人员，即县（区）人大常委会组成人员，县（区）人民政府县（区）

长，县(区)人民法院院长，县(区)人民检察院检察长(选出的检察长须报经市人民检察院检察长提请市人民代表大会常务委员会批准)，表决通过新一届人民代表大会专门委员会组成人员的人选。其间，国家机关领导人员因工作调动或者其他原因出缺，在本级本届人民代表大会任何一次会议上，均可以选举或者经过表决补充。

2017 年 2 月 23 日，新当选的区第一届人大常委会主任吴晓在大会上进行宪法宣誓(人大办提供)

一、县第十三届人民代表大会

第一次会议(2007 年 2 月 5—9 日)

选举县人大常委会组成人员

主　任：徐林土

副主任：章生建　平水龙　施平平(女)　于庆国　余茂法

委　员：马仕秀　毛中萍(女)　刘　斌　刘越英(女)　杨高相　宋国梁　陈永根
陈林川　邵纪康　金良顺　庞宝根　郎煜江　赵建新　俞伟芬(女)
袁启森　徐光炎　徐晁华　唐水森　凌渭土　虞阿五　濮耀魁

选举县人民政府组成人员

县　长：冯建荣

副县长：陈吉安　孟柏干　马芳妹(女)　陈德洪　张荣社　孙哲君

选举县人民法院院长

院　长：周剑敏

选举县人民检察院检察长

检察长：王荣彪

选举出席绍兴市第六届人民代表大会代表共 64 名(代表名单详见前志第一编第四章)

第四次会议(2010 年 1 月 31 日至 2 月 3 日)

补选孙云耀为绍兴县人民政府县长。

第五次会议(2011 年 2 月 27 日至 3 月 2 日)

补选孙浩为绍兴县人民法院院长

二、县(区)第十四届人民代表大会

第一次会议(2012 年 2 月 8—12 日)

选举县人大常委会组成人员

主　任:吴　晓(女)

副主任:邢柏生　于庆国　魏美林　葛美芳　濮如松　沈祖卫

委　员:马仕秀　毛中萍(女)　方慧琴(女)　叶加林(女)　孙胜利　杨高相　李亚根

李光辉　吴国建　宋金木　陈永根　陈林川　邵纪康　金良顺

赵建新　袁启森　钱利红(女)　徐晁华　蒋倬臣　虞阿五

选举县人民政府组成人员

县　长:徐国龙

副县长:孙　君　丁生产　周树森　胡国炜　谢兴长　祝静芝(女)

选举县人民法院院长

院　长:孙　浩

选举县人民检察院检察长

检察长:丁　飞

选举出席绍兴市第七届人民代表大会代表共 66 名(代表名单详见第一编第三章)

第四次会议(2015 年 1 月 27—30 日)

补选阮建尧为绍兴市柯桥区人民政府区长

第五次会议(2016 年 1 月 18—21 日)

补选周江为绍兴市柯桥区人民检察院检察长

三、区第一届人民代表大会

第一次会议(2017 年 2 月 19—23 日)

选举区人大常委会组成人员

主　任:吴　晓(女)

副主任:蔡金标　胡国炜　葛美芳　沈祖卫　王张泉　刘　斌

委　员:丁雅芬(女)　王　勤　朱　峰(女)　朱伟芳(女)　刘建明　孙胜利　李亚根
李光辉　杨高相　吴林平　宋金木　陈林川　陈晓寅　金良顺
金海华　周波青(女)　赵建兴　柯静杨　俞　丰　袁启森　顾洁萍(女)
钱兔根　倪华丰　徐国娣(女)　徐智煊　高青泉

选举区人民政府组成人员

区　长:沈志江

副区长:诸剑明　齐方良　祝静芝(女)　吴晓炯　钱勇军　马亦忠

选举区监察委员会主任

主　任:金水法

选举区人民法院院长

院　长:陈建明

选举区人民检察院检察长

检察长:周　江

选举出席绍兴市第八届人民代表大会代表共 63 名(代表名单详见第一编第三章)

表决通过区第一届人民代表大会法制(内务司法)委员会组成人员名单

主任委员:钱兔根

副主任委员:濮建明　吴海胜

委　员:王国兴　沈祥星　郭奇斌　濮黎明

表决通过区第一届人民代表大会财政经济委员会组成人员名单

主任委员:宋金木

副主任委员:王良红　赵忆怀

委　员:张勤良　钱木水　徐海青　殷阿四

第四章　代表议案、建议、批评和意见

第一节　代表议案、建议、批评和意见的提出及受理

县（区）人大代表提出议案、建议、批评和意见是执行代表职务的一项重要工作。代表议案由至少十人以上代表联名，向县（区）人民代表大会提出，内容须属于本级人民代表大会职权范围内的事项，格式为案由、案据和方案三个方面，由大会主席团决定是否列入大会议程，或者先交有关的专门委员会审议，提出是否列入大会议程的意见，再由主席团决定是否列入大会议程。代表建议、批评和意见不受代表人数限制，由代表向本级人民代表大会及其常委会提出，内容包含对各方面的工作，由县（区）人大常委会代表工作机构交有关机关和组织研究处理并负责答复。

2017 年 2 月 14 日，区人大柯岩街道代表小组开展会前视察和研讨提出代表议案建议活动（人大办提供）

县（区）人民代表大会代表提出议案、建议、批评和意见的基本方法是：（一）走访联系选民和群众，或者视察有关工作，根据地方工作重点和群众普遍关注的热点、难点问题，选定议案、建议、批评和意见的题目；（二）

围绕选定的题目,组织调查研究,弄清事实真相,掌握充足的依据,征求各方面对解决问题的建议,形成议案、建议、批评和意见的草案;(三)召开会议集体研讨,由代表小组组长或者提案建议人召集相关代表集体商讨,提出修改意见,作出进一步完善;(四)在县(区)人民代表大会会议上,提案建议人作为领衔代表,向代表解释议案、建议、批评和意见的基本内容,经其他代表认同并附议,并由代表亲笔签名,提交大会秘书处议案组。

自2008年2月县第十三届人民代表大会第二次会议,到2017年2月的区第一届人民代表大会第一次会议期间,共收到代表10人以上联名提出的议案689件。其中,在2014年2月举行的区第十四人民代表大会第三次会议上,由徐光炎等32位代表联名提出的《关于全面提升城镇水患防御能力的议案》,经大会主席团审议被决定列入大会议程,经各代表团审议,作出了相应决议。其他代表议案,经大会主席团决定,均作为代表建议、批评和意见处理。其间,还收到代表提出的建议、批评和意见(以下统称为"建议")共1685件。

代表议案、建议的受理概况如下:

县(区)人大代表提出的议案、建议分类一览表

表2-4-1　　　　　　　　　　　　　　　　　　　　　　单位:件

届	次	会议召开时间	议案建议件数			议案建议分类			
			议案件数	建议件数	两者合计	经济建设	城乡发展	民生社会	其他
县十三	二	2008年2月25—29日	64	138	202	17	112	73	—
	三	2009年2月17—20日	78	149	227	49	116	62	—
	四	2010年1月31日至2月3日	70	155	225	45	92	76	12
	五	2011年2月27日至3月2日	61	191	252	43	117	79	13
县十四	一	2012年2月8—12日	101	163	264	38	94	96	36
	二	2013年2月26日至3月1日	94	171	265	34	102	94	35
	三	2014年2月25—28日	56	187	243	52	103	59	29
	四	2015年1月27—30日	25	200	225	53	63	92	17
	五	2016年1月18—21日	51	161	212	42	84	59	27
区一	一	2017年2月19—23日	89	170	259	69	99	62	29
合计	10	—	689	1685	2374	442	982	752	198

第二节　代表议案处理和建议交办

人大代表在人民代表大会会议期间提出的议案及建议，是在人民代表大会召开之前，通过视察、调查、走访选民等多种形式，广泛听取选民的意见，经过认真整理，综合成书面材料提出的，所涉及的问题绝大多数是选民关心的热点难点问题，经县（区）人民代表大会会议秘书处议案组收集、登记、审查，由大会秘书处提出议案审查处理意见的报告，提交大会主席团审议通过。

一、代表议案处理

代表议案处理有四种基本形式：（一）由大会主席团决定列入人大会议议程，交由各代表团审议；（二）由大会主席团先交有关的专门委员会审议、提出是否列入会议议程的意见，再决定是否列入大会议程；（三）由大会主席团决定不列入此次大会议程，而交由专门委员会在大会闭会后审议，提出是否列入下一次人大会议议程或者人大常委会会议议程的意见，由人大常委会审议决定；（四）由大会主席团决定作为代表建议、批评和意见处理，或者由大会秘书处建议提议案代表将议案改作代表建议、批评和意见提出。

列入人大会议议程的代表议案，经各代表团审议后，大会主席团提出议案决议草案，再经各代表团审议后，由大会全体会议通过决议草案。区政府根据代表议案和大会作出的决议，在大会闭幕后的三个月内制定出议案决议实施方案，提请区人大常委会审查批准，并根据实施方案明确各项目标任务的责任主体，规定完成时限和具体要求，组织议案决议实施工作。区人大常委会对议案决议实施进行跟踪监督，检查实施情况，开展绩效评估，根据区政府提请批准的结案报告，由常委会会议审议并作出批准结案的决议。

附一：

关于全面提升城镇水患防御能力的议案

（徐光炎等32位代表联名提出）

案据（理由与要求）：随着经济社会的日益发展，柯桥区城镇建设快速推进，去年全区城市化率已达66%，位居全国中小城市新型城镇化质量前10强，城市建成区面积也已达49平方公里。与此同时，我区这几年大力建设“清水工程”，积极实施城区经济“退二进三”

及全区印染产业集聚升级战略,城乡水环境明显改善,城镇的活水、净水、排水工程也同步推进,城市排涝功能逐步强化。城市化的迅速发展,极大地满足了人们对美好生活的追求,改善了人们的物质生活条件。但随之而来的城市内涝也成了全国普遍性的问题,稍遇强降雨,就出现道路积水、民居和商场进水、内河水位居高等问题,城市缺水和生产生活废水污染等现象也日益突出,防治城市水患已成为防洪治水战略调整的重点。城市水患是大规模城市化进程中不可避免的产物,尤其是柯桥区的新城镇多数是在老城镇的基础上快速发展起来的,与起点较高的主体建筑、公共设施、道路交通等相比,城镇的地下管网、内河贯通等排水设施的配套相对欠缺或者滞后。2013 年的强台风“菲特”给余姚造成很大的损失,绍兴平原河网也达超高水位,数日不降,柯桥城区古镇区域也积水严重,华舍老街被洪水围困近三天,安昌古镇 3000 多户居民家中进水,大片农田被淹,不仅给居民出行带来不便,而且造成的经济损失也不容小视。“菲特”警示人们:在城市化快速推进的今天,有效防御水患给城市造成的危害,在城镇建设中刻不容缓,而且是应当重新纳入高标准规划,花大力气建设的重大工程。

形成城市水患的主要原因是工业化、城市化快速发展后,大幅度地改变了长期形成的自然生态系统,出现了人口、资源、环境等一系列新问题,自然灾害也变得复杂而严峻。从我区情况看,目前城镇水患的表现形式及主要成因有:一是水环境污染由来已久,大规模的“清水工程”、印染产业升级改造有效改变了水质状况,但河水水质离居民可饮用水标准尚相距甚远,小舜江供水日趋紧缺,城镇供水仍然存在着危机;二是城镇内河连贯不全,排泄不畅,泄洪效能低下,尤其是因暴雨时平原河网水位居高不下,城镇内河无法及时向外河泄洪,甚至于外水内灌,内河洪水隐患明显;三是城镇下水道排水不力,有的地段管道过窄过细,甚至于严重堵塞,造成地表水泛滥,尤其是城镇的老小区地下管网改造困难,积水难排更为突出,由此带来的污水、涝水等危害在所难免;四是城镇建设加快后,地面硬化面积越来越大,地表径流增加,地下蓄水功能得不到充分利用,雨水直接流向河道,内河泄洪压力骤增;五是因基本建设侵占水面的现象较为严重,河道不断被蚕食而“瘦身”,湖泊蓄洪功能严重弱化,暴雨引发洪灾的概率增加;六是曹娥江大闸建立后,对新三江闸的泄洪排涝也带来一定影响,内河向外海排涝在时间上存在滞后性,自然调节水位能力减弱,城镇排涝的应急措施难以落实。由此可见,形成城镇水害隐患的形式和成因是多方面的,各级政府及各有关部门应当进一步树立群众的需求就是政府的政绩的观念,通过综合分析城镇水患现状和产生问题的原因,从多个方面采取措施,着力提高城镇的水患防御能力。

方案(建议解决办法):城市水患防御能力是指城市功能中围绕供水、排水、水环境保护与防洪排涝等突出问题，具备必要的预防、抵御污水、洪水、涝水、缺水等各种水患，以有效克服水灾害加剧、水资源紧缺、水环境恶化等“水危机”的综合能力的集中反映，它是衡量一个城市建设品位和城市人民生活品质的重要标志。全面提升我区城镇水患防御能力，应当侧重于从以下几方面入手，落实有效措施。

1. 城镇统筹，高起点、有重点、超前性地制订柯桥区城镇水患防御规划。结合贯彻实施省委提出的“五水共治”和市委提出的“重建绍兴水城”等战略，确立以生产和生活污水、内河洪水、地面涝水、饮用缺水等治理为重点，柯桥城市规划控制区和各中心镇集镇规划控制区为主要范围，城镇联合共建的水患防御目标，构筑有效的防御体系。并鉴于国外一些发达国家在20世纪70年代后就已经率先进入暴雨雨水的管理阶段，许多大城市的排水系统都在不同程度上进行实时控制，建设标准高，体系完善，有些大城市至今用的仍是一两百年前建成的排水系统，尽管城市规模与当时相比已天壤之别，但排水系统仍运转自如的经验。柯桥区应积极应对城市发展中水问题的演变趋向，高起点、超前性地制定《柯桥区城镇水患防御体系规划》，并综合施策，高标准地实施工程建设，立足长远做好城市水患防御这篇文章，以满足城镇未来发展的治水需求。

2. 城乡结合，实施多元化的城镇水患防御措施。根据城市水利发展综合性、开放性强的特点，在城镇水患防御体系建设中做到：设计上与产业发展战略调整和流域水利规划相协调，妥善处理好上下游、左右岸、干支流以及城市与乡村的关系，形成“一龙管水、多龙治水”协调运作的机制；目标上实行水源保护、供排水系统的建设、河道湖泊的整治、污水处理与废水资源的重复利用、防洪体系建设与环境改善的结合等等多个方面措施；手段上既要形成完整配套的工程体系，又要将工程措施与非工程措施有机地结合起来，综合运用工程、行政、经济、教育、技术等手段，以此达到城镇水利的发展目的。具体措施上可以采取坚定不移地实施“控量提质，集聚升级，节能减排”的印染产业转型战略，积极实施“清水工程”新三年行动计划，坚决实行“铁心铁腕抓治水，重拳出击抓治污”，继续提升河道水质；畅通排洪主干道，及时清理排洪主干道沉积的淤泥，清除水道内障碍物，拓宽狭窄河段，重点是下大决心拓宽几个主要排洪干道，打通断头河道，加快滨海快速泄洪干道的建设；利用卫星进行气象预报，充分发挥曹娥江调水工程作用，提前科学调度，开闸预排至超低水位增强平原河网蓄洪能量，降低平原河网水位等方法，努力解决城镇水脏、水涝、水少等突出问题。

3. 外排和自排共建，着力于提高城镇自身抗御水患的能力。防御城镇水患是个系统工程，必须多策并施，但关键的在于提高城镇自身的防御能力。应当加强对城区污水处理设施及下水道管网建设的监管与维护。对新建城区、工业区、居民集聚区等必须高标准配置污水处理设施和铺设下水道,职能部门要加强监管,防止偷工减料,确保质量,特别是对管道的口径要从严把关;对已建成的污水处理设施及下水道要责成责任单位定时进行检查维护,确保设施运转正常,管道畅通。还应增加城镇区域的绿化面积,减少地面硬化,做到尽量多栽树种花,减少地面水泥硬化。同时,可借鉴西方国家开展雨洪调蓄有机结合的模式,建设城镇洪水地下调蓄库,广泛利用公共场所,甚至住宅院落、地下室、地下隧洞等一切可利用的空间调蓄雨洪,减免城市内涝灾害;利用停车场、广场,铺设透水路面或碎石路面,并建有渗水井,使雨水尽快渗入地下;在运动场下修建大型地下水库,并利用高层建筑的地下室水泵作为水库调蓄雨洪等。另外,还要建立健全风险管理机制,因为城镇内涝来势快,抢险时间急,应加强水的危机与风险的预测、评估、管理与应急对策等问题的研究,建立健全一套完善的应急预案,同时储存必要的抢险设备,并适时组织防范演练,提高对水患的应急能力。

4. 建设和管理并重,充分发挥水利设施的保障作用。对柯桥区作为一个“江南水乡”来说,保护水面与保护耕地同样重要,必须坚决打击违规侵占水面的行为。公共性质的用地也应充分考虑保护水域,柯桥的水面锐减速度太快,已到了需要重点保护的时候了,要做到开发建设不打水面主意,对违规侵占的要坚决退地还水,加大湿地、农田保护力度。从长远来看,可以搞一些地下水库的试点。如由大型建设单位在主体建筑周边的绿化带地下建设地下水库,涝时起到蓄洪功能,平时用于冲厕所、洗地面和浇灌花木等。日本东京这么大的城市,从来不发生内涝,根本措施就是用制度规定用地单位必须同时建地下水库,即在城市中每开发一公顷土地,应附设500立方米的雨洪调蓄池。地下水库的建设虽然首次成本较大,但与长远作用和内涝造成的损失相比,投资非常值得,如能像建地下防空设施那样规范,凡是一定高度的建筑物都要建地下水库,那么城市防洪的等级就会极大地提高。

5. 多水少水一并考虑,确保城镇供水充足。从全国来说,城市缺水现象逐年扩大,有400多座城市供水不足,其中100多座城市严重缺水,年缺水量达58亿立方米。从柯桥区来说,得益于小舜江水库提供的大量水源,使得近几年经济发展与饮水短缺的矛盾得到缓解,但污水多而饮用水水源少矛盾仍然突出,水资源紧缺的危机依然难免暴发。应当通过科学定点,确立一些备用水源,通过统筹规划,把保障应用水供给纳入城镇水患防御体系建设的重要内容,确保城市化推进中的生产和生活用水需求。

附二：

绍兴市柯桥区第十四届人民代表大会第三次会议关于全面提升城镇水患防御能力议案的决议

（2014年2月28日绍兴市柯桥区第十四届人民代表大会第三次会议通过）

绍兴市柯桥区第十四届人民代表大会第三次会议认真审议了徐光炎等32位代表联名提出的《关于全面提升城镇水患防御能力的议案》。会议认为，提升城镇水患防御能力是进一步推动城镇化建设的必然趋势，是促进经济社会科学发展、率先发展和着力改善民生的客观要求，也是我区贯彻落实省委、省政府“五水共治”和市委、市政府“重构绍兴产业、重建绍兴水城”决策部署的具体实践，应当把提升城镇水患防御能力作为重大民生工程。列入重要议事日程。

会议指出，全面提升城镇水患防御能力，必须结合落实区委提出的“五水共治”三年行动计划，实施综合治理，以铁的决心、铁的纪律、铁的举措，重点抓好污水治理和防洪排涝工作，并坚持城镇统筹，高起点、有重点、超前性地制定全区城镇水患防御规划；坚持城乡结合，实施多元化的城镇水患防御措施；坚持外排和自排共建，着力提高城镇自身防御水患的能力；坚持建设和管理并重，充分发挥水利设施的保障作用；坚持“多水少水”一并考虑，确保城镇供水充足，努力构建起高标准、高质量、高水平的城镇水患防御体系，为有效解决水脏、水涝、水少等“水危机”的出现提供可靠保障。

会议要求，区人民政府应当在本次会议闭幕后的三个月内提出本决议的实施方案，报区人民代表大会常务委员会。区人民代表大会常务委员会要加强对本次决议实施工作的监督，确保各项措施的落实。区、镇两级人民政府、各有关组织和全区人民都要自觉肩负起新时期治水的重任，为全面提升柯桥区城镇水患防御能力作出新的贡献！

二、代表建议交办

代表建议（包括议案转为建议的），在大会闭会后的1个月内，由县（区）人大常委会代表工作机构交有关机关和组织研究处理并负责答复。代表工委和政府办公室联合研究分析代表建议情况后，按建议类别确定交办方案，再召开各有关职能部门参加的代表建议交办会议，交给各承办单位办理。承办单位主要负责人必须亲自过问，列入重要工作日程，确定办理方案，指定专人做好办理工作。会办单位在交办之日起1个月内，将代表建议办理意见书面送主办单位；主办单位在交办会后3个月对所承办的代表建议进行书面答复，需要延期办理的建议则经县(区)人大常委会代表工作机构同意后,进行延期办理。对建议办理中代表不满意的,立即启动不满意件再办理程序,认真研究并在1个月内重新办理答复。对代表满意的,则启动办结程序,将《代表建议办理情况征询意见表》反馈给区人大常委会代表工作机构,并及时将建议办理相关材料整理立卷归档。办理工作详情,在第五编代表工作和代表活动第四章代表建议、批评和意见办理中记述。

2015年3月20日,区人大常委会、区政府联合召开人大代表建议交办会议(人大办提供)

第三节　优秀代表建议

县十三届人民代表大会期间,县人大常委会承袭上届做法,继续评选优秀县人大代表建议,按照案由内容好、行文格式好、办理成效好的标准,由常委会代表工委与县政府办公室共同商议推选,县人大常委会主任会议评定年度优秀代表建议,在次年人大会议预备会议或者其他专题会议上表彰,以此鼓励代表更好履行职责,高质量提出代表议案和建议、批评、意见。2007年至2010年,共评选出优秀代表建议47件,而自2011年起则不再开展优秀代表建议评选活动。

2007年度优秀县人大代表建议一览表

表2-4-2

件号	主要案由	建议人姓名
1	关于加快建设资源节约型社会,大力发展循环经济的建议	刘玲美等11位代表
14	关于提前实施‘王化隧道’工程的建议	杨学夫等12位代表
26	关于全面提升柯桥历史文化街区品位的建议	王翰樵等11位代表
45	关于柯南大道二期工程及早动工的建议	何存强等12位代表

续表 2-4-2

件号	主要案由	建议人姓名
53	关于加强社会治安保障百姓安宁生活的建议	李秀霞等 10 位代表
66	关于要求建立和完善社区管理机制的建议	马福林等 12 位代表
79	关于鼓励村企帮扶，共同推进新农村建设的建议	徐光炎等 12 位代表
88	关于要求进一步提高新型农村合作医疗筹资和报销标准的建议	余叶娟等 2 位代表
107	关于要求对园林绿化企业发展给予更多帮助支持的建议	金立成等 10 位代表
125	关于要求切实提高山区教师待遇的建议	朱月芳等 3 位代表
157	关于要求加大对山区发展效益农业扶持力度的建议	金晓明等 2 位代表
172	关于要求加快对钱清镇新甸片自来水管网改造的建议	徐其林等 2 位代表

2008 年度优秀县人大代表建议一览表

表 2-4-3

件号	主要案由	建议人姓名
17	关于要求落实相应政策保护小舜江源头，建设优美和谐的南部山区的建议	杨学夫等 11 位代表
38	关于要求大力推进“城中村”改造拆迁的建议	马福林等 10 位代表
68	关于要求加强培育和拥有一流的城镇管理人才，推进新型城镇建设的建议	王炎富等 8 位代表
79	关于要求将拓宽莲西村至双叶村路段建设列入县交通计划项目的建议	李妙根等 2 位代表
114	关于要求建立医疗救助制度保障公民健康权利的建议	韩金海等 10 位代表
115	关于要求进一步构筑我县食品安全网络的建议	刘玲美等 5 位代表
132	关于要求推进柯福地块早日建设的建议	王翰樵等 14 位代表
150	关于要求新建的杭甬运河大桥搞好桥坡与两旁机耕路接坡的建议	钱家林等 2 位代表
165	关于要求规范引领新县城节日文化活动的建议	俞伟芬代表
196	关于要求政府高度重视并大力发展职业教育，为绍兴县经济建设发展培养更多熟练技工的建议	李秀霞等 4 位代表

2009 年度优秀县人大代表建议一览表

表 2-4-4

件号	主要案由	建议人姓名
1	关于要求进一步深化当前城市管理体制改革的建议	魏中华等 12 位代表
11	关于要求加强对民营企业执行《会计法》工作督查的建议	吴培生等 10 位代表
64	关于要求依法监督促进万商路向西延伸工程全面完成建设的建议	王翰樵等 21 位代表
74	关于要求加大对鉴湖保护力度的建议	宣卫刚等 10 位代表
78	关于要求加强食品药品监管工作的建议	刘玲美等 10 位代表
119	关于要求尽快推进农民住房解困工作的建议	张国兴等 7 位代表
135	关于要求在绍诸高速公路陶堰境内设置道口的建议	徐寿增等 5 位代表
144	关于要求对山区镇和村提高基础设施建设资金补助比例的建议	陶国强等 6 位代表
201	关于要求加快柯桥段高架铁路建设的建议	马友安代表
214	关于要求完善失土农民养老保险政策的建议	马桂兴等 9 位代表

2010 年度优秀县人大代表建议一览表

表 2-4-5

件号	主要案由	建议人姓名
1	关于要求进一步提高笛扬路商业步行街品质的建议	王翰樵等 21 位代表
2	关于要求加快推进农贸市场改造提升工程的建议	金国琴等 12 位代表
28	关于要求妥善解决违法用地违章建筑屡禁不止问题的建议	马福林等 12 位代表
32	关于要求进一步加快历史街区建设的建议	杨秀娟等 14 位代表
39	关于要求加快鉴湖开发,加强七尺庙等古迹保护的建议	罗建明等 10 位代表
47	关于要求统筹规划,加快农村幼儿教育均衡发展的建议	冯萍等 10 位代表
58	关于要求加快柯北服装家纺市场隆市繁荣的建议	魏中华等 14 位代表
81	关于要求切实加强企业家队伍建设的建议	沈百安代表
100	关于要求加快安昌古镇保护开发建设的建议	王新华等 8 位代表
111	关于要求加强节能减排,加快印染化纤产业集聚提升的建议	杨国良等 5 位代表
135	关于要求加快瓜渚湖旅游开发及景观建设的建议	祝赛青等 7 位代表
169	关于要求继续对新农村建设先进村进行政策扶持的建议	倪宝根等 5 位代表
177	关于要求切实加强知识产权保护,推进县域自主创新的建议	娄刚强等 7 位代表
181	关于要求加强财政资金精细化管理的建议	张尚明等 8 位代表
214	关于要求加大对新兴项目、特色高新产业扶持力度的建议	朱建敏等 10 位代表

第三编

县（区）人民代表大会常设机构

地方人大常委会和人大专门委员会分别是地方国家权力机关的常设机关和常设专门机构。人大常委会在本级人大闭会期间，行使本级国家权力机关的部分职权，经常性地发挥地方国家权力机关的作用。人大专门委员会协助人大及其常委会行使职权，无实体性权力。县第十三届、县（区）第十四届、区第一届人大常委会组成人员分别为27名、27名和33名，至2017年2月常委会共设有法制、代表、财经、教科文卫、城建环保、农村经济等6个工作委员会和办公室、研究室以及4个街道的工作委员会，从区第一届人民代表大会开始还设立了区人民代表大会法制（内务司法）委员会和财政经济委员会。至2017年2月，区人大常委会还设有常委会党组、机关党组、机关党总支及其三个支部等中共组织，设有人大工作研究会、常委会机关工会等群众团体。科学设置人大组织机构，合理选配人大工作人员，加强常委会和专门委员会自身建设，对正确有效地行使人大法定职权，保证法律法规的有效实施，提高人大及其常委会的整体效能和工作质量，有着重要作用。

第一章　县(区)人大常委会组织机构

根据地方组织法规定,县级人大常委会由主任、副主任若干人和委员若干人组成,由本级人民代表大会在代表中选举产生。常委会组成人员的名额为11—23人,人口超过100万人的不超过29人,2015年地方组织法修改后名额增至15—35人,人口超过100万人的不超过45人。常委会组成人员不得担任国家行政机关、审判机关和检察机关的职务;如果担任上述职务,必须向常委会辞去常委会的职务。常委会每届任期同本级人大每届任期相同,均为5年。

第一节　常委会组成人员

县第十三届、县(区)第十四届、区第一届人大常委会分别于2007年2月9日、2012年2月12日、2017年2月23日,由该届人民代表大会第一次会议选举产生,其组成人员分别为27名、27名和33名。其中,主任均为1名,副主任分别为5名、5名和6名,委员分别为21名、21名和26名。

各届人大常委会组成人员构成中,县十三届人大常委会中共党员25名,占92.6%;民主党派、无党派人士2名,占7.4%;妇女4名,占14.8%;具有大专以上学历的22名,占81.4%。县(2013年11月撤县设区)十四届人大常委会中共党员24名,占88.9%;民主党派、无党派人士3名,占11.1%;妇女5名,占18.5%。区一届人大常委会中共党员27名,占82%;民主党派、无党派人士6名,占18.2%;妇女7名,占21.2%。

一、常委会组成人员名单

县十三届人大常委会(2007年2月至2012年2月)

主　任:徐林土

副主任:章生建　平水龙　施平平(女)　于庆国　余茂法

委　员:马仕秀　毛中萍(女)　刘　斌　刘越英(女)　杨高相　宋国梁　陈永根　陈林川　邵纪康　金良顺　庞宝根　郎煜江　赵建新　俞伟芬(女)　袁启森　徐光炎　徐晁华　唐水森　凌渭土　虞阿五　濮耀魁

县(区)十四届人大常委会(2012年2月至2017年1月)

主　任:吴　晓(女)

副主任:邢柏生　于庆国　魏阳林　葛美芳　濮如松　沈祖卫

委　员:马仕秀　毛中萍(女)　方慧琴(女)　叶加林(女)　孙胜利　杨高相　李亚根　李光辉　吴国建　宋金木　陈永根　陈林川　邵纪康　金良顺　赵建新　袁启森　钱利红(女)　徐晁华　蒋倬臣　虞阿五

区一届人大常委会(2017年2月起)

主　任:吴　晓(女)

副主任:蔡金标　胡国炜　葛美芳　沈祖卫　王张泉　刘　斌

委　员:丁雅芬(女)　王　勤　朱　峰(女)　朱伟芳(女)　刘建明　孙胜利　李亚根　李光辉　杨高相　吴林平　宋金木　陈林川　陈晓寅　金良顺　金海华　周波青(女)　赵建兴　柯静杨　俞　丰　袁启森　顾洁萍(女)　钱兔根　倪华丰　徐国娣(女)　徐智煊　高青泉

常委会组成人员变动情况是,2013年11月26日,区十四届人大常委会第十二次会议接受方慧琴辞去区十四届人大常委会委员职务;2015年9月28日,区十四届人大常委会第三十次会议接受徐晁华辞去区十四届人大常委会委员职务;2015年12月23日,区十四届人大常委会第三十次会议接受赵建新辞去区十四届人大常委会委员职务;2016年11月29日,区十四届人大常委会第四十次会议接受叶加林、蒋倬臣辞去区十四届人大常委会委员职务。

二、常委会组成人员基本情况

县十三届人大常委会组成人员基本情况表

表 3-1-1

姓名	性别	出生年月	籍贯	民族	政治面貌	文化程度	职务
徐林土	男	1954 年 9 月	浙江嵊州	汉族	中共党员	大专	县人大常委会主任、党组书记
章生建	男	1953 年 3 月	浙江绍兴	汉族	中共党员	中专	县人大常委会副主任、党组副书记
平水龙	男	1951 年 8 月	浙江绍兴	汉族	中共党员	高中	县人大常委会副主任、党组成员
施平平	女	1955 年 2 月	浙江绍兴	汉族	中共党员	大学	县人大常委会副主任、党组成员
于庆国	男	1958 年 2 月	浙江绍兴	汉族	民革党员	大专	县人大常委会副主任，县农村合作银行监事长、民革县总支主委
余茂法	男	1955 年 2 月	浙江绍兴	汉族	中共党员	本科	县人大常委会副主任、党组成员
马仕秀	男	1944 年 3 月	浙江绍兴	汉族	中共党员	初中	县人大常委会委员
毛中萍	女	1957 年 8 月	浙江诸暨	汉族	中共党员	大学	县人大常委会委员、绍兴第二人民医院院长、党委书记
刘　斌	男	1962 年 5 月	浙江绍兴	汉族	中共党员	大学	县人大常委会委员、办公室主任、党组成员
刘越英	女	1957 年 10 月	江苏赣榆	汉族	中共党员	大学	县人大常委会委员、教科文卫工作委员会主任、党组成员
杨高相	男	1962 年 8 月	浙江上虞	汉族	中共党员	大专	县人大常委会委员、代表工作委员会副主任
宋国梁	男	1954 年 9 月	浙江绍兴	汉族	中共党员	大专	县人大常委会委员、财经工作委员会主任、党组成员
陈永根	男	1945 年 8 月	浙江绍兴	汉族	中共党员	大专	县人大常委会委员，浙江中设建工集团董事长、总经理、常委书记
陈林川	男	1953 年 1 月	浙江绍兴	汉族	中共党员	初中	县人大常委会委员、县柯岩街道新风村党委书记、浙江新风热电有限公司董事长
邵纪康	男	1956 年 5 月	浙江绍兴	汉族	中共党员	本科	县人大常委会委员、代表工作委员会主任、党组成员

续表 3-1-1

姓名	性别	出生年月	籍贯	民族	政治面貌	文化程度	职务
金良顺	男	1954 年 10 月	浙江绍兴	汉族	中共党员	大专	县人大常委会委员、精功集团有限公司董事局主席、党委书记
庞宝根	男	1957 年 3 月	浙江绍兴	汉族	中共党员	本科	县人大常委会委员、宝业集团股份有限公司董事长
郎煜江	男	1966 年 1 月	浙江绍兴	汉族	中共党员	大学	县人大常委会委员，县委组织部副部长
赵建新	男	1955 年 11 月	浙江绍兴	汉族	中共党员	大专	县人大常委会委员、法制工作委员会主任、党组成员
俞伟芬	女	1975 年 12 月	浙江绍兴	汉族	农工民主党	本科	县人大常委会委员、湖塘中心小学副校长
袁启森	男	1964 年 1 月	浙江绍兴	汉族	中共党员	大专	县人大常委会委员、浙江袁盛牛仔服饰织造有限公司董事长、总经理、党支部书记
徐光炎	男	1959 年 10 月	浙江绍兴	汉族	中共党员	大学	县人大常委会委员、齐贤镇人大主席
徐晁华	男	1955 年 8 月	山东泗水	汉族	中共党员	大专	县人大常委会委员、城建环保工作委员会主任、党组成员
凌渭土	男	1954 年 2 月	浙江绍兴	汉族	中共党员	大专	县人大常委会委员、绍兴县华通集团董事长、总经理
唐水森	男	1958 年 8 月	浙江绍兴	汉族	中共党员	大专	县人大常委会委员，绍兴县总工会主席、党组书记
虞阿五	男	1941 年 10 月	浙江绍兴	汉族	中共党员	大专	县人大常委会委员，浙江日月首饰集团有限公司董事长
濮耀魁	男	1954 年 12 月	浙江绍兴	汉族	中共党员	大专	县人大常委会委员、办公室副主任

（区）十四届人大常委会组成人员基本情况表

表 3-1-2

姓名	性别	出生年月	籍贯	民族	政治面貌	文化程度	职务
吴　晓	女	1960 年 3 月	浙江奉化	汉族	中共党员	大学	县（区）人大常委会党组书记、主任
邢柏生	男	1957 年 2 月	浙江嵊州	汉族	中共党员	大学	县（区）人大常委会副主任、党组副书记

续表 3-1-2

姓名	性别	出生年月	籍贯	民族	政治面貌	文化程度	职务
于庆国	男	1958 年 2 月	浙江绍兴	汉族	国民党员	大专	县(区)人大常委会副主任,浙江绍兴瑞丰农村商业银行股份有限公司调研员,民革绍兴市委员会副主任,绍兴市第七届人大常委会委员
魏阳林	男	1957 年 11 月	浙江绍兴	汉族	中共党员	大专	县(区)人大常委会副主任、党组成员
葛美芳	男	1960 年 10 月	浙江绍兴	汉族	中共党员	大专	县(区)人大常委会副主任、党组成员
濮如松	男	1959 年 6 月	浙江绍兴	汉族	中共党员	大学	县(区)人大常委会副主任、党组成员
沈祖卫	男	1966 年 10 月	浙江绍兴	汉族	中共党员	大学	县(区)人大常委会副主任、党组成员
马仕秀	男	1944 年 3 月	浙江绍兴	汉族	中共党员	初中	县(区)人大常委会委员,绍兴县华天实业有限公司董事长
毛中萍	女	1957 年 8 月	浙江诸暨	汉族	中共党员	大学	县(区)人大常委会委员,绍兴第二医院耳鼻喉科主任医师,温州大学医学院兼职教授,浙江省医学会耳鼻咽喉分会常务委员中国研究型医院学会听觉专业委员会委员
方慧琴	女	1966 年 10 月	浙江绍兴	汉族	中共党员	大学	县(区)人大常委会委员,县妇女联合会主席
叶加林	女	1961 年 11 月	浙江绍兴	汉族	中共党员	本科	县(区)人大常委会委员、党组成员、教科文卫工委主任
孙胜利	男	1962 年 12 月	浙江缙云	汉族	民革党员	本科	县(区)人大常委会委员、教科文卫工委副主任,民革绍兴市十一届委员会参政议政调研究室副主任
杨高相	男	1962 年 8 月	浙江上虞	汉族	中共党员	大专	县(区)人大常委会委员、党组成员、研究室主任
李亚根	男	1959 年 10 月	浙江绍兴	汉族	中共党员	大专	县(区)人大常委会委员、党组成员、办公室主任
李光辉	男	1959 年 3 月	浙江绍兴	汉族	中共党员	大专	县(区)人大常委会委员、代表工委副主任
吴建国	男	1969 年 7 月	浙江绍兴	汉族	中共党员	在职研究生	县(区)人大常委会委员,县(区)委组织部副部长兼县(区)委新社会工作委员会书记
宋金木	男	1961 年 1 月	浙江绍兴	汉族	中共党员	本科	县(区)人大常委会委员、党组成员、财经工委主任

续表 3-1-2

姓名	性别	出生年月	籍贯	民族	政治面貌	文化程度	职务
陈永根	男	1945 年 8 月	浙江绍兴	汉族	中共党员	大专	县(区)人大常委会委员，中设建工集团有限公司党委书记
陈林川	男	1952 年 12 月	浙江绍兴	汉族	中共党员	在职大专	县(区)人大常委会委员，柯岩街道新风村党委书记，浙江新风热电有限公司董事长、总经理
邵纪康	男	1956 年 5 月	浙江绍兴	汉族	中共党员	大学	县(区)人大常委会委员、党组成员、代表工委主任
金良顺	男	1954 年 10 月	浙江绍兴	汉族	中共党员	大专	县(区)人大常委会委员，精功集团有限公司董事局主席、党委书记
赵建新	男	1955 年 11 月	浙江绍兴	汉族	中共党员	大专	县(区)人大常委会委员、党组成员、法制工作委员会主任
袁启森	男	1964 年 1 月	浙江绍兴	汉族	中共党员	大专	县(区)人大常委会委员，浙江袁盛牛仔服饰织造有限公司、绍兴县坤皇进出口有限公司、绍兴咸通房地产开发有限公司董事长兼总经理，浙江袁盛牛仔服饰织造有限公司党支部书记
钱利红	女	1969 年 11 月	浙江绍兴	汉族	民主同盟	大学	县(区)人大常委会委员，绍兴市柯桥中学副校长，民盟柯桥区基层委委员，民盟柯桥中学支部主委
徐晁华	男	1955 年 8 月	山东泗水	汉族	中共党员	大专	县(区)人大常委会委员、党组成员、城建环保工作委员会主任
蒋倬臣	男	1956 年 10 月	浙江绍兴	汉族	中共党员	大专	县(区)人大常委会委员、党组成员、农经工委主任
虞阿五	男	1941 年 10 月	浙江绍兴	汉族	中共党员	大专	县(区)人大常委会委员，浙江日月首饰集团有限公司董事长，中国工艺美术协会常务理事，浙江省工艺美术协会副会长

区一届人大常委会组成人员基本情况

表 3-1-3

姓名	性别	出生年月	籍贯	民族	政治面貌	文化程度	职务
吴　晓	女	1960 年 3 月	浙江奉化	汉族	中共党员	大学	区人大常委会党组书记、主任
蔡金标	男	1967 年 9 月	浙江绍兴	汉族	九三学社党员	大学	区人大常委会副主任、区政协副主席、九三学社区基层委主委

续表 3-1-3

姓名	性别	出生年月	籍贯	民族	政治面貌	文化程度	职务
胡国炜	男	1958 年 2 月	浙江绍兴	汉族	中共党员	研究生	区人大常委会副主任、党组成员
葛美芳	男	1960 年 10 月	浙江绍兴	汉族	中共党员	在职大学	区人大常委会副主任、党组成员
沈祖卫	男	1966 年 10 月	浙江绍兴	汉族	中共党员	大学	区人大常委会副主任、党组成员
王张泉	男	1985 年 3 月	浙江绍兴	汉族	中共党员	在职大学	区人大常委会副主任、党组成员
刘 斌	男	1962 年 5 月	浙江绍兴	汉族	中共党员	在职大学	区人大常委会副主任、党组成员
丁雅芬	女	1964 年 8 月	浙江绍兴	汉族	无党派	高中	区人大常委会委员，湖塘街道社会福利院院长
王 勤	男	1962 年 8 月	浙江绍兴	汉族	中共党员	研究生	区人大常委会委员、代表工作委员会主任
朱 峰	女	1970 年 4 月	浙江绍兴	汉族	无党派	在职大学	区人大常委会委员、法制工作委员会副主任
朱伟芳	女	1969 年 10 月	浙江绍兴	汉族	中共党员	在职大学	区人大常委会委员，区妇联党组书记、主席
刘建明	男	1967 年 5 月	浙江绍兴	汉族	中共党员	在职大学	区人大常委会委员，漓渚镇棠棣村党总支部书记
孙胜利	男	1962 年 12 月	浙江缙云	汉族	民革党员	在职大学	区人大常委会委员、教科文卫工作委员会副主任
李亚根	男	1959 年 10 月	浙江绍兴	汉族	中共党员	在职大学	区人大常委会委员、党组成员、办公室主任
李光辉	男	1959 年 3 月	浙江绍兴	汉族	中共党员	大专	区人大常委会委员、代表工委副主任
杨高相	男	1962 年 8 月	浙江上虞	汉族	中共党员	大专	区人大常委会委员、研究室主任
吴林平	男	1963 年 11 月	浙江绍兴	汉族	中共党员	在职大学	区人大常委会委员，安昌镇人大主席
宋金木	男	1961 年 1 月	浙江绍兴	汉族	中共党员	在职大学	区人大常委会委员、财经工委主任
陈林川	男	1952 年 12 月	浙江绍兴	汉族	中共党员	在职大专	区人大常委会委员，柯岩街道新风村党委书记，浙江新风热电有限公司董事长、总经理

续表 3-1-3

姓名	性别	出生年月	籍贯	民族	政治面貌	文化程度	职务
马仕秀	男	1944 年 3 月	浙江绍兴	汉族	中共党员	初中	区人大常委会委员，绍兴县华天实业有限公司董事长
陈晓寅	男	1974 年 6 月	浙江绍兴	汉族	中共党员	在职大学	区人大常委会委员，中设建工集团有限公司党委书记、董事长
金良顺	男	1954 年 10 月	浙江绍兴	汉族	中共党员	在职大学	区人大常委会委员，精功集团有限公司董事局主席、党委书记
金海华	男	1969 年 6 月	浙江绍兴	汉族	民进党员	大学	区人大常委会委员，区职业教育中心学生处副主任、民进柯桥区职教支部主任委员
周波青	女	1978 年 3 月	浙江诸暨	汉族	农工党	大学	区人大常委会委员，区疾控中心免疫规划科科长，区卫生和计划生育局公共卫生科副科长
赵建兴	男	1970 年 8 月	浙江绍兴	汉族	中共党员	大学	区人大常委会委员，漓渚镇人大主席
柯静杨	男	1962 年 1 月	浙江绍兴	汉族	中共党员	在职大学	区人大常委会委员、柯桥街道工作委员会主任
俞　丰	男	1979 年 9 月	浙江绍兴	汉族	中共党员	大学	区人大常委会委员，区委组织部副部长
袁启森	男	1964 年 1 月	浙江绍兴	汉族	中共党员	在职大学	区人大常委会委员，浙江袁盛牛仔服饰织造有限公司董事长兼总经理、党支部书记
顾洁萍	女	1974 年 11 月	浙江绍兴	汉族	中共党员	硕士研究生	区人大常委会委员，浙江朗莎尔维迪制衣有限公司董事长
钱兔根	男	1963 年 10 月	浙江绍兴	汉族	中共党员	在职大学	区人大常委会委员、法制和内务司法工作委员会主任
倪华丰	男	1974 年 9 月	浙江绍兴	汉族	中共党员	大学	区人大常委会委员、代表工作委员会副主任
徐国娣	女	1964 年 11 月	浙江绍兴	汉族	中共党员	在职大学	区人大常委会委员、教科文卫工作委员会主任
徐智煊	男	1972 年 10 月	浙江绍兴	汉族	中共党员	在职大学	区人大常委会委员、城建环保工作委员会主任
高青泉	男	1963 年 1 月	浙江绍兴	汉族	中共党员	在职大学	区人大常委会委员、农村经济工作委员会主任

常委会组成人员介绍记述于本篇第四章。

第二节　专门委员会组成人员

根据新修正的《中华人民共和国地方各级人民代表大会和地方各级人民政府组织法》规定,2017 年 2 月 21 日,区第一届人民代表大会第一次会议通过,区人大设立法制(内务司法)委员会和财政经济委员会,各专门委员会设主任委员 1 名、副主任委员 2 名和委员若干人组成。专门委员会主要任务是研究、审议和拟订有关议案,审议区人民代表大会或常务委员会交付的质询案,协助区人大常委会对有关法律法规实施情况进行检查,对规范性文件进行审查,对属于区人民代表大会及其常务委员会职权范围内同本委员会有关的问题进行调查研究,加强与区人民代表大会代表的联系及办理相关的代表建议、批评和意见等。专门委员会成立后,按工作内容开展工作。

一、区一届人大专门委员会主任委员、副主任委员及委员

(一)法制(内务司法)委员会(2017 年 2 月起)

主任委员:钱兔根

副主任委员:濮建明　吴海胜

委　员:王国兴　沈祥星　郭奇斌　濮黎明

(二)财政经济委员会(2017 年 2 月起)

主任委员:宋金木

副主任委员:王良红　赵忆怀

委　员:张勤良　钱木水　徐海青　殷阿四

三、区一届人大专门委员会组成人员基本情况

区第一届人民代表大会法制(内务司法)委员会组成人员一览表

表 3-1-4

姓名	性别	出生年月	籍贯	民族	政治面貌	文化程度	职务
钱兔根	男	1963 年 10 月	浙江绍兴	汉族	中共党员	在职大学	区人大法制(内务司法)委员会主任委员、常委会法制和内务司法工作委员会主任

续表 3-1-4

姓名	性别	出生年月	籍贯	民族	政治面貌	文化程度	职务
濮建明	男	1968 年 10 月	浙江绍兴	汉族	中共党员	在职大学	区人大法制（内务司法）委员会副主任委员
吴海胜	男	1973 年 8 月	浙江绍兴	汉族	中共党员	在职大学	区人大法制（内务司法）委员会副主任委员
王国兴	男	1968 年 10 月	浙江绍兴	汉族	中共党员	在职大学	区人大法制（内务司法）委员会委员，绍兴市公安局柯桥区分局政治处副主任
沈祥星	男	1959 年 8 月	浙江绍兴	汉族	中共党员	在职研究生	区人大法制（内务司法）委员会委员，中国轻纺城集团发展有限公司经济顾问
郭奇斌	男	1978 年 12 月	浙江诸暨	汉族	民建	大学	区人大法制（内务司法）委员会委员，浙江德顺律师事务所副主任
濮黎明	男	1966 年 6 月	浙江绍兴	汉族	中共党员	在职大学	区人大法制（内务司法）委员会委员，安昌镇西扆村党委书记

区第一届人民代表大会财政经济委员会组成人员一览表

表 3-1-5

姓名	性别	出生年月	籍贯	民族	政治面貌	文化程度	职务
宋金木	男	1961 年 1 月	浙江绍兴	汉族	中共党员	在职大学	区人大财政经济委员会主任委员、常委会财经工作委员会主任
王良红	男	1966 年 10 月	浙江绍兴	汉族	中共党员	在职大学	区人大财政经济委员会副主任委员
赵忆怀	男	1964 年 6 月	浙江绍兴	汉族	中共党员	大学	区人大财政经济委员会副主任委员
张勤良	男	1962 年 1 月	浙江绍兴	汉族	中共党员	在职硕士	区人大财政经济委员会委员，浙江勤业建工集团教授级高工
钱木水	男	1962 年 7 月	浙江绍兴	汉族	中共党员	大专	区人大财政经济委员会委员，浙江景岳堂药业有限公司董事长
徐海青	男	1957 年 10 月	浙江绍兴	汉族	无党派	大专	区人大财政经济委员会委员，绍兴柯桥人利纺织服装有限公司总经理
殷阿四	男	1963 年 5 月	浙江绍兴	汉族	民建	大专	区人大财政经济委员会委员，绍兴鹰翔染整有限公司董事长

专门委员会成员介绍记述于本篇第四章。

第三节 常委会办事、工作机构

根据地方组织法规定和人大工作需要,县(区)人大常委会设立办事机构和工作机构,在县(区)人大常委会领导下开展工作,为县(区)人民代表大会、人大常委会依法行使职权和主任会议履行职责服务。

县(区)人大常委会设立的办事机构为2个室,即办公室和研究室;内设工作机构有6个工作委员会,分别为法制工作委员会(2017年1月更名为法制和内务司法工作委员会)、代表工作委员会、财政经济工作委员会、教科文卫工作委员会、城建环保工作委员会、农村经济工作委员会。其中:农村经济工作委员会于2009年9月增设,研究室于2014年9月增设。另外,县(区)人大常委会还设立4个街道工作委员会,分别为柯桥街道工作委员会、柯岩街道工作委员会、华舍街道工作委员会、湖塘街道工作委员会,是常委会派驻街道的工作机构。

一、常委会办事、工作机构职责

县(区)人大常委会办公室、研究室和各工作委员会,根据工作需要承担为常委会履职提供服务和保障的不同职责。2006年5月29日,县十二届人大常委会第二十六次会议修订并通过《绍兴县人大常委会办事和工作机构工作职责》,之后一直沿用。常委会增设农村经济工作委员会和研究室后,相应的工作职责也同时增补,进一步规范了各办事机构和工作机构的工作。2004年11月19日,县十二届人大常委会第十三次会议通过《绍兴县人大常委会街道工作委员会暂行办法》,其中规定了常委会街道工作委员会的职责,县(区)人大常委会街道工作委员会的职责一直按此执行。

县(区)人大常委会办公室职责 负责承办县(区)人民代表大会、人大常委会、主任会议及其他重要会议的组织筹备和会务工作;为人大常委会组织开展视察、评议、执法检查等重大活动搞好协调、服务;起草县(区)人大常委会的各种综合性报告、文件和有关材料,编印《会刊》《人大工作》等资料;根据县(区)人大常委会每年的工作要点和领导意见,开展调查研究,为常委会审议、决定重大事项提供依据,当好参谋;办理县(区)人大常委会依法任免国家机关工作人员的有关事项;处理县(区)人大常委会联系县(区)人民政府、人民法院、人民检察院的有关事务,联系县(区)人民政府办公室、人事局等,协调常委会各工作机构和街道工作委员会的工作;接待处理人大代表和人民群众的来信来访,安排县(区)人大常委会组成人员下基层接访工作，及时反映信访中的重要情况，根据领导意见，会同有关工委参与对重大信访案件的调查、督办；负责有关人大工作的信息资料和人大制度宣传报道的组织工作，组织综合性调研；负责人大机关的文书收发、档案管理和保密保卫工作；负责人大机关的人事管理和离退休老干部工作，协助支部、工会抓好各项活动；负责来宾接待、公务接洽和人大机关的行政事务与后勤服务工作；围绕县（区）委中心工作，负责协调人大机关的联系镇、联系村（社区）工作，并按照分工，加强对联系片各镇（街道）人大工作的指导，及时帮助总结人大工作经验；办理县（区）人大常委会和主任会议交办的其他事项。

县（区）人大常委会代表工作委员会职责 保持同县（区）人大代表小组和代表的经常性联系，了解掌握代表小组和代表开展活动的情况，研究提出意见和建议，为人大常委会改进和加强代表工作，充分发挥代表作用当好参谋；根据县（区）人大常委会和主任会议的工作部署，负责拟订代表工作的年度计划和每季度小组活动的内容安排，并做好服务工作，收集活动情况，组织经验交流，促进“双联三争”活动的深入开展；负责组织代表参加执法检查、专题调研、评议活动和列席常委会会议的具体事务，接收代表提出的建议、批评和意见，转交及督促有关机关或组织办理；负责县（区）人大代表议案和建议、批评意见的交办、催办、督办工作，及时向人大常委会和主任会议汇报办理工作的进展情况，努力提高办理质量；办理县（区）人大代表选举的有关具体事宜，会同法工委承办人大常委会代表资格审查委员会的具体工作；对全国和省人民代表大会常务委员会有关代表工作方面的法律、法规征求意见稿，组织讨论，整理意见并上报；起草代表工作方面的有关文稿，及时收集、总结和介绍代表工作经验，组织代表培训；对本级人大代表和人民群众反映的有关阻碍代表依法执行代表职务、侵犯代表合法权益的来信来访进行认真调查、了解，督促有关机关和组织依法处理；在做好对联系片人大工作指导的同时，加强与各镇人大、街道工委的联系，负责对镇人大换届选举和镇人大会议、镇（街道）日常人大工作的指导，以及组织镇人大主席、街道工委主任业务培训、考察的有关工作；配合上级人大做好本县（区）省、市人大代表的联络和服务工作；办理县（区）人大常委会和主任会议交办的其他事项。

县（区）人大常委会其他各内设工作委员会职责 负责联系县（区）人民政府所属与本委工作相关的部门（法工委还联系人民法院、人民检察院）；围绕实施依法治县（区），督促联系部门认真贯彻执行宪法和法律法规及全国、省、市、县人大及其常委会与本委工作有关的决议、决定，严格依法行政、依法办事、公正司法；根据县（区）人大常委会和主任会议审议的与本委工作有关方面的事项，组织专题调查，写出调查报告，为常委会审议、决定重大事项提供依据,当好参谋;按照县(区)人大常委会和主任会议的工作部署,会同其他委室认真做好对与本委有关的行政司法工作的视察、评议与执法检查等活动的具体实施工作;会同办公室搞好信访处理,对群众反映较大的相关问题,进行专题调研,为县(区)人大常委会履行监督职能提供依据(法工委还须受理人民群众对司法机关及其工作人员的申诉控告);了解和掌握县(区)人民政府作出的决定、政令,以及镇人大有关决议,发现与宪法和法律法规相抵触的,及时沟通,并报告县(区)人大常委会;起草县(区)人大常委会与本委工作有关方面的决议、决定草案及有关文稿,会同办公室选编有关法制方面的学习资料;对全国和省人民代表大会常务委员会综合性法律、法规征求意见稿,组织讨论,整理意见并上报;根据分工,联系有关镇(街道)和与本委工作有关的县(区)人大代表,沟通信息,搞好服务,并及时指导、帮助搞好人大工作方面的经验总结;办理县(区)人大常委会和主任会议交办的其他事项。

县(区)人大常委会研究室职责　组织开展对人民代表大会制度和社会主义民主法制建设有关问题的调查研究、理论探讨和工作研讨;对区人大常委会综合性重大课题的调查研究;负责区人大常委会综合性重要文稿的起草工作;负责区人大常委会的信息宣传工作等;办理区人大常委会和主任会议交办的其他事项。

县(区)人大常委会街道工作委员会职责　检查宪法、法律、法规和上级人大及其常委会的决议、决定在街道的贯彻实施情况,协助县(区)人大常委会保证其在本辖区内的遵守和执行;听取街道办事处有关经济建设、社会事业发展等工作报告,以及上级派驻街道的工作机构的专项工作报告,提出建议、批评和意见,督促推进工作;对本街道事关改革、发展、稳定和人民群众普遍关心的热点、难点问题进行调查研究,及时向县(区)人大常委会和有关部门反映情况,提出意见与建议;联系安排代表参加学习、视察、调研、执法检查等人民代表大会闭会期间活动的具体事项,为代表执行职务创造条件,提供服务;组织辖区内代表评议街道办事处及其所属部门和县(区)直部门派驻街道工作机构的工作,督促被评议单位落实整改;联系辖区内的各级人大代表,接待、受理代表的来信来访,反映代表的建议、批评和意见,督促街道办事处及有关单位认真办理落实;协助代表联系选民,联系群众,视情安排县(区)人大代表向原选区汇报执行代表职务的情况,接受选民监督;指导社区居民委员会和村民委员会依照有关法律、法规开展自治活动,推进基层民主政治建设;在县(区)人大常委会和选举委员会的领导下,承办辖区内县(区)人大代表选举的有关工作;办理县(区)人大常委会和主任会议交办的其他事项。

二、常委会办事机构、工作机构人员（含街道）

（一）县（区）人大常委会内设办事和工作机构工作人员

十三届人大常委会期间（2007 年 2 月至 2012 年 2 月）

县人大常委会办公室和各工作委员会主任、副主任及科长、副科长名单：

办公室

主　任：刘　斌（2007 年 2 月至 2011 年 12 月）　李亚根（2011 年 12 月起）

副主任：濮耀魁（至 2011 年 12 月）　李光辉（2007 年 4 月起）

行政科科长：沈水兔（至 2007 年 4 月）　张国富（2009 年 8 月至 2011 年 10 月）

金彩娥（2011 年 10 月起）

副科长：徐小青（2011 年 9 月起）

人秘科科长：陈国芬（至 2007 年 5 月）　于丽华（2007 年 5 月起）

副科长：蒋又军　赵士君（至 2008 年 1 月）

调研科科长：赵士君（2008 年 1 月至 2010 年 7 月）　张国富（2011 年 10 月起）

副科长：倪华丰（2009 年 3 月至 2009 年 8 月）

综合科科长：张国富（2007 年 5 月至 2009 年 8 月）　倪华丰（2009 年 8 月起）

副科长：傅益民（至 2007 年 5 月）　李　怡（2011 年 11 月起）

信访科科长：陈国芬（至 2007 年 12 月）

副科长：童海芳（2011 年 9 月起）

人大机关车队队长：叶忠法（至 2015 年 12 月）

副队长：陆耀水（至 2011 年 10 月）　徐小青（2009 年 3 月至 2011 年 9 月）

法制工作委员会

主　任：赵建新

副主任：李光辉（至 2007 年 4 月）　沈伟阳（2011 年 9 月起）

法制科科长：张来友（至 2007 年 2 月）　沈水兔（2007 年 4 月至 2009 年 2 月）

叶晓路（2010 年 7 月起）

副科长：叶晓路（2009 年 3 月至 2010 年 7 月）

备案审查科科长：叶晓路（2011 年 10 月起）

代表工作委员会

主　任：邵纪康（2007 年 2 月起）

副主任:杨高相(至2012年2月)

代表科科长:尉惠娟

财经工作委员会

主　任:宋国梁(至2011年12月)　宋金木(2011年12月起)

财经科科长:陈　敏(2008年1月起)

副科长:陈　敏(至2008年1月)　高国祥(2011年11月起)

教科文卫工作委员会

主　任:刘越英(2007年2月至2011年12月)　叶加林(2011年12月起)

副主任:孙胜利(2010年1月起)

主任助理:孙胜利(2008年3月至2010年1月)

教科文卫科科长:于丽华(至2007年5月)　孙胜利(2007年5月至2009年12月)

城建环保工作委员会

主　任:徐晁华(2007年2月起)

副主任:徐智煊(2010年7月至起)

主任助理:徐智煊(2009年1月至2010年7月)

城建环保科科长:沈　江(至2011年5月)

农村经济工作委员会

主　任:宋金木(2009年11月至2011年12月)　蒋倬臣(2011年12月起)

农经科科长:赵士君(2010年7月起)

十四届人大常委会期间(2012年2月至2017年2月)

办公室

主　任:李亚根

副主任:李光辉(至2013年9月)　倪华丰(2012年5月至2017年1月)

周　维(2013年11月起)　沈庭洋(2017年1月起)

行政科科长:金彩娥(至2016年8月)

副科长:徐小青(2012年12月起)

人秘科科长:于丽华(至2012年8月)　李　怡(2012年12月起)

副科长:蒋又军(至2013年11月)

调研科科长:张国富(至2012年2月)　周　维(2012年3月至2013年11月)

综合科科长:倪华丰(至2012年5月)　裘可钦(2014年11月至2015年12月)

高　洁(2016 年 6 月起)

副科长:李　怡(至 2012 年 12 月)　裘可钦(2013 年 8 月至 2014 年 11 月)

高　洁(2014 年 12 月至 2016 年 6 月)　宋吉来(2017 年 2 月起)

信访科科长:童海芳(2012 年 12 月起)

副科长:童海芳(至 2012 年 12 月)

老干部科负责人:叶忠法(2015 年 12 月起)

人大机关车队队长:(空缺)

副队长:高国祥(至 2012 年 12 月)　宋吉来(2012 年 12 月至 2017 年 2 月)

研究室

主　任:孙忠富(2014 年 9 月至 2015 年 9 月)　杨高相(2015 年 12 月起)

副主任:赵士君(2014 年 12 月起)

法制工作委员会(法制和内务司法工作委员会)

主　任:赵建新(至 2014 年 9 月)　钱兔根(2014 年 9 月起)

副主任:沈伟阳(至 2014 年 3 月)　金建明(2014 年 3 月起)

朱　峰(2016 年 11 月起)

法制科科长:叶晓路(至 2015 年 8 月)

副科长:刘青红(2015 年 12 月起)

备案审查科科长:叶晓路(至 2015 年 8 月)

副科长:刘青红(2015 年 12 月起)

代表工作委员会

主　任:邵纪康(至 2014 年 11 月)　王　勤(2014 年 11 月起)

副主任:杨高相(至 2015 年 12 月)　李光辉(2013 年 9 月起)

陈国庆(2015 年 12 月至 2017 年 1 月)　倪华丰(2017 年 1 月起)

人事代表科科长:尉惠娟(至 2012 年 11 月)　陶伟元(2012 年 12 月至 2014 年 12 月)

裘可钦(2015 年 12 月起)

财经工作委员会

主　任:宋金木

副主任:李昌宏(2012 年 5 月起)

财经科科长:陈　敏(至 2013 年 1 月)　韩闽敏(2014 年 10 月起)

副科长:高国祥(至 2016 年 9 月)　韩闽敏(2013 年 8 月至 2014 年 10 月)

教科文卫工作委员会

主　任:叶加林(至 2016 年 11 月)　　徐国娣(2016 年 11 月起)

副主任:孙胜利　　陈　敏(2013 年 1 月至 2016 年 7 月)

城建环保工作委员会

主　任:徐晁华(至 2014 年 9 月)　　徐智煊(2014 年 11 月起)

副主任:徐智煊(至 2014 年 11 月)　　赵建土(2015 年 9 月起)

城建环保科科长:金铁晟(2014 年 9 月起)

农村经济工作委员会

主　任:蒋倬臣(至 2016 年 11 月)　　高青泉(2016 年 11 月起)

副主任:裘黄富(2013 年 1 月至 2015 年 5 月)　　沈庭洋(2015 年 9 月至 2017 年 1 月)

王宝焕(2016 年 11 月起)

农经科科长:赵士君(至 2012 年 12 月)　　李　东(2014 年 9 月起)

副科长:李　东(2013 年 4 月至 2014 年 9 月)

(二)县(区)人大常委会街道工作委员会成员

十三届人大常委会期间(2007 年 2 月至 2012 年 2 月)

柯桥街道工作委员会

主　任:杨秀娟(至 2010 年 11 月)　　董金香(2011 年 1 月起)

副主任:张志根(至 2009 年 3 月)　　沈水兔(2009 年 3 月起)

委　员:王翰樵　　鲍亚芳　　缪华水(2007 年 2 月起)

柯岩街道工作委员会

主　任:韩金海

副主任:何存强(至 2009 年 3 月)　　陆晓巍(2009 年 7 月至 2011 年 1 月)

裘华建(2011 年 1 月起)　　孙法中(2011 年 11 月起)

委　员:高永清(2007 年 2 月起)　　金国琴(2007 年 2 月起)

陶国森(2007 年 2 月起)

华舍街道工作委员会

主　任:陈尧根(至 2011 年 1 月)　　徐光炎(2011 年 1 月起)

副主任:谭震建　　单和根(2011 年 11 月起)

委　员:马福林(2007 年 2 月起)　　赵国荣(2007 年 2 月起)

章国娟(2007 年 2 月起)

湖塘街道工作委员会

主　任:宣卫刚(2007 年 2 月至 2012 年 2 月)

副主任:吕夫珍(至 2009 年 3 月)　王仁庆(2009年3月至2010年11月)

王　磊(2011 年 1 月至 2011 年 11 月)

委　员:胡炳海　魏淼林　罗建明(2007 年 2 月起)

十四届人大常委会期间(2012 年 2 月至 2017 年 2 月)

柯桥街道工作委员会

主　任:董金香(至 2014 年 11 月)　柯静杨(2014 年 11 月起)

副主任:沈水兔(至 2012 年 3 月)　张祖伟(2012年3月至2013年9月)

许云富(2013 年 1 月至 2015 年 7 月)　娄　盛(2013 年 9 月起)

徐燕明(2015 年 7 月起)

委　员:王翰樵　鲍亚芳　缪华水(至 2012 年 5 月)　虞建妙(2012 年 5 月起)

柯岩街道工作委员会

主　任:韩金海(至 2015 年 12 月)　孙卫国(2015 年 12 月起)

副主任:裘华建(至 2013 年 1 月)　孙法中(至 2015 年 12 月)

孟建权(2013 年 1 月至 2014 年 12 月)　高鑫祥(2014 年 12 月起)

何永兴(2016 年 2 月起)

委　员:高永清　金国琴　陶国森(至 2012 年 5 月)

华舍街道工作委员会

主　任:徐光炎(至 2016 年 7 月)　陈卫星(2016 年 7 月起)

副主任:谭震建(至 2015 年 12 月)　单和根(2012年2月至2016年7月)

李　君(2016 年 2 月起)　车建成(2016 年 7 月起)

委　员:马福林　赵国荣(至 2012 年 5 月)　章国娟(至 2012 年 5 月)

包如贵(2012 年 5 月起)

湖塘街道工作委员会

主　任:宣卫刚(至 2015 年 7 月)　陈百干(2015 年 9 月起)

副主任:张国富(2012 年 3 月至 2015 年 5 月)　王国昌(2013年1月至2015年12月)

樊步彦(2015 年 5 月起)　钱国权(2016 年 2 月起)

委　员:胡炳海　魏淼林　罗建明

第四节　常委会组成人员分工及办事、工作机构联系部门

一、常委会组成人员分工

县十三届人大常委会组成人员分工(2007年2月至2012年2月)

(一)主任、副主任分工

徐林土主任:主持县人大常委会全面工作;

章生建副主任:分管办公室、财经工作委员会;

平水龙副主任:分管代表工作委员会;

施平平副主任:分管法制工作委员会;

于庆国副主任:分管教科文卫工作委员会;

余茂法副主任:分管城建环保工作委员会。

(二)常委会委员分别参加各工作委员会和办公室

法制工作委员会:赵建新、凌渭土、徐光炎、唐水淼;

代表工作委员会:邵纪康、杨高相、郎煜江;

财经工作委员会:宋国梁、马仕秀、陈林川、虞阿五;

教科文卫工作委员会:刘越英、毛中萍、袁启森、俞伟芬;

城建环保工作委员会:徐晁华、陈永根、金良顺、庞宝根;

办公室:刘　斌、濮耀魁。

县(区)十四届人大常委会组成人员分工(2012年2月至2017年2月)

(一)主任、副主任分工

吴晓主任:主持县人大常委会全面工作;

邢柏生副主任:分管办公室、代表工作委员会;

于庆国副主任:分管教科文卫工作委员会;

魏阳林副主任:分管城建环保工作委员会;

葛美芳副主任:分管农村经济工作委员会;

濮如松副主任:分管财经工作委员会;

沈祖卫副主任:分管法制工作委员会。

（二）常委会委员分别参加各工作委员会和办公室

法制工作委员会：赵建新、金良顺、方慧琴；

代表工作委员会：邵纪康、杨高相、吴国建；

财经工作委员会：宋金木、马仕秀、虞阿五；

教科文卫工作委员会：叶加林、毛中萍、钱利红；

城建环保工作委员会：徐晁华、陈永根、袁启淼；

农村经济工作委员会：蒋倬臣、陈林川、孙胜利；

办公室：李亚根、李光辉。

区一届人大常委会（2017年2月起）

（一）主任、副主任分工

吴晓主任：主持区人大常委会全面工作，兼管办公室、研究室工作；

蔡金标副主任：分管教科文卫工作委员会工作；

胡国炜副主任：分管城建环保工作委员会工作、老干部工作；

葛美芳副主任：分管法制（内务司法）委员会、法制和内务司法工作委员会工作；

沈祖卫副主任：分管财政经济委员会、财政经济工作委员会工作；

王张泉副主任：分管农村经济工作委员会工作；

刘斌副主任：分管代表工作委员会工作。

（二）常委会委员分别参加人大常委会各工作机构和办事机构

法制和内务司法工作委员会：钱兔根、朱　峰、金良顺、丁雅芬；

代表工作委员会：王　勤、李光辉、倪华丰、俞　丰、袁启淼；

财政经济工作委员会：宋金木、吴林平、顾洁萍；

教科文卫工作委员会：徐国娣、孙胜利、朱伟芳、金海华、周波青；

城建环保工作委员会：徐智煊、柯静杨、陈晓寅；

农村经济工作委员会：高青泉、赵建兴、陈林川、刘建明；

办公室、研究室：李亚根、杨高相。

二、县（区）人大常委会代表资格审查委员会人员

县十三届人大常委会代表资格审查委员会

主任委员：邢柏生

委　　员：杨高相　邵纪康　陈永根　郎煜江　赵建新　凌渭土

县(区)十四届人大常委会代表资格审查委员会

主任委员:邢柏生

委　　员:杨高相　吴国建　邵纪康　陈永根　陈林川　赵建新　袁启淼

区一届人大常委会代表资格审查委员会

主任委员:刘　斌

委　　员:王　勤　杨高相　陈林川　陈晓寅　俞　丰　袁启淼　钱兔根　倪华丰

三、常委会办事、工作机构联系部门和镇、街道

县(区)人大常委会机关各委(室)联系县(区)级机关部门和单位,根据委(室)职责进行安排,分为联系部门(单位)和联络部门(单位)两种形式。联系部门(单位)一般为政府组成人员所在工作部门,联络部门(单位)为党委工作部门、垂直管理部门、人民团体、群众团体、事业单位和国有企业等。各委(室)联系联络的部门和单位根据机构变动情况及时进行调整。

2017年区人大常委会机关各委(室)对口联系联络部门和单位表

表3-1-6

委室	联系部门	联络部门
办公室、研究室	区政府办(法制办、应急办、外事办)	区委办(政研室)、区政协办、区委组织部、区编委办、区直机关工委、区信访局、区老干部局、区机关事务管理局
法制和内务司法工作委员会	区监察委员会、区法院、区检察院、区公安分局、区民政局、区司法局	区纪委、区政法委(综治办、维稳办、防范办)、区流管局、区国安局、区消防大队、区人武部、区残联、区慈善总会
代表工作委员会	区政府工作部门的代表建议办理工作	相关部门的代表建议办理工作
财政经济工作委员会	区发改局(物价局、区划办、服务业管理办)、区经信局、区财政局(地税局)、区人力社保局、区商务局、区审计局、区统计局、区质监局、区行政审批局(公管办)	区国税局、区金融办、区国资办、区印染产业集聚办、区国资公司、区工商联(总商会)、区总工会

续表 3-1-6

委室	联系部门	联络部门
教科文卫工作委员会	区教体局、区科技局、区民宗局、区文广局、区卫计局、区台办、区侨办（侨联）	区委宣传部、统战部、区史志办、区委党校、区档案局、金柯桥科技城建管委、浙树大杨汛桥校区建设指挥办、团区委、区妇联、区科协、区文联、区红十字会、区关工委、柯桥日报、区广播电视总台
城建环保工作委员会	区环保局、区建设局、区建管局、区交通运输局、区安监局、区综合行政执法局	区旅游局、区旅发集团、区城投集团、区交投集团、区轨道交通集团、CBD建设指挥部办公室、区住房公积金中心、滨海工业区、柯桥开发委、轻纺城建管委、轻纺城股份公司、轻纺城开发经营集团、古镇办、会展办、轨道办、鉴湖－柯岩旅游度假区管委会、柯桥供电分局
农村经济工作委员会	区农办、区国土分局、区水利水电局、区农林局、区市场监管局、区粮食局	区供销社、区水务集团、区气象局、平水新城建设指挥部办公室、邮政局、电信分公司、移动分公司、联通分公司、中广有线公司、石油支公司、轻纺城燃气公司

县（区）人大常委会机关各委（室）联系镇（街道）由常委会办公室统一安排，采取按片联系其中的镇（街道）的形式，每年轮换一次。

2017年区人大常委会机关各委（室）与镇（街道）对口联系表

表 3-1-7

序	委室	联系镇（街道）
1	办公室、研究室	漓渚镇、福全镇
2	法制和内务司法工作委员会	王坛镇、稽东镇
3	代表工作委员会	兰亭镇、平水镇
4	财政经济工作委员会	钱清镇、杨汛桥镇、夏履镇
5	教科文卫工作委员会	柯岩街道、华舍街道
6	城建环保工作委员会	齐贤镇、安昌镇、马鞍镇
7	农村经济工作委员会	柯桥街道、湖塘街道

第二章　常设机构的党群组织

第一节　中国共产党组织

县(区)人大常委会的党组织原有县(区)人大常委会党组、常委会机关(办公室)党支部。2007年5月,县人大常委会机关设立党总支,并下设3个党支部。2016年11月,经区委决定,又建立区人大常委会机关党组,常委会党组成员中的委室主任除办公室主任外,均免去党组成员职务,转任常委会机关党组成员。

2007年5月31日,县人大常委会机关党总支成立大会在绍兴稽山宾馆举行(人大办提供)

一、县（区）人大常委会党组

县十三届人大常委会党组(2007 年 2 月至 2012 年 2 月)

书　记:徐林土

副书记:章生建

成　员:李会鹏(至 2009 年 2 月)　张建林(至 2008 年 1 月)　孙黎明(至 2009 年 1 月)
孟长胜(至 2008 年 10 月)　平水龙　施平平　余茂法　刘　斌(至 2011 年 12 月)
刘越英(至 2011 年 12 月)宋国梁(至 2011 年 12 月)　邵纪康　赵建新　徐晁华
李亚根(2009 年 11 月起)　宋金木(2009 年 11 月起)　叶加林(2009 年 11 月起)
蒋倬臣(2009 年 11 月起)

县(区)十四届人大常委会党组(2012 年 2 月至 2017 年 2 月)

书　记:吴　晓

副书记:邢柏生

成　员:徐林土(至 2012 年 5 月)　章生建(至 2013 年 4 月)　平水龙(至 2012 年 3 月)
施平平(至 2015 年 3 月)　余茂法(至 2015 年 3 月)　魏阳林　葛美芳
濮如松　沈祖卫　李亚根　赵建新(至 2014 年 8 月)　徐晁华(至 2014 年 8 月)
邵纪康(至 2014 年 10 月)　叶加林(至 2016 年 11 月)　宋金木(至 2016 年 11 月)
蒋倬臣(至 2016 年 11 月)　孙忠富(2014 年 8 月至 2015 年 9 月)
钱兔根(2014 年 8 月至 2016 年 11 月)　王　勤(2014 年 11 月至 2016 年 11 月)
徐智煊(2014 年 11 月至 2016 年 11 月)　杨高相(2015 年 12 月至 2016 年 11 月)

二、区人大常委会机关党组

区人大常委会机关党组成员(2016 年 11 月起)

党组书记:李亚根

党组成员:钱兔根　王　勤　宋金木　徐国娣　徐智煊　高青泉　杨高相

三、县（区）人大常委会机关党支部（总支）组成人员

(一)县人大常委会办公室党支部(承前至 2007 年 5 月)

书　记:赵建新

副书记:吕齐仁

委　员:赵建新　吕齐仁　杨高相　于丽华　蒋又军

(二)县人大常委会机关第一届党总支(2007年5月至2010年9月)

机关党总支委员会:

书　记:刘　斌

副书记:杨高相　李光辉

委　员:刘　斌　杨高相　李光辉　于丽华　赵士君

第一党支部委员会:

书　记:李光辉(兼)

委　员:李光辉　于丽华　叶忠法

第二党支部委员会:

书　记:杨高相(兼)

委　员:杨高相　沈　江　陈　敏

第三党支部委员会:

书　记:吕齐仁

委　员:吕齐仁　应锡见　张来友

(三)县人大常委会机关第二届党总支(2010年9月至2016年3月)

机关党总支委员会:

书　记:张光潮

副书记:徐智煊　张国富(至2013年3月)

委　员:张光潮　徐智煊　张国富(至2013年3月)　陈　敏　赵士君

第一党支部委员会:

书　记:张国富(兼,至2013年3月)

委　员:张国富(至2013年3月)　倪华丰　陈　敏

第二党支部委员会:

书　记:徐智煊(兼)

委　员:徐智煊　赵士君　叶忠法

第三党支部委员会:

书　记:董根源

委　员:董根源　应锡见　张来友

（四）县（区）人大常委会机关第三届党总支（2016 年 3 月起）

机关党总支委员会：

书　记：倪华丰

副书记：李昌宏　赵建土

委　员：倪华丰　李昌宏　赵建土　陈　敏（至 2016 年 8 月）　赵士君

第一党支部委员会：

书　记：李昌宏（兼）

委　员：李昌宏　李　怡　赵士君

第二党支部委员会：

书　记：赵建土（兼）

委　员：赵建土　陈　敏（至 2016 年 8 月）　李　东

第三党支部委员会：

书　记：董根源

委　员：董根源　张来友　于丽华

第二节　群众团体（研究会、工会）

一、人大工作研究会

2008 年 8 月 28 日，绍兴县人大工作研究会成立，举行了第一次会员大会，表决通过了《绍兴县人大工作研究会章程》，选举产生了理事会组成人员。研究会首届理事会（2008 年 8 月至 2012 年 4 月）组成人员名单如下：

会　长：李会鹏

副会长：张建林　单燕玉

常务理事：孙黎明　孟长胜　戴弋明

秘书长：濮耀魁

副秘书长：施保法

名誉会长：徐林土

顾　问：王佃阁　马岳樵　汪传昌

2012 年 4 月 13 日，县人大工作研究会举行换届大会暨第二届会员大会。会议听取县人大工作研究会第一届理事会副会长张建林所作的工作报告，通过《绍兴县人大工作研究

两图分别为绍兴县人大工作研究会成立大会和换届大会场景(人大办提供)

会章程(修订草案)》,选举产生了新一届理事会组成人员。县人大工作研究会第二届理事会(2012 年 4 月起)组成人员名单:

会　长:李会鹏

副会长:章生建　张建林　单燕玉

理　事:平水龙　孙黎明　余茂法　孟长胜　施平平　戴弋明

秘书长:邵纪康

副秘书长:张光潮　濮耀魁

名誉会长:吴　晓　徐林土(至 2014 年 2 月)

顾　问:王佃阁　马岳樵　汪传昌

二、人大常委会机关工会

县人大常委会第五届机关工会

2007 年 5 月 31 日,举行县人大常委会机关工会换届大会,大会选举产生了县人大常委会机关工会第五届委员会(因部分资料缺失,名单无法记载入志)。

县人大常委会第六届机关工会

2012 年 3 月 23 日下午,县人大常委会机关工会在夏履生态农庄召开工会委员换届选举大会,大会选举产生了县人大常委会机关工会第六届委员会,工会会员代表 56 人参加了此次会议。大会以无记名投票方式选举产生了县人大常委会机关工会第六届委员会,新一届委员会由 4 名会员组成。

工会主席:李光辉

工会委员:李　怡　陈　敏(至 2016 年 7 月)　高国祥

第三章　常设机构的自身建设

第一节　专题教育活动

“作风建设年”和“两个更加”教育实践活动　2007年，按照县委的统一部署开展。围绕“着力提高人民群众对党风满意度”和建设公正、务实、高效、廉洁的人大机关目标，通过学习胡锦涛总书记“6·25”重要讲话和中共十七大精神，组织干部听取陈国权教授作的《作风建设与公共管理改革》辅导，邀请县纪委作《立足教育、着眼防治，推进作风建设，提高防变能力》的专题报告，举行学习王宝山先进事迹座谈会，参观县看守所和县公安局戒毒所，观看《警钟长鸣》等电教片，加强机关干部思想作风和工作作风建设。

2007年6月28日，县人大常委会机关举行作风建设报告会（人大办提供）

学习实践科学发展观活动　2009年3月，按照县委统一部署进行。围绕“党员干部受教育、科学发展上水平、人民群众得实惠”目标，把应对当前挑战和解决突出问题作为重点,把健全完善科学发展体制机制和相关制度作为核心,把走群众路线作为重要途径,把党员领导干部率先垂范作为关键,通过学习实践活动,为人大工作促进经济社会科学发展、和谐发展明确方向、增强信心。

2009 年 3 月 31 日,县人大常委会机关干部在宝业集团进行学习实践调研活动(人大办提供)

"廉政文化月"活动 2010 年,围绕提升机关领导班子和干部队伍的整体素质,集中开展"廉政文化月"等主题实践活动。组织党员干部赴余姚梁弄四明山革命烈士陵园和新四军浙东游击纵队司令部旧址参观考察,围绕"发扬革命传统、弘扬奉献精神、树立整体形象"主题举行讨论会,赴嘉兴南湖一大会址参观党史陈列室,学习《中国共产党党员领导干部廉洁从政若干准则》,参观钱清镇"一钱太守"纪念馆,进行了一系列革命传统和廉洁从政教育。

2010 年 3 月 30—31 日,县人大常委会机关党总支组织机关干部在四明山开展革命传统教育活动(人大办提供)

"晒家风、扬清风、促作风"主题活动 2012 年,结合贯彻落实中央"八项规定"精神进行。县人大常委会副主任、党组副书记邢柏生为机关干部作反腐倡廉专题讲课,组织机关干部到廉政教育基地接受警示教育,增强干部的廉洁意识,打牢拒腐防变的思想基础。

2012 年 9 月 17 日,县人大常委会机关举行反腐倡廉专题讲座(人大办提供)

提升"三力"改进作风主题实践活动 2013 年,按照县委统一部署开展，推动工作落实、服务优化、责任担当。同时，深入部门、镇（街）、企业及村（居）开展调查研究，撰写调查报告20余篇，为提高常委会会议审议质量服务。

党的群众路线教育实践活动 2014年，按照区委统一部署进行。先后组织12次共6天的集中学习讨论。向社会广泛征求意见和建议296条次整合为76条，研究确定即知即改11项和32项“任务清单”。常委会党组召开专题民主生活会，党组成员根据党组剖析出的“四风”问题认领整改任务并进行个人对照检查，落实整改措施。至年底，党组整改方案中提出的15项整改项目基本整改到位，对已有制度进行立、改、废，确定重申11项，废止2项，完善2项，新建5项。

“新常态新举措新发展”大讨论 2015年5月起，按照区委统一部署，与开展“三严三实”专题教育结合进行。讨论活动集中2个月时间，做到了“十个一”，即组织一次专题集体学习、组织一次人大代表培训、组织一次年轻干部“微讲堂”、组织一次大走访、组织一次交流讨论、组织一轮谈话活动、撰写一批体

2013年9月4日，县人大常委会主任吴晓（左中）走访联系社区（人大办提供）

2014年7月14日，区人大常委会党组举行专题民主生活会（人大办提供）

2015年10月24日，区人大常委会机关干部分组到农村参加环境整治义务劳动（人大办提供）

会文章、组织一次领导干部人大代表进选区接待选民活动、组织一次“已治理的河”监督活动、组织一次深化司法监督工作活动,提出一批高质量的意见建议。经过调研向区委提交《关于“三新”讨论活动中人大代表提出的意见建议的情况汇报》,为区委决策提供参考。

“两学一做”学习教育 2016年5月起,按照区委统一部署开展。“两学一做”学习教育就是学党章党规、学系列讲话、做合格党员,采取个人学、集中学、微党课、典型示范、观看电教片等多种方式,还开展基层党组织和党员查找问题清单进行党性体检活动,进行党员应知应会知识测试,开展“党员干部护水日”活动等,使学习教育有序推进、取得实效。

2016年8月9日,区人大常委会机关干部到市检察院廉政教育基地接受廉政警示教育(人大办提供)

第二节 业务能力提升

举行读书会 2007—2016年,县(区)人大常委会每年举行一次读书会,参加人员为常委会机关全体干部,并根据内容邀请镇、街道人大干部参加。每次读书会一般都围绕一个主题进行,如2007年9月21日学习贯彻《中华人民共和国各级人民代表大会常务委员会监督法》,2008年9月5—6日探讨推进和创新人大工作,2010年11月1—3日学习新修改的选举法并开展选举工作建议交流,2012年12月4—5日学习中共

2007年9月21日,县人大常委会机关首次读书会在上虞市汤浦水库举行(人大办提供)

十八大精神，2013年11月29日学习中共十八届三中全会精神，2014年11月27—28日开展“学习四中全会精神，增强人大制度自信”主题交流，2015年12月4日学习中共十八届五中全会和中央18号文件、省委21号文件精神，等等。2012年起，还把读书会学习探讨与交流本年度人大工作情况和新一年工作打算结合起来，通过交流理清工作思路、明确工作重点。

建立常委会机关月工作例会 2007年2月28日，县十三届人大常委会第一次主任会议决定建立常委会机关工作例会制度。工作例会在每个月的月底举行，参加人员为常委会主任会议成员、机关全体干部。会议内容为机关各委（室）交流当月工作任务完成情况和下个月工作安排，常委会分管领导点评和补充，常委会主任总结并提出下个月常委会重点工作任务。通过月工作例会，加强交流沟通，明确任务要求，形成协同合作的工作局面。

组织到外地考察和培训 2007—2016年，县（区）人大常委会每年组织常委会机关干部赴外省和省内各地考察，学习交流各地人大工作先进经验。如2008年4月组织对上海市闵行、南汇、嘉定、宝山、松江、青浦，广东省惠阳、东莞、顺德、深圳福田，福建省福清和嘉兴市秀洲等11个经济较发达的区（市）进行财政监督工作专题学习考察；2009年分三组赴安徽省濉溪县、黄山市屯溪区，福建省晋江市、上杭县和江苏省溧阳市、镇江市考察外地加强代表工作的特色做法；2010年7月7—11日赴西藏拉萨等地学习考察西藏经济社会发展和服务代表等工作；2012年11月率绍兴县友好交流代表团一行应邀访问韩国和中国香港地区，宣传推介绍兴县，推动绍兴县与韩国相关城市、中国香港地区及相关组织的了解和经贸合作，等等。2014年开始，每年组织区、镇（街道）人大干部出省培训，先后赴北京、北戴河、深圳等全国人大培训基

2009年10月12—14日，县人大常委会专职组成人员赴上虞、嵊州、新昌等兄弟县（市、区）学习交流人大工作，图为绍兴县·新昌县人大工作情况交流会现场（人大办提供）

地和河北省、山东青岛市等人大培训中心进行培训，接受人大工作新理念、新经验。

专题举行人大理论研讨 县（区）人大常委会利用人大工作研究会平台，开展人大工作理论和实践研讨。2009 年 6 月 11 日，围绕“人大监督”主题，13 位研究会会员作交流发言。2011 年 12 月 7 日，研究会就保障镇人大代表履职、发挥镇人大代表作用问题组织会员进行研讨。2012 年 5 月 29 日，10 位研究会会员围绕人大制度建设、代表素质提升、常委会会议审议质量提高等问题作交流发言。研究会会员撰写的多篇探讨文章在县（区）人大杂志和网站上登载，为人大工作者和人大代表提供参考。会长李会鹏在交流会上要求会员踊跃参加研究会活动，通过人大工作研究，积极参谋建议，更好助推人大工作。

2013 年 9 月，县镇两级人大干部在全国地方人大干部北戴河学习班上课（人大办提供）

第三节　工作制度规范

制度建设是人大及其常委会依法履行职责、促进人大常委会工作科学化、制度化、规范化的重要保障。县十三届、县（区）十四届人大常委会切实加强制度建设、创新工作机制，把依法行使职权中行之有效的工作形式和方法逐步完善并加以制度化，不断健全或修订相关制度，使各项工作基本做到有制可依、有章可循。

2006 年 8 月出台的监督法，对人大常委会监督“一府两院”的形式和程序作了全面规定，对加强人大监督工作，促进依法行政、公正司法意义重大。县（区）人大常委会对此法先后进行 3 次专题培训、1 次专题研讨，并依法陆续建立起规性文件备案审查、向社会公开行使督职权情况、监督落实决议决定和审议意见等工作制度，“一府两院”也分别建立起人大代表旁听政府常务会议、依法向县人大常委会报告政府专项工作、加强与人大代表的联系等制度，以保证法律赋予地方人大常委会的职权有效地行使。

2007 年 2 月至 2017 年 2 月，县（区）人大常委会先后制订和修订规则、办法、制度等 17 个。

县（区）人大常委会制订（修订）制度一览表

表 3-3-1

序号	制度名称	制订（修订）时间	通过的常委会（主任会议）会议届次
1	关于依法做好规范性文件备案审查工作的若干意见	2008 年 9 月 25 日	县十三届人大常委会第十二次会议
2	关于提高常委会审议质量的若干意见	2008 年 9 月 25 日	县十三届人大常委会第十二次会议
3	绍兴县人大代表建议“直通车”实施办法	2010 年 2 月 23 日	县十三届人大常委会第三十八次主任会议
4	绍兴县人民代表大会常务委员会议事规则	2012 年 3 月 27 日（修订）	县十四届人大常委会第二次会议
5	绍兴县人民代表大会常务委员会组成人员守则	2012 年 3 月 27 日（修订）	县十四届人大常委会第二次会议
6	绍兴县人民代表大会常务委员会讨论决定重大事项的规定	2012 年 3 月 27 日（修订）	县十四届人大常委会第二次会议
7	关于人事任免工作的暂行办法	2012 年 3 月 27 日（修订）	县十四届人大常委会第二次会议
8	绍兴县人民代表大会常务委员会加强代表工作办法	2012 年 3 月 27 日（修订）	县十四届人大常委会第二次会议
9	2013 年度镇街人大工作岗位目标责任制考核办法	2013 年 6 月 19 日	县十四届人大常委会第十七次主任会议
10	绍兴市柯桥区人大常委会监督司法机关工作办法（试行）	2014 年 5 月 23 日	区十四届人大常委会第十八次会议
11	关于加强决议、决定和审议意见监督落实办法	2014 年 11 月 21 日	区十四届人大常委会第二十四次会议
12	关于行使监督职权情况向社会公开的办法	2014 年 11 月 21 日（修订）	区十四届人大常委会第二十四次会议
13	绍兴市柯桥区人民代表大会常务委员会预算审查监督办法	2015 年 3 月 17 日	区十四届人大常委会第二十七次会议
14	关于领导干部人大代表带头进选区的意见	2015 年 4 月 14 日	—
15	绍兴市柯桥区组织实施宪法宣誓制度办法	2015 年 11 月 13 日	区十四届人大常委会第三十一次会议
16	中共绍兴市柯桥区人大常委会党组工作规则	2015 年 12 月 1 日	区人大常委会党组会议
17	绍兴市柯桥区人民代表大会常务委员会任命或决定任命的国家工作人员宪法宣誓办法	2016 年 2 月 18 日	区十四届人大常委会第五十二次主任会议

附:

绍兴市柯桥区人民代表大会常务委员会监督司法机关工作办法(试行)

(2014年5月23日柯桥区第十四届人大常委会第十八次会议通过)

第一条　为加强和规范对司法机关工作的监督,促进公正司法、规范执法,根据《中华人民共和国各级人民代表大会常务委员会监督法》等法律法规及《浙江省人大常委会监督司法机关工作办法(试行)》,结合本区实际,制定本办法。

第二条　本办法所称司法机关是指区人民法院、区人民检察院。对区公安局、区司法局工作的监督适用本办法。

第三条　区人大常委会依法对司法机关工作开展监督。区人大常委会法制工作委员会在区人大常委会领导下具体负责有关监督工作。区人大常委会其他有关工作机构按照规定的职责共同做好有关监督工作。

第四条　区人大常委会坚持依法办事、集体行使职权的原则,监督和支持司法机关依法独立行使职权。

第五条　区人大常委会对司法机关的下列工作开展监督:

(一)遵守和执行宪法、法律、法规以及上级人大及其常委会决议、决定的情况;

(二)执行区人大及其常委会决议、决定和研究处理审议意见情况;

(三)公正司法、规范执法情况;

(四)司法机关之间和各司法机关内部监督制约机制的建立和落实情况,以及执行有关司法公开规定,推进审判公开、检务公开的情况;

(五)区人大及其常委会选举、任命的司法机关工作人员履行职责和公正执法的情况;

(六)区人大代表提出的有关司法工作的建议、批评、意见的办理情况;

(七)依法需要监督的其他事项。

第六条　区人大常委会依法采取下列方式对司法机关工作开展监督:

(一)听取和审议专项工作报告;

(二)法律法规实施情况的检查;

(三)询问和质询;

(四)特定问题调查;

(五)撤职案的审议和决定;

(六)法律法规规定的其他方式。

对同一监督议题，可以同时采取多种方式开展监督；可以连续进行跟踪监督。

第七条　区人大常委会通过督促司法机关强化内部监督、健全相互监督制约机制等，对司法机关工作开展日常监督；可以针对司法机关工作中的重要内容或关键环节，开展专项监督；可以依照规定的程序，将监督司法机关工作有关议题列入常委会年度监督计划，开展重点监督。

第八条　监督司法机关工作可以采取听取汇报、组织视察、随机抽查、问卷调查、座谈走访、查阅有关资料和专家论证、网络交流、听证会等形式进行；可以组织区人大代表开展旁听庭审案件、参与司法开放日等活动。

第九条　列入区人大常委会年度监督工作计划的议题，区人大常委会法制工作委员会应当制定实施方案，并根据方案要求，做好相关工作。

第十条　区人大常委会对监督司法机关工作议题的审议意见，按规定交由司法机关研究处理；司法机关应当按照审议意见的要求，向区人大常委会提出研究处理情况报告。

区人大常委会可以对司法机关研究处理审议意见的情况组织跟踪监督；可以对审议意见的落实情况，开展满意度测评。

第十一条　区人大常委会依法履行对司法机关工作人员的人事任免权。对拟提请任命的法官、检察官的法律职务进行资格审查和任前考察，对其履职情况开展绩效评估。具体任免范围、程序和手续依照柯桥区人大常委会《关于人事任免工作的暂行办法》执行。

第十二条　区人大常委会在监督司法机关工作中发现任命的司法机关工作人员有违法行为的，可以交由有关机关进行调查处理；发现需要依法免去、撤销其职务的，通报其主管部门，按照人员管理的权限和程序办理。

第十三条　司法机关对下列案件或事项，应当及时报告区人大常委会：

（一）司法机关办理的社会影响重大、群众反映强烈的案件；

（二）司法机关承担国家赔偿或过错责任的案件；

（三）司法机关工作人员因涉嫌犯罪被立案侦查或违纪受到党纪政纪处分的情况；

（四）区人大常委会任命的国家机关工作人员涉嫌违法犯罪的情况；

（五）由本区选举产生的市、区两级人大代表涉嫌违法犯罪的情况；

（六）执法过程中发生重大暴力抗法事件及处理情况；

（七）单位和个人非法干预司法机关依法行使职权的情况；

（八）其他需要报告的事项。

第十四条　司法机关制定下列文件，应当及时报送区人大常委会，同时报送区人大常

委会法制工作委员会:

(一)对全区有重要影响的司法工作举措或重大司法改革等制度性、政策性文件;

(二)对司法机关工作人员实施管理、考核的相关文件、材料等;

(三)其他需要报送的文件。

第十五条 司法机关的下列法律文书,应当及时报送区人大常委会法制工作委员会:

(一)区人民法院

1. 民事、行政、刑事案件被二审改判的相关法律文书;

2. 民事、行政、刑事再审案件的相关法律文书。

(二)区人民检察院

1. 民事、行政、刑事抗诉案件的相关法律文书;

2. 自侦案件批准逮捕后又变更强制措施或撤销案件的立案决定书、变更强制措施决定书、撤案决定书;

3. 公安、法院、检察院超期羁押的案件;

4. 向公安、法院发出的各类纠正违法通知书、检察建议。

(三)区公安局

1. 被检察机关监督立案的立案通知书、立案决定书;

2. 检察机关不予批准逮捕的案件,经复议复核维持不批准逮捕的相关法律文书;

3. 提请检察机关批准逮捕或审查起诉后,变更强制措施、撤案或作其他处理的相关法律文书。

(四)区司法局

1. 社区矫正人员被收监的相关法律文书;

2. 律师、公证人员被追究刑事责任的相关法律文书。

第十六条 区人大常委会法制工作委员会对司法机关报告并需要答复的事项,应当认真研究,提出处理意见,重大情况及时向区人大常委会报告。

第十七条 区人大常委会不直接处理具体案件;对监督司法机关工作中发现的社会影响重大、群众反映强烈、可能影响公正司法的案件或事项,区人大常委会法制工作委员会可以交由有关司法机关按照规定的职责依法处理,有关司法机关应当报告处理情况。

第十八条 区人大常委会可以邀请区人大代表和有关专家,参与监督司法机关工作。

第十九条 区人大常委会开展监督司法机关工作的情况,依法向社会公开,接受区人大代表和社会监督。

监督司法机关工作中涉及国家机密、商业秘密、个人隐私和其他不宜公开的事项，应当予以保密。

第二十条　司法机关及其工作人员应当自觉接受监督，积极配合做好相关工作；若违反法律法规规定，不接受监督，或弄虚作假的，依法追究责任。

第二十一条　本办法自通过之日起施行。2005年11月29日绍兴县第十二届人大常委会第二十三次会议通过的《绍兴县人民代表大会常务委员会司法个案监督办法》同时废止。

第四章 常委会和专门委员会成员简介

第一节 县(区)人大常委会主任、副主任

徐林土

徐林土 男,1954年9月出生,1973年11月加入中国共产党。浙江省高等教育自学考试法律专业毕业,大专学历。历任嵊县幸福公社桥石头完小教师兼负责人,幸福中学教师兼团干,新建中学教师兼负责人,里东区公所教育干部、文教办公室副主任,里东校党支部书记、校长,新建公社党委书记,民主公社党委书记、区委委员,里东区委副书记、书记(1986年8月至1988年6月绍兴市委党校学习),嵊县县监察局党组书记、局长,县农经委党组书记、主任,县委组织部副部长兼县机关党工委书记,市委组织部副部长,嵊州市人民法院院长、党组书记,绍兴县委常委、纪委书记,县委副书记、纪委书记,县委副书记兼县委党校校长,县人大常委会党组副书记、书记。2007年2月当选为绍兴县第十三届人大常委会主任。

吴 晓

吴 晓 女,1960年3月出生,1983年2月加入中国共产党。大学学历。历任绍兴丝织厂团委书记,共青团绍兴市委常委、工青部部长,绍兴市委组织部干部、科级组织员,市委办公室督查室主任,绍兴县人民政府副县长,县委常委、宣传部部

长，县纪委书记，县政协主席、党组书记，县（后为绍兴市柯桥区）人大常委会党组书记。2012年2月、2017年2月当选为绍兴县（后改为绍兴市柯桥区）第十四届、柯桥区第一届人大常委会主任。

平水龙

平水龙　男，1951年8月出生，1976年8月加入中国共产党。高中学历。历任绍兴县双梅公社党委委员、革委会委员，双梅公社党委副书记、革委会副主任，双梅公社党委副书记、管委会主任，阮社公社党委书记，马山区委副书记、区长，柯桥区委委员，华舍镇党委书记，安昌镇党委书记，柯桥镇党委书记、人大主席，县人大常委会副主任、柯桥镇党委书记，县人大常委会党组成员。1998年3月、2003年3月、2007年2月当选为绍兴县第十一届、第十二届、第十三届人大常委会副主任。

章生建

章生建　男，1953年出生。1972年12月加入中国共产党。中专学历。历任内蒙古兵团班长、排长、副连长、连长，内蒙古伊盟农场一分场副场长、场长，伊盟杭锦旗商业乳品厂党支部书记，绍兴县东浦公社干部、党委组织委员，东浦乡乡长，东浦镇镇长、党委书记，东浦镇党委书记、人大主席，县人民政府副县长、党组成员，县委常委、县人民政府副县长、党组成员，县人大常委会党组副书记。2007年2月当选为绍兴县第十三届人大常委会副主任。

施平平

施平平　女，1955年2月出生，1985年5月加入中国共产党。1978年浙江大学金属材料热处理工艺及金相分析专业毕业，大学文化程度，工程师职称。历任绍兴县经委科技股干部，计经委技改股副股长，县对外经济工作办公室外资科长，县对外经济贸易委员会外资科长、党组成员、副主任兼中国轻纺城开发管委会项目处处长，县对外贸易经济合作副局长、局党组成员，县对外贸易经济合作局局长（兼招商办主任）、党组书记，县政协第九届委员副主席、党组成员，县人大常委会党组成员。2007年2月当选为绍兴县第十三届人大常委会副主任。

于庆国

于庆国　男，1958年2月出生，1999年6月加入中国国民党革命委员会。大专学历，高级经济师，2006年1月获澳门科技大学工商管理硕士学位。历任中国人民银行绍兴地区中心支行科员、计划统计科副科长,中国人民银行绍兴市分行稽核科副科长、会计科副科长、营业部副主任、计划统计科副科长、会计科科长,国家外汇管理局绍兴分局办公室主任,绍兴县信用合作联社副总经理,县农村合作银行副行长,县第九届政协副主席,绍兴市第五届政协常委,绍兴县农村合作银行(后改为瑞丰银行)监事长,民革县总支主委。2007 年 2 月、2012 年 2 月当选为绍兴县第十三届、县(后改为绍兴市柯桥区)第十四届人大常委会副主任。

余茂法　男,1955 年 2 月出生,1982 年 11 月加入中国共产党。1997 年 12 月中央党校(函授)经济管理专业本科毕业,助理农艺师、政工师和劳动经济师职称。历任绍兴县稽江公社友谊大队团支部书记,稽江公社团委委员,绍兴市农校青干班团支部书记,绍兴县委组织部干部科副科长,县农业局副局长兼东湖农场场长、场党支部书记,县劳动局副局长,县政协办公室主任,县委组织部副部长(正局级),县水电局局长、党工委书记,县人大常委会党组成员。2007 年 2 月当选为绍兴县第十三届人大常委会副主任。

余茂法

邢柏生　男,1957 年 2 月出生,1978 年 3 月加入中国共产党。石家庄陆军指挥学院部队政治工作专业函授毕业,大学本科学历,陆军上校军衔。历任战士,文书,排长,干事,副政治指导员,副连长,连长,参谋,科长,县人武部部长、县委常委,政协绍兴县第九届党组副书记、政协绍兴县第九、十届副主席,绍兴县(后为绍兴市柯桥区)人大常委会党组副书记。2012 年 2 月当选为绍兴县(后改为绍兴市柯桥区)第十四届人大常委会副主任。

邢柏生

魏阳林　男,1957 年 11 月出生,1985 年 6 月加入中国共产党。浙江广播电视大学工商行政管理专业毕业,大学学历。历任绍兴县钱清区中心校教导主任、副校长,钱清镇中心校校长,钱清教育支部书记,县政府办公室干部,县委宣传部办公室主任,绍兴县柯桥开发区综合外长(副局级),县城市建设投资发开发公司副总经理,县滨海工业区管委会副主任、纪工委书记,县交通局局长、资料员工委书记,县滨海工业区管委会主任、党工委书记、马鞍镇党委书记(副县级),绍兴平水新城管委会主任、党工委书记,平水镇党委书记(副县级),绍兴县(后为绍兴市柯桥区)人

魏阳林

大常委会党组成员。2012 年 2 月当选为绍兴县(后改为绍兴市柯桥区)第十四届人大常委会副主任。

葛美芳

葛美芳 男,1960 年 10 月出生,1984 年 12 月加入中国共产党。中央党校成人教育学院政工专业毕业。历任绍兴县越峰乡公社会计辅导员、乡公社副主任,孙岙乡党委副书记,龙峰乡党委书记,稽江乡(后改镇)党委书记,绍兴县委办公室副主任、政研室主任,县农业局局长、党工委书记,县水利水电局局长、党工委书记,县(柯桥区)人大常委会党组成员。2012 年 2 月、2017 年 2 月当选为绍兴县(后为绍兴市柯桥区)第十四届、柯桥区第一届人大常委会副主任。

濮如松

濮如松 男,1959 年 6 月出生,1979 年 9 月加入中国共产党。大学学历。历任内蒙古包头市中国人民解放军北京军区空军某师团卫生员、排长、连副政治指导员,师政治部保卫科干事。转业后任绍兴县齐贤区大和乡公安员兼司法助理员,组织干事,乡党委组织委员兼乡人大主席团常务主席,安昌镇党委组织委员,党委副书记兼组织委员,杨汛桥镇党委副书记、镇长,湖塘街道党委书记兼人大工作委员会主任,绍兴县柯桥经济开发区党工委书记、管委会主任,县建筑业管理局、县房地产管理局党工委书记、局长,县审计局党组书记、局长,县(后为绍兴市柯桥区)人大常委会党组成员。2012 年 2 月当选为绍兴县(后改为绍兴市柯桥区)第十四届人大常委会副主任。

沈祖卫

沈祖卫 男,1966 年 10 月出生,1993 年 6 月加入中国共产党。大学学历。历任绍兴县政府办公室信息科副科长,县委办公室秘书科科长、办公会议成员,县国资局副局长、县财政局副局长,县文广局(体育局)党工委书记、局长,县政府党组成员、办公室主任、县政府办公室(法制办)党组书记,县(后为绍兴市柯桥区)人大常委会党组成员。2012 年 2 月、2017 年 2 月当选为绍兴县(后改为绍兴市柯桥区)第十四届、柯桥区第一届人大常委会副主任。

蔡金标

蔡金标 男,1967 年 9 月出生,1999 年 12 月加入九三学社。在职大学学历。历任绍兴县司法局下属柯桥法律服务所司法特派员，绍兴第二律师事务所律师，绍兴县司法局下属钱清法律事务所主任，县经济体制改革委员会副主任，九三学社绍兴县(后改为绍兴市柯桥区)基层委员会主委，绍兴县(后改为绍兴市柯桥区)政协副主席，县(区)司法局副局长。2017 年 2 月当选为绍兴市柯桥区第一届人大常委会副主任。

胡国炜　男，1963 年 2 月出生，1982 年 7 月加入中国共产党。省委党校研究生学历。历任绍兴县平水区农技站干部，绍兴县农林局人秘股干部、党工委委员、人秘股长，县农业局党工委委员、纪检组织员、人秘股科长，兰亭镇党委副书记，县委办公室副主任(正局级)，华舍街道党委书记、人大工委主任，绍兴县政府党组成员，办公室主任、党组书记，县(后改为绍兴市柯桥区)副县(区)长、党组成员，区人大常委会党组副书记。2017 年 2 月当选为绍兴市柯桥区第一届人大常委会副主任。

胡国炜

王张泉　男，1963 年 2 月出生，1985 年 3 月加入中国共产党。在职大学学历。历任绍兴市计划委员会干部，绍兴县计划委员会干部，县计经委投资股副股长，县政府办公室工业科副科长，县柯桥经济开发区(轻纺城开发)管委会项目处副处长，县滨海工业区管委会副主任(正科级)、滨海工业区开发投资有限公司副总经理，县兰亭镇党委书记、镇长，县柯桥经济开发区管委会主任、党工委副书记、书记，县(后为绍兴市柯桥区)发展和改革局局长、党组书记兼县(区)物价局局长，绍兴市柯桥区副区长、党组成员，挂职任江山市委常委、山海协作产业园管委会主任，绍兴市柯桥区人大常委会党组成员。2017 年 2 月当选为绍兴市柯桥区第一届人大常委会副主任。

王张泉

刘　斌　男，1962 年 5 月出生，1988 年 11 月加入中国共产党。1981 年 7 月绍兴师范专科学校化学专业毕业。1992 年 7 月浙江师范大学化学教育专业本科函授毕业。中学一级教师。历任绍兴皋埠中学高中化学教师、校团委书记、教务处主任、副校长，绍兴县旅游局干部、科长、副局长、党组成员，县文化广播电视新闻出版局副局长、党工委委员、县广播电视台台长，县第十三届人大常委会委员、办公室主任、党组成员，县人民政府党

刘　斌

组成员，县政府办公室（县政府法制办公室）党组书记、县政府办公室主任，绍兴市柯桥区人民政府党组成员，区政府办公室（区政府法制办公室）党组书记、区政府办公室主任，区委办公室主任，区人大常委会党组成员。2017 年 2 月当选为绍兴市柯桥区第一届人大常委会副主任。

第二节　县（区）人大常委会委员

马仕秀

马仕秀　男，1944 年 3 月出生，1973 年 12 月加入中国共产党。初中学历。历任绍兴县蜀阜小学民办教师，绍兴县二纺厂厂长，绍兴县华天实业集团公司董事长，绍兴县华天实业有限公司董事长。1984 年 9 月、1987 年 5 月、1990 年 5 月、1993 年 4 月、1998 年 3 月、2003 年 3 月、2007 年 2 月、2012 年 2 月当选为绍兴县第七届、第八届、第九届、第十届、第十一届、第十二届、第十三届、县（后改为绍兴市柯桥区）第十四届人大常委会委员。

陈永根

陈永根　男，1945 年 8 月出生，1979 年 5 月加入中国共产党。浙江育才职工大学工民建专业毕业，大专学历，高级工程师、一级建造师职称。历任绍兴县马鞍建筑队负责人，马鞍镇工办副主任兼马鞍建筑工程队队长，马鞍建筑工程公司总经理，县第二建筑工程公司总经理、党委书记，浙江中设建工集团董事长、总经理、党委书记。1998 年 3 月、2003 年 3 月、2007 年 2 月、2012 年 2 月当选为绍兴县第十一届、第十二届、第十三届、县（后改为绍兴市柯桥区）第十四届人大常委会委员。

虞阿五

虞阿五　男，1941 年 10 月出生，1971 年 4 月加入中国共产党。1959 年绍兴东湖农校财会专业毕业，中专学历，高级经济师职称。历任尹家畈村会计、村支书，红星制瓦厂、福全食品厂、绍兴搪瓷厂厂长，上海远东金银饰品厂绍兴分厂厂长、浙江老凤祥首饰厂厂长，浙江日月首饰集团有限公司董事长、党总支书记，高级经济师。1998 年 3 月、2003 年 3 月、2007 年 2 月、2012 年 2 月当选为绍兴县第十一届、第十二届、第十三届、县（后改为绍兴市柯桥区）第十四届人大常委会委员。

袁启淼　男,1964 年 1 月出生,1993 年 7 月加入中国共产党。1996 年浙江职工大学经济管理专业毕业,大学学历,经济师职称。历任杭州沾桥绸厂供销科长,绍兴县平水织造厂厂长,中外合资浙江越基盛纺织有限公司董事长、总经理,党支部书记,浙江袁盛牛仔服饰织造有限公司董事长、总经理、党支部书记。1998 年 3 月、2003 年 3 月、2007 年 2 月、2012 年 2 月、2017 年 2 月当选为绍兴县第十一届、第十二届、第十三届、县(后改为绍兴市柯桥区)第十四届、区第一届人大常委会委员。

袁启淼

毛中萍　女,1957 年 8 月出生,1974 年 11 月加入中国共产党。上海医科大学毕业,大学学历,浙江大学医学研究生班结业,主任医师,耳鼻喉科兼职副教授。历任绍兴第二人民医院医务科科长、副院长,绍兴第二人民医院院长、党委书记,副主任医师,主任医师。2003 年 1 月、2007 年 2 月、2012 年 2 月当选为绍兴县第十二届、第十三届、县(后改为绍兴市柯桥区)第十四届人大常委会委员。

毛中萍

宋国梁　男,1954 年 9 月出生,1985 年 12 月加入中国共产党,大专学历,1990 年杭州大学行政管理大专班毕业。历任共青团绍兴县委宣传部长,绍兴县委办公室秘书科科长、办公会议成员、副主任,县劳动局副局长、局长、党组书记,县劳动保障局局长、党组书记,县人大常委会党组成员、财经工作委员会主任。2003 年 3 月、2007 年 2 月当选为绍兴县第十二届、第十三届人大常委会委员。

宋国梁

赵建新　男,1955 年 11 月出生,1980 年 9 月加入中国共产党。1986 年浙江广播电视大学政法专业毕业,大专学历,1992 年 7 月绍兴市委党校第一期中青年干部政治理论培训班毕业。历任绍兴县人大常委会办公室干部,法制工作委员会副主任(正局职级)、主任、常委会党组成员,县人大常委会办公室支部副书记、书记,县(后改为绍兴市柯桥区)人大常委会党组成员、法制工作委员会主任。2003 年 3 月、2007 年 2 月、2012 年 2 月当选为绍兴县第十二届、第十三届、县(后改为绍兴市柯桥区)第十四

赵建新

届人大常委会委员，2015 年 12 月辞去常委会委员职务。

濮耀魁　男，1954年12月出生，1985年4月加入中国共产党。1991 年浙江省高等自学考试法律专业毕业，大专学历，历任绍兴县下方桥小学代课教师，红旗绸厂职工、工会干事、厂办主任、副厂长、厂长，绍兴县工业供销公司副经理，县人大常委会办公室干部、人秘科副科长、综合科科长、办公室副主任。2003 年 3 月、2007 年 2 月当选为绍兴县第十二届、第十三届人大常委会委员。

濮耀魁

庞宝根　男，1957 年 3 月出生，1986 年 2 月加入中国共产党。本科学历，教授级高工职称。历任绍兴县杨汛桥修建队工人，县第六建筑工程公司（宝业前身）企业技术负责人、总经理，农宝业集团股份有限公司董事长，建设部《中国建筑业改革与发展》课题组专家库成员，中国施工企业管理协会副会长，浙江理工大学、浙江科技大学客座教授，教授级高级工程师。2003 年 3 月、2007 年 2 月当选为绍兴县第十二届、第十三届人大常委会委员。

庞宝根

金良顺　男，1954 年 10 月出生，1985 年 1 月加入中国共产党。1998 年浙江工业大学经济管理专业毕业，大专学历，高级工程师、高级政工师职称。历任绍兴经编机械总厂厂长、党支部书记，浙江华能综合发展有限公司副董事长、总经理、党支部书记，浙江华能精功集团董事长兼总经理、党支部书记，浙江精功集团有限公司董事长兼总经理、党委书记，精功集团有限公司董事局主席、党委书记，高级工程师。2003 年 3 月、2007 年 2 月、2012 年 2 月、2017 年 2 月当选为绍兴县第十二届、第十三届、县（后改为绍兴市柯桥区）第十四届、区第一届人大常委会委员。

金良顺

陈林川　男，1953 年 1 月出生，1991 年 4 月加入中国共产党。1968 年 7 月阮社中学初中毕业，大专学历，工程师职称。历任绍兴县阮社公社新风大队农民，县阮社建筑队职工，县新风印染厂维修工，县新风热电厂副厂长、新风村党支部副书记，县（后为绍兴市柯桥区）柯岩街道新风村党委书记，浙江新风热电有限公司董事长。2003 年 3 月、2007 年 2 月、2012 年 2 月、2017 年 2 月当选为绍兴县第十二届、第十三届、县（后改为绍

陈林川

兴市柯桥区)第十四届、区第一届人大常委会委员。

凌渭土

凌渭土　男,1954年2月出生,1974年10月加入中国共产党。大专学历,高级经济师。历任绍兴县钱清供销社副主任,马鞍供销社主任,县华清公司总经理,县供销社主任、党委书记,绍兴县华通集团董事长、总经理,高级经济师。2003年3月、2007年2月当选为绍兴县第十二届、第十三届人大常委会委员。

刘　斌　情况同前。2007年2月当选为绍兴县第十三届人大常委会委员。

刘越英

刘越英　女,1957年10月出生,1986年3月加入中国共产党。中央党校函授学院经济管理专业毕业,大学学历。历任绍兴三五仪表厂工人,绍兴师专中文系干部专修班学员,绍兴县妇联干部、办公室副主任,县委组织部组织科干部、副科长,县侨办副主任,县侨联主席,县侨联主席兼外事与侨务办公室副主任、党组副书记,县人大常委会党组成员、教科文卫工作委员会主任。2007年2月当选为绍兴县第十三届人大常委会委员。

邵纪康

邵纪康　男,1956年5月出生,1982年9月加入中国共产党。1987年8月浙江省高等教育自学考试党政干部基础科专业毕业,1999年获中央党校经济管理专业本科学历。历任东星小学教师,青干班学员,绍兴县委组织部干部、组织员组副组长、干部科副科长、组织科科长、部务会议成员,柯桥镇党委副书记、副镇长、镇长,湖塘镇党委书记、人大主席,绍兴县残疾人联合会执行理事长,县人大常委会党组成员、办公室主任,县(后为绍兴市柯桥区)人大常委会党组成员、代表工作委员会主任。2007年2月、2012年2月当选为绍兴县第十三届、县(后改为绍兴市柯桥区)第十四届人大常委会委员,2016年7月辞去常委会委员职务。

杨高相

杨高相　男,1962年8月出生,1984年10月加入中国共产党。浙江省委党校党政管理专业毕业,大专学历。历任绍兴县红山乡副乡长,县委宣传部宣传科科长,县人大常委会办公室人秘科科长、调研科科长、副主任,县人大常委会代表工作委员会副主任，县（后为绍兴市柯桥区）人大常委会党组成员（后转为机关党组成员）、研究室主任。2007 年 2 月、2012 年 2 月、2017 年 2 月当选为绍兴县第十三届、县（后改为绍兴市柯桥区）第十四届、区第一届人大常委会委员。

郎煜江

郎煜江 男，1966 年 1 月出生。1991 年 6 月加入中国共产党。浙江林学院林学系毕业，大学学历。历任绍兴县南池乡团委书记、宣传干事，鉴湖镇党委组织干事、镇党政办副主任，县检察院起诉科书记员，县检察院反贪局侦查员，县委组织部组织科干部、副科长，县委组织部干部一科副科长、科长、部务会议成员（副局级），县人事局副局长、党组成员，兰亭镇党委副书记（挂职），中共绍兴县第十二届委员会委员（正局级），绍兴县委组织部副部长兼县直机关党工委书记。2007 年 2 月当选为绍兴县第十三届人大常委会委员。

俞伟芬

俞伟芬 女，1975 年 12 月出生，2005 年 8 月加入中国农工民主党。1995 年浙江省诸暨师范学校普师专业毕业，2004 年绍兴文理学院中文本科毕业，历任小学高级教师，湖塘中心小学副校长，小教高级。2007 年 2 月当选为绍兴县第十三届人大常委会委员。

徐光炎

徐光炎 男，1959 年 10 月出生，1981 年 11 月加入中国共产党。浙江省委党校工商管理本科毕业，大学学历。历任绍兴县坡塘乡党委委员、乡公社主任，上灶乡党委副书记、乡长，平水镇党委委员、副镇长、平水镇党委副书记、镇长，齐贤镇人大主席，县人大常委会华舍街道工委主任。2007 年 2 月当选为绍兴县第十三届人大常委会委员。

徐晁华

徐晁华 男，1955 年 8 月出生，1983 年 2 月加入中国共产党。绍兴市委党校党政干部大专班毕业，大专学历。历任绍兴化肥厂团委书记，县计经委人事干部，县委组织部干部科干部、副科长、办公室主任，县建设局党工委副书记，县体委主任、党组书记，县直机关党工委副书记（主持工作），县（后为绍兴市柯桥区）人大常委会党组成员、城建环保工作委员会主任。2007 年 2 月、

2012年2月当选为绍兴县第十三届、县(后改为绍兴市柯桥区)第十四届人大常委会委员,2015年9月辞去常委会委员职务。

唐水淼

唐水淼 男,1958年8月出生,1984年11月加入中国共产党。大学学历。历任平水镇上灶小学教师、诸暨师范学院中文专业学员,平水区校校长、教育支部书记,绍兴县教委成教科副科长,县政府办公室信督科科长,县政府办公室副主任、党组成员,县科委主任、党组书记,县科学技术局局长、党组书记,县文化广播电视(体育)局局长、党工委书记,县总工会主席、党组书记。2007年2月当选为绍兴县第十三届人大常委会委员。

方慧琴

方慧琴 女,1966年10月出生,1992年1月加入中国共产党。浙江林学院林学系林学专业毕业,农学学士学位,经济师职称。历任绍兴县杨汛桥乡团委书记、妇联主席,钱清区团工委书记、妇女干部,钱清镇经济实业总公司投资外资科长、经济发展办公室副主任,钱清镇党委宣传委员兼副镇长(兼党政办公室主任、工作片组长),绍兴县妇联副主席、挂职齐贤镇党委副书记,县投资服务办公室副主任,县妇联主席、党组书记,绍兴市柯桥区粮食局局长。2012年2月当选为绍兴县(后改为绍兴市柯桥区)第十四届人大常委会委员,2013年11月辞去常委会委员职务。

叶加林

叶加林 女,1961年11月出生,1994年12月加入中国共产党。中央党校经济管理专业本科毕业。历任基层供销社职工,绍兴县供销职工学校教师,县供销社副科长、县供销社工会副主席,县妇女联合会副主席,县委宣传部副部长,县供销社党委书记、副主任,县(后为绍兴市柯桥区)人大常委会党组成员、教科文卫工委主任。2012年2月当选为绍兴县(后改为绍兴市柯桥区)第十四届人大常委会委员,2016年11月辞去常委会委员职务。

孙胜利

孙胜利 男,1962年12月出生,2004年5月加入民革。浙江林校森保专业毕业,浙江省委党校工商管理专业大学本科学历。历任绍兴县青陶乡共青团负责人,县农林局、山区办干部兼县森林病虫防治检疫站副站长,县林业局林政科科长,县人大常委会教科文卫工委科长、主任助理，中国花卉会兰花分会常务理事，中国摄影家协会会员，绍兴县（后为绍兴市柯桥区）人大常委会教科文卫工委副主任，民革绍兴市十一届委员会参政议政调研室副主任。2012年2月、2017年2月当选为绍兴县（后改为绍兴市柯桥区）第十四届、区第一届人大常委会委员。

李亚根

李亚根 男，1959年10月出生，1984年12月加入中国共产党。浙江诸暨师范学校数学专业、浙江省党校工商管理专业、浙江广播电视大学法律专业毕业，大学学历，律师。历任绍兴县拈宫中学教师，县皋埠区中心校副校长，县司法局党组成员、办公室主任，县委组织部部务会议成员、办公室主任，县食品药品监管局党组书记、局长，县（后为绍兴市柯桥区）人大常委会党组成员、办公室主任、机关党组书记。2012年2月、2017年2月当选为绍兴县（后改为绍兴市柯桥区）第十四届、区第一届人大常委会委员。

李光辉

李光辉 男，1959年3月出生，1983年8月加入中国共产党。空军指挥学院毕业，大专学历，。历任空军航空某部排长，中队长，副大队长，团司令部副参谋长，团党委常委、参谋长，绍兴县委政法委委员，县人大常委会法工委副主任、办公室副主任，县（后为绍兴市柯桥区）人大常委会代表工委副主任。2012年2月、2017年2月当选为绍兴县（后改为绍兴市柯桥区）第十四届、区第一届人大常委会委员。

吴国建

吴国建 男，1969年7月出生，1989年8月加入中国共产党。绍兴师专政教专业毕业，浙江省委党校在职研究生学历。历任绍兴县双梅中学教师、教工团支部书记，柯桥镇党政办干部、副主任，柯桥镇党委委员，县政府办公室调研科科长、信息督查科科长，县委宣传部副部长，福全镇党委副书记、镇长，县委组织部副部长（正局级），县委（后为绍兴市柯桥区委）组织部副部长兼县（区）委新社会组织工作委员会书记，2012年2月当选为绍兴县（后改为绍兴市柯桥区）第十四届人大常委会委员。

宋金木

宋金木 男，1961年1月出生，1985年6月加入中国共产党。省委党校工商行政管理本科毕业。历任镇党委组织委员，镇纪委书记,镇党委副书记,街道办事处主任,绍兴县人民政府办公室副主任,县人大常委会党组成员、农经工委主任、财经工委主任,绍兴市柯桥区人大常委会党组成员(后转为机关党组成员)、财经工委主任。2012 年 2 月、2017 年 2 月当选为绍兴县(后改为绍兴市柯桥区)第十四届、区第一届人大常委会委员。

钱利红

钱利红　女,1969 年 11 月出生,2007 年 11 月加入中国民主同盟。杭州师范学院生物系毕业,本科学历,高级教师职称。历任绍兴县钱清中学教务处副主任,县鉴湖中学教务处主任、鉴湖中学校长助理、柯桥中学副校长,绍兴市柯桥区柯桥中学副校长,民盟柯桥区基层委委员,民盟柯桥中学支部主委。2012 年 1 月当选为绍兴县(后改为绍兴市柯桥区)第十四届人大常委会委员。

蒋倬臣

蒋倬臣　男,1956 年 10 月出生,1979 年 8 月加入中国共产党。大专学历。历任绍兴县公安局派出所民警、所长,县公安局秘书科长、政工科长、局党委委员、副政委,县公安局副政委兼柯桥公安分局教导员,县公安局副局长兼柯桥公安分局局长,县公安局副局长、党委副书记、政委,县(后为绍兴市柯桥区)人大常委会党组成员、农经工委主任。2012 年 2 月当选为绍兴县(后改为绍兴市柯桥区)第十四届人大常委会委员。

丁雅芬

丁雅芬　女,1964 年出生,无党派人士。高中学历。历任绍兴县型塘乡企业职工,绍兴县湖塘街道社会福利院职工,绍兴县(柯桥区)湖塘街道社会福利院院长。2017 年 2 月当选为绍兴市柯桥区第一届人大常委会委员。

王　勤

王　勤　男,1962 年 8 月出生,1984 年 12 月加入中国共产党。省委党校研究生学历。历任绍兴县鉴湖供销社会计,县供销合作社联合社会计,县审计局审计三科科长、党组成员,县委组织部知工办副主任、干部二科副科长,干部三科科长,杨汛桥镇党委副书记,夏履镇党委副书记、镇长,马鞍镇党委副书记、镇长,绍兴县滨海工业区管委会副主任、纪工委书记,柯桥街道党委书记、人大工委主任，安昌镇党委书记、人大主席，绍兴县委组织部副部长兼县企业工委书记，福全镇党委书记，绍兴市柯桥区人大常委会党组成员（后转为机关党组成员）、代表工作委员会主任。2017 年 2 月当选为绍兴市柯桥区第一届人大常委会委员。

朱 峰

朱 峰 女，1970 年出生，无党派人士。在职大学学历。历任绍兴县人民检察院干部、侦查监督科副科长、控告申诉科副科长（主持工作）、侦查监督科副科长（主持工作）、侦查监督科科长，县（后改为绍兴市柯桥区）人民检察院检察委员会专职委员（副局级）区安全生产监督管理局副局长，区人大常委会法制工作委员会（后改为法制和内务司法工作委员会）副主任。2017 年 2 月当选为绍兴市柯桥区第一届人大常委会委员。

朱伟芳

朱伟芳 女，1969 年 10 月出生，1995 年 4 月加入中国共产党。在职大学学历。历任绍兴县财税局马山财税所干部，县旅游局天马旅行社职工，县旅游局管理科干部、开发科副科长、规划开发科科长，县政府办公室涉外科干部、城交科干部，县政府接待处干部、副主任，县鉴湖－柯岩旅游度假区管理委员会主任助理（副局级）、副主任，县委办公室副主任、县政府办公室副主任、县委县政府接待处主任，绍兴市柯桥区妇女联合会党组书记、主席。2017 年 2 月当选为绍兴市柯桥区第一届人大常委会委员。

刘建明

刘建明 男，1967 年 5 月出生，1994 年 12 月加入中国共产党。在职大学学历。历任绍兴县棠棣乡刘家花圃工作，绍兴县百花园艺有限公司董事长，绍兴县漓渚镇刘家村党支部书记，县（后为绍兴市柯桥区）漓渚镇棠棣村党总支部书记、村民委员会主任。2017 年 2 月当选为绍兴市柯桥区第一届人大常委会委员。

吴林平

吴林平 男，1963 年 11 月出生，1983 年 5 月加入中国共产党。在职大学学历。历任南京军区部队服役，绍兴县东湖农场干部，浙江省广播电视大学人事管理专业学习，绍兴县农业局人秘股副股长,县农垦实业公司副总经理,县农业局政策法规科科长兼农业行政执法大队大队长、局长助理(副局级)、副局长,县滨海工业区管理委员会副主任、马鞍镇副镇长,安昌镇人大主席。2017年2月当选为绍兴市柯桥区第一届人大常委会委员。

陈晓寅

陈晓寅　男,1974年6月出生,1994年12月加入中国共产党。在职大学学历。历任绍兴县马鞍信用社信贷员,绍兴县第二建筑工程公司、经营管理、副总经理,浙江中设建工集团有限公司党委副书记、副董事长,中设建工集团有限公司党委副书记、董事长。2017年2月当选为绍兴市柯桥区第一届人大常委会委员。

金海华

金海华　男,1969年6月出生,2004年11月加入民进党。大学学历。历任上海师范大学地理教育专业学习,绍兴县华舍中学社会学科教师,绍兴县职业教育中心地理学科教师,县(后为绍兴市柯桥区)职业教育中心学生处副主任、地理学科教师,民进绍兴县(后为绍兴市柯桥区)职教支部主任委员,民进柯桥区职教支部主任委员。2017年2月当选为绍兴市柯桥区第一届人大常委会委员。

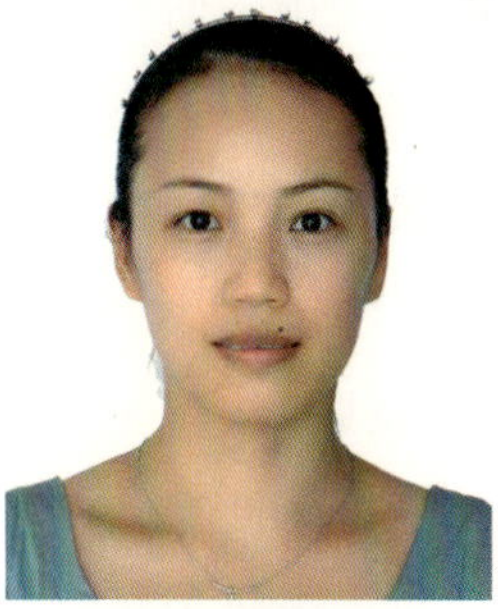

周波青

周波青　女,1978年3月出生,2009年10月加入农工党。大学学历。历任绍兴县疾病预防控制中心干部,县(后为绍兴市柯桥区)疾病预防控制中心免疫规划科科长,绍兴市柯桥区疾控中心免疫规划科科长,区卫生和计划生育局公共卫生科副科长(挂职)。2017年2月当选为绍兴市柯桥区第一届人大常委会委员。

赵建兴

赵建兴　男,1970年8月出生,1992年5月加入中国共产党。大学学历。历任绍兴县人民广播站干部、副台长、台长,县委报道组组长,县委宣传部部务会议成员(副局级)、宣传科科长,杨汛桥镇党委副书记(挂职),安昌镇党委副书记,绍兴市柯桥区漓渚镇人大主席。2017年2月当选为绍兴市柯桥区第一届人大常委会委员。

柯静杨

柯静杨 男，1962年1月出生，1985年7月加入中国共产党。在职大学学历。历任绍兴县夏履乡团委书记、党委组织委员，钱清区委宣传委员，钱清镇副镇长、党委委员，柯岩街道党工委委员、办事处副主任、党工委副书记，湖塘街道党工委副书记，安昌镇人大主席，绍兴市柯桥区人大常委会柯桥街道工作委员会主任。2017年2月当选为绍兴市柯桥区第一届人大常委会委员。

俞　丰

俞　丰 男，1979年9月出生，2001年6月加入中国共产党。大学学历。历任绍兴县安昌镇经发办干部、副主任，绍兴县委组织部干部三科干部、干部三科副科长、干部一科副科长、干部一科副科长兼县委组织员办公室主任、干部一科科长，绍兴市柯桥区委组织部部务会议成员（副局级）、干部一科科长、副部长。2017年2月当选为绍兴市柯桥区第一届人大常委会委员。

顾洁萍

顾洁萍 女，1974年11月出生，1995年12月加入中国共产党。硕士研究生学历。历任浙江大学工程管理专业硕士生，浙江省租赁公司工作区域经理，浙江华港染织集团有限公司董事长、总经理，浙江朗莎尔维迪制衣有限公司董事长。2017年2月当选为绍兴市柯桥区第一届人大常委会委员。

钱兔根

钱兔根 男，1963年10月出生，1989年9月加入中国共产党。在职大学学历。历任绍兴县中级人民法院法警、书记员，绍兴市中级人民法院助理审判员、审判员、刑事审判庭副庭长，绍兴县人民法院党委委员、副院长，县（后为绍兴市柯桥区）纪委副书记，区人大常委会党组织成员（后转为机关党组成员）、法制工作委员会（后改为法制和内务司法工作委员会）主任。2017年2月当选为绍兴市柯桥区第一届人大常委会委员。

倪华丰 男，1974年9月出生，2001年3月加入中国共产党。大学学历。历任绍兴县财政（地税）局干部、办公室副主任，县政府办公室综合科副科长，县人大常委会办公室调研科副科长、综合科科长，县（后为绍兴市柯桥区）人大常委会办公室副主任，区人大常委会代表工作委员会副主任。2017 年 2 月当选为绍兴市柯桥区第一届人大常委会委员。

徐国娣　女，1964 年 11 月出生，1984 年 12 月加入中国共产党。在职大学学历。历任绍兴县新甸乡“五七”中学教师，新甸乡妇联主任、党委组织委员，夏履镇党委副书记、镇长、党委书记、人大主席，绍兴县物价局局长、党组书记，县粮食局局长、县发展计划局（粮食局）党工委副书记，县粮食局党工委书记、局长，县（后改为绍兴市柯桥区）人口和计划生育局党组书记、局长，区机构编制委员会办公室主任兼区委组织部副部长，区人大常委会党组成员（后转为机关党组成员）、教科文卫工作委员会主任。2017 年 2 月当选为绍兴市柯桥区第一届人大常委会委员。

徐智煊　男，1972 年 10 月出生，1998 年 12 月加入中国共产党。在职大学学历。历任绍兴县安昌镇工贸办干部、统计办副主任、财统办副主任、党委委员，福全镇人大副主席，绍兴县人大常委会城建环保工作委员会主任助理，县（后改为绍兴市柯桥区）人大常委会城建环保工作委员会副主任，区人大常委会党组成员（后转为机关党组成员）、城建环保工作委员会主任。2017 年 2 月当选为绍兴市柯桥区第一届人大常委会委员。

高青泉　男，1963 年 1 月出生，1985 年 10 月加入中国共产党。在职大学学历。历任绍兴县公安局齐贤派出所民警、柯桥派出所副所长、治安科副科长、科长、钱清派出所所长，柯桥镇党委副书记，柯桥街道党委副书记、办事处主任，柯桥街道党委副书记、办事处主任兼绍兴县中国轻纺城建设管理委员会党工委副书记、副主任，柯桥街道党工委书记、党工委书记兼绍兴县柯桥中心城建设管理委员会办公室党工委副书记，绍兴县环保局党工委书记、局长，县委县政府（后为绍兴市柯桥区委区政府）农业和农村工作办公室主任兼县（区）委办公室副主任，区人大常委会党组成员（后转为机关党组成员）、农村经济工作委

倪华丰

徐国娣

徐智煊

高青泉

员会主任。2017 年 2 月当选为绍兴市柯桥区第一届人大常委会委员。

第三节　区人民代表大会专门委员会成员

第一届人民代表大会法制（内务司法）委员会

钱兔根　情况同上。2017 年 2 月，绍兴市柯桥区第一届人民代表大会第一次会议表决通过其为区第一届人民代表大会法制（内务司法）委员会主任委员。

濮建明

濮建明　男，1968 年 10 月出生，1988 年 10 月加入中国共产党，在职大学学历。历任绍兴县越北区新二乡政府、越北区公所、马鞍镇政府干部，县人民检察院书记员、助理检察员、检察员，县委办公室干部、办公会议成员（副局级）、副主任，县人民法院纪委书记、副院长、审判委员会委员、审判员，绍兴市柯桥区委政法委员会副书记（主持工作）。2017 年 2 月绍兴市柯桥区第一届人民代表大会第一次会议表决通过其为区第一届人民代表大会法制（内务司法）委员会副主任委员。

吴海胜

吴海胜　男，1973 年 8 月出生，1994 年 10 月加入中国共产党。在职大学学历。历任绍兴县人民检察院办公室主任，县政府驻杭州办事处副主任，齐贤镇挂职党委副书记，县机关事务管理局党组副书记、副局长，县机关党工委副书记，县政府（后为绍兴市柯桥区政府）办公室副主任，区行政服务中心（区公共资源交易管委办）党工委副书记、副主任，区行政审批局（筹）党工委副书记、副局长。2017 年 2 月，绍兴市柯桥区第一届人民代表大会第一次会议表决通过其为区第一届人民代表大会法制（内务司法）委员会副主任委员。

王国兴

王国兴　男，1968 年 10 月出生，1994 年 3 月加入中国共产党，在职大学学历。历任绍兴县公安局越北派出所民警、皋埠派出所民警、科员、预审科科员，县公安局柯桥分局警长，县公安局法制科副科长、孙端派出所教导员、法制科科长、警务督察大队大队长、政治处副主任，绍兴市柯桥区公安分局政治处副主任。2017 年 2 月,绍兴市柯桥区第一届人民代表大会第一次会议表决通过其为区第一届人民代表大会法制(内务司法)委员会委员。

沈祥星

沈祥星 男,1959 年 8 月出生,1982 年 2 月加入中国共产党。硕士学历。历任夏履乡副乡长、乡长,杨汛桥乡党委书记,浙江中国轻纺城集团股份有限公司副董事长,浙江轻纺城集团发展有限公司党委书记、董事长。2017 年 2 月,绍兴市柯桥区第一届人民代表大会第一次会议表决通过其为区第一届人民代表大会法制(内务司法)委员会委员。

郭奇斌

郭奇斌 男,1978 年 12 月出生,2010 年 6 月加入中国民主建国会,大学学历,获北京大学法学学士学位。历任绍兴市公证处公证人员,浙江大公律师事务律师,浙江永大律师事务所非诉部副主任,浙江德顺律师事务所副主任,浙江省律协涉外海商事专委会委员,绍兴市律师协会第七届理事会理事,绍兴律协知识产权与涉外专委会副主任,中国民主建国会绍兴市委员会委员,民建绍兴市直财贸金融二支部主委,中国轻纺城新的社会阶层人士联谊会理事,中国政法大学浙江在职研究生校友会副会长。2017 年 2 月,绍兴市柯桥区第一届人民代表大会第一次会议表决通过其为区第一届人民代表大会法制(内务司法)委员会委员。

濮黎明

濮黎明 男,1966 年 6 月出生,1994 年 6 月加入中国共产党。大专学历。历任浙江亚太布厂副总裁,浙江绍兴昕纺织有限公司董事长、总经理,浙江四海氨纶纤维有限公司董事长。2017 年 2 月,绍兴市柯桥区第一届人民代表大会第一次会议表决通过其为区第一届人民代表大会法制(内务司法)委员会委员。

第一届人民代表大会财政经济委员会

宋金木 情况同上。2017 年 2 月,绍兴市柯桥区第一届人民代表大会第一次会议表决通过其为区第一届人民代表大会财政经济委员会主任委员。

王良红 男,1966 年 10 月出生,1988 年 7 月加入中国共产党。在职大学学历。历任福建省泉州军分区参谋、干事，福建省泉州市丰泽区人武部科长，福建省泉州市国防动员委员会综合办专职副主任，绍兴县委统战部副部长（期间挂职绍兴县马鞍镇党委副书记），县建筑业（房地产）管理局党工委副书记、纪工委书记，绍兴县支援青川县凉水镇灾后恢复重建指挥部指挥长、党组书记（正局职）兼县发展和改革局副局长，县粮食局局长、党工委书记，绍兴市柯桥区民政局副局长、党工委副书记（正局长级），区委统战部副部长，区政府侨务办公室主任，区归国华侨联合会主席。2017 年 2 月，绍兴市柯桥区第一届人民代表大会第一次会议表决通过其为区第一届人民代表大会财政经济委员会副主任委员。

王良红

赵忆怀　男，1964 年 6 月出生，1987 年 11 月加入中国共产党。大学学历。历任绍兴县财税局综合计划科副科长，柯桥经济开发区管委会计财处副处长、处长，绍兴县城市建设投资公司副总经理、建设局党工委委员，绍兴县招投标市场管委会副主任，绍兴县投资服务办党组书记、副主任，绍兴县（后为绍兴市柯桥区）财政局副局长、党工委副书记。2017 年 2 月，绍兴市柯桥区第一届人民代表大会第一次会议表决通过其为区第一届人民代表大会财政经济委员会副主任委员。

赵忆怀

张勤良　男，1962 年 1 月出生，1989 年 6 月加入中国共产党。工商管理硕士学位。历任绍兴县建筑营造公司副总经理，浙江勤业建工集团有限公司总经理，浙江勤业建工集团有限公司董事长、常委书记。2017 年 2 月，绍兴市柯桥区第一届人民代表大会第一次会议表决通过其为区第一届人民代表大会财政经济委员会委员。

张勤良

钱木水　男，1962 年 7 月出生，1995 年 1 月加入中国共产党。大专学历。历任政协柯桥区十一届委员，浙江华通医药股份有限公司董事长、总经理，浙江省非物质文化遗产保护协会第一届传统医药专业委员会副秘书长、浙江省医药学会中药分会委员、浙江省医药行业协会副会长，绍兴市医药行业协会副

钱木水

会长。2017 年 2 月,绍兴市柯桥区第一届人民代表大会第一次会议表决通过其为区第一届人民代表大会财政经济委员会委员。

徐海青

徐海青　男,1975 年 10 月出生,无党派人士,大专学历。历任绍兴县轻纺城城市信用社柜员、信贷员、信贷科长,绍兴柯桥人利纺织服装有限公司总经理,兼任绍兴柯桥区文联副主席。2017 年 2 月,绍兴市柯桥区第一届人民代表大会第一次会议表决通过其为区第一届人民代表大会财政经济委员会委员。

殷阿四

殷阿四　男,1963 年 5 月出生,2010 年 1 月加入中国民主建国会。高中学历。历任绍兴县胜利乡中心学校教师,漓渚区亚麻厂厂办主任,绍兴鹰翔针织厂厂长,浙江五洋印染有限公司分厂厂长,绍兴鹰翔染整有限公司总经理。2017 年 2 月,绍兴市柯桥区第一届人民代表大会第一次会议表决通过其为区第一届人民代表大会财政经济委员会主任委员。

第四编

县（区）人民代表大会常务委员会履职

地方组织法第四十四条规定了县级以上的地方各级人民代表大会常务委员会行使14项职权，一般将其归纳为地方立法权、重大事项决定权、监督权、人事任免权四个方面。县（区）人大常委会紧扣地方改革发展稳定大局，以推进民主法治为主要任务，坚持民主集中制原则，集体决策，集体行使权力。在2007年2月至2017年2月10年间，共举行81次常委会会议，讨论决定本行政区域内的重大事项83项，通过常委会工作规则、办法等9件；依法听取和审议专项工作报告83个，每年听取和审议国民经济和社会发展计划、预算的执行情况报告、审计工作报告，审查和批准决算，视情开展专题询问；依法任免本级国家机关工作人员870人次，补选上级人大代表5人次。同时，密切联系代表和人民群众，加强和改进代表工作，督办代表议案和建议、批评意见，指导镇（街道）人大工作的开展，还多次组织调查研究，形成书面调查报告58份，由人大常委会组成人员和人大代表、人大工作者撰写的理论探讨和代表论坛文章达412篇。常委会工作的开展，促进了本行政区域内经济的发展、改革的深化、社会的安定。

第一章　常委会各类会议

县(区)人大常委会举办的会议类型主要有常委会会议、主任会议、联席会议和专题会议,其中常委会会议和主任会议属于法定会议。2007 年 2 月至 2017 年 2 月,县(区)人大常委会共举行常委会会议 81 次、主任会议 127 次,还召开专题会议 37 次(其中 10 次是与"一府两院"的联席会议)。

2007 年 2 月至 2017 年 2 月县(区)人大常委会各类会议概况表

表 4-1-1　　　　单位:次

届次	县第十三届人大常委会			县(区)第十四届人大常委会			区第一届人大常委会		
会议类型	常委会会议	主任会议	专题会议("一府两院"联席会议)	常委会会议	主任会议	专题会议("一府两院"联席会议)	常委会会议	主任会议	专题会议
次数	38	61	20	42	65	17	1	1	续

第一节　常委会会议

一、县第十三届人大常委会会议

第一次会议　2007 年 2 月 28 日举行,主任、副主任和委员共 26 人出席会议。市委常委、县委书记徐焕明到会并讲话。主任徐林土、副主任章生建分别主持会议。

会议听取市委常委、县委书记徐焕明的讲话;原则通过县人大常委会 2007 年工作要点；通过县人大常委会组成人员分工方案；通过县十三届人大常委会代表资格审查委员会名单；同意何兴荣辞去县十三届人大代表职务；根据县人大常委会主任会议的提请，表决通过了有关人事任免事项；主任徐林土就新一届县人大常委会履行好自己的职责作了讲话。

第二次会议 2007 年 4 月 9 日举行，主任、副主任和委员共 25 人出席会议。县长冯建荣列席会议。主任徐林土、副主任平水龙分别主持会议。

会议根据县长冯建荣的提请，决定任命 2 位副县长，并依照地方组织法的有关规定，对新一届政府工作部门 26 位局长（主任）进行重新任命；根据县人大常委会主任会议、县人民法院院长周剑敏和县人民检察长王荣彪的提请，表决通过了有关人事任免事项。

第三次会议 2007 年 5 月 21 日举行，主任、副主任和委员共 24 人出席会议。县长冯建荣列席会议。主任徐林土、副主任施平平分别主持会议。

会议听取和审议县卫生局局长王秋珍受县政府委托所作的《关于职业病防治法贯彻执行情况和新型农村合作社医疗实施情况的报告》。常委会组成人员肯定县政府在《中华人民共和国职业病防治法》贯彻和新型农村合作医疗工作中，加大资金投入，积极主动推进，为全县经济社会的科学发展、和谐发展作出贡献，提出要加大重点增强各级领导干部、企业经营者和行政执法人员的法治观念，引导广大职工提高自我保护意识和依法维权意识，依法制定和完善职业病防治规划等工作建议。

根据县长冯建荣和县人民法院院长周剑敏的提请，表决通过了有关人事任免事项。

第四次会议 2007 年 7 月 24 日举行，主任、副主任和委员共 23 人出席会议。县长冯建荣列席会议。主任徐林土、副主任余茂法分别主持会议。

会议听取和审议县财政局局长宋天平受县人民政府委托所作的《关于绍兴县 2006 年财政总决算的报告》《关于绍兴县 2006 年 1—6 月财政预算执行情况的报告》，县审计局受县人民政府委托所作的《关于 2006 年度县级预算执行和其它财政收支的审计工作报告》，审议通过《绍兴县人大常委会关于批准 2006 年县财政决算的决议》。常委会组成人员肯定县政府及其职能部门克服国家宏观调控、生产要素制约越来越大带来的税收困难，确保了财政收入可持续增长，同时优化财政支出结构，提高对社会公共事业的保障程度，还加强对镇（街）债务化解的监督管理，推进财政绩效评价工作，同时提出要着力建立财政收入增长的新机制，依法保障重点支出，努力提高低收入群体生活质量，确保全年的财政预算完成等工作建议。

会议听取和审议县发展和改革局局长邢玉清受县人民政府委托所作的《关于绍兴县 2007 年国民经济和社会发展计划半年执行情况和下半年工作建议的报告》。常委会组成人员肯定上半年县政府及各部门按照县委“坚持经济中心、推进率先发展”的总体要求，努力化解各种要素制约，按照集约发展、创新发展、和谐发展的思路，促进全年国民经济和社会发展各项目标任务的完成，提出要重点抓优化结构、科技创新和资源节约，以轻纺城升级为重要载体抓商贸产业发展，扎实推进教育文化建设，全面完成全年国民经济和社会发展各项目标任务等工作建议。

根据县人民法院院长周剑敏的提请，表决通过了有关人事任免事项。

第五次会议　2007 年 8 月 21 日举行，主任、副主任和委员共 22 人出席会议。主任徐林土、副主任于庆国分别主持会议。

会议听取和审议县建设局局长陈学军受县政府委托所作的《关于绍兴县县域总体规划修编情况的报告》，审议通过《绍兴县人大常委会关于绍兴县县域总体规划(2007—2020)的决议》。常委会组成人员肯定新修编的县域总体规划突出统筹发展的理念，县域空间总体布局更趋合理，资源配置更加科学，规划理念符合发展前景，提出要将“县域水系规划”作为总体规划内容加以补充，按县域总体规划要求，把我县建设成为经济发达、资源集约、城乡一体、环境友好、特色明显的长三角发达地区等工作建议。

会议听取县人大常委会教科文卫工委主任刘越英所作的《关于要求将兰花定为绍兴县“敬师花”的方案》的情况说明。常委会组成人员认为，兰花长青幽香，高洁素淡，是人

2007 年 9 月 8 日，中共绍兴市委常委、绍兴县委书记徐焕明(左)向全国优秀教师周雪峰献“敬师花”(人大办提供)

民教师教书育人、乐于奉献的象征，将兰花定为我县“敬师花”是对广大教师崇高师德的肯定。会议作出了关于将兰花定为绍兴县“敬师花”的决定。

第六次会议 2007年9月20日举行，主任、副主任和委员共20人出席会议。主任徐林土、副主任章生建分别主持会议。

会议听取和审议副县长陈吉安代表县人民政府所作的《关于全县“新时期治水工程”建设情况的报告》。常委会组成人员肯定县政府及其职能部门以改善水质为目标和核心，制定治水规划，落实监管措施，完善考核办法，强化督查考核，积极开展整治，部分地区水质状况有所好转，水污染反弹现象得到遏制，全县水环境基本保持稳定，同时提出要用大禹治水精神做好新时期治水工程，做到动真碰硬、锲而不舍，坚定不移地推进治水工程建设。

会议听取和审议县人民政府副县长陈吉安所作的《关于县十三届人大一次会议代表建议办理情况的报告》。常委会组成人员指出县十三届人大一次会议上代表提出的208件建议，涉及面广并触及深层次问题，办理难度较大，但县政府和各承办单位扎实工作，认真办理，所有建议全部答复完毕，不少办出了实效，同时提出要加强建议办理的领导力量和办事力量，从改进作风、改进方式入手狠抓办事效果，拓宽代表知政渠道，加强代表建议业务知识辅导等工作建议。

根据县人民法院院长周剑敏的提请，表决通过了有关人事免职事项。

第七次会议 2007年11月29日举行，主任、副主任和委员共27人出席会议。主任徐林土、副主任平水龙分别主持会议。

会议听取和审议县人民法院院长周剑敏所作的《关于执行工作报告》，作出《关于进一步加强人民法院执行工作的决议》。常委会组成人员肯定县人民法院重视营造执行环境，依法规范执行工作，加强队伍建设，执行工作呈现良性发展的势头，提出要加强执行业务研讨和制度建设，提升干部素质，提高执行工作水平等工作建议。

听取县人民检察院检察长王荣彪所作的《关于开展职务犯罪预防工作的报告》，作出《关于加强预防职务犯罪工作的决议》。常委会组成人员肯定县人民检察院积极探索预防职务犯罪的有效途径，加强宣传教育，深化预防措施，取得了一定成效，提出要切实加强检察干部队伍建设，增加投入、健全组织、加强培训，提高预防职务犯罪的能力和水平等工作建议。根据县长冯建荣、县人民法院院长周剑敏、县人民检察院检察长王荣彪提请，表决通过了有关人事任免事项。

第八次会议 2008年1月23日举行，主任、副主任和委员共25人出席会议。主任徐林土、副主任施平平分别主持会议。

会议听取县人大常委会办公室主任刘斌所作的《县十三届人大二次会议筹备工作情况的报告》,作出《绍兴县人民代表大会常务委员会关于召开绍兴县第十三届人民代表大会第二次会议的决定》,决定绍兴县第十三届人民代表大会第二次会议于 2008 年 2 月 26 日在柯桥召开。

会议审议并原则通过县十三届人大二次会议主席团和秘书长等建议名单,原则通过了大会列席人员名单;审议并原则通过《绍兴县人民代表大会常务委员会工作报告》,县人大常委会 2008 年工作要点和监督工作计划。

常委会主任徐林土就认真贯彻县委十二届四次全体(扩大)会议精神、做好 2008 年人大工作和如何开好县十三届人大二次会议作了讲话。

第九次会议　2008 年 3 月 25 日举行,主任、副主任和委员共 22 人出席会议。副主任章生建、于庆国分别主持会议。

会议听取和审议副县长张荣社代表县人民政府所作的《关于贯彻实施〈中华人民共和国人口与计划生育法〉的情况报告》。常委会组成人员肯定近三年来,县政府及职能部门在贯彻实施人口和计划生育“一法一条例”中,不断提高人口和计划生育依法行政、社会管理、公共服务水平,效果明显、百姓受益,提出要牢固树立人口安全观念,强化依法行政,研究解决“流动人口计划生育管理难”“落实长效管理措施难”“征收社会抚养费难”等重点问题,并与实施“六个所有”民生计划有机结合,营造和谐的人口环境等工作建议。

常委会主任徐林土就进一步抓好新形势下我县的人口与计划生育工作、贯彻落实县十三届人大二次会议精神和县人大常委会委员如何更好履职作了讲话。

根据县人民检察院检察长王荣彪的提请,表决通过了有关人事任职事项。

第十次会议　2008 年 5 月 22 日举行,主任、副主任和委员出席会议。县长冯建荣列席会议。主任徐林土、副主任余茂法分别主持会议。

会议听取和审议县公安局局长邢黎平受县政府委托所作的《关于绍兴县道路交通安全法律法规实施情况的报告》,县人大常委会副主任、执法检查组组长施平平所作的《关于检查道路交通安全法律法规实施情况的报告》。常委会组成人员肯定县政府及相关职能部门在贯彻实施《中华人民共和国道路交通安全法》及相关法律法规中,开展法制宣传教育,强化交通执法,取得连续三年实现道路交通事故“零增长”的好成绩,提出要以事故案例、道路交通安全法律法规为主要内容加强宣传教育,严肃查处酒后驾驶、超速、超载、违章行驶,完善重大交通事故应急救援体系,在学校、企业等人员相对较多、易发生交通事故的地段增设警示标志,强化公安干警和协管员队伍的教育培训等工作建议。

柯桥新城现代服务业快速崛起(孙胜利摄于2008年5月22日)

听取和审议副县长马芳妹代表县人民政府所作的《关于我县现代服务业发展的情况报告》。常委会组成人员肯定县政府发展现代服务业措施有力、责任明确，推进轻纺城“二次创业”开局良好，重点项目建设进程加快，商贸服务业稳步发展，同时提出要全面规划现代服务业的发展蓝图，规划中要突出水乡特色，正确处理好发展和保护生态之间的关系，致力于早日实现“创业在柯桥、居住在柯桥、休闲在柯桥”的目标等工作建议。

根据县长冯建荣、县人民法院院长周剑敏、县人民检察院院长王荣彪的提请，表决通过了有关人事任免事项。

第十一次会议 2008年7月22日举行，主任、副主任和委员共25人出席会议。主任徐林土、副主任章生建分别主持会议。

会议听取和审议县发改局局长邢玉清受县政府委托所作的《关于绍兴县“十一五”规划实施中期评估和2008年国民经济和社会发展计划上半年计划执行情况和下半年工作建议的报告》。常委会组成人员肯定“十一五”规划实施两年半以来，县政府及其职能部门围绕“保强创优、走在前列”目标，落实各项工作措施，各项预算指标完成情况良好，绝大多数约束性指标完成进度超前，“十一五”规划实施取得了阶段性成效，同时提出要优化服务质量，帮助企业渡过难关，推进“六个所有”民生计划全面实施，切实解决人民群众最关心、最直接、最现实的利益问题等工作建议。

听取和审议县财政局局长宋天平受县政府委托所作的《关于绍兴县2007年财政总决算和2008年上半年财政预算执行情况的报告》，县审计局受县政府委托所作的《关于2007年度县级预算执行和其他财政收支的审计工作报告》，审议通过《绍兴县人民代表大会常务委员会关于批准2007年县级财政决算的决议》。常委会组成人员肯定2007年和2008上半年的财政预算执行工作总体较好，收入保持稳定增长，支出更加科学合理，财政管理日益加强，审计工作到位、报告质量较好，同时提出要依法加强税收征管工作，推进财源建设,加强支出预算管理,大力节约行政开支,切实加大公共财政支出保证力度,继续深化财政管理体制改革,确保资金合理有效使用,认真整改审计查出的问题等工作建议。

根据县人民法院院长周剑敏的提请,表决通过了有关人事任命事项。

第十二次会议　2008年9月25日举行,主任、副主任和委员共25人出席会议,并首次邀请3名公民代表旁听会议。主任徐林土、副主任平水龙分别主持会议。

会议听取和审议副县长陈吉安代表县人民政府所作的《关于“131”行业龙头企业创建等10项重点工作和实事工程落实情况的报告》。常委会组成人员肯定县政府通过建立任务分解、督促检查、公开通报、考核奖惩等制度和将目标任务细化计划到月等措施,“131”行业龙头企业带动作用进一步发挥,“品牌大县”建设扎实推进,南部山区统筹发展政策进一步落实,“三网一制度”、孤儿救助、住房解困等10项重点工作和实事工程取得了明显成效,同时提出要做好重点工作和实事工程的组织引导,调整优化“131”行业龙头企业创建激励机制,加大山区扶持力度,鼓励农民因地制宜发展特色农业、特色旅游经济,加强小舜江源头保护,改善住房困难家庭居住条件,加快镇街公交站点建设和交通接轨杭州等工作建议。

听取和审议县人民政府办公室主任胡国炜受县人民政府委托所作的《关于县十三届人大二次会议代表建议办理情况的报告》。常委会组成人员肯定县政府高度重视代表建议办理工作,政府领导参与建议办理的联系、协调、督办,各承办单位认真负责、措施有力,县、镇(街)两级人大工作者与人大代表密切配合、跟踪督办,代表建议办理工作取得了明显成效,同时提出要在加强督办上下功夫,县政府领导、承办单位内部、两级人大工作者与领衔代表都要加强督办,尽最大限度解决代表建议中提出的问题。

听取县人大常委会办公室主任刘斌所作的《关于〈绍兴县人民代表大会常务委员会关于依法做好规范性文件备案审查工作的若干意见(草案)〉等三项工作规则的说明》,审议并表决通过《绍兴县人民代表大会常务委员会关于依法做好规范性文件备案审查工作的若干意见》《绍兴县人民代表大会常务委员会关于加强预算审查监督的若干意见》《绍兴县人民代表大会常务委员会关于提高常委会审议质量的若干意见》。

听取县人大常委会代表工委主任邵纪康所作的关于潘政权代表辞职请求的说明,经过表决,决定接受潘政权辞去县十三届人大代表职务。

根据县人民检察院检察长王荣彪的提请,表决通过了有关人事任命事项。

第十三次会议　2008年11月25日举行,主任、副主任和委员共23人出席会议。主任徐林土、副主任施平平分别主持会议。

会议听取和审议副县长马芳妹代表县人民政府所作的《关于我县“六个所有”民生计划实施情况的报告》。常委会组成人员肯定在实施“六个所有”民生计划中，县政府成立工作领导小组，明确责任，制定措施，领导小组各成员单位精心组织，狠抓落实，取得了明显成效，同时提出要调整有关政策，积极争取上级部门的支持，突出重点解决义务教育、学前教育中存在的问题，适当提高合作医疗报销比例、扩大报销范围，解决农村住房困难问题，加强小舜江、鉴湖水系源头保护，加强部门之间的协调沟通，有效整合资源、提高工作效率，使“六个所有”民生工作落到实处等工作建议。

听取和审议县发改局局长邢玉清受县人民政府委托所作的《关于建议调整2008年绍兴县生产总值指标的报告》、县财政局局长宋天平受县政府委托所作的《关于建议调整2008年县本级财政预算的报告》，分别作出关于批准调整2008年度生产总值指标的决定、关于批准调整2008年度部分财政预算的决定。

听取和审议副县长孟柏干代表县人民政府所作的《关于当前我县企业解困工作情况的报告》，作出关于进一步加强企业解困工作的决议。常委会组成人员肯定县政府面对国际金融风暴的影响，及时采取一系列积极有效的应对措施，着力帮助企业渡过难关，防止企业资金链断裂风险，帮扶重点企业重组，企业解困工作取得了阶段性成效，同时提出要坚定发展信心，加快转型升级，加强对企业的金融支持和财税支持，提高服务效能，增强全县广大干部群众战胜困难、走出困境的信心，规范企业、担保公司和经营者的经济行为，加强对民间借贷活动的管理和监督，积极稳妥地推进企业解困等工作建议。

听取轻纺城建管委主任周如生受县人民政府委托所作的《关于绍兴县中国轻纺城市场开发经营有限公司收购部分“轻纺城”股份的情况报告》。

听取县人大常委会办公室主任刘斌所作的《关于〈绍兴县人民代表大会常务委员会组成人员守则(修改草案)〉的说明》。经过审议，表决通过《绍兴县人民代表大会常务委员会组成人员守则》。

根据县人民法院院长周剑敏的提请，表决通过了有关人事任命事项。

第十四次会议 2009年1月12日举行，主任、副主任和委员共25人出席会议。主任徐林土、副主任于庆国分别主持会议。

会议听取和审议县人大常委会办公室主任刘斌所作的县十三届人大三次会议筹备工作情况的报告，作出《绍兴县人民代表大会常务委员会关于召开绍兴县第十三届人民代表大会第三次会议的决定》，决定绍兴县第十三届人民代表大会第三次会议于2009年2月18日在柯桥召开。

审议并原则通过县十三届人大三次会议主席团和秘书长等建议名单、大会列席人员名单,审议并原则通过《绍兴县人民代表大会常务委员会工作报告》、县人大常委会2009年工作要点,审议并通过县人大常委会代表资格审查委员会关于代表变动情况的报告。

听取和审议县人大常委会主任会议关于补选绍兴市第六届人大代表的议案,补选项家能为绍兴市第六届人民代表大会代表。

根据县长冯建荣的提请,表决通过了有关人事任免事项。

第十五次会议 2009年3月23日举行,主任、副主任和委员共22人出席会议。主任徐林土主持会议。

会议听取县人民检察院检察长王荣彪关于提请许可对县人大代表王柏泉采取强制措施的报告。会议经过表决,决定许可对王柏泉采取强制措施。

第十六次会议 2009年3月25日举行,主任、副主任和委员共25人出席会议。主任徐林土、副主任余茂法分别主持会议。

会议听取和审议副县长孙哲君代表县人民政府所作的《关于依法整治城乡违法违章建筑的报告》,审议通过《绍兴县人民代表大会常务委员会关于依法整治城乡违法违章建筑的决议》。常委会组成人员认为,由于多种原因,违法违章建筑问题时有发生,在全县范围内开展依法整治城乡违法违章建筑十分必要,指出依法整治城乡违法违章建筑是坚持依法治县、维护法律尊严的现实需要,是顺应群众意愿、维护群众利益的具体行动,是推进“三新”建设、促进城乡统筹发展的客观要求,要按照“县政府牵头、镇(街)主抓、村负主责”的要求,明确责任,形成共识,准确把握整治对象和目标任务,上下联动,齐抓共管,从源头上遏制违法违章建筑的发生。

县人大常委会领导视察平水镇违法违章建筑整治工作现场(人大办提供)

根据县人大常委会主任会议提请，表决通过了有关人事任免事项。

常委会主任徐林土就县人大常委会及机关开展深入学习实践科学发展观活动作了讲话。

第十七次会议 2009年5月25日举行，主任、副主任和委员共26人出席会议。主任徐林土、副主任章生建分别主持会议。

会议听取和审议县财政局受县政府委托所作的《关于贯彻实施会计法情况的报告》。常委会组成人员肯定县政府及职能部门自新会计法颁布实施以来积极贯彻实施，使会计基础工作逐年规范，会计工作秩序逐年好转，会计信息质量逐年提高，同时指出存在的对会计法认识有偏差、会计人员整体素质有待提高、会计监管有所弱化等问题，提出要加强会计法尤其加强对单位负责人的宣传教育，重视会计队伍力量和素质建设，引导和培育会计中介机构，加大会计监管特别是对民营企业财务监管的力度，配强监管队伍、提高监管人员素质，加大对做假账等违法行为的惩处力度等工作建议。

听取和审议副县长陈吉安代表县政府所作的《关于农业法及相关法律法规执行情况的报告》，以及县人大常委会副主任、执法检查组组长余茂法所作的关于农业法及相关法律法规执法检查情况的报告。常委会组成人员肯定在开展农业法及相关法律法规执法检查中，县政府及职能部门认真自查，各镇人大主席团（人大街道工委）组织代表检查，县人大常委会执法检查组全面开展检查，提出要进一步认识农业的政治、法制和民生意义，加快建立持续增长的农业投入长效机制，坚决执行最严格的耕地保护制度，健全完善农业社会化服务体系，坚持不懈地抓好低收入农户增收等工作建议。

根据县长冯建荣的提请，决定任命丁生产为县人民政府副县长。根据县人民法院院长周剑敏的提请，通过了人事任职事项。

第十八次会议 2009年7月8日举行，主任、副主任和委员共25人出席会议。代理县长孙云耀列席会议。主任徐林土、副主任平水龙分别主持会议。

会议听取和审议县发展和改革局局长邢玉清受县政府委托所作的《关于绍兴县2009年国民经济和社会发展计划上半年执行情况和下半年工作意见的报告》。常委会组成人员肯定上半年县政府及其职能部门积极应对国际金融危机带来的困难和挑战，大力推动经济转型发展、城乡统筹发展、社会和谐发展，全县国民经济和社会发展保持了总体平稳，提出要增强率先发展意识，加快转型升级，坚定不移实施好“六个所有”民生计划，进一步优化企业服务，落实好中央、省、市及我县出台的一系列保增长、扩内需、调结构的政策举措，强化对企业的金融、土地、人才等要素保障等工作建议。

听取和审议县财政局负责人王炳豪受县政府委托所作的《关于绍兴县2008年度财政总决算和2009年上半年财政预算执行情况的报告》,县审计局副局长王宝焕受县政府委托所作的《关于2008年度县级预算执行情况和其他财政收支的审计工作报告》,批准了2008年县级财政决算。常委会组成人员肯定2009年上半年的财政预算执行情况总体较好,成绩来之不易,审计工作严肃认真,审计重点突出、范围更广,同时提出要扩大有效投入,认真落实增值税转型政策,研究和出台财政支持经济发展的政策,优化支出结构、着力保障民生,加强对财政专项资金、政府性投资项目、国有企业及投融资机构的监管,提高财政资金使用绩效等工作建议。

听取和审议县人大常委会主任会议有关人事任职议案,进行了人事任职表决。决定任命孙云耀为县人民政府副县长,并决定孙云耀为县人民政府代理县长。

听取县人大常委会代表工委主任邵纪康所作的关于王柏泉代表辞职请求和代表资格审查委员会有关情况介绍。经过表决,决定接受王柏泉辞去县十三届人大代表职务。

根据代理县长孙云耀的提请,表决通过了有关人事免职事项。

第十九次会议　2009年9月25日举行,主任、副主任和委员共25人出席会议。主任徐林土、副主任施平平分别主持会议。

会议听取和审议县食品药品监督管理局局长李亚根受县政府委托所作的《关于我县食品安全整治工作情况的报告》。常委会组成人员肯定县政府及相关职能部门认真贯彻《中华人民共和国食品安全法》及相关法律法规,实行严格的全过程监控,组织开展专项整治,积极构建食品安全长效机制,工作成效明显,同时提出要落实政府负总责、相关职能部门各负其责、企业负第一责任的责任机制,监管要从重认证向重日常监督转变,围绕重点环节、重点区域、重点食品、重点时段加大执法监督力度,加快完善信息互通和预警、应急处置、投入保障等机制,强化资金、场所、设备、人员等保障,加强柯桥农贸市场的建设等工作建议。

听取和审议县建设局局长杨金法受县政府委托所作的《关于我县农村住房解困工作的报告》。常委会组成人员肯定近年来县政府及相关职能部门把农村住房解困工作作为重要的民生工程来抓,尤其是从2008年开始实施了"住有所居"工程,通过拆迁改造、住房救济、盘活土地、建农民公寓、移民下山等方式,多途径解决住房困难,改善了农民的住房条件,同时提出要从集约节约利用土地和农村发展总趋势出发,引导农民从单家独户建房向建农民公寓转变,增强相关政策的针对性、可行性和实效性,完善农村住房发展整体规划,保障住房解困所需的资金和土地,杜绝"豆腐渣"工程等工作建议。

听取和审议副县长孙哲君代表县政府所作的《关于县十三届人大三次会议代表建议办理情况的报告》。常委会组成人员肯定县政府及其相关部门自代表建议交办会以来落实责任，积极承办，使代表建议办理工作取得了明显成效，提出要加大督查力度，研究制定加强代表建议督办的实施意见，加强对代表提好建议的培训引导等工作建议。

听取和审议县人大常委会办公室主任刘斌所作的《关于设立县人大常委会农村经济工作委员会有关情况的报告》。常委会组成人员认为，设立县人大常委会农村经济工作委员会，是加强对“三农”工作监督和支持力度的需要，有利于完善人大机关内部工作机制，加强常委会自身建设，便于上下沟通联系和工作协调，既符合县情，又有法律依据。经过表决，同意设立县人大常委会农村经济工作委员会。

根据代理县长孙云耀和县人民法院院长周剑敏的提请，表决通过了有关人事任免事项。

第二十次会议 2009年11月16日举行，主任、副主任和委员共27人出席会议。代理县长孙云耀列席会议。主任徐林土、副主任于庆国分别主持会议。

会议听取并审议县法院《关于行政诉讼工作的情况报告》。常委会组成人员肯定近年来县法院坚持服务大局，积极保护行政相对人的诉权，依法办理行政案件，在促进全县经济发展和社会和谐，维护司法公平公正，促进行政机关依法行政等方面发挥的重要作用，提出要积极履行行政审判中的义务和职责，努力提高部门行政首长出庭应诉率，坚持服务大局的工作方向，严格依法办理行政审判案件，积极探索化解行政矛盾的方法途径，健全完善司法与行政良性互动机制，增强行政审判人员的政治觉悟和业务能力等工作建议。

听取并审议县检察院《关于诉讼活动监督工作的情况报告》。常委会组成人员肯定近年来县检察院重视队伍建设，创新工作机制，加强联系指导，形成工作合力，诉讼监督成效显著，提出要切实增强诉讼监督的责任感和主动性，突出诉讼监督重点，加强与法院、公安、刑罚执行机关、各行政执法机关的沟通联系，积极构建更加完善的诉讼监督机制，充实诉讼监督人员，加强办案人员教育培训等工作建议。

听取并审议县财政局受县政府委托所作的《关于调整2009年度县本级财政支出预算的报告》，作出关于同意调整2009年度县级财政支出预算的决定。常委会组成人员指出，2009年以来财税系统干部克服各种困难，依法征收、应收尽收，为全县经济社会的科学发展率先发展提供了财力保障，但全球金融危机和经济低迷的状况尚未根本改变，所产生的影响仍然在持续，完成年初既定的财政收入目标任务压力仍然很大，要继续挖潜增收，全力以赴确保完成2009年财政收入任务，同时认真编制2010年的财政预算计划，充分体现公共财政的要求,增强预算编制的科学性和合理性。

根据代理县长孙云耀、县人大常委会主任会议、县检察院检察长王荣彪的提请,表决通过了有关人事任免事项。

第二十一次会议 2010年1月6日举行,主任、副主任和委员共25人出席会议。主任徐林土、副主任余茂法分别主持会议。

会议表决通过关于召开县十三届人民代表大会第四次会议的决定,县十三届人大四次会议将于2010年2月1日在柯桥召开。

原则通过了县人大常委会工作报告、县人大常委会2010年工作要点;决定了县十三届人大四次会议列席人员名单;听取了县十三届人大四次会议主席团、秘书长等建议名单,同意依法提交县十三届人大四次会议;听取了关于代表出缺情况的报告。

根据代理县长孙云耀、县人大常委会主任会议的提请,表决通过了有关人事任命事项。

第二十二次会议 2010年2月3日举行,主任、副主任和委员共26人出席会议。主任徐林土主持会议。

会议根据县人大常委会主任会议议案,通过无记名投票方式,补选孙云耀为绍兴市第六届人民代表大会代表,并报绍兴市人大常委会代表资格审查委员会。

根据县长孙云耀的提请,决定免去陶关锋的县人民政府副县长职务,决定任命周树森、胡国炜为县人民政府副县长。

常委会主任徐林土就贯彻落实县十三届人大四次会议精神作讲话。

第二十三次会议 2010年3月25日举行,主任、副主任和委员共24人出席会议。主任徐林土、副主任章生建分别主持会议。

会议听取并审议副县长孟柏干代表县政府所作的《关于我县改善投资环境工作情况的报告》。常委会组成人员肯定近年来县政府坚持实施对外开放战略,多措并举加强投资环境建设,使全县重视招商的氛围基本形成,招商政策制度不断健全,投资要素切实得到保障,招商服务效能有较大提升,同时提出要坚持不懈地把招商引资工作列为政府“一把手”工程,进一步明确政策导向尤其是明确产业导向、发展规划和激励政策,强化要素保障,优化行政服务,减少办事环节,提高工作效率,全力营造良好的投资环境等工作建议。

根据县长孙云耀的提请,表决通过了副县长孙哲君的免职事项。

第二十四次会议 2010年5月25日举行,主任、副主任和委员共24人出席会议。主任徐林土、副主任施平平分别主持会议。

会议听取并审议副县长丁生产代表县政府所作的《关于我县水污染防治工作情况的报告》。常委会组成人员肯定近年来县政府及有关部门贯彻实施水污染防治法和《浙江省水污染防治条例》，采取污水“进管达标、处理提标”、新时期治水工程、清水河道工程、老小区集污管网改造等行动措施，严格水环境执法监管，推进环保基础设施建设和工业、生活、农业面源等水污染整治，水污染防治工作成效明显，同时提出要不断提高全社会的水污染防治法制意识和责任意识，突出重点加强对重点区域、重点行业、重点企业的监督检查，加强饮用水源头保护，落实责任强化考核，构建水污染防治长效机制等工作建议。

根据县长孙云耀、县人民法院院长周剑敏、县人民检察院检察长王荣彪的提请，表决通过了有关人事任免事项。

第二十五次会议 2010年7月6日举行，主任、副主任和委员共25人出席会议。县长孙云耀列席会议。主任徐林土、副主任章生建分别主持会议。

会议听取和审议县发展和改革局局长邢玉清受县政府委托所作的《关于绍兴县2010年国民经济和社会发展计划上半年执行情况和下半年工作意见的报告》。常委会组成人员肯定上半年县府及其职能部门紧紧围绕县十三届人大四次会议审议通过的国民经济和社会发展计划目标，开拓创新，扎实工作，各项经济指标完成情况良好，同时提出要以“转型升级攻坚年”活动为契机，狠抓产业的投入和转型，一手抓提升发展纺织产业，一手抓培育壮大优势产业和新兴产业，加快发展第三产业，加大招商引资力度，加速项目推进，推进印染产业集聚升级和节能减排任务完成等工作建议。

2010年7月1日，县人大常委会调研组在夏履镇专题调研纺织业转型升级典型企业（人大办提供）

听取和审议县财政局副局长王炳豪受县政府委托所作的《关于绍兴县2009年财政总决算和2010年上半年财政预算执行情况的报告》，批准2009年县级财政决算。常委会组成人员肯定上半年我县财政收入继续保持强劲增势，实现了财政总收入、地方财政收入时间过半、收入过半的目标,为经济社会发展提供了强大的财力保障,同时提出要发挥财政资金“四两拨千斤”作用,积极助推经济转型升级,着力保障法定支出和民生改善,加强国有投资公司监管,量力而行、尽力而为地推进政府性项目建设,防范和化解政府债务风险等工作建议。

听取和审议县审计局局长濮如松受县政府委托所作的《关于2009年度县级预算执行情况和其他财政收支的审计工作报告》。常委会组成人员肯定审计工作严肃认真,审计报告全面客观、大胆求实,提出县政府对审计出来的问题要督促相关部门认真整改,审计、监察等部门要跟踪监督落实,相关职能部门要自觉接受审计监督等建议。

根据县长孙云耀、县人民法院院长周剑敏、县人民检察院检察长王荣彪和县人大常委会主任会议的提请,表决通过了副县长蔡于革等的职务任免事项。

第二十六次会议　2010年9月2日举行,主任、副主任和委员共21人出席会议。主任徐林土主持会议。

会议审议冯光成提出的辞去绍兴市第六届人民代表大会代表职务的请求,听取县公安局副局长任宏亮所作的相关情况说明。经表决,决定同意冯光成辞去绍兴市第六届人民代表大会代表职务,报绍兴市人民代表大会常务委员会备案。

第二十七次会议　2010年9月6日举行,主任、副主任和委员共23人出席会议。主任徐林土、副主任余茂法分别主持会议。

会议听取和审议副县长胡国炜代表县政府所作的《关于执行县人大常委会依法整治城乡违法违章建筑决议的情况报告》。常委会组成人员肯定2009年县十三届人大常委会第十六次会议作出《关于依法整治城乡违法违章建筑的决议》以来,县政府及其相关职能部门、镇街、开发区按照“立即拆除一批、限期整治一批、规范完善一批”的要求,依法开展专项整治,违法违章建筑蔓延势头有所遏制,相关监督管理机制得到健全,同时提出要让广大干部群众充分认识违法违章建筑大量存在的严重危害,对该拆的尤其是顶风作案影响极坏的要坚决拆除,落实后续管理防止拆后再建,明确县、镇、村三级监管职责,实施对整治工作的考核,强化违法违章建筑信息报送工作,坚持以教育为主、“自拆”为主,认真研究解决农村住房困难问题、外来民工住宅问题等工作建议。

根据县人民法院院长周剑敏的提请和县人大常委会主任会议议案,表决通过了有关人事任免事项。任命孙浩为县人民法院审判员、审判委员会委员、副院长;决定接受周剑敏辞去县人民法院院长、审判委员会委员和审判员职务,并报绍兴县第十三届人民代表大会备案;决定孙浩为县人民法院代理院长。

第二十八次会议 2010年11月25日举行，主任、副主任和委员共20人出席会议。主任徐林土、副主任平水龙分别主持会议。

会议听取和审议副县长孟柏千代表县政府所作的《关于县十三届人大四次会议代表建议办理工作的情况报告》。常委会组成人员肯定县十三届人大四次会议以来，县政府及相关部门积极落实办理措施，加强沟通协调，注重办理实效，225件代表建议绝大部分如期办理答复给了代表，一些群众普遍关心的热点难点问题获得了解决，提出要以更加扎实的措施加强续办，坚决摒弃为办建议而办建议、就事论事的观念，真正使代表提出的问题得到有效解决，同时要引导代表提出更高质量的代表建议。

听取和审议县人大常委会代表资格审查委员会主任委员平水龙所作的《关于县十三届人大代表出缺和补选的情况报告》。常委会组成人员肯定这次补选工作准备充分，组织周密，取得了圆满成功，达到了组织、群众、社会各方"三满意"的效果，也为明年人大代表换届选举提供了经验。

听取和审议县人民法院副院长何熙彦受代理院长孙浩委托所作的《关于知识产权民事审判工作的情况报告》。常委会组成人员肯定近年来，县人民法院积极适应我县知识产权发展对司法保护的新需求，按照知识产权审判规律和特点，创新工作机制，规范知识产权市场秩序，有效维护知识产权审判双方当事人权益，为推动经济发展作出了贡献，同时提出要加强与公安、检察、工商、版权、专利、商务、科技、宣传等部门的沟通协作，形成知识产权保护整体合力，调整和充实知识产权法官队伍，打造一支专业化的知识产权审判队伍等工作建议。

听取和审议县人民检察院副检察长丁国梅受检察长王荣彪委托所作的《关于渎职侵权检察工作的情况报告》。常委会组成人员肯定近年来，县人民检察院围绕服务发展大局，坚持惩防并举，加大渎职侵权犯罪查办力度，安全办案、依法办案、文明办案，努力追求法律效果、社会效果、政治效果的有机统一，维护了社会公平正义，同时提出要坚持把渎职侵权检察工作放在服务全县工作的大局中加以谋划、推进和实施，重点查办影响科学发展、损害民生民利、危害公平正义、破坏和谐稳定的渎职侵权案件，加强与行政部门、行政监督部门的联系协调，健全自我监督和举报机制等工作建议。

听取和审议县财政局局长王炳豪受县政府委托所作的《关于调整2010年县本级财政预算的情况报告》，经过表决，同意调整方案。

根据县长孙云耀、县人大常委会主任会议的提请，表决通过了有关人事任免事项。

第二十九次会议 2010年12月15日举行，主任、副主任和委员共23人出席会议。

主任徐林土主持会议。

会议听取和审议盛苗根关于辞去绍兴县第十三届人民代表大会代表职务的报告，经过表决，同意其辞去县十三届人大代表职务。

根据县长孙云耀的议案，表决通过了有关人事任命事项，决定任命谢兴长为县人民政府副县长。

第三十次会议　2011 年 1 月 13 日举行，主任、副主任和委员共 26 人出席会议。主任徐林土、副主任章生建分别主持会议。

会议表决通过关于召开县十三届人民代表大会第五次会议的决定，决定县十三届人大五次会议于 2011 年 2 月 28 日在柯桥召开。

听取县政府关于机构改革和完善有关发展平台体制机制的情况报告；听取县十三届人大五次会议筹备工作情况报告；审议并原则通过了县人大常委会工作报告、县人大常委会 2011 年工作要点；听取和审议县十三届人大五次会议大会主席团、秘书长等建议名单，同意依法提交县十三届人大五次会议；决定了县十三届人大五次会议列席人员名单；听取关于代表变动情况的报告；根据县人大常委会主任会议的议案，补选王炳豪、朱关烈、徐爱华三人为绍兴市第六届人民代表大会代表。

根据县长孙云耀、县人大常委会主任会议的提请，表决通过了有关人事任免事项。常委会主任徐林土就开好县十三届人大五次会议作了讲话。

第三十一次会议　2011 年 3 月 24 日举行，主任、副主任和委员共 25 人出席会议。主任徐林土、副主任章生建分别主持会议。

会议听取和审议副县长孟柏千代表县政府所作的《关于我县印染产业集聚升级工作情况的报告》。常委会组成人员肯定印染产业集聚升级工程自 2010 年 6 月份实施以来，县政府及其相关职能部门出台实施意见及相关政策措施，集中签约了两批集聚搬迁印染企业，举行集聚区启动建设暨首批项目落户奠基仪式，统筹推进相关配套设施建设，工程实施已经有了一个良好的开端，指出了工程推进速度相对较慢，土地、资金等要素制约还比较大，一些基础性配套设施建设还需加快等存在的问题，提出要坚定目标不动摇，加大宣传和引导力度，把政府主导的集聚升级转变为企业的自觉行为，强化要素和服务保障，加快基础配套设施建设等工作建议。

根据县人民检察院检察长王荣彪的提请，表决通过了有关人事任免事项。

第三十二次会议　2011 年 5 月 25 日举行，主任、副主任和委员共 23 人出席会议。主任徐林土、副主任余茂法分别主持会议。

会议听取和审议副县长胡国炜代表县政府所作的《关于全县清水工程及城乡环境综合治理情况报告》，作出《关于加强城乡环境综合治理的决议》。常委会组成人员肯定县政府高度重视清水工程和城乡环境综合治理工作，出台政策意见，加大工作力度，清水工程全面启动，绿化造林进展顺利，农村环境整治力度加大，城市环境管理得到加强，同时提出要把它作为生态县建设、优化投资环境、城乡转型升级的重要工作来抓，重点抓好水质保护、垃圾管理、保护河道、整治违法违章建筑、环境绿化等工作，理顺体制并强化长效机制，坚决查处各种破坏环境的违法行为等工作建议。

听取和审议县人力资源和社会保障局副局长受县政府委托所作的《关于全县养老保险基金管理情况报告》。常委会组成人员肯定近年来，县政府及相关职能部门高度重视养老保险基金管理工作，已基本建立起人人享有保障的养老保险体系，养老保险基金“蛋糕”越做越大，管理上做到依法规范，同时提出要依法加强征缴，加大清欠力度，实行阳光操作，严格依法审查，扩大养老保险覆盖面，切实解决好历史遗留问题，增加社保工作人员编制，提升信息化水平等工作建议。

听取和审议县财政局局长王炳豪受县政府委托所作的《关于绍兴县 2011 年地方政府债券收支安排专项预算调整方案（草案）的报告》。原则同意该调整方案（草案）。

根据县长孙云耀、县人民法院院长孙浩、县人民检察院检察长王荣彪的提请，表决通过了孟柏千等有关人事任免事项。

第三十三次会议　2011 年 7 月 15 日举行，主任、副主任和委员共 25 人出席会议。主任徐林土、副主任章生建分别主持会议。

会议听取和审议县发展和改革局局长邢玉清受县政府委托所作的《关于绍兴县 2011 年国民经济和社会发展计划上半年执行情况和下半年工作意见的报告》。常委会组成人员肯定今年以来，县政府及相关职能部门继续围绕“突出转型升级，致力科学发展”工作主题，积极应对复杂形势和严峻挑战，全县经济发展良好，转型升级加快，城乡建设扎实推进，主要经济社会指标完成情况基本达到时间进度要求，同时提出要围绕“十二五”规划目标特别是县委提出的“力争主要经济指标增速达到全市平均以上”这一要求，加强经济运行研究分析，积极强化要素保障，千方百计加大有效投入，坚持不懈推进转型升级，尤其要加快推进印染产业的集聚升级，以人为本致力民生改善，确保实现“十二五”成功开局等工作建议。

听取和审议县财政局局长王炳豪受县政府委托所作的《关于绍兴县 2010 年财政总决算和 2011 年上半年财政预算执行情况的报告》，批准 2010 年县级财政决算。常委会组成人员肯定上半年我县财政收入保持了较快增长,财政总收入和地方财政收入在超额完成半年度计划的同时,增幅处于全市前列,财税的支持、引导、保障职能作用得到充分发挥,促进了经济社会转型升级,同时提出要确保实现全年财政收入目标,着力保障法定支出和民生改善,努力防范和化解政府债务风险等工作建议。

听取和审议县审计局局长濮如松受县政府委托所作的《关于2010年度县级预算执行情况和其他财政收支的审计工作报告》。常委会组成人员肯定审计工作报告内容全面丰富,反映问题客观真实,整改建议针对性强,是一个求真、客观、务实的报告,同时提出了县政府要督促相关部门认真整改审计中反映出来的问题,认真总结、归纳审计中发现的共性、苗头性和倾向性问题,积极采纳审计建议意见,完善相关制度和措施等工作建议。

听取和审议县司法局局长陈广见受县政府委托所作的《关于制定“六五”普法规划的情况报告》,作出了《关于进一步加强法制宣传教育的决议》。常委会组成人员肯定“五五”普法期间,县政府及其职能部门在法制宣传教育工作中组织领导有力,服务中心大局,重点普法对象明确,宣传载体形式多样,有力地推进了普法工作,同时提出要总结经验开展对“六五”普法工作规划,普法工作要更好地服务社会管理,落实普法工作组织、人员、经费等保障,内容上重点抓好宪法等法律的学习宣传,对象上重中之重突出领导干部和青少年,注重普治并举、学用结合等工作建议。

根据县长孙云耀的提请,表决通过了孙君的任职事项。

第三十四次会议 2011年9月15日举行,主任、副主任和委员共25人出席会议。主任徐林土、副主任施平平分别主持会议。

会议听取和审议县发展和改革局局长邢玉清受县政府委托所作的《关于我县战略性新兴产业发展情况的报告》。常委会组成人员肯定近年来,县政府在培育发展战略性新兴产业上组织领导有力,发展方向明确,注重规划引导和招商引资,加大政策激励和扶持力度,产业培育已经初具规模,指出了整个产业总量比重还偏小,产业层次还偏低,能带动整个行业的龙头企业缺少,总体创新能力不强等存在的问题,提出要抓好重点项目,引导企业创新,构筑人才高地,加强保障服务,确保每年新增工业用地都有较大比例用于战略性新兴产业项目建设,理顺培育发展工作机制等工作建议。

听取和审议县旅游局局长方优美受县政府委托所作的《关于我县加快旅游业发展情况的报告》。常委会组成人员肯定近年来,县政府坚持把旅游业作为优化产业结构、加快发展现代服务业、推进经济转型升级的重要载体来抓,旅游经济有新增长,旅游品牌有新提升,旅游项目有新突破,旅游产业得到长足发展,同时提出要高起点编制旅游规划,加快推进旅游项目建设，加大宣传营销力度，真正打响“稽山鉴水金柯桥”的旅游品牌等工作建议。

听取和审议县司法局局长陈广见受县政府委托所作的《关于我县贯彻实施人民调解法情况的报告》。常委会组成人员肯定自2011年1月1日人民调解法正式实施以来，县政府及相关职能部门加强人民调解法宣传教育，建立健全调解网络体系，强化调解队伍建设和经费保障，探索调解新领域，为社会和谐稳定筑起了“第一道防线”，同时提出要切实加强人民调解组织和队伍建设，针对新形势下社会矛盾纠纷的特点与规律，探索创新不同的人民调解方式和领域，注重人民调解与司法调解、行政调解、仲裁调解等的相互衔接，切实发挥它们在社会管理创新中的作用等工作建议。

听取县人大常委会人大换届选举试点小组关于钱清镇人大换届选举试点工作情况的报告，确定钱清镇县人大代表正式候选人名单。常委会组成人员肯定钱清镇人大换届选举试点工作，县镇两级党委、人大高度重视，试点工作组依法认真指导，镇选举委员会精心组织实施，选举工作已经取得阶段性成效，提出要坚持把握好三个原则，努力实现“三保一提高”，点面结合推进选举工作，进行全县换届选举工作的全面准备，确保全县换届选举工作有序推开、圆满成功。

根据县长孙云耀和县人大常委会主任会议的提请，表决通过了有关人事任免事项。

第三十五次会议　2011年11月9日举行，主任、副主任和委员共25人出席会议。主任徐林土、副主任平水龙分别主持会议。

会议听取和审议副县长马芳妹代表县政府所作的《关于代表建议办理工作情况的报告》。常委会组成人员肯定自今年代表建议交办会以来，县政府及相关部门单位切实增强办理责任，落实办理工作制度，拓展办理方式方法，加强与代表沟通协调，答复办理工作取得了明显成效，同时提出要加快办理进度，督促尚未完成答复办理的单位限期完成，提高办理实效，力求使办理程度再深一些、效果再好一些，实施办理公开，争取各方理解支持等工作建议。

听取和审议县人大常委会代表工委关于2011年县、镇两级人大换届选举的情况报告，作出县、镇两级人民代表大会换届选举有关事项的决定，关于设立绍兴县选举委员会的决定。常委会组成人员肯定前期我县县、镇两级人大换届选举工作已经做了大量工作，做到了调研深入、准备充分、试点成功、卓有成效，特别是试点工作，得到了省、市、县各级领导的充分肯定和高度评价，同时提出换届选举工作部署要细致周密，责任要全面落实，选举委员会要抓好业务培训，加强工作指导，将责任落实到选举工作的每一环节，保证实现“三保一提高”目标等工作建议。

听取和审议县财政局局长王炳豪受县政府委托所作的《关于调整2011年度县级财政预算的报告》,作出关于同意调整2011年度县级财政预算的决定。

根据县长孙云耀、县人大常委会主任会议、县法院院长孙浩的提请,表决通过了有关人事任免事项。

第三十六次会议　2011年11月21日举行,主任、副主任和委员共27人出席会议。主任徐林土主持会议。

会议听取和审议县长孙云耀、县人大常委会主任会议的有关人事任职议案。决定任命徐国龙为县人民政府副县长,接受孙云耀因工作调动辞去县人民政府县长职务,决定徐国龙为县人民政府代理县长。

第三十七次会议　2011年12月19日举行,主任、副主任和委员共22人出席会议。主任徐林土主持会议。

会议根据代理县长徐国龙、县检察院检察长王荣彪、县人大常委会主任会议的提请,表决通过了有关人事任免事项。

表决通过平水龙、陆兴法等提出的辞去县、镇选举委员会职务的请求。

第三十八次会议　2012年1月9日举行,主任、副主任和委员共24人出席会议。主任徐林土、副主任章生建分别主持会议。

会议作出关于召开县十四届人民代表大会第一次会议的决定,决定县十四届人大一次会议于2012年2月9日在柯桥召开。

听取和审议县十四届人大一次会议筹备工作情况报告,县十四届人大一次会议大会主席团、秘书长等建议名单;原则通过县人大常委会工作报告和常委会2012年工作要点;表决通过县十四届人大代表的代表资格审查情况报告,县十四届人大一次会议列席人员名单。常委会组成人员指出县十四届人大一次会议是贯彻县第十三次党代会精神,加快转型升级、推进科学发展的一次重要会议,是五年一次的换届会议,应当以强烈的责任感和使命感,精心准备好这次会议,责任要全面落实,工作要扎实细致,不允许有一丝一毫的差错,努力把这次会议开成民主的大会、团结的大会、务实的大会。

二、县(区)第十四届人大常委会会议

第一次会议　2012年3月8日举行,主任、副主任和委员共27人出席会议。主任吴晓主持会议。

会议听取和审议绍兴县第十四届人大常委会代表资格审查委员会组成人员名单(草案),举手表决通过该名单(草案)。

根据县长徐国龙、县人大常委会主任会议的提请,表决通过了有关人事任免事项。

第二次会议 2012 年 3 月 27 日举行,主任、副主任和委员共 24 人出席会议。主任吴晓、副主任于庆国分别主持会议。

会议听取和审议副县长祝静芝代表县政府所作的《关于我县文化发展工作情况的报告》。常委会组成人员肯定近年来,绍兴县文化发展工作强化组织领导,出台相关政策意见,加大财政投入力度,加强文化基础设施建设,完善公共文化服务功能,开展文化名品名家工程,加强文化遗产保护和利用,深化文化体制改革创新,积极扶持发展文化产业,引导开展文化强县创建,全县文化建设水平得到了明显提升,同时提出要着力打造文化民生,大力发展文化产业,强化文化人才保障,修编完善并落实好文化发展规划,实现文化产业投入扶持与财政收入同步增长,发挥好文化发展职能部门的作用等工作建议。

审议并原则通过《绍兴县人民代表大会常务委员会议事规则》《绍兴县人民代表大会常务委员会组成人员守则》《绍兴县人民代表大会常务委员会讨论决定重大事项的规定》《绍兴县人民代表大会常务委员会关于人事任免工作的暂行办法》《绍兴县人民代表大会常务委员会加强代表工作办法》5 项制度(修订草案)。

第三次会议 2012 年 5 月 25 日举行,主任、副主任和委员共 26 人出席会议。主任吴晓、副主任沈祖卫分别主持会议。

会议听取和审议县检察院检察长丁飞所作的《关于贯彻落实省人大常委会加强检察机关法律监督工作决定情况的报告》。常委会组成人员肯定自 2010 年 7 月省人大常委会作出《关于加强检察机关法律监督工作的决定》以来,县检察院深化干警学习教育,正确把握重点难点,依法认真开展监督,做到寓支持于监督之中,注重提高监督能力,维护公平正义,促进了公正司法,同时提出要深刻认识检察院的法律监督权是国家宪法所赋予的一种独立的国家权力,把解决人民群众反映强烈的执法不严、司法不公、司法腐败等问题作为加强和改进法律监督工作的切入点、着力点,积极培育引进法律监督优秀专业人才,健全完善与侦查机关、审判机关、司法行政机关和政府法制部门等的沟通协调机制等工作建议。

根据县长徐国龙、县人大常委会主任会议、县法院院长孙浩、县检察院检察长丁飞的提请,表决通过了有关人事任免事项。

第四次会议 2012 年 7 月 24 日举行,主任、副主任和委员共 27 人出席会议。主任吴晓、副主任濮如松分别主持会议。

会议听取和审议县发展和改革局局长王张泉受县政府委托所作的《关于绍兴县2012年国民经济和社会发展计划上半年执行情况和下半年工作意见的报告》。常委会组成人员肯定上半年县政府及各部门牢牢把握“稳中求进、积极有为”工作基调,齐心协力、攻坚克难,县域经济社会保持了平稳发展态势,主要经济社会发展指标基本达到进度要求,同时提出要继续围绕“突出转型升级、致力科学发展”工作主题,引导和支持企业专注实业、做强主业,继续优结构、促转型,坚持实施“工业强县”和“服务业兴县”战略,加快推进印染产业集聚工程,着力开展“创新引领、工贸分离、上市推进”三大行动,扎实推进县政府十方面重点实事工程等工作建议。

听取和审议县财政局局长喻光耀受县政府委托所作的《关于绍兴县2011年财政总决算和2012年上半年财政预算执行情况的报告》,批准2011年县级财政决算。常委会组成人员肯定上半年县政府及县财政部门面对复杂多变的宏观经济环境和财政运行的新情况、新变化,认真实施积极的财政政策,稳步推进财政改革,切实加强财政管理,全县财政预算执行情况总体良好,同时提出要继续抓好税收征管和节开支,落实好财政激励政策,保障法定支出和民生改善,加强和改进预算管理,完善预算编制方法,健全完善财政监督体系,加强政府投融资平台和政府性债务管理等工作建议。

听取和审议县审计局局长祁金凤受县政府委托所作的《关于2011年度县本级预算执行情况和其他财政收支的审计工作报告》。常委会组成人员肯定审计工作严肃认真,主动性、及时性和建设性进一步增强,审计报告全面客观、实事求是,同时提出要加强审计在政府处理经济事项中的建设性作用和在查证问题整改落实中的主导性作用,对审计发现的普遍性、倾向性问题要建立起长效防范机制,要适度公开审计成果等工作建议。

第五次会议 2012年9月14日举行,主任、副主任和委员共22人出席会议。主任吴晓、副主任濮如松分别主持会议。

会议听取和审议县经济和信息化局局长周如生受县政府委托所作的《关于我县工业强县建设工作的情况报告》。常委会组成人员肯定今年全省工业强省建设工作动员会议后,我县率先行动,在全省各县(市、区)中第一个召开工业强县建设动员大会,并迅速制定了关于加快建设工业强县的决定、实施意见和行动规划,提出了“六大重点工程”,配套出台扶持保障政策,被省政府列为首批试点县,取得了良好开局,同时提出了下阶段工业强县建设工作的“五个更好”建议,即要更好完善思路、更好把握重点、更好强化保障、更好形成合力、更好打造氛围。

第六次会议 2012年11月23日举行，主任、副主任和委员共24人出席会议。主任吴晓、副主任邢柏生分别主持会议。

会议听取和审议副县长丁生产代表县政府所作的《关于县十四届人大一次会议代表建议办理工作情况的报告》。常委会组成人员肯定今年的代表建议办理服务了经济平稳发展，助推了全县中心工作，解决了部分老大难问题，促进了民生继续改善，同时提出要始终把解决问题放在办理工作的首位，提升工作质量，真正办出成效，并做好延伸办理及后续服务，真正为人民群众解决实际问题。

听取和审议县人民法院院长孙浩所作的《关于商事审判工作情况的报告》。常委会组成人员肯定2009年以来，绍兴县商事审判工作立足审判化解涉企纠纷，攻坚克难服务经济转型升级，建言献策服务社会建设，为保障县域经济转型发展和社会和谐稳定作出了积极贡献，同时提出要进一步树立大局观念，进一步维护社会和谐，进一步强化审判管理，以及加强审判队伍建设，促进公正廉洁、阳光司法等工作建议。根据县长徐国龙、县人民法院院长孙浩、县人民检察院检察长丁飞的提请，表决通过了有关人事任免事项。

县（区）人大常委会常态化组织代表旁听法院庭审，这是2015年5月6日区人大常委会组织部分人大代表旁听法院庭审（人大办提供）

第七次会议 2013年1月21日举行，主任、副主任和委员共26人出席会议。主任吴晓、副主任魏阳林分别主持会议。

会议听取和审议县十四届人大二次会议筹备工作情况报告，县十四届人大二次会议大会主席团、秘书长等建议名单，原则通过县人大常委会工作报告、2013年工作要点、监督工作计划，表决通过县十四届人大二次会议列席人员名单。常委会组成人员肯定自十四届人大一次会议以来，县人大常委会做了大量务实有效的工作，对2013年工作的安排具有很强的指导性和可操作性，同时指出，县十四届人大二次会议是在全面贯彻落实党的十八大和县委十三届三次全会精神，更好推进人民当家作主重要时刻召开的一次大会，要进一步细化筹备工作方案，全力以赴做好各项工作，确保大会圆满成功。

听取和审议县规划局局长杨金法受县政府委托所作的《关于绍兴县城市总体规划研究及绍兴县城市开放空间系统（绿地、水）规划编制工作情况的报告》，作出了《关于加强绍兴县城市开放空间（绿地、水）保护的决议》。常委会组成人员肯定县城总体规划研究和城市开放空间系统规划编制对于改善人居环境、优化发展空间、提升城市品位具有重要意义，要求强化规划法制意识，规划一经通过必须严格执行，确保真正落地。

根据县人大常委会主任会议、县法院院长孙浩的提请，表决通过了有关人事任免事项。

第八次会议　2013年3月26日举行，主任、副主任和委员共26人出席会议。主任吴晓、副主任沈祖卫分别主持会议。

会议听取和审议县环保局局长章金尧受县政府委托所作的《关于省级生态县创建工作的情况报告》。常委会组成人员肯定近年来我县认真组织实施省级生态县创建工作，将环境保护融入城乡环境综合治理、美丽乡村建设、清水工程等工作中，进一步优化经济结构，狠抓节能减排，维护县域生态环境，省级生态县创建进展顺利，同时提出要扎实推进节能减排，加强水、气环境整治，严厉打击各种环境违法行为，加强生态县创建宣传，增强群众参与创建的自觉性，健全完善生态建设和保护长效机制等工作建议。

听取和审议县综治办主任金强受县综治委委托所作的《关于加强和创新社会管理工作的情况报告》，作出《关于进一步加强和创新我县社会管理工作的决议》。常委会组成人员肯定近年来，我县社会管理工作立足基层实际，服务发展民生，体制机制日趋完善，综合治理扎实推进，创新亮点不断涌现，成效较为显著，同时提出社会管理工作要始终把服务群众作为核心，把基层基础作为重点，把改革创新作为动力，健全群众诉求表达、情绪疏导、矛盾化解机制，形成“党委领导、政府负责、社会协同、公众参与、法治保障”的社会管理新格局。

根据县人大常委会主任会议议案，依法补选俞志宏为绍兴市第七届人民代表大会代表；根据县长徐国龙的提请，决定免去普布顿珠的县人民政府副县长职务，决定任命王伟为县人民政府副县长。

第九次会议　2013年5月28日举行，主任、副主任和委员共26人出席会议。主任吴晓、副主任于庆国分别主持会议。

会议听取和审议县食品药品监督管理局局长陈文荣受县政府委托所作的《关于我县食品药品安全工作情况的报告》，并开展专题询问。常委会组成人员肯定近年来，县政府及相关职能部门把食品药品安全监管作为实践科学发展观、维护群众健康和保障民生的重要工作，夯实监管基层基础，落实企业主体责任，打击违法违规行为，食品药品安全工作扎实有为，同时提出要坚持专项治理与日常监管、全程监管和综合监管相结合，建立健全食品药品安全行业诚信、安全标准、质量追溯、应急处置、信息公开等五大制度体系，加大投入保障，充实基层监管力量，鼓励媒体监督和公众监督等工作建议。

根据县长徐国龙、县人民法院院长孙浩、县人民检察院检察长丁飞的提请，表决通过了有关人事任免事项。

第十次会议 2013 年 7 月 22 日举行，主任、副主任和委员共 25 人出席会议。主任吴晓、副主任濮如松分别主持会议。

会议听取和审议县发展和改革局局长王张泉受县政府委托所作的《关于 2013 年国民经济和社会发展上半年计划执行情况和下半年工作意见与绍兴县“十二五”规划纲要中期评估情况的报告》。常委会组成人员肯定上半年县政府及各部门紧扣“突出转型升级，致力科学发展”工作主题，齐心协力、攻坚克难，解决了经济发展中碰到的许多问题，县域经济社会发展总体保持平稳，“十二五”规划纲要实施两年半以来，主要指标总体完成情况良好，经济转型升级势头向好，社会转型升级有序推进，各项规划任务扎实推进、进展顺利，同时提出要坚持创新驱动发展，促转型、优结构，深入实施好“工业强县”和“服务业兴县”两大战略，加大对民生工程的投入力度，坚持走生态立县之路，推进印染产业集聚升级工程、清水工程、平原绿化建设、蓝天行动，将规划目标与年度计划充分结合等工作建议。

听取和审议县财政局局长喻光耀受县政府委托所作的《关于绍兴县 2012 年财政总决算和 2013 年上半年财政预算执行情况的报告》，批准 2012 年县级财政决算。常委会组成人员肯定今年以来，县政府及财税部门努力克服种种困难，加快推进财源建设，全力组织财政收入，加强财政支出管理，着力助推经济发展和保障民生改善，深化各项改革，为经济社会持续健康快速发展提供了有力的财力保障，同时提出强化要素保障，优化行政服务，大力培育一批行业龙头企业和成长型中小企业，强化经济税源形势分析，增强税收征收的主动性、预见性和均衡性，重点保障好法定、民生改善等支出，严格控制压缩一般行政性支出，提高资金使用绩效等工作建议。

听取和审议县审计局局长祁金凤受县政府委托所作的《关于 2012 年度县本级预算执行情况和其他财政收支的审计工作报告》。常委会组成人员肯定县审计局工作认真细致，重点突出，提出的审计意见符合实际、切实可行，在维护财经秩序、加强廉政建设等方面有着重要作用，同时提出审计部门要发挥审计在公共财政支出中的监督作用、查证问题整改落实中的警示作用和政府重点工程建设中的推动作用，县政府要支持审计部门依法、独立、公正地开展审计工作，相关职能部门要自觉接受审计监督，对审计中反映出来的问题要分析原因,认真整改落实等工作建议。

听取和审议了县规划局局长杨金法受县政府委托所作的《关于绍兴县冢斜历史文化名村保护规划编制情况的报告》。常委会组成人员认为,冢斜历史文化名村,是绍兴县唯一的国家级历史文化名村,编制好名村保护规划,意义十分重大,要切实体现规划在冢斜村保护利用中的引领作用,将保护有形文物和无形文化结合起来,继承和发扬冢斜历史文化特色,分步实施规划项目,在加强硬件基础设施建设的同时,要努力挖掘和收集整理有价值的人文资料,进一步推动文化保护。

开发建设后的冢斜古村新貌(摄于 2016 年 11 月,人大办提供)

根据县长徐国龙的提请,表决通过了有关人事任命事项。

第十一次会议　2013 年 9 月 24 日举行,主任、副主任和委员共 24 人出席会议。主任吴晓、副主任魏阳林分别主持会议。

会议听取和审议副县长丁生产代表县政府所作的《关于推进工业强县建设和旅游业发展情况的报告》。常委会组成人员肯定自 2012 年绍兴县在全省率先试点实施工业强县建设以来,县政府加强组织领导和政策引导,着力推进六大工程和 20 项重点工作,积极培育新兴产业,实施重大创新项目,工作走在了全省、全市前列,旅游业发展围绕“建设旅游经济强县,打造休闲度假目的地”总体目标和“一核三区”的旅游发展总体布局,突出项目引进和开发建设,积极开拓旅游市场,旅游综合实力日益增强,同时提出要继续抓好旅游招商和项目建设,特别是抓好金沙·东方山水、齐贤旅游文化综合体、大香林二期等重点旅游项目,进一步修编完善旅游规划,着力培育旅游商品生产企业、流通企业和专业市场,加强旅游法宣传和旅游推介等工作建议。

根据县长徐国龙、县人大常委会主任会议、县法院院长孙浩、县检察院检察长丁飞的提请,表决通过了有关人事任免事项。

第十二次会议　2013 年 11 月 26 日举行,主任、副主任和委员共 26 人出席会议。主任吴晓、副主任邢柏生分别主持会议。

会议听取和审议副区长丁生产代表区政府所作的《关于代表建议办理情况的报告》。常委会组成人员指出2013年代表建议数量多，内容上更贴近民生和社会经济发展，建议总体质量较高，区政府及相关承办部门投入精力，办理务实，区人大常委会探索创新，加大督办力度，一些重点、难点问题得到较好解决，答复办理的质量和成效有新提升，同时提出要实措施解决实际问题，规范办理程序，紧抓后续办理，加强督查考核，兑现好承诺，注重交办时的对口准确和主、会办部门间的协调配合等工作建议。

听取和审议区人民法院院长孙浩所作的《关于刑事审判工作情况的报告》。常委会组成人员肯定近年来，区人民法院积极适应新修订的刑事诉讼法要求，不断创新审判工作机制，贯彻宽严相济刑事政策，努力提高审判质效，为全区经济社会发展和社会和谐稳定提供了有力的司法保障，同时提出要不断深化量刑规范化改革，坚持惩罚犯罪和保障人权并重，确保每一起刑事案件审判都经得起法律和历史的检验，狠抓思想政治、工作作风和业务能力建设，进一步合理调整、优化、充实刑事审判人员等工作建议。

听取和审议区人民检察院检察长丁飞所作的《关于查处和预防职务犯罪工作情况的报告》。常委会组成人员肯定近年来，区人民检察院积极发挥检察职能作用，加大职务犯罪查办和预防工作力度，促进了反腐倡廉建设，同时提出要突出重点、拓宽范围发挥好整体优势，完善查防一体机制，完善刑事司法与行政执法衔接机制，推进预防主体责任落实，突出重点行业、领域巡查预防，更好发挥检察建议作用，大力开展业务培训、岗位练兵和实践锻炼等工作建议。

听取和审议区财政局局长喻光耀受区政府委托所作的《关于调整2013年度区本级财政预算（草案）的报告》，同意并表决通过该调整方案。

听取和审议方慧琴委员关于请求辞去区人大常务委员会委员职务的报告，表决通过方慧琴辞去区人大常委会委员职务的请求。

根据区长徐国龙、区人大常委会主任会议、区法院院长孙浩、区检察院检察长丁飞的提请，表决通过了有关人事任免事项。

第十三次会议 2014年1月10日举行，主任、副主任和驻会委员共15人出席会议。主任吴晓主持会议。

会议听取和审议区公安局关于提请对区十四届人大代表唐耀军采取强制措施的报告。经出席会议的15名常委会组成人员一致同意，许可对唐耀军采取强制措施。

第十四次会议 2014年1月24日举行，主任、副主任和委员共25人出席会议。主任吴晓、副主任邢柏生分别主持会议。

会议听取和审议区十四届人大三次会议筹备工作情况报告，区十四届人大三次会议大会主席团、秘书长等建议名单，作出关于召开绍兴市柯桥区第十四届人民代表大会第三次会议的决定，原则通过区人大常委会工作报告、2014 年工作要点、监督工作计划，表决通过区十四届人大三次会议列席人员名单。常委会组成人员认为，区十四届人大三次会议是撤县建区后召开的第一次人大会议，必须切实增强政治感、使命感和责任感，落实责任、过细工作、严谨会风，节俭务实地做好各项筹备工作，确保大会胜利召开并圆满成功。

听取和审议张咸良、杨国良关于辞去区十四届人大代表职务的报告，作出了关于接受张咸良、杨国良请求辞去区第十四届人民代表大会代表职务的决定。

根据区长徐国龙的提请，表决通过有关人事任免事项。

第十五次会议　2014 年 2 月 21 日举行，主任、副主任和驻会委员共 17 人出席会议。主任吴晓主持会议。

会议听取和审议区人大常委会代表资格审查委员会关于绍兴市柯桥区第十四届人民代表大会代表变动情况的报告，决定同意该报告。

第十六次会议　2014 年 3 月 25 日举行，主任、副主任和委员共 25 人出席会议。主任吴晓、副主任葛美芳分别主持会议。

会议听取和审议区水利水电局局长徐阿幼受区政府委托所作的《关于开展以清水工程为主要内容的“五水共治”工作情况报告》，并开展专题询问。常委会组成人员肯定区政府自 2010 年开始实施清水工程以来，经过 4 年的实施，使干部群众的治水共识已基本形成，以“水质改善”为核心的治水机制不断完善，总体上全区河道水质与清水工程实施前比已有了有目共睹的改善，同时提出要及时协调解决治水进程中碰到的问题，健全项目质量监管机制和督查考核机制，强化财力、人力、物力等要素保障，增强全社会水环境保护意识，形成政府主导、行政推进、属地负

2014 年 8 月 8 日，区人大常委会领导跟踪监督“五水共治”工作（人大办提供）

责、群众参与的水体整治工作机制等工作建议。

听取和审议区政府关于绍兴市柯桥区与韩国全罗南道灵光郡建立友好城市关系的议案，作出同意绍兴市柯桥区与韩国全罗南道灵光郡建立友好城市关系的决定。

根据区长徐国龙、区人大常委会主任会议、区法院院长孙浩、区检察院检察长丁飞的提请，表决通过了有关人事任免事项。

第十七次会议 2014年4月29日举行，主任、副主任和委员共22人出席会议。主任吴晓主持会议。

会议听取和审议区人大常委会代表工委主任邵纪康代林建光所作的关于请求辞去柯桥区人大代表职务的报告，作出了接受林建光请求辞去区十四届人大代表职务的决定。

第十八次会议 2014年5月23日举行，主任、副主任和委员共25人出席会议。主任吴晓、副主任魏阳林分别主持会议。

会议听取和审议区环保局局长章金尧受区政府委托所作的《关于我区贯彻实施〈中华人民共和国大气污染防治法〉执行情况的报告》。常委会组成人员肯定近年来，区政府加强组织领导，出台政策措施，加大资金和人力、技术投入，特别是通过开展"蓝天行动"、实施印染产业集聚升级工程、强化环保监测和执法检查等措施，大气污染防治工作成效明显，同时提出要通过多渠道宣传发动，增强治理的主体意识，突出防治工作的系统性、长效性和专业性，做到系统谋划，突出治理重点，铁腕执法跟进，坚持"政府主导、企业主体"原则，健全完善体制机制，强化督查考核，推进整体联动等工作建议。

听取和审议区政府常务副区长丁生产代表区政府所作的《关于柯桥区十四届人大三次会议〈关于全面提升城镇水患防御能力议案的决议〉实施方案的报告》。常委会组成人员肯定区政府对决议执行高度重视，组织专题调研，科学制订方案，工作目标明确，任务重点突出，责任分解具体，措施扎实有效，是一个可行的方案。会议通过了该实施方案。

听取区人大常委会法工委主任赵建新所作的关于《绍兴市柯桥区人大常委会监督司法机关工作办法（试行）（草案）》的说明，审议并通过《绍兴市柯桥区人大常委会监督司法机关工作办法（试行）（草案）》。常委会组成人员指出，出台监督司法机关工作办法（试行）是监督支持司法机关依法行使职权、促进公正司法的一项新举措，也是推动司法监督制度化和规范化的新实践。

根据区长徐国龙、区人民法院院长孙浩的提请，表决通过了有关人事任免事项。

第十九次会议 2014年7月4日举行，主任、副主任和委员共25人出席会议。主任吴晓主持会议。

会议根据区长徐国龙的提请,经表决通过,决定任命何小华、王张泉为柯桥区人民政府副区长;决定免去刘晓清、叶骏的柯桥区人民政府副区长职务。

第二十次会议 2014 年 7 月 24 日举行,主任、副主任和委员共 24 人出席会议。主任吴晓、副主任濮如松分别主持会议。

会议听取和审议副区长、区发改局局长王张泉所作的《关于 2014 年柯桥区国民经济和社会发展计划上半年执行情况和下半年工作意见的报告》。常委会组成人员肯定在柯桥撤县设区开局之年的上半年,区政府积极应对严峻的宏观形势,以稳增长、促转型、推改革、抓创新、惠民生、优环境为着力点,加强经济运行监测分析,推进重大项目落地建设,加快“工业强区”和“服务业兴区”两大战略实施,全区经济发展态势总体平稳,同时提出要围绕“两美建设”、深化改革、“五水共治”、“三改一拆”、转型升级等重点和任务,集中精力、转变作风、优化服务、形成合力、攻坚克难抓好落实,加大民生投入,加快城乡统筹发展,重抓生态环境,维护社会和谐稳定等工作建议。

听取和审议区财政局局长喻光耀受区政府委托所作的《关于柯桥区 2013 年财政总决算和 2014 年上半年财政预算执行情况的报告》,批准 2013 年区级财政决算。常委会组成人员肯定区政府及财政部门积极应对困难与矛盾,加强财政收入组织,强化改革、发展和民生保障,提高资金使用绩效,有力促进了全区经济社会发展,同时提出要抓好税源引进和回归,加大对财政资金的整合力度,继续压缩“三公经费”支出,深化全口径预算编制和管理,加大预决算公开力度,加强政府债务预警监管等工作建议。

听取和审议区审计局局长祁金凤受区政府委托所作的《关于 2013 年度区本级预算执行情况和其他财政收支的审计工作报告》。常委会组成人员肯定审计工作报告内容全面丰富,反映问题客观实在,分析原因客观准确,整改建议针对性强,体现出审计监督的效益性、广泛性、规范性、公正性和权威性,同时提出要坚持查处问题与完善制度相结合,深入查找产生问题尤其是“屡审屡犯”问题的根源,对政府性投资项目要实现项目审计全覆盖,深化对财政预算执行、民生工程、环境治理项目等重点领域的审计等工作建议。

根据区人民检察院检察长丁飞的提请,表决通过了有关人事任命事项。

第二十一次会议 2014 年 8 月 11 日举行,主任、副主任和委员共 25 人出席会议。主任吴晓主持会议。

会议根据区长徐国龙的提请,经表决通过,决定任命钱勇军为柯桥区人民政府副区长。

会议听取和审议区公安局关于提请对区十四届人大代表金尧兴采取刑事强制措施的报告。经表决,决定许可对金尧兴代表采取刑事强制措施。

第二十二次会议 2014年9月5日举行，主任、副主任和委员共23人出席会议。主任吴晓、副主任沈祖卫分别主持会议。

会议听取和审议区法院院长孙浩所作的《关于〈中华人民共和国法官法〉贯彻执行情况的报告》和区检察院检察长丁飞所作的《关于〈中华人民共和国检察官法〉贯彻执行情况的报告》。常委会组成人员肯定区法院、区检察院能认真贯彻落实法官法、检察官法，把两部法律作为加强队伍建设、提升司法能力的重要法律依据来抓，努力克服案多人少等各种困难，较好地履行了各自的司法职责，同时提出要坚持从严治院，严格依法履职，强化职业保障，改善执法环境，增强社会各界的监督和支持意识，切实维护司法权威等工作建议。

听取和审议区人大常委会办公室主任李亚根所作的《关于增设柯桥区人大常委会研究室的情况报告》。经表决同意，决定增设柯桥区人大常委会研究室。

听取和审议区人大常委会代表工委主任邵纪康代陶国强所作的关于辞去柯桥区十四届人民代表大会代表职务的请求报告，经表决，决定接受陶国强辞去代表职务。

根据区长徐国龙、区人大常委会主任会议、区人民检察院检察长丁飞的提请，表决通过了有关人事任免事项。

第二十三次会议 2014年10月13日举行，主任、副主任和委员共26人出席会议。主任吴晓主持会议。

会议听取和审议区人民政府区长徐国龙、区人大常委会主任会议有关人事任职议案。决定任命阮建尧为绍兴市柯桥区人民政府副区长，接受徐国龙因工作变动辞去绍兴市柯桥区人民政府区长职务，决定阮建尧为绍兴市柯桥区人民政府代理区长。

第二十四次会议 2014年11月21日举行，主任、副主任和委员共26人出席会议。主任吴晓、副主任邢柏生分别主持会议。

会议听取和审议副区长王张泉代表区政府所作的《关于代表议案决议实施和建议办理工作情况报告》。常委会组成人员肯定自区十四届人大三次会议以来，区政府高度重视代表议案决议实施和建议办理工作，不断完善办理工作机制，积极加强与代表间的沟通联系，进一步提高了议案决议实施和建议办理工作质量，同时提出要解决好思想问题、成效问题，更加注重提高办理质量和成效，对近年来连续提出的代表建议要特别注意加强分析研究、寻求对策等工作建议。

听取和审议区经济和信息化局受区政府委托所作的《关于我区工业创新驱动工作情况的报告》。常委会组成人员肯定自去年区委作出《关于加快创新驱动推进强区建设的决定》以来，区政府及相关职能部门认真贯彻落实，优化服务保障，积极培育创新主体，打造创新平台,完善创新机制,营造创新环境,并鼓励引导企业提升创新能力,培育形成了一批创新型企业和创新项目,为工业强区战略实施和建设创新型经济强区打下了基础,同时提出要着力引导和完善以企业为主体的创新体系建设,切实加强企业创新要素服务保障,推动土地、资金、环境等资源要素向创意产业、创新企业集聚和倾斜,继续深化行政审批制度改革,深入实施人才强区战略等工作建议。

听取和审议区财政局局长喻光耀受区政府委托所作的《关于2014年地方政府债券收支安排专项预算调整方案(草案)的报告》,表决通过了该调整方案。

听取和审议区人大常委会关于《加强决议、决定和审议意见监督落实办法(草案)》和《关于行使监督职权情况向社会公开的办法(草案)》,表决通过了这两项工作制度。

根据代理区长阮建尧、区人大常委会主任会议、区人民法院院长孙浩的提请,表决通过了有关人事任免事项。

第二十五次会议 2014年12月19日举行,主任、副主任和委员共24人出席会议。主任吴晓、副主任邢柏生分别主持会议。

会议听取和审议区十四届人大四次会议筹备工作情况报告,区十四届人大四次会议大会主席团、秘书长等建议名单,作出关于召开绍兴市柯桥区第十四届人民代表大会第四次会议的决定,原则通过区人大常委会工作报告、2015年工作要点、监督工作计划,表决通过区十四届人大代表变动情况的报告、区十四届人大四次会议列席人员名单。常委会组成人员指出,区十四届人大四次会议是全面贯彻落实党的十八届四中全会精神,深入实施区委各项决策部署,凝聚各方力量,推动各项工作继续走在前列的一次大会,要全力以赴做好各项准备工作,抓好会风纪律,确保大会顺利召开。

听取和审议绍兴市柯桥区人民政府关于提议撤销谢兴长职务的议案,作出关于撤销谢兴长绍兴市柯桥区人民政府副区长职务的决定。

根据代理区长阮建尧、区人大常委会主任会议的提请,表决通过了有关人事任免事项。

第二十六次会议 2015年1月19日举行,主任、副主任和委员共23人出席会议。主任吴晓、副主任濮如松分别主持会议。

会议听取和审议区统计局局长朱志康受区政府委托所作的《关于我区〈中华人民共和国统计法〉贯彻执行情况的报告》。常委会组成人员肯定近年来区政府及相关职能部门认真贯彻执行统计法,坚持依法统计,不断加大统计普法和统计执法力度,加强统计业务和基础建设,狠抓统计方法制度改革和统计数据质量综合整治,统计工作水平得到全面提高,同时提出要积极发挥统计服务经济社会职能,提高统计数据的真实性,保障统计数据的公信力，严厉打击各类统计违法行为，提升统计人员综合素质，加大统计法宣传等工作建议。

根据区人民法院院长孙浩的提请，表决通过了有关人事任免事项。

第二十七次会议 2015 年 3 月 17 日举行，主任、副主任和委员共 26 人出席会议。主任吴晓、副主任沈祖卫分别主持会议。

会议听取和审议区发改局局长蒋国洪受区政府委托所作的《关于我区现代服务业发展情况的报告》。常委会组成人员肯定近年来实施“服务业兴区”战略，全区现代服务业总量规模持续扩大，已成为经济增长和结构调整的重要助推器，同时提出要把发展现代服务业摆在更加突出的位置，以推进轻纺城“三次创业”为龙头狠抓服务业项目建设，分类实施生产性、生活性、新兴服务业，加快城市人气集聚，出台专门扶持政策，注重规划引领、整合管理职能等工作建议。

2015 年 7 月 10 日，区人大常委会领导督查中国轻纺城中央商务区开发建设情况，视察中纺 CBD 建设工地现场（人大办提供）

听取和审议市国土局柯桥分局局长钱建明受区政府委托所作的《关于柯桥区土地利用总体规划（2006—2020 年）2014 年调整完善情况的报告》。常委会组成人员指出，土地利用总体规划调整是为了更好地适应我区经济社会发展的需要，方案一经上级批准后，必须严肃对待、严格执行，确保依法用地和土地资源可持续利用。

听取和审议区人大常委会财经工委主任宋金木所作的关于《绍兴市柯桥区人民代表大会常务委员会预算审查监督办法（草案）》的说明，通过了该办法（草案）。

听取和审议区人民检察院检察长丁飞所作的《关于监所检察工作情况的报告》。常委会组成人员肯定区人民检察院切实履行法律监督职责，在维护监管场所秩序、保护被监管人员合法权益、保障国家法律正确实施等方面，做出了努力、发挥了作用，同时提出要结合新刑事诉讼法和我区监所实际，严格履行监所检察职能，加强公检法司之间联系协作，畅通信息沟通渠道,加大监所检察队伍和设施建设,提升监所检察保障水平等工作建议。根据区长阮建尧的提请,表决通过了有关人事任免事项。

第二十八次会议　2015 年 5 月 21 日举行,主任、副主任和委员共 23 人出席会议。主任吴晓、副主任魏阳林分别主持会议。

会议听取和审议区大气污染防治工作领导小组办公室主任章金尧受区政府委托所作的《关于我区大气污染防治工作情况的报告》,并开展专题询问。常委会组成人员肯定近年来,区政府及相关职能部门对大气污染防治工作高度重视,保障有力,措施扎实,工作大量,成效明显,同时提出要进一步明确工作职责、突出重点、严格执法、持久推进,进一步完善政策、落实技术、增强合力、提高治理能力,进一步加强宣传引导、倡导全民治气等工作建议。

听取和审议区环保局局长章金尧受区政府委托所作的《关于〈绍兴市柯桥区环境功能区划〉编制情况的报告》。常委会组成人员审议后同意上报,并要求一经批准必须严格依法执行。

根据区长阮建尧、区人大常委会主任会议、区人民法院院长孙浩、区人民检察院检察长丁飞的提请,表决通过了有关人事任免事项。

第二十九次会议　2015 年 7 月 20 日举行,主任、副主任和委员共 23 人出席会议。主任吴晓、副主任濮如松分别主持会议。

会议听取和审议区发改局局长蒋国洪受区政府委托所作的《关于 2015 年绍兴市柯桥区国民经济和社会发展计划上半年执行情况和下半年工作意见的报告》。常委会组成人员肯定上半年区政府面对复杂严峻的宏观经济形势,深入实施“服务业兴区”和“工业强区”两大战略,狠抓招商引资“一号工程”,致力加快经济、城乡、社会转型升级,全区经济社会保持持续平稳较快发展,同时提出要紧盯项目建设加大招商引资力度,加快推进印染产业集聚升级、轻纺城“三次创业”,建立对环境卫生整治、“三改一拆”、“五水共治”、交通治堵等工作的长效机制,对照“十二五”规划各项目标任务逐项分析、倒排进度、查漏补缺、狠抓落实,科学谋划好“十三五”规划等工作建议。

听取和审议区财政局局长喻光耀受区政府委托所作的《关于柯桥区 2014 年财政总决算和 2015 年上半年财政预算执行情况的报告》,批准 2014 年区级财政决算。常委会组成人员肯定上半年区政府及财税部门积极应对各种困难与矛盾,积极组织财税收入,强化改革、发展和民生保障,不断提高财政绩效,保障和促进了全区经济社会发展,同时提出下半年要继续坚持依法征收、应收尽收,加大收入组织力度,研究培植新财源,严厉打击偷逃税行为，确保完成全年收入任务。

听取和审议区审计局局长王玲玲受区政府委托所作的《关于2014年度区本级预算执行情况和其他财政收支的审计工作报告》。常委会组成人员肯定审计报告实事求是，不回避问题，不掩盖矛盾，较好地履行了审计职能，同时提出区政府及有关部门对审计查出的问题，要从制度设计着手，从源头上遏制类似问题的再发生，区审计局要加大对政府全口径预决算、重点领域、重点部门、重点项目和重点资金的审计监督等工作建议。

听取和审议了区十四届人大代表相为民的辞职请求，作出了接受相为民请求辞去区十四届人大代表职务的决定。

根据区长阮建尧、区人大常委会主任会议、区人民检察院检察长丁飞的提请，表决通过了有关人事任免事项。

第三十次会议 2015年9月28日举行，主任、副主任和委员共24人出席会议。主任吴晓、副主任于庆国分别主持会议。

会议听取和审议区教育体育局何其洪局长所作的工作自评报告，并进行满意度测评。常委会组成人员肯定2012年以来，区教育体育局紧紧围绕中心，严格依法行政，认真贯彻落实各项政策规定，以“提升内涵品质，打造幸福教体”为工作目标，切实履行部门职责，开拓创新、务实进取，教体工作的硬实力、软实力得到共同提升发展，同时提出要优化资源配置，优化教育网点布置，优化教师队伍结构，深化教学改革，修改完善积分制管理办法，保障外来务工人员子女入学，坚持堵疏结合切实解决在职教师有偿家教问题等工作建议。

听取和审议区市场监督管理局寿志平局长所作的工作自评报告，并进行满意度测评。常委会组成人员肯定2012年以来，原区工商行政管理局、原区食品药品监督管理局和新成立的区市场监督管理局，能认真贯彻落实党和国家有关法律法规及方针政策，努力维护公平公正的市场经济秩序，扎实推进食品药品监督管理工作，取得较好成绩，同时提出要以机构改革为契机形成工作合力，以食品药品安全为抓手强化监管职能，以审批制度改革为导向优化服务意识，并健全监管机制，加强基层执法队伍建设，切实转变工商管理模式，狠抓食品药品安全主体责任等工作建议。

听取和审议徐晁华提出的请求辞去区第十四届人大常委会委员职务的报告，决定接受徐晁华的辞职请求。

根据区长阮建尧、区人大常委会主任会议、区人民检察院代检察长周江的提请，表决通过了有关人事任免事项。

第三十一次会议 2015年11月13日举行，主任、副主任和委员共22人出席会议。

主任吴晓、副主任沈祖卫分别主持会议。

会议听取和审议区政府副区长金晓明所作的《关于代表建议办理工作情况的报告》。常委会组成人员肯定区十四届人大四次会议以来,区政府高度重视代表建议办理工作,规范办理程序,加大办理力度,注重与代表的沟通联系,进一步提高了代表建议办理工作质量,同时提出要对照承诺的解决期限,攻坚克难、加快进度,真正把代表建议办理好、落实好,要提升代表建议质量等工作建议。

听取和审议区人民法院院长孙浩所作的《关于我区金融审判工作情况的报告》。常委会组成人员肯定2014年6月柯桥区率先在全市县级法院专门成立金融审判法庭以来,金融审判法庭在一年多时间里受理并办结了大量金融案件,有力维护了区域经济金融的平稳运行和社会和谐稳定,同时提出要提高办案质量,坚持问题导向延伸司法职能,着力化解资金链、担保链等风险,严厉打击各类恶意逃废债行为,大力培育优秀的金融审判专业人才,提高化解社会矛盾、做群众工作的能力,积极推进阳光司法等工作建议。

听取和审议区财政局局长余建林受区政府委托所作的《关于绍兴市柯桥区2015年财政预算调整方案(草案)的报告》,审议《绍兴市柯桥区组织实施宪法宣誓制度办法(草案)》,同意报告并表决通过了这两个草案。

第三十二次会议 2015年12月23日举行,主任、副主任和委员共25人出席会议。主任吴晓、副主任邢柏生分别主持会议。

会议听取和审议区十四届人大五次会议筹备工作情况报告,区十四届人大五次会议大会主席团、秘书长等建议名单,作出关于召开绍兴市柯桥区第十四届人民代表大会第五次会议的决定,原则通过区人大常委会工作报告、2016年工作要点、监督工作计划,表决通过区十四届人大代表变动情况的报告、区十四届人大五次会议列席人员名单。常委会组成人员指出,区十四届人大五次会议是本届人大的最后一次会议,要全力以赴、精心筹备、过细工作,组织引导代表加强会前视察调研,酝酿提出高质量的议案建议,严格遵守大会各项纪律,确保大会圆满成功。

听取和审议区财政局局长余建林受区政府委托所作的《关于提请审议批准绍兴市柯桥区2015年地方政府债务限额的报告及相关说明》。同意报告并表决批准了绍兴市柯桥区2015年地方政府债务限额。

听取和审议区十四届人大常委会委员赵建新的辞职请求,决定接受赵建新辞去区十四届人大常委会委员职务。

根据区人大常委会主任会议的提请,表决通过了有关人事任免事项。

第三十三次会议 2016年2月3日举行，主任、副主任和驻会委员共15人出席会议。主任吴晓主持会议。

会议听取和审议区公安局提请许可对区十四届人大代表姚荣根采取刑事强制措施的报告，决定许可对姚荣根采取刑事强制措施。

第三十四次会议 2016年2月26日举行，主任、副主任和委员共22人出席会议。主任吴晓、副主任沈祖卫分别主持会议。

会议听取和审议区公安局局长潘益民所作的《关于依法履职公正执法问题整改情况的报告》、区法院院长孙浩所作的《关于依法履职公正司法问题整改情况的报告》、区检察院检察长周江所作的《关于依法履职公正司法问题整改情况的报告》、区司法局局长胡斌钦所作的《关于依法履职公正执法问题整改情况的报告》，并对区公检法司机关依法履职公正司（执）法问题整改情况进行满意度测评。常委会组成人员肯定区公安局、区法院、区检察院、区司法局对区人大常委会深化司法监督工作高度重视、态度诚恳，落实整改措施扎实、成效明显，同时提出要坚持问题导向深化整改落实，积极推进司法改革，加强部门联动，完善工作机制，主动接受社会各方监督，关心关爱基层干警，提高干部综合素质和专业化水平等工作建议。

根据区长阮建尧、区人大常委会主任会议、区法院院长孙浩的提请，表决通过了有关人事任免事项。

第三十五次会议 2016年3月29日举行，主任、副主任和委员共24人出席会议。主任吴晓、副主任于庆国分别主持会议。

会议听取和审议区妇联主席朱伟芳受区人民政府委托所作的《关于我区妇女儿童权益保护工作情况的报告》。常委会组成人员肯定近年来柯桥区认真贯彻实施妇女儿童权益保护的法律法规，不断加大妇女儿童教育、文化、体育等事业建设，努力改善妇女儿童发展的社会环境，社会化维权工作格局初步形成，妇女儿童事业取得长足发展，同时提出要建立健全信访、社会救助和维权监督网络，加强区镇村三级维权站建设，完善妇女儿童维权社会化工作体系，打击各类违法犯罪行为，为妇女儿童合法权益提供司法保障，支持妇女建功立业，保障儿童成长成才等工作建议。

根据区长阮建尧的提请，表决通过了有关人事任免事项。

第三十六次会议 2016年5月26日举行，主任、副主任和委员共24人出席会议。主任吴晓、副主任沈祖卫分别主持会议。

会议听取和审议区人民法院院长孙浩《关于区人民法院执行工作情况的报告》。常委会组成人员肯定近年来，区人民法院围绕“为大局服务、为人民服务”的工作主题，全面加强和规范执行工作，积极探索科学有效的执行机制和执行方式，切实保障当事人的合法权益，维护了社会公平正义和法律尊严，同时提出要加大执行力度，充实配强执行力量，严厉打击各类逃避和拒绝执行的违法行为，积极破解执行难题，不断完善社会诚信体系，提高失信成本等工作建议。

听取和审议区人民检察院副检察长沈彤受区人民检察院委托所作的《关于区人民检察院民事行政检察工作情况的报告》。常委会组成人员肯定近年来区人民检察院围绕“强化法律监督，维护公平正义”检察工作主题，全面履行民事行政检察职责，不断健全监督机制，着力提升监督质量，有效维护当事人合法权益，为深入推进法治柯桥建设提供了司法保障，同时提出要积极拓宽监督领域，加强监督制约和协作支持，在案源信息、监督对象、监督方式上实现多元化，强化专业力量，强化内部协作，加强队伍自身监管等工作建议。

根据区长阮建尧、区人民法院院长孙浩、区人民检察院检察长周江的提请，表决通过了有关人事任免事项。

第三十七次会议　2016 年 7 月 26 日举行，主任、副主任和委员共 24 人出席会议。主任吴晓、副主任濮如松分别主持会议。

会议听取和审议区发改局局长蒋国洪受区政府委托所作的《关于 2016 年绍兴市柯桥区国民经济和社会发展计划上半年执行情况和下半年工作意见的报告》。常委会组成人员肯定上半年，区政府积极应对复杂宏观形势和经济下行压力，紧紧围绕打造“三个柯桥”、实现“三个率先”目标，以生态文明建设为统领，深入实施“服务业兴区”和“工业强区”战略，全区经济实现平稳增长，各项重点工作和实事工程扎实推进，社会事业、民生保障取得新进展，同时提出要继续增强信心、保持定力，拉高标杆、补齐短板，深刻认识转型升级必定要付出的代价，下铁的决心长期坚持一些长远发展有利的决策部署，发挥各大平台作用抓好有效投入，大力扶持发展实体经济等工作建议。

听取和审议区财政局局长余建林受区政府委托所作的《关于绍兴市柯桥区 2015 年财政总决算及 2016 年上半年财政预算执行情况的报告》，批准 2015 年区级财政决算。常委会组成人员肯定上半年，区政府及财税部门积极应对各种困难与矛盾，积极组织财税收入，强化改革、发展和民生保障，不断提高财政绩效，有力保障和促进了全区经济社会发展，同时提出要重点处理好“增收”和“减负”的关系，既要应收尽收，也要切实抓好“营改增”等企业减负政策，努力在优化产业结构、壮大实体经济上下功夫，促进经济和财政同步增长、可持续增长。

听取和审议区审计局局长王玲玲受区政府委托所作的《关于2015年度绍兴市柯桥区本级预算执行和其他财政收支的审计工作报告》。常委会组成人员肯定审计报告实事求是，不回避问题，不掩盖矛盾，较好地履行了审计职能，同时提出要从体制、机制等方面进行认真研究、分析原因、健全制度，区审计局要进一步提升审计监督水平，加强对重点部门、重点项目、专项资金的审计监督，尤其是对审计查明的问题，要切实加强审计回访、跟踪督查，确保问题整改落实到位。

听取和审议区财政局局长余建林受区政府委托所作的《关于提请审议绍兴市柯桥区2016年地方政府债务限额的报告》。同意报告并表决批准了绍兴市柯桥区2016年地方政府债务限额。

听取和审议了区十四届人大常委会委员邵纪康的辞职报告，决定接受邵纪康请求辞去区十四届人大常委会委员职务。

根据区长阮建尧、区人大常委会主任会议的提请，表决通过了有关人事任免事项。

第三十八次会议　2016年9月29日举行，主任、副主任和委员共21人出席会议。主任吴晓、副主任魏阳林分别主持会议。

会议听取和审议中国轻纺城“三次创业”领导小组办公室主任王彪受区人民政府委托所作的《关于中国轻纺城“三次创业”工作情况的报告》。常委会组成人员肯定自启动轻纺城“三次创业”以来，区政府和相关部门采取有力措施，做了大量工作，进展顺利、成效明显，同时提出要加快培育轻纺城实体市场、时尚创意、电子商务、现代物流、会展经济、现代金融等产业，区政府及相关部门要深入细致地抓好各项服务管理工作，引导广大企业、轻纺城经营户全面参与、合力推动“三次创业”等工作建议。

基层干部给社区居民讲宪法场景（人大办提供）

听取和审议区司法局局长、区普法办主任胡斌钦受区人民政府委托所作的关于“六五”法制宣传教育决议执行情况及“七五”普法规划制定情况的报告，作出关于开展第七个五年法治宣传教育的决议。常委会组成人员肯定近5年区政府高度重视、深入开展“六五”普法工作,全社会法治观念明显增强,社会治理法治化水平明显提高,为经济社会发展创造了良好法治环境,同时提出要抓好“七五”普法规划落实,创新普法方式,抓好新媒体技术与传统手段的整合,围绕重点普法对象,深化法治创建活动,加快构建各部门齐抓共管、全社会共同参与的“大普法”工作格局等工作建议。

听取和审议区人大常委会代表工委主任王勤所作的《关于区、镇两级人大换届选举有关情况的报告》,作出《关于区、镇两级人民代表大会换届选举有关事项的决定》《关于设立绍兴市柯桥区选举委员会的决定》《关于设立各镇选举委员会、街道和区直机关选举办事处的决定》。常委会组成人员指出,做好区、镇两级人大换届选举工作,是全区人民政治生活中的一件大事,提出了要强化“政治意识”,强化“法律意识”,强化“一线意识”,强化“纪律意识”四个方面的工作建议。

根据区人民检察院检察长周江的提请,表决通过了有关人事免职事项。

第三十九次会议 2016年11月15日举行,主任、副主任和委员共22人出席会议。主任吴晓主持会议。

会议听取和审议区长阮建尧、区人大常委会主任会议提出的有关人事任免议案。决定免去毛吉泽的绍兴市柯桥区人民政府副区长职务,决定任命沈志江、汪黎云为绍兴市柯桥区人民政府副区长,接受阮建尧因工作需要辞去绍兴市柯桥区人民政府区长职务,决定沈志江为绍兴市柯桥区人民政府代理区长。

第四十次会议 2016年11月29日举行,主任、副主任和委员共21人出席会议。主任吴晓、副主任邢柏生分别主持会议。

会议听取和审议副区长诸剑明所作的《关于区十四届人大五次会议代表建议办理情况的报告》。常委会组成人员肯定区十四届人大五次会议以来,区政府及相关部门高度重视代表建议办理工作,通过规范办理程序,创新办理方式,加强沟通联系,办出了实实在在的成效,同时提出要力求将代表建议办理过程变成政府、代表和群众三方互动、合力推进的过程,对能办、必须办的要督促相关承办单位赶紧办,对确实办不了的要向代表做好解释说明工作,今年办不完的要落实办理交接等工作建议。

听取和审议区财政局局长余建林受区政府委托所作的《关于绍兴市柯桥区2016年财政预算调整方案(草案)的报告》。同意报告并表决通过了该调整方案,作出《绍兴市柯桥区人大常委会关于批准2016年度区级财政预算调整方案的决议》。

根据代理区长沈志江、区人大常委会主任会议、区人民法院院长孙浩的提请,表决通过了有关人事任免事项。

审议区十四届人大常委会委员叶加林、蒋倬臣的辞职报告，决定接受叶加林、蒋倬臣请求辞去区十四届人大常委会委员职务。

第四十一次会议 2016年12月14日举行，主任、副主任和委员共19人出席会议。主任吴晓主持会议。

会议经过审议，作出接受姚国海、娄钢等分别辞去区（镇）选举委员会职务的决定。根据代理区长沈志江、区人民法院院长孙浩的提请，表决通过了有关人事任免事项。

第四十二次会议 2017年1月12日举行，主任、副主任和委员共18人出席会议。副主任邢柏生主持会议。

会议听取和审议区一届人大一次会议筹备工作情况报告，区一届人大一次会议大会主席团、秘书长等建议名单，作出《关于召开绍兴市柯桥区第一届人民代表大会第一次会议的决定》，原则通过区人大常委会工作报告、2017年工作要点、监督工作计划，表决通过了关于区一届人大代表资格的审查报告、区一届人大一次会议列席人员名单。常委会组成人员指出，区一届人大一次会议是一次审议决定今后五年和2017年经济社会发展目标任务的重要会议，也是一次选举产生新一届地方国家机关领导和组成人员的重要会议，要牢固树立政治意识、大局意识，增强责任、提高标准，周密组织、通力协作，强化法律意识、程序意识，加强引导、严明纪律，真正把大会开成一个明确目标、凝聚人心、民主求实、催人奋进的大会。

根据代理区长沈志江、区人大常委会主任会议、区人民检察院检察长周江的提请，表决通过了有关人事任免事项。

三、区第一届人大常委会会议

第一次会议 2017年2月23日举行，主任、副主任和委员共32人出席会议。主任吴晓主持会议。

会议根据区监察委员会主任金水法的提请，表决通过了有关人事任命事项。

第二节 常委会主任会议

一、县第十三届人大常委会主任会议

第一次会议 2007年2月15日举行。会议听取县人大常委会法制工委主任赵建新关于《中华人民共和国各级人民代表大会常务委员会监督法》的辅导报告,研究县人大常委会2007年工作要点,讨论并原则同意县人大常委会机关工作例会制度、各委工作职责和机关对口联络有关部门和单位方案等。

第二次会议 2007年3月13日举行。听取县人大常委会办公室主任刘斌关于胡锦涛总书记在中纪委第七次全会上的重要讲话、省委关于开展作风建设年活动和县委关于切实加强干部作风建设等文件精神,听取办公室和各工委2007年度工作实施方案,讨论确定县十三届人大常委会第二次会议建议议程。

第三次会议 2007年4月19日举行。会议组织视察瓜渚湖西岸公园、新开河、大小坂湖,听取县“两湖”开发办主任包焕康受县政府委托所作的《关于“两湖”开发规划的情况报告》并提出工作要求。

第三次主任会议组织视察“两湖”(大畈湖、小畈湖)开发建设工作现场(人大办提供)

第四次会议 2007年5月11日举行。会议组织视察钱清镇中心幼儿园、柯桥六一幼儿园、绍兴县实验幼儿园,听取县教育局局长许义平受县政府委托所作的《绍兴县学前教育情况报告》并提出工作要求,还研究确定了县十三届人大常委会第三次会议建议议程。

第五次会议 2007年6月8日举行。会议组织视察钱清镇村民拆迁安置点、轻纺城原料市场“大钱门”国贸区,听取县农办主任徐阿幼受县政府委托所作的《立足绍兴情,顺应发展趋势，扎实推进新型城镇建设工作》和钱清镇政府主要领导所作的《钱清镇新型城镇建设工作情况汇报》并提出工作要求。

第六次会议 2007年7月9日举行。会议组织观看数字化城市管理的案卷操作流程演示，听取县建设局局长陈学军受县政府委托所作的《关于绍兴县数字城管信息系统项目建设情况报告》并提出工作要求，还研究确定了县十三届人大常委会第四次会议建议议程。

第七次会议 2007年8月10日举行。会议组织视察县行政审批服务中心办公现场，观看了县工商局行政处罚案件网上审批监管系统演示，听取县工商局局长尉如海所作的《关于正确实施行政处罚自由裁量权、促进法治工商建设的情况报告》和县政府法制办主任胡斌钦受县政府委托所作的《关于我县行政执法责任制实施情况的报告》并提出工作要求，还研究确定了县十三届人大常委会第五次会议建议议程。

第八次会议 2007年9月10日举行。会议组织视察县看守所和县公安局强制戒毒所，观看柯桥城区社会治安实时动态防控系统演示，听取县公安局局长邢黎平受县政府委托所作的《关于开展平安创建，加强社会治安管理工作情况的报告》并提出工作要求，还研究确定了县十三届人大常委会第六次会议建议议程。

第九次会议 2007年10月10日举行。会议组织视察柯东配套仓储工程、杭甬运河绍兴县段改造工程（齐贤段）和污水处理厂三期项目，听取县发展和改革局局长邢玉清所作的《关于全县政府投资项目建设管理情况的报告》和县劳动和社会保障局局长孙尧富所作的《关于我县社会保障基金管理使用情况的报告》并提出工作要求。

第十次会议 2007年11月9日举行。会议组织视察安昌镇安康寺、柯岩街道基督教堂、兰亭镇永兴寺，听取县民族宗教事务局局长孟田灿所作的《关于我县贯彻实施浙江省宗教事务条例情况的报告》并提出工作要求，还研究确定了县十三届人大常委会第七次会议建议议程。

第十一次会议 2007年12月20日举行。会议组织视察东升路市场区一、二、三期建设工地、柯北服装服饰市场建设工地、国际会展中心一期、国际贸易区一期万国中心多力斯企业总部，听取中国轻纺城管委会主任周如生所作的《加快中国轻纺城“二次创业”，推动经济社会又好又快发展》的报告并提出工作要求，还研究确定县人大常委会2008年主要工作安排计划、县十三届人大二次会议筹备工作计划等事项。

第十二次会议 2008年1月11日举行。会议组织视察绍兴亚太粮食批发交易市场、绍兴县天绿农产品加工有限公司、绍兴县质量计量检测所，听取县食品药品监督管理局局长李亚根所作的《全县食品安全工作情况报告》并提出工作要求，还研究确定了县十三届人大常委会第八次会议建议议程。

第十三次会议　2008 年 2 月 18 日举行。会议听取县人大常委会各委办有关县十三届人大二次会议准备工作进展情况的汇报，对前一段时间各项准备工作给予肯定，还研究同意县人大常委会各委办 2008 年度工作实施方案等事项。

第十四次会议　2008 年 3 月 14 日举行。会议组织视察大香林二期工程，听取县大香林旅游区建管委主任钱建明所作的《关于大香林二期工程建设情况的报告》并提出了工作要求，还研究确定了县十三届人大常委会第九次会议建议议程等事项。

2008—2011 年，县人大常委会主任会议每年一次视察大香林二期开发建设工作，还组织县人大代表进行视察，促进龙华寺、兜率天景区等重大工程项目的高质量、高标准建成。三图分别为兜率天在建和建成场景及主任会议组织视察建设现场(人大办提供)

第十五次会议　2008 年 4 月 22 日举行。会议组织视察柯桥街道瓜渚湖社区和柯岩街道埠头村的健身设施情况。听取县文化广播新闻出版局局长沈祖卫受县政府委托所作的《关于贯彻实施〈浙江省全民健身条例〉情况的报告》并提出工作要求，还研究道路交通安全执法检查方案，确定 2008 年全县 10 件重点督办的代表建议。

第十六次会议　2008 年 5 月 16 日举行。会议听取县建设局局长陈学军所作的《关于绍兴县城乡规划工作情况的报告》和县民政局局长赵志根所作的《关于我县第八届村民委员会换届选举情况的报告》并提出工作要求，还研究确定县十三届人大常委会第十次会议建议议程等。

第十七次会议　2008 年 6 月 16 日举行。会议组织视察我县老年颐乐园工程建设情况，听取县民政局局长赵志根所作的《绍兴县援助四川灾区基本情况汇报》和《关于我县慈善工作的情况汇报》并提出工作要求，还研究通过《绍兴县人大常委会关于现代服务业发展情况报告的审议意见》《绍兴县人大常委会关于道路交通安全法律法规实施情况报告的审议意见》。

第十八次会议 2008 年 7 月 16 日举行。会议组织视察平水镇昌锋拆迁安置现场、高新产业集聚点、西湖桥农民公寓、村级异地物业用房等工程建设情况以及平水副城核心区块规划情况，听取平水建管委主任高新华所作的《关于平水副城建设情况的报告》并提出工作要求，还研究确定县十三届人大常委会第十一次会议建议议程等。

第十九次会议 2008 年 8 月 18 日举行。会议组织视察浙江现代纺织工业研究院，参观国家级纺织品检测中心、花样工室、数码印花中心、知识产权保护中心，听取县科技局局长娄刚强受县政府委托所作的《关于推进全县科技创新的情况报告》并提出工作要求，还研究通过《绍兴县人民代表大会常务委员会关于对绍兴县国民经济和社会发展第十一个五年规划实施情况中期评估报告的审议意见》《绍兴县人民代表大会常务委员会关于对 2007 年度县级预算执行和其他财政收支审计情况的审议意见》。

第二十次会议 2008 年 9 月 11 日举行。会议组织视察华舍街道双周安置小区、钱陶公路钱清段工程建设现场，听取县国土局局长阮胜所作的《全县土地出让收入征收情况报告》、县财政局副局长徐利忠所作的《关于全县土地出让金管理使用情况的报告》并提出工作要求，还研究确定县十三届人大常委会第十二次会议建议议程等。

第二十一次会议 2008 年 10 月 17 日举行。会议听取县人民法院院长周剑敏所作的《关于未结执行案件成因的报告》和县人民检察院检察长王荣彪所作的《关于职务犯罪查处工作的报告》并提出工作要求，还研究确定县十三届人大常委会第十三次会议建议议程等。

第二十二次会议 2008 年 11 月 10 日举行。会议听取县发展和改革局局长邢玉清受县政府委托所作的《关于发行企业债券有关情况的报告》及有关情况说明，列席会议的相关部门负责人也就议题发表意见。

第二十三次会议 2008 年 11 月 18 日举行。会议组织视察孙端镇天鸿鹅业养殖基地和城郊型现代农业蔬菜园区，听取县农业局受县政府委托所作的《关于我县“菜篮子”工程建设情况的报告》并提出工作要求，还研究确定县十三届人大常委会第十三次会议建议议程及相关内容。

第二十四次会议 2008 年 12 月 18 日举行。会议研究县人大常委会 2008 年工作总结及 2009 年工作思路、工作要点及监督工作计划，还研究确定县十三届人大三次会议准备工作方案、县人大常委会关于建立财政预算监督咨询小组及有关事宜。

第二十五次会议 2009 年 1 月 6 日举行。会议组织视察中国轻纺城服装服饰（辅料）

市场、钱清轻纺原料市场,听取柯桥开发委副主任沈关祥、绍兴县中国轻纺城钱清原料市场开发有限公司总经理王郎水所作的有关中国轻纺城服装服饰(辅料)市场和钱清轻纺原料市场开发、运营情况的汇报并提出工作要求,还研究县十三届人大常委会第十四次会议建议议程及相关内容。

第二十六次会议　2009 年 2 月 9 日举行。会议听取县十三届人大三次会议大会秘书、保卫、议案、组织、宣传、后勤组筹备工作情况汇报,对前段县人代会各项筹备工作给予肯定,并研究下阶段工作,还听取县人大常委会城建环保工委主任徐晁华有关考察平湖市"两违"(违法建筑、违法用地)整治工作情况的汇报。

第二十七次会议　2009 年 3 月 17 日举行。会议组织视察大香林二期工程建设工地,听取湖塘街道办事处党工委书记钱建明《关于大香林二期工程建设情况的报告》并提出工作要求,还研究县十三届人大常委会第十五次会议建议议程及相关内容。

第二十八次会议　2009 年 4 月 23 日举行。会议组织视察滨海工业区百丽恒印染有限公司和海通印染有限公司,听取副县长孟柏干《关于全县污水达标排放工作的报告》并提出工作要求,还研究其他有关事宜。

第二十九次会议　2009 年 5 月 12 日举行。会议组织视察绍兴第二医院、县中心医院,听取县卫生局局长王秋珍《关于全县医疗卫生工作情况的报告》及绍兴第二医院院长毛中萍、县中心医院院长葛孟华关于二院、中心医院基本情况的介绍并提出工作要求,还研究通过县十三届人大常委会第十七次会议建议议程等。

第二十九次主任会议组织视察医疗卫生工作现场

(人大办提供)

第三十次会议　2009 年 6 月 12 日举行。会议组织视察柯岩街道新未庄社区的综合治安创建规范化建设情况、蓝天试验中学的"法律进校园"主题活动、齐贤镇"大调解工作体系"试点工作以及路面治安监控室等,听取县综治办《关于我县开展平安创建工作情况报告》并提出工作要求，还研究确定其他有关事宜。

第三十一次会议 2009 年 7 月 14 日举行。会议组织视察王坛镇舜王庙环境改造整治工程和县文化发展中心非物质文化遗产展示馆，听取县政府《关于我县文物、非物质文化遗产保护工作情况的报告》并提出工作要求，还研究通过县人大常委会关于 2009 年上半年国民经济和社会发展计划执行情况的审议意见。

第三十二次会议 2009 年 8 月 17 日举行。会议听取县环保局《关于鉴湖水系保护工作的情况报告》并提出工作要求，还研究同意县人民法院关于要求增加人民陪审员名额的请示。

第三十三次会议 2009 年 9 月 3 日举行。会议督查 2008 年县人大常委会关于进一步加强企业解困工作决议的落实情况，听取县经贸局局长孙忠富受县政府委托所作的《关于全县企业解困工作情况的报告》并提出工作要求，还研究通过县十三届人大常委会第十九次会议建议议程等。

第三十四次会议 2009 年 10 月 12 日举行。会议组织视察鲁迅中学柯桥校区、西藏民族中学，听取县教育局局长许义平《关于全县教育工作情况的报告》和两校校长关于办学情况的介绍并提出工作要求，还研究通过县十三届人大常委会第十九次会议相关审议意见等。

第三十五次会议 2009 年 11 月 9 日举行。会议组织视察中国轻纺城柯北坯布市场工程、东周安置小区、双周安置小区等政府投资代建项目现场，听取县建设局局长杨金法受县政府委托所作的《关于政府投资代建项目建设情况的报告》并提出工作要求，还研究通过县人大代表建议“直通车”实施办法和县十三届人大常委会第二十次会议建议议程等。

第三十六次会议 2009 年 12 月 18 日举行。会议听取县人大常委会法工委《关于规范性文件备案审查工作的情况报告》和县政府法制办《关于规范性文件报送备案工作的情况报告》并提出工作要求，还研究了县人大常委会 2010 年工作要点及监督工作计划，研究通过《绍兴县人大常委会关于县人民法院行政审判工作情况报告的审议意见》《绍兴县人大常委会关于县人民检察院诉讼活动监督工作情况报告的审议意见》和县人大常委会各办事机构工作职责、县人大常委会机关与有关部门和单位对口联系对口联络安排。

第三十七次会议 2010 年 1 月 4 日举行。会议听取县人大常委会办公室关于县人大常委会工作报告（讨论稿）的汇报，听取县人大常委会代表工委关于 2009 年度县人大系统“双联三争”评比工作情况汇报，听取县人大常委会办公室关于县人大系统“最有影响的十件事”评选情况汇报，原则同意评比和评选结果，还研究通过县十三届人大常委会第二十一次会议建议议程。

第三十八次会议 2010年2月23日举行。会议组织视察大香林二期建设现场,听取县旅游发展有限公司董事长李为民《关于工程建设情况的报告》并提出工作要求,听取县人大常委会代表工委关于代表建议办理先进单位评比情况汇报,还研究通过代表建议"直通车"实施办法(草案)及有关情况。

第三十九次会议 2010年3月11日举行。会议组织视察兰亭镇洪山村、大庆村设施林业,听取县林业局局长孙光荣《关于兴林富民工程实施情况的报告》并提出工作要求,还研究通过县十三届人大常委会第二十三次会议建议议程。

第四十次会议 2010年4月12日举行。会议组织视察浙江思贤制药有限公司、浙江通益印染有限公司,听取县安监局主要负责人《关于我县安全生产工作情况的报告》并提出工作要求,还研究确定其他事项。

第四十一次会议 2010年5月12日举行。会议听取县司法局局长陈广见受县政府委托所作的《关于我县社区矫正工作的情况报告》并提出工作要求,还研究通过县十三届人大常委会第二十四次会议建议议程及相关内容。

第四十二次会议 2010年6月10日举行。会议组织视察柯岩澄湾节约用地示范点和柯岩新风村、阮三村拆迁点,听取县国土资源局局长阮胜《关于我县国土资源管理工作情况的报告》并提出工作要求。

第四十二次主任会议组织视察节约用地示范点场景
(人大办提供)

第四十三次会议 2010年7月2日举行。会议组织视察陶堰镇绍兴绿味农业生态科技示范苑、绍兴县温控型智能化育秧中心,听取县农业局《关于农业法执法检查后整改工作情况的报告》并提出工作要求。

第四十四次会议 2010年8月10日举行。会议组织视察平水副城村级异地物业标准厂房建设园区,听取县经贸局局长孙忠富《关于全县标准厂房招商引资工作情况的报告》并提出工作要求,还研究通过《绍兴县人大常委会关于全县国民经济和社会发展计划、预算执行及财政同级审情况报告的审议意见(送审稿)》。

第四十五次会议 2010年9月20日举行。会议组织视察华舍街道社区卫生服务中心，听取县卫生局局长王秋珍《关于我县医药卫生体制改革工作情况的报告》，还研究通过《关于县政府执行依法整治城乡违法违章建筑决议情况报告的审议意见》。

第四十六次会议 2010年10月12日举行。会议听取县劳动和社会保障局局长孙尧富《关于全县城乡居民社会养老保险制度实施情况的报告》并提出工作要求。

第四十七次会议 2010年11月12日举行。会议组织视察浙江梅轮电梯有限公司、县科创大厦，听取县科技局局长娄刚强《关于我县贯彻实施〈浙江省高新技术促进条例〉的情况报告》并提出工作要求，听取2010年县十三届人大常委会第二十五次会议上审计工作报告中查证问题的整改落实情况报告，研究了县十三届人大常委会第二十八次会议建议议程。

第四十八次会议 2010年12月13日举行。会议听取县人大常委会各委室2010年工作情况报告和2011年工作思路，研究县人大常委会2011年工作要点及监督工作计划草案，还研究通过《绍兴县人大常委会关于县十三届人大四次会议代表建议办理工作的审议意见(送审稿)》《绍兴县人大常委会关于县人民法院知识产权民事审判工作情况报告的审议意见(送审稿)》《绍兴县人大常委会关于县人民检察院渎职侵权检察工作情况报告的审议意见(送审稿)》。

第四十九次会议 2011年1月10日举行。会议听取县人大常委会办公室关于县十三届人大五次会议筹备工作方案，还研究通过县十三届人大常委会第三十次会议建议议程。

第五十次会议 2011年2月18日举行。会议组织视察大香林二期工程现场，听取县旅游发展有限公司董事长裘江新《关于工程建设情况的报告》并提出工作要求，还研究通过县十三届人大五次会议有关事项。

第五十一次会议 2011年3月10日举行。会议组织视察我县滨海工业区印染产业集聚区规划建设现场，听取滨海工业区管委会主任高新华《关于印染产业集聚区规划建会议设工作情况报告》并提出工作要求，还研究通过县十三届人大常委会第三十一次会议建议议程及相关内容。

第五十二次会议 2011年4月12日举行。会议听取县民政局局长孙尧富《关于全县村民委员会换届选举工作情况报告》并提出工作要求，还研究通过《绍兴县人大会常委会关于印染产业集聚升级工作情况报告的审议意见(送审稿)》等。

第五十三次会议 2011年5月10日举行。会议组织视察浙江优创光能科技有限公司、浙江佑天元包装机械制造有限公司，听取县商务局局长翁桂珍《关于进一步加强招商选资工作的情况报告》并提出工作要求，还研究通过县十三届人大常委会第三十二次会议建议议程及相关内容。

第五十四次会议 2011 年 6 月 9 日举行。会议组织视察钱清中国轻纺原料城、国际联合市场、钱门安置小区，听取钱清镇党委书记孙忠富《关于钱清镇小城市培育试点工作情况报告》并提出工作要求，还研究通过《绍兴县人大常委会关于全县养老保险基金管理情况报告的审议意见(送审稿)》。

第五十五次会议 2011 年 7 月 12 日举行。会议组织视察夏履镇莲东村、柯岩街道州山村"美丽乡村"创建工作，听取县农业和农村工作办公室主任徐阿幼《关于全县"美丽乡村"建设工作的情况报告》并提出工作要求，还研究通过县十三届人大常委会第三十三次会议建议议程及相关内容。

第五十五次主任会议组织视察美丽乡村建设工作场景
(人大办提供)

第五十六次会议 2011 年 8 月 16 日举行。会议组织视察金柯桥大道改造工程、瓜子湖环湖步行道及景观改造工程、柯桥城区夜景照明工程，听取县住房和城乡建设局局长钱勇军《关于柯桥县城重点交通道路及景观工程建设情况的报告》并提出工作要求，还研究通过《绍兴县人大常委会关于对绍兴县 2011 年国民经济和社会发展计划上半年执行情况报告的审议意见》。

第五十七次会议 2011 年 9 月 16 日举行。会议组织视察齐贤镇中心幼儿园、中国轻纺城中心幼儿园，听取县教体局局长许义平《关于我县学前教育工作情况的报告》并提出工作要求，还听取了绍兴县与浙江工业大学合作举办之江学院情况的汇报。

第五十八次会议 2011 年 10 月 19 日举行。会议听取《关于做好县、镇两级人大换届选举工作的意见》及相关情况报告，就搞好 2011 年县、镇两级人大换届选举工作进行了研究和具体布置。

第五十九次会议 2011 年 11 月 7 日举行。会议组织视察县消防大队、万达广场和乔波滑雪馆的消防设施配备和消防安全防范情况，听取县公安局局长宋国新代表县政府所作的《关于贯彻执行〈中华人民共和国消防法〉和〈浙江省消防条例〉（以下简称“一法一条例”）情况的报告》并提出工作要求。

第六十次会议 2011年12月14日举行。会议听取县人大常委会各委室2011年工作情况报告和2012年工作思路，研究了县人大常委会2012年工作要点及监督工作计划草案和县十三届人大常委会第三十七次和第三十八次会议建议议程。

第六十一次会议 2012年1月9日举行。会议组织视察柯桥轻纺城综合市场、立新农贸市场，听取县工商局局长寿志平《关于我县农贸市场改造提升工作情况报告》并提出工作要求。

二、县（区）第十四届人大常委会主任会议

第一次会议 2012年2月23日举行。会议组织视察柯桥城区绿化、道路绿化、企业绿化等现场，观看平原绿化宣传片，听取县林业局局长陈永建受县政府委托所作的《关于我县平原绿化工作实施情况的报告》并提出工作要求。

第二次会议 2012年3月20日举行。会议组织视察兰亭镇海峡岸兰花现代农业园区、富盛镇御茶村茶叶示范区、孙端镇樊浦畈粮食生产功能区，听取县农业局局长何建刚受县政府委托所作的《关于我县农业“两区”建设工作情况的报告》并提出工作要求。

第三次会议 2012年4月10日举行。会议组织视察宝业住宅产业化有限公司、会稽山绍兴酒股份有限公司等单位生产现场，观看质量强县建设专题片，听取县质量技术监督局局长李卫龙所作的《关于我县质量强县建设情况的报告》并提出工作要求。

第四次会议 2012年5月16日举行。会议组织视察中泽安置小区和县体育中心两个建筑工程，听取县建管局局长黄化强受县政府委托所作的《关于我县建筑业发展情况的报告》并提出工作要求。

第五次会议 2012年6月26日举行。会议组织视察滨海印染产业集聚区，观看专题介绍片，听取县经信局局长周如生受县政府委托所作的《关于我

第五次主任会议组织视察印染产业集聚工作场景

（人大办提供）

县印染产业集聚升级工作情况的报告》并提出工作要求。

第六次会议　2012 年 7 月 9 日举行。会议组织视察云集路、湖东路口交通情况，走访交通管理实时监控中心和车管所，慰问高温执勤交警，听取县公安局宋国新局长相关工作情况报告并提出工作要求，还研究通过县十四届人大常委会第四次会议建议议程。

第七次会议　2012 年 8 月 14 日举行。会议组织视察鲁迅中学柯桥校区扩建工程、绍兴县中心幼儿园、浙江工业大学之江学院项目筹建情况，听取县教体局局长蒋国洪受县政府委托所作的《关于我县城区教育提升发展情况的报告》并提出工作要求。

第八次会议　2012 年 9 月 6 日举行。会议组织视察齐贤镇老街河水生物处理现场、浙江通益纺织印染有限公司污水和废水治理现场，听取县环保局局长高青泉受县政府委托所作的相关工作情况报告并提出工作要求。

第九次会议　2012 年 10 月 16 日举行。会议组织视察瓜渚湖直江整治现场、柯桥主城区活水工程施工现场和百福社区生活污水改造工程现场，听取县水利水电局徐阿幼同志所作的《关于柯桥主城区活水工程进展情况的报告》并提出工作要求。

第十次会议　2012 年 11 月 19 日举行。会议组织视察柯岩街道社区卫生服务中心、县中医院和县中心医院，听取县卫生局局长翁桂珍所作的《关于县级公立医院综合改革及城区医疗服务体系建设进展情况的报告》并提出工作要求，还研究通过县十四届人大常委会第六次会议建议议程及相关内容。

第十一次会议　2012 年 12 月 28 日举行。会议传达全省党风廉政建设电视电话会议精神；听取县人大常委会各委室 2012 年工作总结和 2013 年工作计划；研究县人大常委会 2013 年工作要点(初稿)、监督工作计划(初稿)、常委会工作报告(初稿)；听取并同意 2012 年度代表建议办理加分和先进单位；研究通过《县人大常委会关于人民法院商事审判工作情况报告的审议意见》。

第十二次会议　2013 年 1 月 11 日举行。会议听取县十四届人大二次会议筹备工作情况报告，研究了县十四届人大常委会第七次会议建议议程及相关内容。

第十三次会议　2013 年 2 月 21 日举行。会议组织视察柯桥街道服务管理中心、县社会保险事业管理服务大厅，听取县人力资源和社会保障局局长王秋珍受县政府委托所作的《关于我县社会养老保险工作情况的报告》并提出工作要求，还研究通过县十四届人大常委会第八次会议建议议程及相关内容。

第十四次会议　2013 年 3 月 13 日举行。会议组织视察湖塘街道地理式垃圾中转站、五丰村和夏履镇夏履桥村，听取县农办主任高青泉受县政府委托所作的《关于我县农村环境综合整治长效机制落实情况的报告》并提出工作要求。

第十五次会议 2013 年 4 月 23 日举行。会议组织视察 F5 创意园的绍兴县韩思花型设计有限公司、绍兴县百思服装设计工作室和中国轻纺城创意园建设展示中心，以及科技园建设项目现场、浙纺院 3 楼展示中心、浙江美华鼎昌医药科技有限公司，听取县科技局副局长陈卫星所作的《关于我县创意产业发展情况的报告》并提出工作要求，还研究通过县人大常委会食品药品安全专题询问工作方案（草案）。

第十六次会议 2013 年 5 月 14 日举行。会议组织视察滨海印染产业集聚区，听取县经济和信息化局局长周如生所作的《关于我县印染产业集聚升级工作情况的报告》并提出工作要求，还研究通过县十四届人大常委会第九次会议建议议程及相关内容。

第十七次会议 2013 年 6 月 19 日举行。会议组织视察萧甬铁路钱清货运站工程和柯桥客运中心工程，听取县交通运输局局长缪智勇受县政府委托所作的相关工作情况报告并提出工作要求，还研究通过《2013 年度镇街人大工作岗位目标责任制考核办法（送审稿）》。

第十八次会议 2013 年 7 月 11 日举行。会议组织华舍街道西周村西墟自然村和齐贤镇下方桥社区羊山村“转而未供”地块，听取县国土资源局局长钱建明受县政府委托所作的《关于我县“转而未供”土地消化利用工作情况的报告》并提出工作要求，还研究通过县十四届人大常委会第十次会议建议议程及相关内容。

第十九次会议 2013 年 8 月 9 日举行。会议组织视察城区福东小区生活污水改造现场和生活污水收集系统建设 8-2 号泵站，听取县水务集团董事长倪阿泉受县政府委托所作的《关于我县城镇生活污水收集系统建设管理情况的报告》并提出工作要求。

第十九次主任会议组织视察城镇生活污水收集工程场景（人大办提供）

第二十次会议 2013 年 9 月 11 日举行。会议组织视察县救助管理站和在建的华舍街道福利院，听取县民政局局长孙尧富受县政府委托所作的《关于我县社会救助工作情况的报告》并提出工作要求。

第二十一次会议 2013 年 10 月 17 日举行。会议组织视察中国轻纺城体育中心建设现场，华舍实验学校的射击训练馆和田径场、篮球场、体育馆，柯桥城区新开可沿岸体育设施等,听取县教育体育局局长蒋国洪受县政府委托所作的《关于我县体育事业发展工作情况的报告》并提出工作要求。

第二十二次会议 2013 年 11 月 19 日举行。会议组织视察步行街夜市夜排档疏导点现场和观看环卫机械化保洁现场演示,听取区城管办主任李兴成受区政府委托所作的《关于我区城市管理工作情况的报告》并提出工作要求,还研究通过区十四届人大常委会第十二次会议建议议程及其他相关内容。

第二十三次会议 2013 年 12 月 20 日举行。会议听取区人大常委会各委(室)2013 年工作总结和 2014 年工作思路;研究区人大常委会 2014 年工作要点(初稿)、监督工作计划(初稿);研究通过向区委常委会会议提交的《关于建议召开柯桥区十四届人大三次会议的报告》;研究通过区人大常委会《关于区人民法院刑事审判工作情况报告的审议意见》和《关于区人民检察院职务犯罪查处和预防工作情况报告的审议意见》。

第二十四次会议 2014 年 1 月 10 日举行。会议听取区十四届人大三次会议筹备工作情况报告;研究区人大常委会工作报告(初稿);研究确定镇(街)人大工作岗位目标责任制考核优胜单位,2013 年度代表建议办理加分、先进单位和先进个人;听取代表工委关于张咸良、杨国良两位人大代表职务的情况说明;研究区十四届人大常委会第十四次会议建议议程及相关内容。

第二十五次会议 2014 年 2 月 12 日举行。会议组织专题督查我县社区矫正工作,听取区司法局局长陈广见受区政府委托所作的《关于柯桥区社区矫正工作情况的报告》并提出工作要求,还研究通过区十四届人大常委会第十六次会议建议议程及其他相关内容。

第二十六次会议 2014 年 3 月 11 日举行。会议听取区安监局局长金阿根受区政府委托所作的《关于〈中华人民共和国安全生产法〉贯彻执行情况的报告》并提出工作要求。

第二十七次会议 2014 年 4 月 10 日举行。会议组织视察区行政服务中心,听取区行政服务中心常务

第二十七次主任会议组织视察区行政服务中心办事大厅场景(人大办提供)

副主任王群受区政府委托所作的《关于柯桥区行政审批制度改革工作的情况报告》并提出工作要求，还研究通过 2014 年区人大常委会副主任联系重点督办意见方案、区人民法院关于增加人民陪审员的请示，以及《绍兴市柯桥区人大常委会关于开展以清水工程为主要内容的“五水共治”工作情况报告的审议意见（送审稿）》。

第二十八次会议 2014 年 5 月 14 日举行。会议组织视察钱清镇九岩村“空心村”改造情况、湖塘街道香林村农民公寓和柯岩街道竹林阮社集居住区二期工程，听取区农办主任高青泉受区政府委托所作的《关于全区农村住房解困工作情况的报告》并提出工作要求，还研究通过《绍兴市柯桥区人大常委会监督司法机关工作办法（试行）》和区十四届人大常委会第十八次会议建议议程。

第二十九次会议 2014 年 6 月 25 日举行。会议组织视察浙江明牌卡利罗饰品有限公司、青藤文化产业孵化园、绍兴乔波冰雪世界，听取区文化产业发展领导小组办公室主任沈关祥受区政府委托所作的《关于柯桥区文化产业发展情况的报告》并提出工作要求。

第三十次会议 2014 年 7 月 10 日举行。会议组织视察轻纺城西市场拆迁改造现场、轻纺城展示中心，听取轻纺城建管委主任冯华林受区政府委托所作的《关于中国轻纺城市场“二次创业”以来提升发展情况的报告》并提出工作要求，还研究通过区十四届人大常委会第二十次会议建议议程。

第三十一次会议 2014 年 8 月 14 日举行。会议组织视察平水镇会稽村若耶溪旁清养关停现场和天天田园养殖场污染治理现场，听取区农业局局长何建刚受区政府委托所作的《关于柯桥区畜禽养殖污染防治工作情况的报告》并提出工作要求，还研究通过《绍兴市柯桥区人大常委会关于对柯桥区国民经济和社会发展计划、财政预算执行及财政同级审情况报告的审议意见（送审稿）》。

第三十二次会议 2014 年 9 月 12 日举行。会议组织视察安昌农副产品综合市场和裕民农副产品综合市场，听取区市场监管局局长寿志平受区政府委托所作的《关于柯桥区农贸市场改造提升工作情况的报告》和区交通运输局局长缪智勇受区政府委托所作的《关于提升柯桥区公交服务工作的情况报告》并提出工作要求，还研究通过《绍兴市柯桥区人大常委会关于我区贯彻落实〈中华人民共和国法官法〉〈中华人民共和国检察官法〉加强队伍建设情况报告的审议意见（送审稿）》。

第三十三次会议 2014 年 10 月 13 日举行。会议研究提出《绍兴市柯桥区人大常委会主任会议关于阮建尧为绍兴市柯桥区人民政府代理区长的议案》。

第三十四次会议 2014 年 10 月 22 日举行。会议组织视察若航直升机场等旅游项目建设现场，观看我区旅游形象宣传片，听取区旅游局局长沈秀娣受区政府委托所作的《关于深入贯彻旅游法推动旅游业转型发展的情况报告》并提出工作要求。

第三十五次会议　2014 年 11 月 10 日举行。会议组织视察区财经学校、区职教中心、区人力资源培训指导中心，听取区教体局局长何其洪受区政府委托所作的《关于深入贯彻职业教育法提高服务经济发展能力的情况报告》并提出工作要求，研究通过区十四届人大常委会第二十四次会议建议议程及相关内容。

第三十六次会议　2014 年 12 月 15 日举行。会议听取关于区十四届人大四次会议筹备工作情况报告；研究区人大常委会工作报告（初稿）、区人大常委会 2015 年度工作要点（初稿）、监督工作计划（初稿）；研究通过《柯桥区人大常委会关于我区工业创新驱动工作情况报告的审议意见（送审稿）》；研究确定 2014 年度代表建议办理加分、先进单位；研究区十四届人大常委会第二十五次会议建议议程及相关内容。

第三十七次会议　2015 年 1 月 8 日举行。会议组织视察钱清镇“安徽人之家”、柯桥街道流管所，听取区流管局局长祝安钧受区政府委托所作的《关于我区贯彻实施〈浙江省流动人口居住登记条例〉情况的报告》并提出工作要求，还研究通过区十四届人大常委会第二十六次会议建议议程及相关内容。

第三十七次主任会议组织视察流动人口管理工作场景
（人大办提供）

第三十八次会议　2015 年 2 月 12 日举行。会议组织视察华舍街道柯华路拓宽拆迁现场，听取区住建局局长李卫龙受区政府委托所作的《关于我区“三改一拆”工作情况的报告》并提出工作要求，还研究通过区人大常委会关于我区《中华人民共和国统计法》贯彻执行情况报告的审议意见。

第三十九次会议　2015 年 3 月 10 日举行。会议组织视察柯桥街道瓜渚湖社区法治文化建设示范点，听取区司法局局长胡斌钦受区政府委托所作的《关于我区“六五”普法规划实施情况的报告》并提出工作要求，还研究通过区第十四届人大常委会第二十七次会议建议议程及相关内容。

第四十次会议 2015年4月24日举行。会议组织视察柯桥区非物质文化遗产馆（省级非遗宣传展示基地），观看小百花艺校国遗·绍兴地方曲艺传承班表演，听取区文化广电新闻出版局局长吴坚祥受区政府委托所作的《关于我区非物质文化遗产法贯彻执行情况的报告》并提出工作要求，研究通过区人大常委会《关于我区现代服务业发展工作情况报告的审议意见（送审稿）》《关于区人民检察院监所检察工作情况报告的审议意见（送审稿）》《关于2015年深化司法监督工作的实施方案（送审稿）》《2015年重点督办建议推荐方案（草案）》。

第四十一次会议 2015年5月14日举行。会议组织视察平水日铸岭步道建设情况，听取区农林局主要负责人陈永建受区政府委托所作的《关于我区森林休闲旅游产业发展工作情况的报告》并提出工作要求，研究通过区第十四届人大常委会第二十八次会议建议议程及相关内容。

第四十二次会议 2015年6月11日举行。会议组织视察漓渚镇九板村和棠二村美丽乡村建设情况，听取区农办主任高青泉受区政府委托所作的《关于我区美丽乡村建设情况的报告》并提出工作要求，研究通过区人大常委会《关于我区大气污染防治工作情况报告的审议意见（送审稿）》《关于《绍兴市柯桥区环境功能区划》的审议意见（送审稿）》。

第四十三次会议 2015年7月10日举行。会议组织视察中纺CBD规划模型和项目建设，听取中纺CBD开发建设指挥部办公室主任滕建平受区政府委托所作的《关于我区中纺CBD开发建设情况的报告》并提出工作要求，研究通过区人大常委会《关于对区教体局、区市场监管局进行工作评议的方案（送审稿）》《关于我区公检法司机关司（执）法工作人员依法履职、公正司（执）法情况的问题清单（送审稿）》，以及区第十四届人大常委会第二十九次会议建议议程及相关内容。

第四十四次会议 2015年7月20日举行。会议研究提出《关于周江为绍兴市柯桥区人民检察院代理检察长的议案》。

第四十五次会议 2015年8月13日举行。会议组织视察绍兴市中心医院钱清分院、钱清镇方家桥村卫生服务站、华舍街道兴越社区卫生服务站，听取区卫计局局长李敏受区政府委托所作的《关于我区实施分级诊疗和村（社区）卫生服务站建设情况的报告》并提出工作要求，研究通过区人大常委会《关于对柯桥区国民经济和社会发展计划、财政预算执行及财政同级审情况报告的审议意见（送审稿）》。

第四十六次会议 2015年9月7日举行。会议组织视察104国道高架工程Ⅱ标施工现场、柯桥客运中心施工现场，听取区交通投资建设集团公司董事长葛梅荣受区政府委托所作的《关于我区交通投资建设工作情况的报告》并提出工作要求，研究通过区第十四届人大常委会第三十次会议建议议程及相关内容。

第四十七次会议　2015 年 10 月 14 日举行。会议组织视察绍兴百思寒电子商务有限公司、众创小镇电商园区、绍兴市迪聪网络科技有限公司，听取区商务局局长方优美受区政府委托所作的《关于我区电子商务发展工作情况的报告》并提出工作要求，研究通过区人大常委会《关于对区教育体育局工作的评议意见（送审稿）》《关于对区市场监督管理局工作的评议意见（送审稿）》。

第四十八次会议　2015 年 11 月 6 日举行。会议组织视察浙江精工新能源有限公司、浙江建业幕墙装饰有限公司，听取区科技局局长王炳豪受区政府委托所作的《关于我区〈中华人民共和国科学技术进步法〉贯彻执行情况的报告》并提出工作要求，研究通过区第十四届人大常委会第三十一次会议建议议程及相关内容。

第四十九次会议　2015 年 11 月 24 日举行。会议听取和研究区政府副区长金晓明所作的《关于要求将绍兴市柯桥区国有资产投资经营有限公司债券本息纳入区财政预算的报告》和区发改局局长蒋国洪受区政府委托所作的《关于柯桥区"十三五"规划编制情况的报告》并提出工作要求。

第五十次会议　2015 年 12 月 17 日举行。会议听取关于柯桥区十四届人大五次会议筹备工作情况的报告；研究区人大常委会工作报告（初稿）、区人大常委会 2016 年度工作要点（初稿）、监督工作计划（初稿）；研究通过区人大常委会《关于区人民法院金融审判工作情况报告的审议意见（送审稿）》和区第十四届人大常委会第三十二次会议建议议程及相关内容。

第五十一次会议　2016 年 1 月 7 日举行。会议听取区农业和农村工作办公室主任高青泉受区政府委托所作的《关于我区经济薄弱村和低收入农户奔小康工作情况的报告》并提出工作要求。

第五十二次会议　2016 年 2 月 18 日举行。会议组织视察浙江塔牌绍兴酒有限公司、绍兴天虹百货有限公司，听取区质监局局长沈秀娣受区政府委托所作的《关于我区〈中华人民共和国特种设备安全法〉贯彻执行情况的报告》并提出工作要求，研究通过《绍兴市柯桥区人民代表大会选举或表决通过的国家工作人员宪法宣誓办法》《绍兴市柯桥区人民代表大会常务委员会任命或决定任命的国家工作人员宪法宣誓办法》和区第十四届人大常委会第三十四次会议建议议程及相关内容。

第五十三次会议　2016 年 3 月 22 日举行。会议组织视察大香林兜率天景区，听取区旅游发展公司董事长徐忠良受区政府委托所作的《关于柯桥区旅游发展工作情况的报告》并提出工作要求，研究通过区第十四届人大常委会第三十五次会议建议议程及相关内容和2016年重点督办建议推荐方案、区人大代表约见政府及有关部门负责人工作方案、区人大常委会《关于公检法司机关依法履职公正司（执）法问题整改情况报告的审议意见（送审稿）》。

第五十四次会议 2016年4月27日举行。会议听取区国有资产管理委员会办公室主任蒋伟星受区政府委托所作的《关于我区国资国企基本情况的报告》和《关于我区国有资产监督管理工作情况的报告》并提出工作要求，还研究通过区人大常委会《关于我区妇女儿童权益保护工作情况报告的审议意见（送审稿）》。

第五十五次会议 2016年5月19日举行。会议组织视察坂湖公园二期施工现场，听取区城建投资开发集团有限公司董事长单崇军受区政府委托所作的《关于柯桥区城建投资开发工作情况的报告》并提出工作要求，研究通过区第十四届人大常委会第三十六次会议建议议程及相关内容。

第五十六次会议 2016年6月6日举行。会议组织视察滨海医院、区疾控中心，听取区卫生和计划生育局局长李敏受区政府委托所作的《关于我区公共卫生事业发展工作情况的报告》并提出工作要求，研究通过区人大常委会《关于区人民法院执行工作情况报告的审议意见（送审稿）》《关于区人民检察院民事行政检察工作情况报告的审议意见（送审稿）》。

第五十七次会议 2016年7月14日举行。会议组织视察平水镇梅园村平王线入口景观节点建设现场、稽东镇车头环境整治现场、王坛镇北溪梅园现场，听取区农办主任高青泉受区政府委托所作的《关于我区城乡环境整治提升专项行动工作情况的报告》并提出工作要求，研究通过区第十四届人大常委会第三十七次会议建议议程及相关内容。

第五十八次会议 2016年8月10日举行。会议听取绍兴市住房公积金管理中心柯桥分中心主任王宝焕受区政府委托所作的《关于我区住房公积金管理工作情况的报告》并提出工作要求，研究通过区人大常委会《关于对柯桥区国民经济和社会发展计划、财政预算执行及财政同级审情况报告的审议意见（送审稿）》。

第五十九次会议 2016年9月23日举行。会议组织视察滨海印染集聚区蓝印时尚小镇核心区域、浙江乐高印染有限公司、浙能热电二期项目，听取区印染产业集聚升级工程建设办公室主任娄东寅受区政府委托所作的《关于我区印染产业集聚升级工作情况的报告》并提出工作要求，还研究通过区第十四届人大常委会第三十八次会议建议议程及相关内容。

第六十次主任会议组织视察农产品质量安全源头监管工作场景（人大办提供）

第六十次会议　2016年10月18日举行。会议组织视察柯岩街道绍兴宇成生态农业开发有限公司、柯桥区先锋果蔬专业合作社果蔬质量安全源头监督管理工作，听取区农林局局长陈广见受区政府委托所作的《关于我区农产品质量安全源头监管工作情况的报告》并提出工作要求，还研究通过区人大常委会《关于中国轻纺城"三次创业"工作情况报告的审议意见（送审稿）》。

第六十一次会议　2016年11月15日举行。会议研究阮建尧提出的关于因工作需要辞去区人民政府区长职务的请求，提出《绍兴市柯桥区人大常委会主任会议关于沈志江为绍兴市柯桥区人民政府代理区长的议案》，同意提交区第十四届人大常委会第三十九次会议表决，还研究确定区、镇两级人大换届选举有关事项。

第六十二次会议　2016年11月17日举行。会议听取区监察局局长郎煜江受区政府委托所作的《关于我区行政监察法贯彻执行情况的报告》并提出工作要求，还研究通过了区第十四届人大常委会第四十次会议建议议程及相关内容。

第六十三次会议　2016年12月14日举行。会议研究孙浩提出的关于因工作需要辞去区人民法院院长职务的请求，提出《绍兴市柯桥区人大常委会主任会议关于陈建民为绍兴市柯桥区人民法院代理院长的议案》，同意提交区第十四届人大常委会第四十一次会议表决。

第六十四次会议　2016年12月23日举行。会议听取区人大常委会各委室2016年度工作总结，研究了区人大常委会2017年度工作要点和监督计划。

第六十五次会议　2017年1月6日举行。会议听取区商务局局长方优美受区政府委托所作的《关于我区招商引资工作情况的报告》，听取市国土资源局柯桥区分局局长钱建明受区政府委托所作的《关于〈绍兴市柯桥区矿产资源规划（2016—2020年）〉编制工作情况的报告》，听取绍兴市柯桥区一届人大一次会议筹备工作情况的报告，研究了区人大常委会工作报告（初稿）、区人大常委会2017年度工作要点（初稿）、监督工作计划（初稿），研究通过区第十四届人大常委会第四十二次会议建议议程及相关内容。

三、区第一届人大常委会主任会议

第一次会议 2017年2月23日举行。会议研究通过区第一届人大常委会第一次会议建议议程及相关内容。

第三节 联席会议

县（区）十三届至十四届人大期间，人大常委会与“一府两院”联席会议共举行10次。

县（区）人大常委会与“一府两院”联席会议表

表4-1-2

<table>
<tr><th>序</th><th>会议时间</th><th>会议内容</th></tr>
<tr><td>1</td><td>2007年7月19日</td><td rowspan="10">召开县（区）人大常委会与“一府两院”联席会议时间上一般在年初和年中。在年初召开的会议内容主要是通报交流新一年工作思路和打算；在年中召开的会议主要内容是通报交流上半年工作完成情况及下半年工作安排。参加联席会议的人员，一般为人大常委会主任、副主任，县（区）政府县（区）长、副县（区）长，县（区）法院院长、检察院检察长，相关工作人员</td></tr>
<tr><td>2</td><td>2008年1月29日</td></tr>
<tr><td>3</td><td>2009年7月17日</td></tr>
<tr><td>4</td><td>2010年1月14日</td></tr>
<tr><td>5</td><td>2010年7月30日</td></tr>
<tr><td>6</td><td>2011年1月22日</td></tr>
<tr><td>7</td><td>2012年7月27日</td></tr>
<tr><td>8</td><td>2013年1月21日</td></tr>
<tr><td>9</td><td>2013年7月31日</td></tr>
<tr><td>10</td><td>2015年2月15日</td></tr>
</table>

第四节 专题会议

一、县（区）委人大工作会议

县十三届人大、县（区）十四届人大期间，县（区）委每届召开一次人大工作会议。

十三届人大期间的县委人大工作会议 2009年9月18日在县行政中心一号会议室召开。全体县委常委，县人大常委会主任会议成员，县人民法院院长，县人民检察院检察

市委常委、县委书记徐焕明讲话(人大办提供)

长,县人大常委会委员,县机关各部门主要负责人,县人民法院、县人民检察院副职,各镇(街道)党(工)委书记、人大(工委)主席(主任)、副主席(副主任)、镇长(街道办事处主任),县人大常委会机关各委室负责人等参加会议。会议的主题是以科学发展观为指导,深入贯彻省、市人委人大工作会议和县委十二届七次全体(扩大)会议精神,研究进一步加强和改进党对人大工作的领导,推进全县人大工作和建设,更好地发挥各级人大职能作用,为推进我县科学发展率先发展作出新贡献。县委副书记、代理县长孙云耀主持会议,市委常委、县委书记徐焕明代表县委作了讲话,县人大常委会主任徐林土作了讲话,县人民法院院长周剑敏、县交通局局长何建刚、马鞍镇人民政府镇长李学彪分别作了典型发言。会议肯定,自2004年全县人大工作会议以来,全县各级坚持以中国特色社会主义理论体系为指导,深入贯彻落实科学发展观,坚定不移发展社会主义民主政治,进一步坚持和完善人民代表大会制度,做了大量卓有成效的工作。具体归纳为三个方面,即党委高度重视,各方齐心协力,人大积极有为。会议指出,做好新形势下人大工作,要进一步深化对人民代表大会制度的认识,切实增强做好新形势下人大工作的责任感和使命感;进一步坚定正确政治方向,不断提升新形势下人大工作水平,准确把握人大工作着力,充分发挥人大代表主体作用;进一步加强和改善党的领导,齐心协力抓好新形势下人大工作。会议要求,各级党委要进一步加强对人大工作的领导,人大要切实担负起宪法和法律赋予顷职能,"一府两院"要主动配合人大工作、自觉接受监督,各有关单位要大力支持人大工作,努力形成全社会共同推进人大工作的良好氛围。会议还印发《中共绍兴县委关于进一步加强人大工作的意见》。

县(区)十四届人大期间的区委人大工作会议 2015年1月16日在区行政中心一号会议室召开。全体区委常委,区人大常委会主任会议成员,政协主要领导,区人民法院院长、检察院检察长,区人大常委会委员,区机关部门(单位)主要负责人,区人民法院、人民

区委书记徐国龙讲话（人大办提供）

检察院领导班子成员，各镇（街道、开发区）党政主要负责人、人大（工委）主席（主任），人大机关各委室主要负责人参加会议。会议由区委副书记、代理区长阮建尧主持，区委书记徐国龙、区人大常委会主任吴晓分别讲话，区人力社保局、水电局、检察院、安昌镇人大主席团、兰亭镇党委作书面交流。会议肯定近五年来，全区各级党委始终把人大工作作为党委工作的重要组成部分，支持和保证人大依法行使职权，党委对人大工作的领导有新加强。区人大及其常委会紧紧围绕中心工作，充行宪法和法律赋予的职责，在监督、决定、任免、代表和自身建设等方面做了大量卓有成效的工作，有力推进了区域稳健发展，人大及其常委会的作用发挥有新增强。各级党委坚持依法执政、“一府两院”坚持依法行政和公正司法、人民群众不断提升民主法制意识，社会各界重视支持人大工作的环境有新改善。会议指出，做好新形势下人大工作，必须切实增强制度自信和行动自觉，坚定人大工作的正确方向。要突出保持政治定力，突出服务发展大局，突出推进法治建设，突出践行群众路线，突出不断改革创新。必须坚持党的领导、人民当家作主、依法治国三者有机统一，齐心协力推进人大工作。要更加自觉地把人大工作作为党委统揽全局的重要内容，更加有力地支持人大及其常委会依法履职，更加充分地发挥人大代表主体作用，更加主动地为人大工作创造良好的环境和条件，推动人大发挥“一线”作为、争创一流业绩。会议还印发了《中共绍兴市柯桥区委关于进一步加强和改进人大工作的意见》。

二、镇、街道人大工作会议

2007年，县人大常委会共召开3次镇（街道）人大工作会议。第一次会议于2007年3月23日举行，中心议题是总结经验，交流体会，明确任务，促进镇（街道）人大工作的更好开展。第二次会议于2007年7月18日举行，中心议题是听取试点单位齐贤镇和湖塘街道的镇（街道）人大规范化建设工作介绍，通过以点带面，研究具体方法，全面推进各镇（街道）人大工作规范化建设。第三次会议于2007年10月16日举行，中心议题是就如何提好代表议案与建议、批评和意见进行业务培训。

2007 年 7 月 18 日,绍兴县镇(街道)人大工作规范化建设会议召开(人大办提供)

2008 年,县人大常委会共召开 3 次镇(街道)人大工作会议。第一次会议于 2008 年 3 月 20 日举行,中心议题是总结经验,交流体会,明确工作重点,促进镇(街道)人大工作的更好开展。第二次会议于 2008 年 6 月 26 日举行,中心议题是统一认识,明确目标,精心组织,扎实实施,指导镇(街道)人大组织人大代表开展评议基层站所活动。第三次会议于 2008 年 12 月 17 日举行,中心议题是回顾 2008 年镇(街道)人大工作,探讨 2009 年工作思路,部署和落实当前的几项工作。

2009 年,县人大常委会共召开 3 次镇(街道)人大工作会议。第一次会议于 2009 年 2 月 16 日举行,中心议题是贯彻落实县委十二届六次全会精神,加强配合,明确重点,明确思路,共同推进镇(街道)人大工作。第二次会议于 2009 年 7 月 16 日举行,中心议题是高度重视,明确任务,精心组织,加强协调,指导镇(街道)人大代表开展届中评议镇政府(街道办事处)工作。第三次会议于 2009 年 12 月 3 日举行,中心议题是研究县人大代表建议“直通车”试点工作。

2010 年,县人大常委会共召开 3 次镇(街道)人大工作会议。第一次会议于 2010 年 3 月 30 日举行,中心议题是部署 2010 年工作。第二次会议于 2010 年 7 月 27 日举行,中心议题是交流、通报前阶段人大代表建议“直通车”实施工作,明确下一步工作要求,部署县人大常委会关于依法整治城乡违法违章建筑的决议执行落实督查工作。第三次会议于 2010 年 11 月 1—3 日举行,中心议题是学习交流新修改的选举法,并回顾当年以来的县人大常委会工作,提出下一年工作设想,部署当前工作。

2011 年,县人大常委会共召开 3 次镇(街道)人大工作会议。第一次会议于 2011 年 2 月 16 日举行,中心议题是表彰先进、部署 2011 年工作。第二次会议于 2011 年 6 月 17 日举行,中心议题是部署人大代表换届选举基础工作。第三次会议于 2011 年 9 月 30 日举行,中心议题是部署县人大换届选举准备工作。

2012 年，县人大常委会共召开 2 次镇（街道）人大工作会议。第一次会议于 2012 年 3 月 30 日举行，中心议题是相互熟悉交流，明确人大工作职责。第二次会议于 2012 年 7 月 20 日举行，中心议题是总结交流上半年工作情况，部署下半年工作重点。

2013 年，县人大常委会共召开 3 次镇（街道）人大工作会议。第一次会议于 2013 年 1 月 11 日举行，中心议题是交流 2012 年工作亮点和 2013 年工作思路。第二次会议于 2013 年 2 月 25 日举行，中心议题是布置落实县十四届人大二次会议有关准备工作。第三次会议于 2013 年 7 月 9 日举行，中心议题是交流人大代表建议办理工作以及上半年主要工作完成情况和下半年工作安排。

2014 年，区人大常委会共召开 3 次镇（街道）人大工作会议。第一次会议于 2014 年 1 月 20 日举行，中心议题是 16 个镇（街）和区直代表小组负责人就 2013 年工作总结和 2014 年工作思路进行交流。第二次会议于 2014 年 2 月 21 日举行，中心议题是通报区十四届人大三次会议相关准备情况，就做好大会保障服务工作提出要求。第三次会议于 2014 年 12 月 29 日举行，中心议题是各镇（街）人大主席团（工委）、区直代表小组交流 2014 年工作亮点和 2015 年工作思路。

2016 年，区人大常委会共召开 1 次镇（街道）人大工作会议。会议于 2016 年 1 月 6 日举行，中心议题是听取各镇（街道）人大主席团（工委）、区直代表小组交流 2015 年工作亮点和 2016 年工作思路，总结 2015 年工作，安排 2016 年主要工作任务，部署召开区十四届人大五次会议、各镇人代会等相关工作。

2016 年 1 月 6 日，全区镇街道人大工作会议召开

（人大办提供）

2017 年（统计到 2 月底），区人大常委会召开 1 次镇（街道）人大工作会议。会议于 2017 年 1 月 19 日举行，中心议题是听取各镇（街道）人大主席团（工委）、区直代表小组交流 2016 年工作亮点和 2017 年工作思路，部署柯桥区一届人大一次会议相关工作。

第二章　讨论决定重大事项

根据地方组织法的规定,县(区)人大常委会行使“讨论、决定本行政区域的政治、经济、教育、科学、文化、卫生、环境和资源保护、民政、民族等工作的重大事项”的职权。县(区)十三届、十四届人大10年间,常委会共讨论、决定各类重大事项83项,其中通过决议21项、决定62项。县(区)人大常委会作出重要决议、决定,一般在会前进行调查研究,广泛征求人民群众的意见;会中认真听取工作报告或议案并进行审议,按照民主集中制原则,集体行使决定权,全体会议表决通过;会后检查监督决议决定的执行工作。

2014年11月21日,区人大常委会会议举手表决批准地方政府债券专项预算调整方案
(人大办提供)

第一节　县十三届人大常委会讨论决定重大事项

县第十三届人大常委会共讨论、决定重大事项41项,其中作出决议13项,作出决定

28 项。按内容分，经济发展方面 11 项，依法治理方面 7 项，民主政治方面 8 项，教科文卫方面 1 项，城乡建设方面 1 项，人事方面 13 项。县十三届人大常委会第五次会议作出的《关于将兰花定为绍兴县“敬师花”的决定》被《中国花卉报》等 10 多家报纸头版报道，并由新华社向国内各大媒体发出《浙江省绍兴县将兰花定为“敬师花”》的通稿后，被《劳动报》等 40 多家报纸、电台和上百家网站转载。

县十三届人大常委会作出决议决定一览表

表 4-2-1

序号	通过时间	常委会会议届次	决议决定内容(标题)
1	2007 年 3 月 14 日	十三届一次	关于接受何兴荣辞去绍兴县第十三届人民代表大会代表的决定
2	2007 年 7 月 24 日	十三届四次	关于批准 2006 年县级财政决算的决议
3	2007 年 8 月 21 日	十三届五次	关于绍兴县县域总体规划(2007—2020)的决议
4	2007 年 8 月 21 日	十三届五次	关于将兰花定为绍兴县“敬师花”的决定
5	2007 年 11 月 29 日	十三届七次	关于进一步加强人民法院执行工作的决议
6	2007 年 11 月 29 日	十三届七次	关于加强预防职务犯罪工作的决议
7	2008 年 1 月 23 日	十三届八次	关于召开绍兴县第十三届人民代表大会第二次会议的决定
8	2008 年 7 月 22 日	十三届十一次	关于批准 2007 年县级财政决算的决议
9	2008 年 9 月 25 日	十三届十二次	关于接受潘政权辞去绍兴县第十三届人民代表大会代表职务的决定
10	2008 年 11 月 25 日	十三届十三次	关于批准调整 2008 年度生产总值指标的决定
11	2008 年 11 月 25 日	十三届十三次	关于进一步加强企业解困工作的决议
12	2008 年 11 月 25 日	十三届十三次	关于批准调整 2008 年度部分财政预算的决定
13	2009 年 1 月 12 日	十三届十四次	关于召开绍兴县第十三届人民代表大会第三次会议的决定
14	2009 年 3 月 23 日	十三届十五次	关于许可对县人大代表王柏泉采取强制措施的决定
15	2009 年 3 月 25 日	十三届十六次	关于依法整治城乡违法违章建筑的决议
16	2009 年 5 月 25 日	十三届十七次	关于接受冯建荣辞去绍兴县人民政府县长职务的决定
17	2009 年 7 月 8 日	十三届十八次	关于接受王柏泉辞去绍兴县第十三届人民代表大会代表职务的决定
18	2009 年 7 月 8 日	十三届十八次	关于孙云耀为绍兴县人民政府代理县长的决定
19	2009 年 7 月 8 日	十三届十八次	关于批准 2008 年县级财政决算的决议
20	2009 年 9 月 25 日	十三届十九次	关于设立县人大常委会农村经济工作委员会的决定

续表 4-2-1

序号	通过时间	常委会会议届次	决议决定内容（标题）
21	2009年11月16日	十三届二十次	关于同意调整2009年度县级财政支出预算的决定
22	2009年11月16日	十三届二十次	关于不许可对人大代表朱建敏采取刑事强制措施的决议
23	2010年1月6日	十三届二十一次	关于召开绍兴县第十三届人民代表大会第四次会议的决定
24	2010年7月6日	十三届二十五次	关于批准2009年县级财政决算的决议
25	2010年9月2日	十三届二十六次	关于接受冯光成辞去绍兴市第六届人民代表大会代表职务的决定
26	2010年9月6日	十三届二十七次	关于接受周剑敏辞去绍兴县人民法院院长等职务的决定
27	2010年9月6日	十三届二十七次	关于孙浩为绍兴县人民法院代理院长的决定
28	2010年11月25日	十三届二十八次	关于同意调整2010年度县级财政预算的决定
29	2010年12月15日	十三届二十九次	关于接受盛苗根辞去绍兴县第十三届人民代表大会代表职务的决定
30	2011年1月13日	十三届三十次	关于召开绍兴县第十三届人民代表大会第五次会议的决定
31	2011年5月25日	十三届三十二次	关于加强城乡环境综合治理的决议
32	2011年7月15日	十三届三十三次	关于批准2010年县级财政决算的决议
33	2011年7月15日	十三届三十三次	关于进一步加强法制宣传教育的决议
34	2011年11月9日	十三届三十五次	关于县、镇两级人民代表大会换届选举有关事项的决定
35	2011年11月9日	十三届三十五次	关于设立绍兴县选举委员会的决定
36	2011年11月9日	十三届三十五次	关于同意调整2011年度县级财政预算的决定
37	2011年11月21日	十三届三十六次	关于接受孙云耀辞去绍兴县人民政府县长职务的决定
38	2011年11月21日	十三届三十六次	关于徐国龙为绍兴县人民政府代理县长的决定
39	2011年12月19日	十三届三十七次	关于接受王荣彪辞去绍兴县人民检察院检察长等职务的决定
40	2011年12月19日	十三届三十七次	关于丁飞为绍兴县人民检察院代理检察长的决定
41	2012年1月9日	十三届三十八次	关于召开绍兴县第十四届人民代表大会第一次会议的决定

第二节　县（区）十四届人大常委会讨论决定重大事项

县（区）第十四届人大常委会共讨论、决定重大事项48项，其中作出决议12项，作出决定36项。按内容分，经济发展方面12项，依法治理方面5项，民主政治方面11项，生态文明方面1项，社会建设方面1项，人事方面18项。

县（区）十四届人大常委会作出决议决定一览表

表 4-2-2

序号	通过时间	常委会会议届次	决议决定内容（标题）
1	2012 年 3 月 8 日	十四届一次	关于绍兴县第十四届人大常委会代表资格审查委员会组成人员的决定
2	2012 年 7 月 24 日	十四届四次	关于批准 2011 年县级财政决算的决议
3	2013 年 1 月 21 日	十四届七次	关于召开绍兴县第十四届人民代表大会第二次会议的决定
4	2013 年 1 月 21 日	十四届七次	关于加强绍兴县城市开放空间（绿地、水）保护的决议
5	2013 年 1 月 21 日	十四届七次	关于召开绍兴县第十四届人民代表大会第二次会议的决定
6	2013 年 3 月 26 日	十四届八次	关于进一步加强和创新我县社会管理工作的决议
7	2013 年 7 月 22 日	十四届十次	关于批准 2012 年县级财政决算的决议
8	2013 年 11 月 26 日	十四届十二次	关于同意调整 2013 年度区本级财政预算的决定
9	2013 年 11 月 26 日	十四届十二次	关于接受方慧琴辞去绍兴市柯桥区人民代表大会常务委员会委员职务请求的决定
10	2014 年 1 月 10 日	十四届十三次	关于许可对区人大代表唐耀军采取强制措施的决定
11	2014 年 1 月 24 日	十四届十四次	关于召开绍兴市柯桥区第十四届人民代表大会第三次会议的决定
12	2014 年 1 月 24 日	十四届十四次	关于接受张咸良、杨国良请求辞去区第十四届人民代表大会代表职务的决定
13	2014 年 3 月 25 日	十四届十六次	关于同意绍兴市柯桥区与韩国全罗南道灵光郡建立友好城市关系的决定
14	2014 年 4 月 29 日	十四届十七次	关于接受林建光请求辞去区第十四届人民代表大会代表职务的决定
15	2014 年 7 月 24 日	十四届二十次	关于批准 2013 年区级财政决算的决议
16	2014 年 8 月 11 日	十四届二十一次	关于许可对区人大代表金尧兴采取刑事强制措施的决定
17	2014 年 9 月 5 日	十四届二十二次	关于接受陶国强辞去区第十四届人民代表大会代表职务的决定
18	2014 年 9 月 5 日	十四届二十二次	关于设立区人大常委会研究室的决定
19	2014 年 10 月 13 日	十四届二十三次	关于接受徐国龙辞去绍兴市柯桥区人民政府区长职务的决定
20	2014 年 10 月 13 日	十四届二十三次	关于阮建尧为绍兴市柯桥区人民政府代理区长的决定
21	2014 年 11 月 21 日	十四届二十四次	关于批准 2014 年地方政府债券收支安排专项预算调整方案的决定
22	2014 年 12 月 19 日	十四届二十五次	关于召开绍兴市柯桥区第十四届人民代表大会第四次会议的决定

续表 4-2-2

序号	通过时间	常委会会议届次	决议决定内容(标题)
23	2014 年 12 月 19 日	十四届二十五次	关于撤销谢兴长绍兴市柯桥区人民政府副区长职务的决定
24	2015 年 7 月 20 日	十四届二十九次	关于批准 2014 年区级财政决算的决议
25	2015 年 7 月 20 日	十四届二十九次	关于接受相位民请求辞去区第十四届人民代表大会代表职务的决定
26	2015 年 7 月 20 日	十四届二十九次	关于接受丁飞辞去绍兴市柯桥区人民检察院检察长等职务的决定
27	2015 年 7 月 20 日	十四届二十九次	关于周江为绍兴市柯桥区人民检察院代理检察长的决定
28	2015 年 9 月 28 日	十四届三十次	关于接受徐晁华辞去绍兴市柯桥区第十四届人民代表大会常务委员会委员职务的决定
29	2015 年 11 月 13 日	十四届三十一次	关于批准 2015 年度区级财政预算调整方案的决议
30	2015 年 12 月 23 日	十四届三十二次	关于召开绍兴市柯桥区第十四届人民代表大会第五次会议的决定
31	2015 年 12 月 23 日	十四届三十二次	关于批准绍兴市柯桥区 2015 年地方政府债务限额的决议
32	2015 年 12 月 23 日	十四届三十二次	关于接受赵建新辞去绍兴市柯桥区第十四届人民代表大会常务委员会委员职务的决定
33	2016 年 2 月 3 日	十四届三十三次	关于许可对区人大代表姚荣根采取刑事强制措施的决定
34	2016 年 7 月 26 日	十四届三十七次	关于批准 2015 年绍兴市柯桥区区级财政决算的决议
35	2016 年 7 月 26 日	十四届三十七次	关于批准绍兴市柯桥区 2016 年地方政府债务限额的决议
36	2016 年 7 月 26 日	十四届三十七次	关于接受邵纪康辞去绍兴市柯桥区第十四届人民代表大会常务委员会委员职务的决定
37	2016 年 9 月 29 日	十四届三十八次	关于许可对区人大代表吴建龙采取取保候审强制措施的决定
38	2016 年 9 月 29 日	十四届三十八次	关于开展第七个五年法治宣传教育的决议
39	2016 年 9 月 29 日	十四届三十八次	关于区、镇两级人民代表大会换届选举有关事项的决定
40	2016 年 9 月 29 日	十四届三十八次	关于设立绍兴市柯桥区选举委员会的决定
41	2016 年 9 月 29 日	十四届三十八次	关于设立各镇选举委员会、街道和区直机关选举办事处的决定
42	2016 年 11 月 15 日	十四届三十九次	关于接受阮建尧辞去绍兴市柯桥区人民政府区长职务的决定
43	2016 年 11 月 15 日	十四届三十九次	关于沈志江为绍兴市柯桥区人民政府代理区长的决定
44	2016 年 11 月 29 日	十四届四十次	关于批准 2016 年度区级财政预算调整方案的决议
45	2016 年 11 月 29 日	十四届四十次	关于接受叶加林、蒋倬臣辞去绍兴市柯桥区第十四届人民代表大会常务委员会委员职务的决定

续表 4-2-2

序号	通过时间	常委会会议届次	决议决定内容（标题）
46	2016 年 12 月 14 日	十四届四十一次	关于接受孙浩辞去绍兴市柯桥区人民法院院长职务的决定
47	2016 年 12 月 14 日	十四届四十一次	关于陈建民为绍兴市柯桥区人民法院代理院长的决定
48	2017 年 1 月 12 日	十四届四十二次	关于召开绍兴市柯桥区第一届人民代表大会第一次会议的决定

附：

绍兴县人民代表大会常务委员会关于依法整治城乡违法违章建筑的决议

（2009 年 3 月 25 日绍兴县第十三届人民代表大会常务委员会第十六次会议通过）

绍兴县第十三届人民代表大会常务委员会第十六次会议，听取和审议了县人民政府关于依法整治城乡违法违章建筑情况的报告，特作如下决议。

一、充分认识整治违法违章建筑的重要性和必要性。在工业化、城镇化和市场化快速推进的过程中，由于受住房需求增加、建房方式落后、土地指标紧缺、利益趋向引诱和建设管理失策等多种主客观因素的影响，全县城乡违法违章建筑时有发生、屡禁不止、愈演愈烈，已成蔓延之势。违法违章建筑问题的大量存在和久拖不决，已严重地侵犯了公民的公共利益，违背了依法治县的法制原则，影响了社会的公平与正义，破坏了社会的稳定与和谐，干扰了“新县城、新型城镇和新社区”建设的正常秩序，损害了党和政府在人民群众中应有的形象。为此，在全县范围内开展一次违法违章建筑的集中整治行动是十分必要的，也是非常适时的。必须在县委统一领导和县政府统一部署下，上下联动、各方配合，依法有效地整治本行政区域范围内的违法违章建筑，为全县经济社会又好又快发展创造良好的建设环境和社会环境。

二、准确把握整治违法违章建筑的范围对象和目标任务。整治的范围对象：绍兴县城区和农村范围内，违反《中华人民共和国城乡规划法》《中华人民共和国土地管理法》，以及国家有关法律法规的规定，未经批准的新建、扩建、改建和翻建的建筑物、构筑物。整治的目标任务是：对 2001 年全县集中“拆违”以来所发生的违法违章建筑进行一次全面清理，并依照法律和有关政策的规定，分门别类地作出定性处理，应拆除的违法违章建筑必须坚决拆除；对 2008 年 1 月 1 日《中华人民共和国城乡规划法》施后的违法违章建筑必须重点整治，并以这次整治为契机，坚决遏制新的违法违章建筑的发生；在这次集中整治的同时，建立和健全长效管理机制,使全县的城乡建设管理工作真正走上依法、规范、有序的轨道。

三、切实增强整治违法违章建筑的信心和决心,加大整治的力度。全县范围内的违法违章建筑面广量大,情况复杂,任务繁重,困难不可低估,对此必须有清醒、足够的思想认识和充分、周密的工作准备。要按照“县政府牵头、镇(街)主抓、村负主责”的要求,做到县、镇、村三级联动,县有关部门密切配合,形成强大的舆论氛围,造成强大的势;要切实加强领导,落实各方责任,强化考核机制,,妥善处理问留工作后患;要严格依法办事,勇于坚持原则,敢于动真碰硬,对干扰、破坏、阻挠整治工作和失职、渎职的相关人员和相关事件要依法严肃处理,确保整治工作顺利推进,以实实在在的整治成效取信于民,不搞形式主义和走过场。

四、着力解决实际问题、建立长效机制、确保整治成果。要认真总结城乡建设规划管理工作中的经验和教训,按照堵疏结合和标本兼治的原则则,着力解决好村庄规划不完善的问题,把村庄规划管理工作纳入各级政府的工作内容,落实经费,科学编制,严格执行;着力解决监督管理不到位,切实加大监管的力度,县、镇、村三级要建立监管网络,设置必要的机构,配备必要的人员,落实必要的经费,搞好日常的监督巡查,及时把违法违章建筑问题解决在萌芽状态;着力解决住房困难问题,把农村居民的住房解困和外来民工的租房建设列入各级政府的重要工作内容,积极探索农村居民建房新模式和外来民工集中租房新形式,切实解决好“住有所居力的问题,从源头上遏制违法违章建筑的发生。

第三章　专项工作监督

调研视察、执法检查、专题询问等工作是人大常委会开展监督工作的重要活动形式。第十三至十四届县（区）人民代表大会期间，每届人大常委会组织开展执法检查活动，切实保证宪法、法律、行政法规及地方性法规条例在全县（区）的贯彻实施。同时开展调研视察和专题询问，这些活动由常委会组成人员或本级及上级人大代表一起开展进行，范围和内容较为广泛，涉及全县（区）的政治、经济、社会、文化、生态、旅游等领域的诸多方面。县（区）人大常委会通过调研视察、执法检查，掌握信息，了解情况，并提出相应的建议意见，支持和推动"一府两院"相关工作的落实。

第一节　视察（督查）

县（区）人大常委会围绕全县（区）重大事项和中心任务，开展常委会领导专项视察督查活动。

一、县十三届人大常委会领导视察（督查）

专题视察县"节日文化"工作　2008年1月25日，常委会领导实地视察县文化发展中心"三馆一广场"、绍兴小百花越剧团"越剧天天演——周末剧场"，以及中广有线绍兴分公司新大楼，听取县文广局负责人关于柯桥城区春节文化活动安排情况的报告，要求及时了解人民群众对文化活动的需求，采取有效措施加强文化活动工作的管理，超前规划、加大投入，加快文化配套设施建设，精心策划、精心组织各项活动，提高市民的文化素质，促进社会和谐稳定。

专题视察县体育中心规划建设情况　2008 年 9 月 2 日,常委会领导实地视察体育中心选址,听取县建设局、文广局等相关部门的情况汇报,要求体育中心的建设要注重与城市规模和人口相适应,并建设与之相配套的功能设施,要找准定位、充分考虑其实用性,以适合柯桥市民体育运动需要为主,以承办各类赛事为辅,场馆建设要有主次,可采用一次设计、分步实施的方法,提高利用率。

视察违法建筑整治工作　2008 年 10 月 7 日,常委会领导实地视察平水镇梅园、西湖桥村等违法违章建筑集中整治现场,听取平水镇有关负责人关于开展集中整治试点工作情况介绍,要求充分认识违法违章建筑行为的危害性、集中整治的复杂性和解决干部群众认识的艰巨性,强化职能、落实职责,严格依法办事,明确管理体制,建立长效机制,加强法制宣传,充分考虑民生,关注弱势群体,切实解决群众住房难问题,真正将违法违章建筑集中整治工作落实到实处。

专题视察县支援灾后恢复重建工作　2009 年 3 月 3—5 日,常委会领导赴四川省青川凉水镇,视察凉水镇农房援建示范村(点)和防洪堤工程、九年制学校、镇卫生院、供水系统和社会福利中心等 5 个绍兴县第一、二批全额投资类援建项目建设工地现场,听取县援建指挥部的工作汇报,对援建指挥部所作的工作表示肯定,对援建人员的辛勤付出表示感谢,同时要求保证安全第一,保证质量第一,保证形象第一,在现在援建基础上高质量、高效率地推进援建项目,圆满完成在凉水镇的援建任务,以不辜负家乡人民的重托。

县人大常委会领导视察援川建设工作现场(人大办提供)

专题视察公安工作情况　2009 年 7 月 16 日,常委会领导视察绍兴县公安部门工作,听取相关负责人所作的 2009 年上半年公安工作情况汇报,要求进一步提高公安基层基础工作能力，提高信息化效能化作战能力，提高文明规范执法的能力，提高帮助群众解决实际困难的能力。

专题视察安昌古镇保护开发情况 2010年10月11日，常委会领导实地视察安昌古镇的开发现场，听取相关情况汇报，要求不断提高处理保护与开发、政府与居民、历史与未来等三大关系的水平，坚定保护为先的理念，保护好古建筑、古文化、古镇群众的生活，以正确的开发思路做好文化的研究和发掘工作，明确和落实古镇保护规划、专项经费、环境整治、政策支持、人才培养等问题。

专题视察食品安全法贯彻实施情况 2011年5月30日，常委会领导实地视察华舍屠宰场、城区立新农贸市场，听取县食品药品监督管理局负责人的工作汇报，要求通过开展专项整治、定期检查、突击检查等形式严厉打击食品安全违法行为，发挥牵头协调部门作用，理顺关系、完善设备、加强合作，建立健全食品安全监管长效机制，加大宣传力度提升食品安全安全理念。

二、县（区）十四届人大常委会领导视察（督查）

区人大常委会领导视察"五水共治""五气合治"工作现场（人大办提供）

视察"五水共治""五气合治"工作 2016年6月13日，常委会领导实地视察钱清淤泥固化中心现场、浙江东方华强纺织印染有限公司，听取区"五水共治""五气合治"工作领导小组办公室关于柯桥区"五水共治""五气合治"工作情况的报告，要求进一步把生态意识转化为长效治理的定力，持之以恒、更大力度地抓好生态治理和治水治气，强化倒逼机制，使环境压力转化为提升发展的动力，抓好提升、优化生产结构调整，依靠社会力量把群众诉求转化为全民参与的合力。

第二节　执法检查

县十三届、县（区）十四届人大期间，县（区）人大常委会依法组织执法检查4次，并多次开展对执法工作的调研和听取审议专项执法工作报告，以此推进法律法规在本行政区域内的贯彻实施。

开展道路交通安全执法检查　2008年4月中旬至5月中旬，县人大常委会组织部分常委会组成人员、法制工作委员会组成人员和部分县人大代表开展道路交通安全法律法规实施情况执法检查。检查组成员通过听取汇报、召开座谈会、走访代表、明察暗访、抽查案卷、网上公开征集意见等形式，同时还发动市民参与，共收到社会各界的意见建议20余条。经过常委会会议审议，提出要进一步加大宣传教育力度，加强职能部门之间的协调配合，重视道路交通安全法律法规执法队伍建设，尽快设立道路交通安全事故社会求助基金等意见。

开展农业法执法检查　2009年4月14日，县人大常委会围绕建立农业投入保障长效机制情况、耕地保护情况、农业社会化服务体系建设情况及低收入农户增收致富情况等重点，开展农业法及相关法律法规执行情况检查。在政府自查基础上，常委会执法检查组分6组对有关部门、镇（街道）、农业企业进行重点检查。针对存在农业投入结构欠合理、耕地保护形势不乐观、农业社会化服务体系不够完善、低收入农户增收比较困难等问题，提出加大农业投入力度，坚决执行最严格的耕地保护制度，健全完善农业社会化服务体系等意见，县政府落实整改措施，开展闲置土地存量盘活工作和土地开发整理，加大耕地保护力度，抓好基层农技推广队伍建设，加快农业科技推广应用。

土地管理法和城乡规划法执法检查场景（人大办提供）

开展土地管理法和城乡规划法执法检查　2010年8月5日，县人大常委会组织开展《中华人民共和国土地管理法》和《中华人民共和国城乡规划法》执法检查，进一步落实常委会2009年作出的《关于依法整治城乡违法违章建筑的决议》。执法检查组听取县国土资源局局长阮胜《关于绍兴县贯彻执行土地管理法情况汇报》、县建设局局长杨金法《关于绍兴县贯彻执行城乡规划法情况汇报》，实地踏看了紫晶苑小区的违法违章建筑和橡塑卷材厂非法占地现场。经过常委会会议审议，提出了贯彻落实“两法”和决议必须坚决抓到底，要围绕“清旧、堵新、建长效”三个重点推动工作落实，要敢于动真碰硬、严格执法，真正解决人民群众最根本、最现实的利益等工作建议。

开展食品安全执法检查 2012年7—8月，县人大常委会组织开展食品安全执法检查。常委会主任吴晓、副主任于庆国带领执法检查组成员赴县食品药品监督局、工商局、质监局、农业局等部门检查食品安全执法工作及自查自纠情况，并实地检查了万达广场和兴越路餐饮街、华润超市、至味食品公司、昌强茶业公司、绿源水产开发公司、齐贤镇城郊型蔬菜现代农业园区、农业局食品检测站等。经过常委会会议审议，提出要提高食品生产经营者的食品安全第一责任意识和全民食品安全意识，通过开展专项整治、定期不定期检查对违法违规企业“整顿规范一批，打击取缔一批”，理顺关系、完善硬件软件建设，及时整改自查自纠中发现的一些问题等工作建议。

2012年8月1—3日，省人大常委会执法检查组到绍兴县检查食品安全执法工作（人大办提供）

第三节 专题询问

食品药品安全工作专题询问 2013年5月28日，县人大常委会首次开展专题询问。专题询问围绕食品药品安全工作，在县十四届人大常委会第九次会议期间进行。县人大常委会全体组成人员，副县长祝静芝，县政协副主席钱月美，县人民法院院长孙浩，县人民检察院检察长丁飞，县人大常委会原领导施平平，以及县食监局、质监局、公安局、工商局、农业局、卫生局、城管办、教体局等15个政府相关部门负责人，部分县人大代表参加询问会。询问会还专门邀请了一些群众代表参加旁听。

开展专题询问是人大常委会监督工作的一个新举措，是监督形成的创新运用，也是审议质量提升的重要突破。专题询问会由常委会副主任于庆国主持，县食品监督管理局局长陈文荣受县政府委托报告全县食品药品安全工作情况。会上，县人大常委会组成人员、县人大代表等12位提问者，根据前期调研和暗访，分别就农贸市场食品安全信息追溯管理、农产品中农药残留超标问题、流动食品摊贩整治、无证小诊所整治等一系列群众关心的食品药品安全问题进行了询问，县食监局、农业局、工商局、质监局、卫生局、公安局、城管办等有关部门负责人现场面对面一一作答。专题询问的效果得到各有关方面一致肯定。

“五水共治”工作专题询问 2014年3月25日，区十四届人大常委会召开第十六次会议，专题听取和审议区政府关于以清水工程为主要内容的“五水共治”工作报告，并进行专题询问。县人大常委会全体组成人员、副区长胡国炜和10名政府部门行政负责人现场作答。与会人员观看由区人大常委会和区广电总台联合制作的反映全区“五水共治”存在问题的专题片。区人大常委会组成人员、区人大代表等13位提问者，根据前期调研和暗访，对群众普遍关注的印染产业集聚升级、环保执法情况、快速排涝通道建设、沿河餐饮及垃圾整治、生活污水收集处理、畜禽养殖污染整治、“五水共治”资金投入和宣传、水土流失保护等问题进行询问，区政府及区水利水电局、区环保局、区林业局、区财政局等相关部门主要负责人一一作答，并就有关事项的落实作出承诺。

大气污染防治专题询问 2015年5月21日，区十四届人大常委会第二十八次会议听取和审议区政府关于大气污染防治工作情况的报告，进行专题询问。县人大常委会

三图分别为区人大常委会专题询问大气污染防治工作会议、代表提问、政府工作部门负责人答复场景(人大办提供)

全体组成人员、副区长、区政协副主席、区人民法院、区人民检察院参加询问会。与会人员观看大气污染防治专题片。区人大常委会组成人员及部分区人大代表根据前期调研和暗访，就淘汰落后产能、餐饮油烟长效监管、建筑工地扬尘治理、露天焚烧垃圾秸秆、汽车尾气污染、大气污染防治新机制等情况进行询问，区政府相关部门负责人逐一进行回答。

第四节　工作评议和专项监督活动

对区教体局、区市场监管局的工作评议　2015 年 9 月 28 日，区十四届人大常委会第三十次会议专项评议区教体局、区市场监管局工作并进行满意度测评。区人大常委会组成人员在评议中认为，区教体局、区市场监管局能自觉接受人大监督，围绕区委、区政府中心大局，坚持推进依法行政，严格履行工作职责，积极服务发展和民生，工作成效明显。同时提出下一步整改意见，要求区教体局继续优化教育资源配置，推进教育均衡发展，不断深化教育改革，加强师资队伍建设，着力解决社会关切问题，全面推进全区教体现代化；区市场监管局进一步坚持依法行政，突出重点加大监管力度，强化企业主体责任，营造全民参与良好氛围，切实保障人民群众舌尖上的安全。常委会主任吴晓指出，开展工作评议是人大常委会依法履职的内在要求，是人民群众的热切期盼，也是支持和促进“一府两院”工作的有效途径，要求认真对待评议意见，不断改进工作，坚持问题导向，高标准严要求开展各项整改，同时要跟踪督促问题解决，促进政府及部门更好开展工作，为打造“三个柯桥”作出新贡献。

绍兴市柯桥区第十四届人大常委会第三十次会议上，区教体局局长和区市场监管局局长向区人大常委会报告部门履职情况（人大办提供）

深化司法监督工作专项活动　2015年4—11月,区人大常委会按照省市人大常委会统一部署,制定了《柯桥2015年深化司法监督工作实施方案》,组织区、镇两级人大上下联动,集中开展深化司法监督工作专项活动,重点监督区法院、检察院和公安机关、司法行政机关司(执)法工作人员依法履职、公正司(执)法以及防范冤假错案情况。通过动员部署、督促区公检法司机关自查自纠、组织召开公检法司机关司(执)法工作人员座谈会、组织旁听庭审、分组分片赴16个联系镇(街)进行调研、征集部分人大代表和政协委员、律师及基层群众的意见建议等等,将各方所反映的问题特别是反映比较集中、反响较为强烈的问题进行了整理归纳,制定了《关于柯桥区公检法司机关司(执)法工作人员依法履职、公正司(执)法情况的问题清单》,包括法院3个方面共9个问题、检察院3个方面共9个问题、公安局3个方面共9个问题和司法局3个方面共8个问题,经主任会议研究通过,交由区公检法司各机关(部门)对照整改落实。2016年2月26日召开常委会会议,专题听取区公检法司机关整改落实情况报告,并对区公检法司机关依法履职公正司(执)法问题整改情况进行满意度测评,推动了司法监督工作规范化、常态化。

第五节　规范性文件备案审查

2008年9月25日,县人大常委会按照监督法规定,出台了《关于依法做好规范性文件备案审查工作的若干意见》,明确对县政府、乡镇人大的规范性文件进行备案审查,并具体规定了备案范围、审查原则、审查和纠错程序等,规范性文件备案审查工作正式起步,至当年底,共接收县政府报备的规范性文件30件。

规范性文件备案审查制是充分发挥人大监督职能、切实增强监督实效的有效途径,是推进政府机关依法行政、加快建设法治政府的重要措施。2009年12月18日,县十三届人大常委会第三十六次主任会议首次专题听取县人大常委会法工委、县人民政府法制办关于规范性文件备案审查工作的情况报告,就完善备案审查制度提出了建议。

2008年至2017年初,常委会法工委共接收县(区)政府报备的规范性文件272件,逐件予以登记、备案,并按照文件涉及的内容和职责分工,分送常委会有关工委备审,加强与各具体审查机构之间的衔接和配合。同时,认真履行具体审查机构的职能,配备具有司法职业资格的人员从事审查工作,采用主动审查和被动审查相结合的方式,增强工作实效,维护法制和政令统一。自规范性文件备案审查工作开展之后至2017年2月,未发现有依法应予撤销的情形,对文件中存在的部分文字表述存在欠缺或不规范等问题,及时与政府法制部门联系沟通，具体审查机构也未提出有异议的审查意见。

规范性文件备案审查工作情况统计表

表 4-3-1　　　　单位：件

年度	应当报备数		实际报备数		主动审查数		主动处理情况
	人大	政府	人大	政府	人大	政府	
2008	—	34	—	34	—	—	—
2009	—	106	—	106	—	15	审查无异议 15 件
2010	—	9	—	9	—	—	—
2011	—	19	—	19	—	3	审查无异议 3 件
2012	—	13	—	13	—	—	—
2013	—	7	—	7	—	1	审查无异议 1 件
2014	—	9	—	9	—	—	—
2015	—	33	—	33	—	—	—
2016	—	24	—	24	—	24	审查无异议 24 件
2017	—	18	—	18	—	18	审查无异议 18 件
合计	—	272	—	272	—	63	—

附：

绍兴县人民代表大会常务委员会关于依法做好规范性文件备案审查工作的若干意见

（2008 年 9 月 25 日绍兴县第十三届人民代表大会常务委员会第十二次会议通过）

根据《中华人民共和国各级人民代表大会常务委员会监督法》和《浙江省各级人民代表大会常务委员会规范性文件备案审查规定》，结合本县实际，现就依法做好规范性文件的备案审查工作提出如下意见。

一、报送备案的范围及审查原则

（一）对本行政区域内公民、法人和其他组织具有普遍约束力的下列文件应当报送县人大常委会备案：

1. 县人民政府公布的决定、命令，以及以规定、办法、意见、通知等形式制定的规范性文件；

2. 镇人民代表大会作出的决议、决定,以及以规定、规则、办法、制度等形式制定的规范性文件;

3. 其他应当报送备案的规范性文件。

(二)规范性文件审查应当坚持依法办事、集体行使职权的原则,坚持实行主动审查和被动审查相结合,以被动审查为主、主动审查为辅的原则,积极慎重,正确把握,保证重点和质量。

二、报送备案的期限及备案材料的内容和文本

(三)县人民政府、镇人民代表大会(以下简称制定机关)制定的规范性文件应当自公布之日起三十日内,报送县人大常委会备案。(公布日期,以文末注明的印发日期为准)

(四)规范性文件备案材料包括下列内容:

1. 备案报告;

2. 规范性文件文本及相应的说明(应当说明制定该规范性文件的必要性及其具体的法律、法规、上位规范性文件依据等);

3. 其他有关材料。

规范性文件备案,应当同时报送备案材料纸质文本(一式五份)和电子文本。

(五)规范性文件的制定机关应当于每年一月底前,将上一年度制定的规范性文件目录一式五份报送县人大常委会备查。

(六)报送县人大常委会备案的规范性文件材料,由县人大常委会法制工作委员会(以下简称接收登记机构)负责统一接收、登记、分送和存档。

(七)制定机关应当按照"有件必备"的要求,出台一件,依法及时报备一件。未按规定报送规范性文件备案材料的,由接收登记机构书面通知制定机关的办事机构限期报送。

(八)县人大及其常委会制定的规范性文件,自公布之日起三十日内由县人大常委会办公室按要求将相关材料报送市人大常委会备案。

三、审查及纠错

(九)县人大常委会经审查认为规范性文件有下列不适当情形之一的,有权予以撤销:

1. 超越法定权限限制或者剥夺公民、法人和其他组织合法权利,或者增加公民、法人和其他组织义务的;

2. 超越法定权限制定规范性文件的;

3. 违反法定程序制定规范性文件的;

4. 同上位法相抵触的；

5. 同本级或者上级人大及其常委会的决议、决定相抵触的；

6. 有其他不适当的情形，应当予以撤销的。

（十）报送县人大常委会备案的规范性文件，由县人大常委会相应的工作机构（以下简称具体审查机构）按照职责进行审查。

（十一）接收登记机构收到报送备案的规范性文件后，认为需要审查的，应当按照规范性文件涉及的内容和职责分工，于七日内分送相应的审查机构审查。规范性文件的内容涉及两个或两个以上工作机构职责范围的，接收登记机构应当同时分送有关审查机构进行联合审查。

（十二）县人民政府、县人民法院、县人民检察院、镇人民代表大会认为规范性文件有本意见第九条所列情形之一的，可以向县人大常委会书面提出审查要求。

接收登记机构收到审查要求后，应当按照职责分工于七日内送具体审查机构进行审查。审查工作结束，由具体审查机构报经县人大常委会主任会议同意，于十五日内将审查处理情况书面告知提出审查要求的国家机关。

（十三）前条规定以外的其他国家机关、社会团体、企业事业单位以及公民认为规范性文件有本意见第九条所列情形之一的，可以向县人大常委会书面提出审查建议。

接收登记机构收到审查建议后应当对是否正式进行审查进行研究，并于十五日内将有关情况书面告知提出审查建议的单位和个人。认为确有审查必要的，应当按照职责分工送具体审查机构进行审查。

（十四）具体审查机构对规范性文件进行审查时，可以通知有关制定机关派员说明情况或者提供书面说明材料；可以邀请有关方面的专家参与审查工作，也可以举行听证会。

（十五）具体审查机构经审查认为规范性文件有本意见第九条所列情形之一的，在三十日内应当提出初步审查意见，并报经县人大常委会主任会议同意，由接收登记机构于七日内及时与制定机关沟通，征询意见。

（十六）经沟通、征询意见后，制定机关同意对被审查的规范性文件进行修改或者废止的，必须于三十日内自行纠正。制定机关认为被审查的规范性文件无需修改或者废止的，应当书面说明理由。

制定机关未在规定的期限内修改或者废止，或者具体审查机构认为制定机关提出的无需修改或者废止的理由不成立的，可以报经县人大常委会主任会议同意后，由具体审查机构向制定机关提出书面审查意见，同时送接收登记机构存档备查。制定机关应当自收到书面审查意见之日起三十日内,依法定程序对所制定的规范性文件予以修改或者废止。制定机关不予修改或者废止的,具体审查机构可以向县人大常委会主任会议提出处理建议,由主任会议依职权向县人大常委会提出撤销该规范性文件的议案。

(十七)对修改或者部分撤销后的规范性文件,制定机关应当重新发文或者公布,并按照法定程序报送备案。

(十八)本意见自通过之日起实施。

第四章　人事任免

第一节　任免国家机关工作人员范围

人事任免权是宪法和法律赋予地方人大常委会的一项重要职权，是人民行使管理国家事务权力的具体体现。《中华人民共和国地方各级人民政府代表大会和地方各级人民政府组织法》赋予县级以上地方各级人大常委会任免地方国家机关工作人员的职权，并规定相应的任免范围。县（区）人大常委会人事任免的对象包括县（区）国家权力机关、行政机关、审判机关、检察机关四大系统的工作人员。人事的任免范围是：个别副县（区）长，县（区）人民政府各局、办的局长、主任；县（区）人民法院副院长、审判委员会委员、庭长、副庭长、审判员，人民陪审员；县（区）人民检察院副检察长、检察委员会委员和检察员；县（区）人大常委会各办事、工作机构、街道工

2012 年 3 月 6 日，县人大常委会组织新一届政府部门负责人拟任人员进行任前法律知识考试（人大办提供）

委的主任、副主任，人大专门委员会的个别副主任委员和部分委员，通过人大常委会代表资格审查委员会主任委员、副主任委员和委员人选。此外，根据地方组织法规定，县(区)人大常委会可以决定接受县(区)人大常委会组成人员、人大专门委员会组成人员、人民政府县(区)长、人民法院院长、人民检察院检察长的辞职请求和决定"一府两院"的代理正职，还可以任命县(区)及镇选举委员会组成人员并决定其辞去选举委员会职务的请求。任免及接受辞职情况详见本章。

第二节　任免国家机关工作人员名单

一、县十三届人大常委会任免人事名单

第一次会议(2007年2月28日)

任命：刘斌为县人大常委会办公室主任；邵纪康为县人大常委会代表工作委员会主任；刘越英为县人大常委会教科文卫工作委员会主任；徐晁华为县人大常委会城建环保工作委员会主任；缪华水为县人大常委会柯桥街道工作委员会委员；高永清、金国琴、陶国森为县人大常委会柯岩街道工作委员会委员；马福林、赵国荣、章国娟为县人大常委会华舍街道工作委员会委员；罗建明为县人大常委会湖塘街道工作委员会委员。

免去：邵纪康的县人大常委会办公室主任职务；陈泉生的县人大常委会代表工作委员会主任职务；董根源的县人大常委会教科文卫工作委员会主任职务；宋子灿的县人大常委会城建环保工作委员会主任职务；马传忠的县人大常委会柯桥街道工作委员会委员职务；陈婉娟的县人大常委会湖塘街道工作委员会委员职务。

第二次会议(2007年4月9日)

决定任命：刘勇、陶关锋为县人民政府副县长；胡国炜为县人民政府办公室主任；沈小军为县经济贸易局局长；许义平为县教育局局长；张国建为县科学技术局局长；邢黎平为县公安局局长；钱月美为县监察局局长；赵志根为县民政局局长；陈广见为县司法局局长；宋天平为县财政局局长；吴汉华为县人事局局长；孙尧富为县劳动和社会保障局局长；陈学军为县建设局局长；何建刚为县交通局局长；葛美芳为县水利水电局局长；陈炳松为县农业局局长；孙光荣为县林业局局长；周如生为县对外贸易经济合作局局长；沈祖卫为县文化广电新闻出版局局长；王秋珍为县卫生局局长；朱潮美为县人口和计划生育局局长；王柏泉为县审计局局长；裘江新为县环境保护局局长；祁金凤为县统计局局长；姚琪为县安全生产监督管理局局长；吕铁辉为县人民政府外事与侨务办公室主任；叶炎阳为县人民

政府台湾事务办公室主任。

任命：严照良为县人民法院副院长；钱兔根、濮建明为县人民法院副院长、审判委员会委员、审判员；李光辉为县人大常委会办公室副主任。

免去：于坚毅的人民检察院副检察长、检察委员会委员、检察员职务；李光辉的县人大常委会法制工作委员会副主任职务。

第三次会议(2007年5月21日)

决定任命：邢玉清为县发展和改革局局长。

任命：赵卫星为县人民法院齐贤镇人民法庭庭长。

免去：赵卫星的县人民法院审判委员会委员、行政审判庭庭长职务；冯祝泉的县人民法院齐贤镇人民法庭庭长职务。

第四次会议(2007年7月24日)

任命：靳豫玖为县人民法院审判委员会委员；俞江忠为县人民法院行政审判庭庭长；王仁康为县人民法院立案庭庭长；郭海东为县人民法院审判监督庭庭长；柯玉乔为县人民法院立案庭副庭长；刁学伟为县人民法院民事审判第二庭副庭长；洪震兴为县人民法院执行庭副庭长；屠国均为县人民法院民事审判第一庭副庭长；朱建军为县人民法院审判员、钱清人民法庭副庭长；金勇为县人民法院审判员、齐贤人民法庭副庭长；张晓峰、陈子平、俞翔为县人民法院审判员。

免去：俞江忠的县人民法院立案庭庭长职务；王仁康的县人民法院立案庭副庭长职务；郭海东的县人民法院民事审判第二庭副庭长职务；柯玉乔的县人民法院执行庭副庭长职务；刁学伟的县有民法院刑事审判庭副庭长职务；洪震兴的县人民法院钱清人民法庭副庭长职务；吕福兴的县人民法院审判委员会委员、审判监督庭庭长职务；张珉的县人民法院民事审判第一庭副庭长职务。

第六次会议(2007年9月20日)

免去：管水生的县人民法院执行庭副庭长、审判员职务；王普庆的县人民法院行政审判庭副庭长、审判员职务；张高翔的县人民法院齐贤人民法庭副庭长、审判员职务；秦芷江的县人民法院审判员职务。

第七次会议(2007年11月29日)

决定任命：娄刚强为县科学技术局局长；陈永建为县对外贸易经济合作局局长；翁桂珍为县政府外事与侨务办公室主任。

任命：徐锐、黄宇峰、刘让春、娄丹丹、王建华等为县人民检察院检察员。

决定免去：刘勇的县人民政府副县长职务；张国建的县科学技术局局长职务；周如生的县对外贸易经济合作局局长职务；吕铁辉的县政府外事与侨务办公室主任职务。

免去：余建林的县人民法院副院长、审判委员会委员、审判员职务。

第九次会议（2008 年 3 月 25 日）

任命：张健为县人民检察院检察委员会委员；金少华为县人民检察院检察员。

第十次会议（2008 年 5 月 22 日）

决定任命：李海洋为县人民政府副县长。

任命：周华为县人民法院审判员、平水人民法庭庭长；俞江忠为县人民法院审判委员会委员；刁学伟为县人民法院审判监督庭庭长；章亚伟为县人民法院执行裁决庭副庭长；沈强为县人民检察院检察员、检察委员会委员。

免去：沈强的县人民法院平水人民法庭庭长、审判员职务；郭海东的县人民法院审判监督庭庭长职务；刁学伟的县人民法院民事审判第二庭副庭长职务；张晓峰的县人民法院审判员职务；寿彩娟的县人民法院审判员职务；周华的县人民检察院检察员职务。

第十一次会议（2008 年 7 月 22 日）

任命：马学凯、吴加茂、沈保罗、莫伯林、魏木根为县人民法院人民陪审员。

第十二次会议（2008 年 9 月 25 日）

任命：吴玲玲为县人民检察院检察员。

免去：张凌、陈汉君的县人民检察院检察员职务。

决定接受：潘政权辞去绍兴县第十三届人民代表大会代表职务的请求。

第十三次会议（2008 年 11 月 25 日）

任命：陈伟为县人民法院民事审判第三庭庭长；屠李强为县人民法院民事审判第二庭副庭长；戴张奎为县人民法院行政审判庭副庭长；金勇为县人民法院执行庭副庭长；钱舟琳为县人民法院审判员、齐贤人民法庭副庭长；黄关水为县人民法院平水人民法庭副庭长；冯春盛为县人民法院审判员。

免去：陈伟的县人民法院民事审判第二庭副庭长职务；屠李强的县人民法院平水人民法庭副庭长职务；戴张奎的县人民法院执行庭副庭长职务；金勇的县人民法院齐贤人民法庭副庭长职务；董友泉的县人民法院审判员职务；张伯银的县人民法院审判员职务。

第十四次会议（2009 年 1 月 12 日）

决定任命：何伟仕为县公安局局长；孙忠富为县经济贸易局局长；杨金法为县建设局

局长；喻光耀为县安全生产监督管理局局长。

决定免去：张荣社的县人民政府副县长职务；邢黎平的县公安局局长职务；沈小军的县经济贸易局局长职务；陈学军的县建设局局长职务。

第十六次会议(2009 年 3 月 25 日)

任命：沈水兔为县人大常委会柯桥街道工作委员会副主任；王仁庆为县人大常委会湖塘街道工作委员会副主任。

免去：张志根的县人大常委会柯桥街道工作委员会副主任职务；何存强的县人大常委会柯岩街道工作委员会副主任职务；吕夫珍的县人大常委会湖塘街道工作委员会副主任职务。

第十七次会议(2009 年 5 月 25 日)

决定任命：丁生产为县人民政府副县长。

任命：冯祝泉为县人民法院审判委员会委员；周力佳、周虎、桑伟强为县人民法院审判员。

决定接受：冯建荣辞去县人民政府县长职务的请求。

第十八次会议(2009 年 7 月 8 日)

决定任命：孙云耀为县人民政府副县长。

决定：孙云耀为县人民政府代理县长。

任命：陆晓巍为县人大常委会柯岩街道工作委员会副主任。

决定免去：叶炎阳的县人民政府台湾事务办公室主任职务。

决定接受：王柏泉辞去县第十三届人民代表大会代表职务。

第十九次会议(2009 年 9 月 25 日)

任命：丁承坚、王世行、王海林、王越、朱正祥、朱志康、邵正峰、陈建刚、杨桦、张海峰、余斌、孟文刚为、金传芳、金峰、柳见日、姚伟方、胡炳澄、徐大红、倪煜明、章生茂、喻钢坚、蒋桂芬、董圆法、斯海洋、裘菊英、蔡关忠、潘云峰为县人民法院人民陪审员。

决定免去：陈吉安的县人民政府副县长职务；王柏泉的县审计局局长职务。

免去：沈伟阳的县人民法院审判员职务。

第二十次会议(2009 年 11 月 16 日)

决定任命：濮如松为县审计局局长；高青泉为县环境保护局局长。

任命：宋金木为县人大常委会农村经济工作委员会主任；丁国梅、虞建成、朱峰、俞东、黄宇峰为县人民检察院检察委员会委员；陈玉华、陈梁、张芳为县人民检察院检察员。

决定免去：裘江新的县环境保护局局长职务。

免去：王永康的县人民检察院检察委员会委员职务；肖国建、孟海波的县人民检察院检察员职务。

第二十一次会议(2010年1月6日)

决定任命:蒋建国为县人民政府台湾事务办公室主任。

任命:孙胜利为县人大常委会教科文卫工作委员会副主任。

第二十二次会议(2010年2月4日)

决定任命:周树森为县人民政府副县长;胡国炜为县人民政府副县长。

决定免去:陶关锋的县人民政府副县长职务。

第二十三次会议(2010年3月25日)

决定免去:孙哲君的县人民政府副县长职务。

第二十四次会议(2010年5月25日)

任命:葛晓园、曹健雄、周荣根、程洪海、陈国炎、施芬花、高根兴、梁振兴、任木根、张尚明、赵阳泉、娄伟荣、骆红祥、胡鹤真、孙胃、马学凯、吴加茂、沈保罗、莫伯林、魏木根、高建华、董根生、周小琴、陈立峰、金银永、孙迪飞为县人民法院人民陪审员。

免去:李海洋的县人民政府副县长职务;胡银品的县人民法院审判员职务;徐国贞的县人民法院审判员职务;山月康的县人民法院审判员职务;黄宇峰的县人民检察院检察委员会委员、检察员职务;徐锐的县人民检察院检察员职务。

第二十五次会议(2010年7月6日)

决定任命:蔡于革为县人民政府副县长;沈祖卫为县人民政府办公室主任;王炳豪为县财政局局长。

任命:张健为县人民检察院副检察长;丁国梅为县人民检察院副检察长;赵忠根为县人民检察院副检察长;任思茵为县人民法院审判委员会委员;徐智煊为县人大常委会城建环保工作委员会副主任。

决定免去:胡国炜的县人民政府办公室主任职务;沈祖卫的县文化广电新闻出版局局长职务。

第二十六次会议(2010年9月2日)

决定接受:冯光成辞去绍兴市第六届人民代表大会代表职务的请求。

第二十七次(2010年9月6日)

任命:孙浩为县人民法院审判员、审判委员会委员、副院长。

决定:孙浩为县人民法院代理院长;接受周剑敏辞去县人民法院院长、审判委员会委员和审判员职务的请求。

第二十八次会议（2010年11月25日）

决定任命：王彪为县文化广电新闻出版局局长；徐国娣为县人口和计划生育局局长；李放鸣为县人民政府台湾事务办公室主任。

决定免去：朱潮美的县人口和计划生育局局长职务；蒋建国的县人民政府台湾事务办公室主任职务。

免去：杨秀娟的县人大常委会柯桥街道工作委员会主任职务；王仁庆的县人大常委会湖塘街道工作委员会副主任职务。

第二十九次会议（2010年12月15日）

决定任命：谢兴长为县人民政府副县长。

决定接受：盛苗根辞去县第十三届人民代表大会代表职务的请求。

第三十次会议（2011年1月13日）

决定任命：陈永建为县经济和信息化局局长；许义平为县教育体育局局长；孙尧富为县民政局局长；吴汉华为县人力资源和社会保障局局长；钱勇军为县住房和城乡建设局局长；杨金法为县规划局局长；何建刚为县交通运输局局长；喻光耀为县林业局局长；翁桂珍为县商务局局长；蒋伟星为县外事与侨务办公室主任；金阿根为县安全生产监督管理局局长。

任命：董金香为县人大常委会柯桥街道工作委员会主任；徐光炎为县人大常委会华舍街道工作委员会主任；裘华建为县人大常委会柯岩街道工作委员会副主任；王磊为县人大常委会湖塘街道工作委员会副主任。

决定免去：孙忠富的县经济贸易局局长职务；许义平的县教育局局长职务；赵志根的县民政局局长职务；孙尧富的县劳动和社会保障局局长职务；吴汉华的县人事局局长职务；杨金法的县建设局局长职务；何建刚的县交通局局长职务；孙光荣的县林业局局长职务；陈永建的县对外贸易经济合作局局长职务；喻光耀的县安全生产监督管理局局长职务；翁桂珍的县外事与侨务办公室主任职务。

免去：陈尧根的县人大常委会华舍街道工作委员会主任职务；陆晓巍的县人大常委会柯岩街道工作委员会副主任职务。

第三十一次会议（2011年3月24日）

任命：杨晶晶为县人民检察院检察员；梁兴国为县人民检察院检察员。

免去：成鉴清的县人民检察院检察委员会委员职务；金少华的县人民检察院检察员职务。

第三十二次会议（2011年5月25日）

决定任命:李亚根为县食品药品监督管理局局长。

决定免去:孟柏干的县人民政府副县长职务。

免去:卢雪勇的县人民检察院检察员职务;金娟的县人民法院审判员职务;曹健雄的县人民法院人民陪审员职务。

第三十三次会议(2011年7月15日)

决定任命:孙君为县人民政府副县长。

第三十四次会议(2011年9月15日)

决定任命:宋国新为县公安局局长。

任命:沈伟阳为县人大常委会法制工作委员会副主任。

决定免去:何伟仕的县公安局局长职务。

决定接受:郦满峰、周天祥、夏妙荣等辞去镇选举委员会职务的请求。

第三十五次会议(2011年11月9日)

决定任命:周如生为县经济和信息化局局长;喻光耀为县财政局局长;陈永建为县林业局局长。

任命:刁学伟为县人民法院审判委员会委员;金勇为县人民法院执行庭庭长;黄关水为县人民法院刑事审判庭副庭长;周金娅为县人民法院审判员、刑事审判庭副庭长;张浙丽为县人民法院审判员、民事审判第一庭副庭长;朱建军为县人民法院民事审判第二庭副庭长;周力佳为县人民法院民事审判第二庭副庭长;李籽苏为县人民法院审判员、民事审判第三庭副庭长;沈金国为县人民法院钱清人民法庭副庭长;陶国军为县人民法院审判员、齐贤人民法庭副庭长;陈新业为县人民法院平水人民法庭副庭长;刘青红为县人民法院审判员;陈维为县人民法院审判员;张明为县人民法院审判员;傅国兰为县人民法院审判员;刘婷为县人民法院审判员;孙法中为县人大常委会柯岩街道工作委员会副主任;单和根为县人大常委会华舍街道工作委员会副主任。

决定免去:王炳豪的县财政局局长职务;喻光耀的县林业局局长职务;陈永建的县经济和信息化局局长职务。

免去:王磊的县人大常委会湖塘街道工作委员会副主任职务;金勇的县人民法院执行庭副庭长职务;黄关水的县人民法院平水人民法庭副庭长职务;朱建军的县人民法院钱清人民法庭副庭长职务;靳豫玖的县人民法院执行庭庭长职务;王伟良的县人民法院刑事审判庭副庭长职务;叶新祥的县人民法院民事审判第一庭副庭长职务;屠李强的县人民法院民事审判第二庭副庭长职务;洪震兴的县人民法院执行庭副庭长职务;章亚伟的县人民法

院执行裁决庭副庭长职务；钱舟琳的县人民法院齐贤人民法庭副庭长职务。

第三十六次会议(2011年11月21日)

决定任命：徐国龙为县人民政府副县长。

决定：徐国龙为县人民政府代理县长；接受孙云耀辞去县人民政府县长职务的请求。

第三十七次会议(2011年12月19日)

决定任命：王张泉为县发展和改革局局长；蒋国洪为县教育体育局局长；陈炳松为县科学技术局局长；阮建康为县民族宗教事务局局长；缪智勇为县交通运输局局长；何建刚为县农业局局长；祁金凤为县审计局局长；葛梅荣为县统计局局长。

任命：李亚根为县人大常委会办公室主任；宋金木为县人大常委会财经工作委员会主任；叶加林为县人大常委会教科文卫工作委员会主任；蒋倬臣为县人大常委会农村经济工作委员会主任；丁飞为县人民检察院副检察长、检察委员会委员。

决定免去：邢玉清的县发展和改革局局长职务；许义平的县教育体育局局长职务；娄刚强的县科学技术局局长职务；何建刚的县交通运输局局长职务；陈炳松的县农业局局长职务；王秋珍的县卫生局局长职务；濮如松的县审计局局长职务；祁金凤的县统计局局长职务；李亚根的县食品药品监督管理局局长职务。

免去：刘斌的县人大常委会办公室主任职务；宋国梁的县人大常委会财经工作委员会主任职务；刘越英的县人大常委会教科文卫工作委员会主任职务；宋金木的县人大常委会农村经济工作委员会主任职务；濮耀魁的县人大常委会办公室副主任职务。

决定：丁飞为县人民检察院代理检察长；接受王荣彪辞去县人民检察院检察长、检察委员会委员职务的请求。

决定接受：平水龙辞去县选举委员会副主任职务的请求；吴国建、方慧琴辞去县选举委员会委员职务的请求；陆兴法辞去杨汛桥镇选举委员会主任职务的请求；李三海辞去夏履镇选举委员会主任职务的请求；杨国良辞去马鞍镇选举委员会主任职务的请求；陈尧根辞去齐贤镇选举委员会主任职务的请求；罗为民辞去齐贤镇选举委员会委员职务的请求；柯静杨辞去安昌镇选举委员会主任职务的请求；施欣意辞去安昌镇选举委员会委员职务的请求；何国行辞去福全镇选举委员会主任职务的请求；孙岳传辞去兰亭镇选举委员会主任职务的请求；孙卫国辞去漓渚镇选举委员会主任职务的请求；潘文娟辞去孙端镇选举委员会主任职务的请求；徐寿增辞去陶堰镇选举委员会主任职务的请求；丁洁青辞去富盛镇选举委员会主任职务的请求；杨国胜辞去平水镇选举委员会主任职务的请求；吴蓥辞去平水镇选举委员会委员职务的请求；徐慧娟辞去王坛镇选举委员会主任职务的请求；丁炳方辞去稽东镇选举委员会主任职务的请求。

第三十八次会议(2012年1月9日)

决定任命:陈文荣为县食品药品监督管理局局长。

决定免去:马芳妹、陈德洪的县人民政府副县长职务。

二、县(区)十四届人大常委会任免人事名单

第一次会议(2012年3月8日)

决定任命:刘斌为县政府办公室主任;王张泉为县发展和改革局局长;周如生为县经济和信息化局局长;蒋国洪为县教育体育局局长;陈炳松为县科学技术局局长;阮建康为县民族宗教事务局局长;宋国新为县公安局局长;郎煜江为县监察局局长;孙尧富为县民政局局长;陈广见为县司法局局长;喻光耀为县财政局局长;王秋珍为县人力资源和社会保障局局长;高青泉为县环境保护局局长;钱勇军为县住房和城乡建设局局长;杨金法为县规划局局长;缪智勇为县交通运输局局长;汤金尧为县水利水电局局长;何建刚为县农业局局长;陈永建为县林业局局长;方优美为县商务局局长;王彪为县文化广电新闻出版局局长;翁桂珍为县卫生局局长;徐国娣为县人口和计划生育局局长;祁金凤为县审计局局长;蒋伟星为县政府外事与侨务办公室主任;金阿根为县安全生产监督管理局局长;葛梅荣为县统计局局长;陈文荣为县食品药品监督管理局局长;李放鸣为县政府台湾事务办公室主任。

任命:张祖伟为县人大常委会柯桥街道工作委员会副主任;张国富为县人大常委会湖塘街道工作委员会副主任。

免去:沈水兔的县人大常委会柯桥街道工作委员会副主任职务。

第三次会议(2012年5月25日)

决定任命:普布顿珠为县人民政府副县长。

任命:倪华丰为县人大常委会办公室副主任;李昌宏为县人大常委会财经工作委员会副主任;虞建妙为县人大常委会柯桥街道工作委员会委员;包如贵为县人大常委会华舍街道工作委员会委员。

免去:冯祝泉的县人民法院审判委员会委员、审判员职务;屠建伟的县人民法院审判委员会委员、刑事审判庭庭长、审判员职务;陈子平、方建华、叶来法、相文元的县人民法院审判员职务;沈强的县人民检察院检察委员会委员、检察员职务;缪华水的县人大常委会柯桥街道工作委员会委员职务;陶国森的县人大常委会柯岩街道工作委员会委员职务;赵

国荣、章国娟的县人大常委会华舍街道工作委员会委员职务。

第四次会议(2012年7月24日)

决定任命:刘晓清为县人民政府副县长。

任命:靳豫玖为县人民法院副院长;袁继红为县人民法院审判员、审判委员会委员;沈海晓为县人民法院审判委员会委员;陈黎晓为县人民法院钱清人民法庭庭长;王伟良为县人民法院刑事审判庭庭长;叶新祥为县人民法院民事审判第一庭庭长;柯玉乔为县人民法院刑事审判庭副庭长;黄关水为县人民法院民事审判第一庭副庭长;朱先森为县人民法院人民陪审员。

决定免去:蔡于革的县人民政府副县长职务。

免去:钱兔根的县人民法院副院长、审判委员会委员、审判员职务;陈黎晓的县人民法院审判委员会委员、民事审判第一庭庭长职务;沈海晓的县人民法院钱清人民法庭庭长职务;柯玉乔的县人民法院立案庭副庭长职务;黄关水的县人民法院刑事审判庭副庭长职务;吴加茂的县人民法院人民陪审员职务。

第六次会议(2012年11月23日)

决定任命:章金尧为县环境保护局局长;徐阿幼为县水利水电局局长。

任命:周华为县人民检察院检察员、检察委员会委员;冯春盛为县人民法院民事审判第一庭副庭长;张浙丽为县人民法院审判监督庭副庭长;陈维为县人民法院立案庭副庭长;雷红莉为县人民法院审判员、行政审判庭副庭长。

决定免去:汤金尧的县水利水电局局长职务;高青泉的县环境保护局局长职务。

免去:张浙丽的县人民法院民事审判第一庭副庭长职务;屠国均的县人民法院民事审判第一庭副庭长职务;戴张奎的县人民法院行政审判庭副庭长职务;周华的县人民法院平水法庭庭长、审判员职务。

第七次会议(2013年1月23日)

任命:陈敏为县人大常委会教科文卫工作委员会副主任;裘黄富为县人大常委会农村经济工作委员会副主任;孟建权为县人大常委会柯岩街道工作委员会副主任;许云富为县人大常委会柯桥街道工作委员会副主任;王国昌为县人大常委会湖塘街道工作委员会副主任。

免去:严照良的县人民法院副院长、审判委员会委员、审判员职务;裘华建的县人大常委会柯岩街道工作委员会副主任职务。

第八次会议(2013年3月26日)

决定任命:王伟为县人民政府副县长。

决定免去:普布顿珠的县人民政府副县长职务。

第九次会议(2013年5月28日)

决定任命:王炳豪为县科学技术局局长。

任命:孙青兰为县人民检察院检察委员会委员;姚华、杨晖、王香萍、金懿、陈君、吴建明、朱益江为县人民检察院检察员。

决定免去:陈炳松的县科学技术局局长职务。

免去:胡德云的县人民法院审判员职务;徐兴龙的县人民检察院检察委员会委员、检察员职务;李惠英、严月淞、王幼龙、钱东狗、周祖绳、冯建强的县人民检察院检察员职务。

第十次会议(2013年7月22日)

决定任命:高秉学为县人民政府副县长;叶骏为县人民政府副县长。

第十一次会议(2013年9月24日)

任命:李光辉为县人大常委会代表工作委员会副主任;娄盛为县人大常委会柯桥街道工作委员会副主任;俞江忠为县人民法院平水人民法庭庭长;郭海东为县人民法院审判委员会委员、行政审判庭庭长;陈伟为县人民法院审判委员会委员、民事审判第二庭庭长;王伟良为县人民法院审判委员会委员;叶新祥为县人民法院审判委员会委员;屠国均为县人民法院民事审判第三庭庭长;成燕、孙秋炳、俞海青、钱张法、黄志新、裘年长、潘金华为县人民法院人民陪审员。

决定免去:孙君的县人民政府副县长职务。

免去:李光辉的县人大常委会办公室副主任职务;张祖伟的县人大常委会柯桥街道工作委员会副主任职务;俞江忠的县人民法院审判委员会委员、行政审判庭庭长职务;钱峰的县人民法院民事审判第二庭庭长职务;陈伟的县人民法院民事审判第三庭庭长职务;陈立峰、娄伟荣的县人民法院人民陪审员职务。

第十二次会议(2013年11月26日)

决定任命:金晓明为区人民政府副区长;何其洪为区教育体育局局长;冯鹏英为区人民政府台湾事务办公室主任;周维为区人大常委会办公室副主任。

任命:周玉苹为区人民检察院检察员、检察委员会委员、副检察长;黄园、郭栋佳为区人民法院审判员。

决定免去:蒋国洪的区教育体育局局长职务;李放鸣的区人民政府台湾事务办公室主任职务。

免去：濮建明的区人民法院副院长、审判委员会委员、审判员职务；朱峰的区人民检察院检察委员会委员、检察员职务；娄丹丹、金懿、陈黎萍、冯金根的区人民检察院检察员职务。

决定接受：方慧琴辞去区第十四届人大常委会委员职务的请求。

第十四次会议(2014 年 1 月 24 日)

决定任命：张剑为区人民政府副区长。

决定接受：张咸良、杨国良辞去区第十四届人民代表大会代表职务的请求。

第十六次会议(2014 年 3 月 25 日)

决定任命：寿志平为区市场监督管理局(区工商行政管理局、区食品药品监督管理局)局长；倪仁龙为区经济和信息化局局长；李敏为区卫生局局长；汪建中为区统计局局长；胡斌钦为区司法局局长。

任命：金建明为区人大常委会法制工作委员会副主任；袁继红为区人民法院副院长；屠建伟为区人民法院审判员、审判委员会委员、副院长。

决定免去：周如生的区经济和信息化局局长职务；陈文荣的区食品药品监督管理局局长职务；陈广见的区司法局局长职务；翁桂珍的区卫生局局长职务；葛梅荣的区统计局局长职务。

免去：沈伟阳的区人大常委会法制工作委员会副主任职务；赵忠根的区人民检察院副检察长职务；董钱江、徐永华的区人民法院审判员职务。

第十八次会议(2014 年 5 月 23 日)

决定任命：张睿为区人民政府副区长。

任命：马仁芳、马萍、王国林、王杏英、王关林、王新燕、王晓云、冯玲娟、孙莹、朱国君、朱平、许红星、吴红平、宋建华、宋国仙、张云灿、杨晓英、沈肖霞、沈海、肖燕、陈绍建、陈晓萍、陈旭芬、单子岚、周宗芳、庞宝根、金洪君、金惠芳、俞祖法、俞兴良、娄霞珍、施欣意、祝夫龙、禹卫钢、胡玲香、胡亚芬、唐晓芳、徐小玲、徐燕明、高玉芳、董松根、滕瑛、潘国泉为绍兴市柯桥区人民法院人民陪审员。

决定免去：王伟的区人民政府副区长职务。

第十九次会议(2014 年 7 月 4 日)

决定任命：何小华、王张泉为区人民政府副区长。

决定免去：刘晓清、叶骏的区人民政府副区长职务。

第二十次会议(2014 年 7 月 24 日)

任命：王惠东、吴玲玲为区人民检察院检察委员会委员；周骥、顾淑婷、胡成英、徐华萍、许小香、魏健、王豪为区人民检察院检察员。

第二十一次会议(2014年8月11日)

决定任命:钱勇军为区人民政府副区长。

第二十二次会议(2014年9月5日)

决定任命:毛吉泽为区人民政府副区长;李卫龙为区住房和城乡建设局局长;郁伟为区质量技术监督局局长。

任命:孙忠富为区人大常委会研究室主任;钱兔根为区人大常委会法制工作委员会主任。

决定免去:钱勇军的区住房和城乡建设局局长职务;李卫龙的区质量技术监督局局长职务。

免去:赵建新的区人大常委会法制工作委员会主任职务;徐晁华的区人大常委会城建环保工作委员会主任职务;陈国贤的区人民检察院副检察长职务。

决定接受:陶国强辞去区第十四届人民代表大会代表职务的请求。

第二十三次会议(2014年10月13日)

决定任命:阮建尧为区人民政府副区长。

决定:阮建尧为区人民政府代理区长;接受徐国龙辞去区人民政府区长职务的请求。

第二十四次会议(2014年11月21日)

决定任命:孙爱保为区人民政府办公室主任;蒋国洪为区发展和改革局局长;朱志康为区统计局局长。

任命:王勤为区人大常委会代表工作委员会主任;徐智煊为区人大常委会城建环保工作委员会主任;柯静杨为区人大常委会柯桥街道工作委员会主任;徐向红为区人民法院审判员、审判委员会委员、副院长;丁承坚、王越、王世行、王海林、包幼青、孙洁、朱正祥、余斌、张扬、张海峰、杨桦、邵正峰、邵建兰、陈建刚、陈钢、周建廷、孟文刚、金峰、金安安、胡炳澄、倪煜明、徐大红、章生茂、斯海洋、童珈珈、蒋剑彪、蒋桂芬、裘菊英为绍兴市柯桥区人民法院人民陪审员。

决定免去:刘斌的区人民政府办公室主任职务;王张泉的区发展和改革局局长职务;徐国娣的区人口和计划生育局局长职务;汪建中的区统计局局长职务。

免去:邵纪康的区人大常委会代表工作委员会主任职务;董金香的区人大常委会柯桥街道工作委员会主任职务。

第二十五次会议(2014年12月19日)

决定任命:李敏为区卫生和计划生育局局长。

任命:赵士君为区人大常委会研究室副主任;高鑫祥为区人大常委会柯岩街道工作委员会副主任。

决定免去:李敏的区卫生局局长职务。

免去:孟建权的区人大常委会柯岩街道工作委员会副主任职务。

第二十六次会议(2015 年 1 月 19 日)

任命:金勇为区人民法院立案庭庭长;洪震兴为区人民法院执行庭庭长;朱建军为区人民法院民事审判第四庭庭长;黄关水为区人民法院立案庭副庭长;傅国兰为区人民法院民事审判第一庭副庭长;刘青红为区人民法院民事审判第二庭副庭长;黄园为区人民法院民事审判第四庭副庭长;傅蓉蓉为区人民法院民事审判第四庭副庭长;任莹、任高翔、陈良、王城为绍兴市柯桥区人民法院审判员。

免去:王仁康的区人民法院立案庭庭长职务;金勇的区人民法院执行庭庭长职务;黄关水的区人民法院民事审判第一庭副庭长职务;朱建军的区人民法院民事审判第二庭副庭长职务;陈维的区人民法院立案庭副庭长职务。

第二十七次(2015 年 3 月 17 日)

决定任命:吴坚祥为区文化广电新闻出版局局长;沈秀娣为区质量技术监督局局长。

决定免去:张睿的区人民政府副区长职务;王彪的区文化广电新闻出版局局长职务;郁伟的区质量技术监督局局长职务。

第二十八次会议(2015 年 5 月 21 日)

决定任命:李卫龙为区住房和城乡建设局(绍兴市规划局柯桥区分局、区测绘和地理信息局、区人民防空办公室)局长;陈永建为区农林局局长;王玲玲为桥区审计局局长。

任命:樊步彦为区人大常委会湖塘街道工作委员会副主任;王仁康为区人民法院审判委员会委员;马学凯、孙迪飞、孙胃、张尚明、李伟法、沈保罗、陈国炎、周小琴、金银永、俞增法、姚伟方、施芬花、胡鹤真、赵阳泉、倪剑光、高建华、高根兴、梁振兴、程洪海、董根生、董德君为区人民法院人民陪审员。

决定免去:李卫龙的区住房和城乡建设局局长职务;陈永建的区林业局局长职务;何建刚的区农业局局长职务;蒋伟星的区外事与侨务办公室主任职务;祁金凤的区审计局局长职务。

免去:裘黄富的区人大常委会农村经济工作委员会副主任职务;张国富的区人大常委会湖塘街道工作委员会副主任职务;周玉苹的区人民检察院副检察长、检察委员会委员、检察员职务;陈建良、傅尚耿、陈来新、郭栋佳、张明、刘婷的区人民法院审判员职务;徐华萍、杨晖、朱信华、金月兴、王宝生、陈卫明的区人民检察院检察员职务。

第二十九次会议(2015年7月20日)

决定任命:王志强为区人民政府副区长;潘益民为区公安局局长;沈关祥为区民族宗教事务局局长;李兴成为区综合行政执法局局长。任命:周江为区人民检察院副检察长、检察委员会委员;徐燕明为区人大常委会柯桥街道工作委员会副主任。

决定免去:高秉学的区人民政府副区长职务;宋国新的区公安局局长职务;阮建康的区民族宗教事务局局长职务。

免去:宣卫刚的区人大常委会湖塘街道工作委员会主任职务;许云富的区人大常委会柯桥街道工作委员会副主任职务。

决定:周江为区人民检察院代理检察长;接受丁飞辞去区人民检察院检察长、检察委员会委员职务的请求。

第三十次会议(2015年9月28日)

决定任命:余建林为区财政局局长。

任命:陈百千为区人大常委会湖塘街道工作委员会主任;赵建土为区人大常委会城建环保工作委员会副主任;沈庭洋为区人大常委会农村经济工作委员会副主任;叶晓路为区人民检察院检察员、检察委员会委员;张芳为区人民检察院检察委员会委员;金栋女、谢兴峰、肖立峰为区人民检察院检察员。

决定免去:丁生产的区人民政府副区长职务;喻光耀的区财政局局长职务。

免去:孙忠富的区人大常委会研究室主任职务。

决定接受:徐晁华辞去区第十四届人大常委会委员职务的请求。

第三十二次会议(2015年12月23日)

任命:杨高相为区人大常委会研究室主任;孙卫国为区人大常委会柯岩街道工作委员会主任;陈国庆为区人大常委会代表工作委员会副主任。

免去:韩金海的区人大常委会柯岩街道工作委员会主任职务;杨高相的区人大常委会代表工作委员会副主任职务;孙法中的区人大常委会柯岩街道工作委员会副主任职务;谭震建的区人大常委会华舍街道工作委员会副主任职务;王国昌的区人大常委会湖塘街道工作委员会副主任职务。

决定接受:赵建新辞去区第十四届人大常委会委员职务的请求。

第三十四次会议(2016年2月26日)

任命:何永兴为区人大常委会柯岩街道工作委员会副主任;李君为区人大常委会华舍

街道工作委员会副主任；钱国权为区人大常委会湖塘街道工作委员会副主任。

决定免去：张剑的区人民政府副区长职务。

免去：徐向红的区人民法院审判员、审判委员会委员、副院长职务；刘青红的区人民法院审判员、民事审判第二庭副庭长职务；黄园的区人民法院审判员、民事审判第四庭副庭长职务；王立森的区人民法院审判员职务；寿丽娜的绍兴市柯桥区人民法院审判员职务。

第三十五次会议（2016年3月29日）

决定任命：周怀治为区人民政府副区长；张咸良为区安全生产监督管理局局长。

决定免去：金阿根的区安全生产监督管理局局长职务。

第三十六次会议（2016年5月26日）

决定任命：诸剑明为区人民政府副区长；高青松为区人民政府副区长。

决定免去：金晓明的区人民政府副区长职务。

免去：吕福兴的区人民法院审判员职务；陈维的区人民法院审判员职务；张扬的区人民法院人民陪审员职务；陈玉华的区人民检察院检察员职务；王豪的区人民检察院检察员职务。

第三十七次会议（2016年7月26日）

决定任命：王振为区人民政府副区长；齐方良为区人民政府副区长；章金尧为区政府办公室主任；陈方为区民政局局长；张国生为区环境保护局局长；邱松定为区水利水电局局长；陈广见为区农林局局长；张志华为区统计局局长。

任命：陈卫星为区人大常委会华舍街道工作委员会主任；车建成为区人大常委会华舍街道工作委员会副主任。

决定免去：何小华的区人民政府副区长职务；孙爱保的区政府办公室主任职务；孙尧富的区民政局局长职务；章金尧的区环境保护局局长职务；徐阿幼的区水利水电局局长职务；陈永建的区农林局局长职务；朱志康的区统计局局长职务。

免去：徐光炎的区人大常委会华舍街道工作委员会主任职务；陈敏的区人大常委会教科文卫工作委员会副主任职务；单和根的区人大常委会华舍街道工作委员会副主任职务。

第三十八次会议（2016年9月29日）

免去：吴海炎的区人民检察院检察员职务。

第三十九次会议（2016年11月15日）

决定任命：沈志江为区人民政府副区长；汪黎云为区人民政府副区长。

决定：沈志江为区人民政府代理区长；接受阮建尧辞去区人民政府区长职务的请求。

决定免去:毛吉泽的区人民政府副区长职务。

第四十次会议(2016 年 11 月 29 日)

决定任命:朱嘉为绍兴市公安局柯桥区分局局长;王群为区行政审批局局长。

任命:徐国娣为区人大常委会教科文卫工作委员会主任;高青泉为区人大常委会农村经济工作委员会主任;王宝焕为区人大常委会农村经济工作委员会副主任;朱峰为区人大常委会法制工作委员会副主任;孙信福为区人民法院人民陪审员。

决定免去:潘益民的绍兴市公安局柯桥区分局局长职务。

免去:叶加林的区人大常委会教科文卫工作委员会主任职务;蒋倬臣的区人大常委会农村经济工作委员会主任职务;钱张法的区人民法院人民陪审员职务。

决定接受:叶加林、蒋倬臣辞去区第十四届人大常委会委员职务的请求。

第四十一次会议(2016 年 12 月 14 日)

决定任命:吴晓炯为区人民政府副区长;马亦忠为区人民政府副区长;缪智勇为区发展和改革局局长。任命:陈建民为区人民法院审判员、审判委员会委员、副院长;范晟、王萍、沈海明、高颖蕾、王斌、鲁琴芳为区人民法院审判员。

决定免去:蒋国洪的区发展和改革局局长职务。

决定:陈建民为区人民法院代理院长;接受孙浩辞去区人民法院院长职务的请求。

决定接受:姚国海、金水法、邢柏生、胡国炜辞去区选举委员会副主任职务的请求;朱伟芳、余建林、濮建明辞去区选举委员会委员职务的请求;娄钢辞去钱清镇选举委员会主任职务的请求;张根木辞去杨汛桥镇选举委员会主任职务的请求;孟国兴辞去夏履镇选举委员会主任职务的请求;吴林平辞去安昌镇选举委员会主任职务的请求;沈悦兴辞去齐贤镇选举委员会主任职务的请求;余阳军辞去马鞍镇选举委员会主任职务的请求;沈百尧辞去福全镇选举委员会主任职务的请求;赵建兴辞去漓渚镇选举委员会主任职务的请求;丁伟林职务兰亭镇选举委员会主任辞去的请求;董江兴职务平水镇选举委员会主任辞去的请求;滕瑛辞去王坛镇选举委员会主任职务的请求;陆建祥辞去稽东镇选举委员会主任职务的请求;郑李定、陶翔辞去钱清镇选举委员会委员职务的请求;章生洪、张成炳辞去夏履镇选举委员会委员职务的请求;何雪堂辞去安昌镇选举委员会委员职务的请求;韩云卿辞去马鞍镇选举委员会委员职务的请求;马宇涛、朱惠刚辞去福全镇选举委员会委员职务的请求;诸良峰辞去漓渚镇选举委员会委员职务的请求;罗书卿辞去兰亭镇选举委员会委员职务的请求;葛伟锋辞去王坛镇选举委员会委员职务的请求。

第四十二次会议(2017 年 1 月 12 日)

决定任命：钱建明为区人力资源和社会保障局局长；马建刚为区交通运输局局长；钱清华为区文化广电新闻出版局局长；丁国灿为区综合行政执法局局长；陈文荣为区政府台湾事务办公室主任。

任命：倪华丰为区人大常委会代表工作委员会副主任；沈庭洋为区人大常委会办公室副主任；张丹为区人民检察院检察员。

决定免去：王秋珍的区人力资源和社会保障局局长职务；缪智勇的区交通运输局局长职务；吴坚祥的区文化广电新闻出版局局长职务；李兴成的区综合行政执法局局长职务；冯鹏英的区政府台湾事务办公室主任职务。

免去：倪华丰的区人大常委会办公室副主任职务；陈国庆的区人大常委会代表工作委员会副主任职务；沈庭洋的区人大常委会农村经济工作委员会副主任职务。

三、区一届人大常委会任免人事名单

第一次会议（2017年2月23日）

任命：郎煜江为区监察委员会副主任；黄宇峰为区监察委员会副主任；张立胜为区监察委员会委员；张凌为区监察委员会委员；周华为区监察委员会委员。

第三节　宪法宣誓

2015年7月1日，第十二届全国人大常委会第十五次会议通过了《全国人大常委会关于实行宪法宣誓制度的决定》，规定从2016年1月1日起，各级人民代表大会及县级以上各级人民代表大会常务委员会选举或者任命、决定任命、批准任命的国家工作人员，以及各级人民政府、人民法院、人民检察院任命的国家工作人员，在就职时都要公开进行宪法宣誓。根

2016年11月29日，区人大常委会举行首次宪法宣誓仪式（人大办提供）

据这一决定和省、市人大常委会组织宪法宣誓实施办法，柯桥区人大常委会也出台了组织宪法宣誓实施办法和具体操作意见。

宪法是我国的根本大法，是治国安邦的总章程，具有最高的法律地位、法律权威、法律效力。实行宪法宣誓制度，有利于增强国家工作人员的宪法观念，激励和教育国家工作人员忠于宪法、遵守宪法、维护宪法，对于在全社会树立宪法意识、维护宪法权威、弘扬宪法精神、推动法治建设具有重要意义。2016 年 2 月 26 日，柯桥区首次举行宪法宣誓仪式。区第十四届人大常委会第三十四次会议结束后，区人民检察院检察长周江和区人大常委会刚任命的何永兴、李君、钱国权三位宣誓人进行了宣誓，并由周江领誓，其他三人跟誓。区人大常委会全体组成人员进行了监誓，标志着宪法宣誓制度正式在柯桥区实施。当年，区人大常委会主任会议共组织开展宪法宣誓 7 次，30 名国家工作人员向宪法宣誓。

附：

绍兴市柯桥区组织实施宪法宣誓制度办法

（2015 年 11 月 13 日绍兴市柯桥区第十四届人民代表大会常务委员会第三十一次会议通过）

第一条　根据《全国人民代表大会常务委员会关于实行宪法宣誓制度的决定》《浙江省组织实施宪法宣誓制度办法》《绍兴市人民代表大会常务委员会组织实施宪法宣誓制度办法》，制定本办法。

第二条　绍兴市柯桥区人民代表大会及其常务委员会选举或者决定任命、任命的国家工作人员，区人民政府、人民法院、人民检察院任命的国家工作人员，以及各镇人民代表大会选举的国家工作人员，在就职时应当公开进行宪法宣誓。

第三条　宣誓誓词如下：

我宣誓：忠于中华人民共和国宪法，维护宪法权威，履行法定职责，忠于祖国、忠于人民，恪尽职守、廉洁奉公，接受人民监督，为建设富强、民主、文明、和谐的社会主义国家努力奋斗！

第四条　区人民代表大会选举的常务委员会主任、副主任、委员，区长、副区长，区人民法院院长、人民检察院检察长，以及区人民代表大会专门委员会主任委员、副主任委员、委员等，在依照法定程序产生后，进行宪法宣誓。宣誓仪式由区人民代表大会会议主席团组织。

镇人民代表大会选举的镇人民代表大会主席、副主席，镇长、副镇长，以及镇人民代表大会代表资格审查委员会主任委员、副主任委员、委员等，在依照法定程序产生后，进行宪法宣誓。宣誓仪式由镇人民代表大会会议主席团组织。

第五条　在区人民代表大会闭会期间，区人民代表大会常务委员会决定任命、任命的个别副区长，区人民代表大会专门委员会个别副主任委员、部分委员，在依照法定程序产生后，进行宪法宣誓。宣誓仪式由区人民代表大会常务委员会主任会议组织。

第六条　区人民代表大会常务委员会任命的区人民代表大会常务委员会工作委员会主任、副主任，区人民代表大会常务委员会办公室主任、副主任，研究室主任、副主任，区人民代表大会常务委员会代表资格审查委员会主任委员、副主任委员、委员，区人民政府工作部门局长（主任）等，在依照法定程序产生后，进行宪法宣誓。宣誓仪式由区人民代表大会常务委员会主任会议组织。

第七条　区人民代表大会常务委员会任命的区人民法院副院长、审判委员会委员、庭长、副庭长、审判员，区人民检察院副检察长、检察委员会委员、检察员，在依照法定程序产生后，进行宪法宣誓。宣誓仪式由区人民法院、人民检察院等分别组织。

第八条　区人民政府及其各部门、人民法院、人民检察院任命的国家工作人员，在就职时进行宪法宣誓。宣誓仪式由任命机关组织。

第九条　宣誓仪式根据情况，可以采取单独宣誓或者集体宣誓的形式。单独宣誓时，宣誓人应当左手抚按《中华人民共和国宪法》，右手举拳，诵读誓词。集体宣誓时，由一人领誓，领誓人左手抚按《中华人民共和国宪法》，右手举拳，领诵誓词；其他宣誓人整齐排列，右手举拳，跟诵誓词。

宣誓场所应当庄重、严肃，悬挂中华人民共和国国旗或者国徽。

负责组织宣誓仪式的机关，可以根据本办法并结合实际情况，对宣誓的具体事项作出规定。

第十条　本办法自2016年1月1日起施行。

第五章　调查研究、宣传信息工作及其他

第一节　调查研究

县十三届、县(区)十四届人大常委会期间,常委会机关各委、室把做好调研工作作为服务人大常委会依法履职,切实增强行使职权的针对性、实效性的重要基础工作来抓,组织调查研究多次,形成书面调查报告58份,内容涉及全县(区)政治、经济、文化、教育、卫生、民生、交通等诸多方面,受到政府各部门的重视和关注,在推动经济发展、社会安定、解决群众切身利益问题和增进与人民群众的感情等方面,显示出其积极作用,其中多个调研报告被县(区)委主要领导批示有关方面研究落实。此外,常委会主任、副主任每年根据县(区)委统一部署,开展重点课题调研活动,形成多项调研报告(内容略)。

第十三至十四届人大常委会各委室组织的调查研究目录一览表

表 4-5-1

序号	届别	调查报告、理论探讨标题	调研组织单位	时间
1	十三届	关于我县新农村建设情况的调查报告	县人大常委会财经工委	2007 年 2 月
2	十三届	关于我县文化大县建设情况的调查报告	县人大常委会教科文卫工委	2007 年 2 月

续表 4-5-1

序号	届别	调查报告、理论探讨标题	调研组织单位	时间
3	十三届	关于创建省级生态镇的调查报告	县人大常委会城建环境工委	2007 年 3 月
4	十三届	关于我县上半年经济运行相关问题的调查与思考	县人大常委会财经工委	2007 年 7 月
5	十三届	关于《县域总体规划》修编情况的调查报告	县人大常委会城建环保工委	2007 年 8 月
6	十三届	关于我县新型农村合作医疗的调查报告	县人大常委会教科文卫工委	2007 年 8 月
7	十三届	关于我县贯彻实施人口与计划生育法律法规情况的调查报告	县人大常委会教科文卫工委	2008 年 5 月
8	十三届	关于完善柯南城市功能的调查报告	县人大常委会柯岩街道工委	2008 年 5 月
9	十三届	关于学习考察财政监督工作的情况报告	县人大机关专题考察组	2008 年 5 月
10	十三届	关于县人民法院行政审判工作的调查报告	县人大常委会法制工委	2009 年 9 月
11	十三届	关于人县食品安全工作的调研报告	县人大常委教科文卫工委	2009 年 9 月
12	十三届	关于我县住房解困工作情况的调查报告	县人大常委会城建环保工委	2009 年 9 月
13	十三届	关于对我县安全生产的调查报告	县人大常委会城建环保工委	2009 年 11 月
14	十三届	关于县人民检察院诉讼活动监督工作的调研报告	县人大常委会法制工委	2010 年 1 月
15	十三届	关于改善我县招商投资环境的调查报告	县人大常委会改善投资环境调研组	2010 年 3 月
16	十三届	关于我县贯彻执行行政诉讼法情况的调查报告	县人大常委会法制工委	2010 年 5 月
17	十三届	关于我县水污染防治工作的调研报告	县人大常委会水污染防治专题调研组	2010 年 6 月

续表 4-5-1

序号	届别	调查报告、理论探讨标题	调研组织单位	时间
18	十三届	关于如何发挥不驻会委员作用的调研报告	县人大常委会专题调研组	2010 年 6 月
19	十三届	关于财政预算审查监督工作的考察报告	县人大常委会预算咨询小组专题考察组	2011 年 2 月
20	十三届	关于全县养老保险基金管理情况的调查报告	县人大常委会财经工委	2011 年 5 月
21	十三届	关于我县“五五”普法实施情况和“六五”普法规划情况的调研报告	县人大常委会法工委	2011 年 7 月
22	十三届	关于 2011 年上半年经济运行情况的调查报告	县人大常委会财经工委	2011 年 7 月
23	十三届	关于上半年财政预算执行情况的调查报告	县人大常委会财经工委	2011 年 8 月
24	十三届	关于我县贯彻执行《关于加强检察机关法律监督工作的决定》情况的调研报告	县人大常委会法制工委	2011 年 8 月
25	十三届	关于全县清水工程及城乡环境综合治理情况的调查报告	县人大常委会农经工委	2011 年 5 月
26	十三届	关于全县印染产业集聚升级工作情况的调查报告	县人大常委会财经工委	2011 年 6 月
27	十三届	关于提升我县城区教育发展的问题与对策	县人大常委会调研组	2011 年 6 月
28	十三届	关于我县招商选资工作的调查报告	县人大常委会财经工委	2011 年 8 月
29	十三届	关于民生财政的考察报告	县人大常委会预算咨询小组	2011 年 8 月
30	十三届	关于全县战略性新兴产业发展情况的调查报告	县人大常委会财经工委	2011 年 9 月
31	十三届	关于我县旅游产业发展情况的调研报告	县人大常委会城建环保工委	2011 年 9 月
32	十三届	关于我县贯彻实施人民调解法情况的调研报告	县人大常委会法工委	2011 年 9 月

续表 4-5-1

序号	届别	调查报告、理论探讨标题	调研组织单位	时间
33	十四届	关于我县文化发展工作情况的调研报告	县人大常委会教科文卫工委	2012 年 4 月
34	十四届	关于经济运行及预算执行等调查报告	县人大常委会财经工作委员会	2012 年 7 月
35	十四届	关于我县贯彻省人大常委会《关于加强检察机关法律监督工作的决定》情况的调查报告	县人大常委会法制工委	2012 年 8 月
36	十四届	关于全力推进工业强县建设的调查报告	县人大常委会财经工委	2012 年 9 月
37	十四届	关于赴内蒙古工作考察的报告	县人大常委会财政预算咨询小组	2012 年 10 月
38	十四届	关于县十四届人大一次会议代表建议督办情况的调研报告	县人大常委会代表工委	2012 年 11 月
39	十四届	关于县人民法院商事审判工作的调研报告	县人大常委会法制工作委员会	2012 年 11 月
40	十四届	关于我县省级生态县创建工作的调研报告	县人大常委会城建环保工作委员会	2013 年 4 月
41	十四届	关于我县加强和创新社会管理工作情况的调研报告	县人大常委会法制工作委员会	2013 年 4 月
42	十四届	关于全县食品药品安全工作情况的调查报告	县人大常委会教科文卫工作委员会	2013 年 5 月
43	十四届	关于经济运行及财政预算执行等相关工作的调查报告	县人大常委会财经工作委员会	2013 年 7 月
44	十四届	关于我县旅游业发展情况的调研报告	县人大常委会城建环保工作委员会	2013 年 9 月
45	十四届	关于全力推进全县工业强县建设情况的调查报告	县人大常委会财经工作委员会	2013 年 9 月
46	十四届	关于柯桥区人民法院刑事审判工作的调研报告	区人大常委会法制工作委员会	2013 年 11 月

续表 4-5-1

序号	届别	调查报告、理论探讨标题	调研组织单位	时间
47	十四届	关于柯桥区人民检察院职务犯罪查处和预防工作的调研报告	区人大常委会法制工作委员会	2013 年 11 月
48	十四届	柯桥区以清水工程为主要内容的“五水共治”实施工作情况调查报告	区人大常委会农经工作委员会	2014 年 4 月
49	十四届	关于我区贯彻实施《中华人民共和国大气污染防治法》情况的调查报告	区人大常委会城建环保工作委员会	2014 年 5 月
50	十四届	关于 2014 年上半年经济运行情况的调查报告	区人大常委会财经工委	2014 年 7 月
51	十四届	关于督促代表方案决议实施和建议办理工作情况的报告	区人大常委会代表工委	2014 年 8 月
52	十四届	关于我区工业创新驱动工作情况的调查报告	区人大常委会财经工委	2014 年 8 月
53	十四届	关于我区《中华人民共和国统计法》实施情况的调查报告	区人大常委会财经工委	2014 年 12 月
54	十四届	关于南部三镇生态保护与经济发展有关问题的调查报告	区人大常委会、区农办调研级	2014 年 12 月
55	十四届	关于柯桥区人民检察院监所检察工作的调研报告	区人大常委会法制工委	2015 年 1 月
56	十四届	关于我区现代服务发展情况的调查报告	区人大常委会财经工委	2015 年 1 月
57	十四届	关于进一步加强我区国有资产监督管理工作的建议	区人大常委会财经工委	2016 年 5 月
58	十四届	关于我区会展产业工儿情况的调研报告	区人大常委会城建环保工委	2017 年 2 月

第二节 理论探讨及宣传信息工作

理论研究及工作探讨 县十三届人大常委会以来，常委会做好理论研究及宣传信息工作作为交流工作经验、提升履职水平和加强人大制度及民主法制宣传的重要工作来抓，在十三届至十四届人大常委会期间，常委会下属各委、室及人大工作研究会撰写经验交流或理论探讨文章 31 篇，常委会组成人员和人大代表、人大工作者撰写经验交流或理论探讨文章 412 篇，在提升素质、拓展思路、推进工作等方面，发挥了有益作用。

宣传信息工作会议（座谈会）及表彰 县十三届、县(区)十四届人大常委会每年举行

2014 年 9 月 18 日，区人大常委会组织进行宣传信息工作培训辅导（人大办提供）

一次人大宣传信息工作会议（座谈会），总结回顾上年度人大宣传工作，分析人大宣传信息工作面临的新形势，明确本年度人大宣传工作重点，表彰年度人大宣传信息工作先进集体和个人，邀请专家作宣传信息工作辅导，进行经验交流。2008 年 3 月召开的宣传信息工作会议，还举行“绍兴县人大”网站开通仪式。同时，健全宣传信息工作激励机制，拓宽宣传渠道，加强队伍建设，不断开创人大宣传信息工作的新局面。

县（区）人大常委会宣传信息工作会议及表彰情况一览表

表 4-5-2

会议时间	表彰单位	表彰个人
2007 年 3 月 30 日	县人大常委会柯岩街道工作委员会 马鞍镇人大主席团　福全镇人大主席团 王坛镇人大主席团　齐贤镇人大主席团 夏履镇人大主席团	张志根　杨金根　徐光炎　袁德兴 陆宝林　陆海峰　许关水　高利江 金渭灿　陶国森　李红根　陶招贵 赵士君　孟文娟
2008 年 3 月 20 日	县人大常委会柯桥街道工委 县人大常委会柯岩街道工委 王坛镇人大主席团　齐贤镇人大主席团 马鞍镇人大主席团　福全镇人大主席团	陆宝林　徐光炎　陶招贵　杨秀娟 李　菲　余叶娟　孙岳传　黄金富 孟文娟　赵士君
2009 年 3 月 21 日	县人大常委会柯桥街道工委 福全镇人大主席团　兰亭镇人大主席团 县人大常委会柯岩街道工委 王坛镇人大主席团　齐贤镇人大主席团	陆宝林　胡　爽　余叶娟　徐永卫 杨秀娟　孙岳传　杨国胜　徐寿增 孟文娟　陶招贵　王国英　张志根 袁德兴　马　良　张国富
2010 年 3 月 30 日	马鞍镇人大主席团　兰亭镇人大主席团 县人大常委会柯桥街道工委 夏履镇人大主席团　福全镇人大主席团 王坛镇人大主席团　陶堰镇人大主席团 县人大常委会柯岩街道工委	陆宝林　徐寿增　余叶娟　陶招贵 韩赵娜　孙岳传　孟文娟　徐永卫 李贤生　陈文娟　吕富君　杨国胜 韩金海　王荣富　袁德兴　杨秀娟 张国富　孙胜利　倪华丰　叶晓路

续表 4-5-2

会议时间	表彰单位	表彰个人
2011 年 3 月 29 日	县人大常委会柯桥街道工委 安昌镇人大主席团 马鞍镇人大主席团 富盛镇人大主席团 王坛镇人大主席团 县人大常委会柯岩街道工委 钱清镇人大主席团 平水镇人大主席团	韩赵娜 李贤生 陆宝林 陶招贵 徐寿增 鲁水土 吕富君 陈福寿 童海芳 余叶娟 张小青 孟文娟 许 盈 严大牛 王荣富 蒋志芬 孙岳传 宣卫刚 张国富 倪华丰 陈 敏 叶晓路 赵士君
2012 年 3 月 12 日	王坛镇人大主席团 马鞍镇人大主席团 安昌镇人大主席团 富全镇人大主席团 县人大常委会柯桥街道工委 兰亭镇人大主席团 钱清镇人大主席团 孙端镇人大主席团	李贤生 陆宝林 韩赵娜 陶招贵 詹 瑾 杨国良 孙岳传 黄建荣 孟文娟 梁 丽 杨国胜 吕富君 袁德兴 王荣富 张国富 倪华丰 陈 敏 赵士君 叶晓路 童海芳
2013 年 3 月 28 日	安昌镇人大主席团 马鞍镇人大主席团 县人大常委会华舍街道工委 县人大常委会湖塘街道工委 县人大常委会柯岩街道工委 钱清镇人大主席团 兰亭镇人大主席团 平水镇人大主席团 王坛镇人大主席团	李贤生 梁 丽 顾晓萍 陆宝林 宣卫刚 杨卫江 方丽美 强国富 韩赵娜 孟文娟 黄建荣 陶招贵 朱海江 韩金海 孙岳传 倪华丰 陈 敏 赵士君 叶晓路 周 维 李 怡 童海芳
2014 年 3 月 28 日	安昌镇人大主席团 钱清镇人大主席团 区人大常委会湖塘街道工委 区人大常委会柯桥街道工委 区人大常委会华舍街道工委 齐贤镇人大主席团 马鞍镇人大主席团 平水镇人大主席团	顾鹏程 张国富 梁 丽 韩赵娜 李贤生 陈新荣 顾晓萍 徐永卫 杨 桦 盛继舟 罗丽萍 柯静杨 孙岳传 董 良 余叶娟 孟文娟 宣卫刚 陈元泰 周 维 李 怡 叶晓路 陈 敏 陶伟元 童海芳
2015 年 3 月 25 日	安昌镇人大主席团 马鞍镇人大主席团 杨汛桥镇人大主席团 夏履镇人大主席团 区人大常委会柯岩街道工委 区人大常委会湖塘街道工委 区人大常委会柯桥街道工委	陈新荣 盛继舟 高国民 李贤生 顾鹏程 顾晓萍 金 晶 罗丽萍 韩赵娜 唐小燕 孟文娟 诸良峰 柯静杨 韩金海 张国富 孙岳传 倪华丰 濮耀魁 杨高相 李 怡 陈 敏 叶晓路 童海芳
2016 年 3 月 9 日	区人大常委会柯桥街道工委 钱清镇人大主席团 马鞍镇人大主席团 漓渚镇人大主席团 夏履镇人大主席团 安昌镇人大主席团 平水镇人大主席团	孟文娟 盛继舟 程佳琪 高国民 顾晓萍 金 晶 濮一鸣 王永铭 陈新荣 唐小燕 顾鹏程 柯静杨 谭震建 边军樑 陈敏儿 赵士君 倪华丰 裘可钦 金轶晟 李 怡 陈 敏 童海芳

建立“绍兴县人大网站” 2008年3月20日，“绍兴县人大网站”正式开通。网站首页设有常委会公告、人大要闻、代表风采、监督工作、镇街园地、议案建议等20多个专栏，并设主任信箱作为广泛听取群众呼声和联系选民的建议的渠道。网站开设当年就发布信息580余条，还在每次常委会会议召开前发布公告、征询意见，根据工作任务需要开设执法检查、公开征集人大常委会工作选题等专栏，使人大工作更加公开透明、信息传渠道更加畅通。

“绍兴县人大网站”开通仪式于2008年3月20日举行(人大办提供)

成立绍兴县人大工作研究会 2008年8月28日，绍兴县人大工作研究会召开成立大会，通过《绍兴县人大工作研究会章程》，选举产生研究会第一任会长、副会长、常务理事、秘书长。人大工作研究会是由人大工作者自愿组成的学术性联谊组织，在人大常委会主任会议指导下，发挥人大离退休干部熟悉经济、政治、社会事务等方面的优势，从事地方人大工作研究，开展学术讨论和咨询等联谊活动，并拓宽与人大代表、人大工作者以及社会各界的联系渠道。

《绍兴县人大志(1996—2007)》出版 2008年2月，《绍兴县人大志(1996—2007)》由中华书局正式出版发行，志书共计58万字，分为县人民代表大会代表、县人民代表大会、县人大常委会、代表工作及活动、常务委员会组织机构、乡镇人民代表大会六大篇和大事记、丛录等，全面客观记述了1996年1月至2007年2月绍兴县第十届至十二届人代表大会及其常务委员会的历史轨迹，是一部融资料性、思想性、科学性和实用性为一体的地方人大史书。

评选人大系统“最有影响的十件事” 2009—2011年，县人大常委会每年组织开展评选年度全县人大系统“最有影响的十件事”活动。经各部门和镇、街道推荐、投票，共评选出年度“最有影响的十件事”件。2011年，在评选历年人大系统“最有影响的十件事”的基础上，还综合考虑全局性、影响性、代表性、创新性等因素，开展评选县十三届人大期间人大系统“最有影响的十件事”活动。

评选出的2009年度人大系统“最有影响的十件事”为：“县委召开全县人大工作会议”，

“县、镇两级人大代表届中评议镇政府工作”,“县人大常委会作出《关于依法整治城乡违法建筑的决议》,并督查全县集中整治工作”,“全县开展农业法及相关法律法规执行检查”,“县人大常委会创新代表建议督办方式”,“县人大常委会跟踪监督道路交通安全执行检查审议意见落实情况”,“县人大常委会建立财政预算咨询小组”,“县人大常委会办公室编印《绍兴县第十三届人民代表大会代表风采》”,“夏履镇建立人大代表接访制”,“湖塘街道开展代表向选民述职活动”。

评选出的2010年度人大系统“最有影响的十件事”为:“实施代表建议‘直通车’制度”,“开展投资环境改善督查”,“开展水污染防治执法检查”,“对依法整治城乡违法违章建筑进行跟踪督查”,“加强代表建议督办工作”,“跟踪监督审计报告有关问题整改落实”,“坚持并改革‘一月一法’专题讲座制度”,“在《绍兴县报》开辟《绍兴县人大之窗》专栏”,“柯桥街道工委督促柯桥历史文化街区保护规划方案出台”,“安昌镇人大主席团开展人大代表‘重民生、勤履职、促发展’活动”。

评选出的2011年度人大系统“最有影响的十件事”为:“全县县、镇两级人大换届选举取得圆满成功”,“督查印染产业集聚升级工程”,“督查城乡环境综合治理工作”,“督查战略性新兴产业发展工作”,“督查美丽乡村建设”,“认真督办人大代表建议”,“实施代表接待选民日制度”,“钱清镇县、镇两级人大换届选举试点成功”,“兰亭镇人大主席团组织代表督办西南大通道工程竣工落实”,“孙端镇人大主席团组织开展群众议事会活动”。

评选出的县十三届人大期间人大系统“最有影响的十件事”为:“县委召开全县人大工作会议”,“坚持推进人大工作公开”,“加强代表建议督办并实施代表建议‘直通车’制度”,“作出关于依法整治城乡违法违章建筑的决议”,“作出关于加强城乡环境综合治理的决议”,“督查印染产业集聚升级工程”,“作出关于将兰花定为绍兴县‘敬师花’的决定”,“督办农村新社区卫生服务站建设建议”,“进一步督促解决‘看病难、看病贵’问题”,“开展‘一月一法’专题讲座”,“编印《绍兴县第十三届人民代表大会代表风采》”。

举行《坚实前行》画册发行仪式 2012年9月5日,县人大常委会举行《坚实前行》画册发行和赠送仪式,县人大常委会各街道工委和各镇人大负责人、县档案局负责人、特邀嘉宾、县人大常委会机关相关人员参加发放仪式。《坚实前行》画册主要反映绍兴县十三届人大及其常委会任期5年间(2007年2月至2012年2月)的重要会议、重大活动和特色工作。

编印纪念邮册 2012年,县人大常委会历时2个月完成了《继往开来,务实前行——绍兴县人大及常委会2012年工作剪影》的纪念邮册。邮册分人大会议依法民主、人事任免规范有序、监督工作求真务实、代表活动丰富多彩、自身建设不断加强等五方面内容，精心挑选了60多幅图片，从不同角度反映县人大及其常委会工作面貌，也展示了民主法治建设的新成绩。之后，区人大常委会每年编印人大工作宣传画册（邮册），反映区人大常委会一年来的主要工作、创新和亮点，以及人大代表活动情况。

编纂两册《代表风采》《代表风采》简要介绍了每位代表的基本情况，展示了来自全县（区）各条战线、各行各业县（区）人大代表的不同风采。其中，一册辑录县十三届人民代表大会295名代表，代表资料截止时间为2008年底；另一册辑录区十四届人民代表大会263名代表，代表资料截止时间为2016年7月。《代表风采》展示了新时期人大代表作为经济社会各项事业建设者、民主法治进程推动者、高尚社会道德践行者的良好形象。

纪念人民代表大会制度建立60周年 2014年，区人大常委会组织开展多项活动，纪念人民代表大会制度建立60周年。9月16日组织召开纪念人民代表大会制度建立60周年座谈会，邀请历届人大常委会领导、离退休老干部、部分老人大代表、老人大工作者畅谈人民代表大会制度的光辉历程、实践经验和工作体会。利用《柯桥日报》、《柯桥人大》杂志、人大网站等宣传阵地，多角度地报道一系列纪念宣传题材。在《柯桥日报》上向全区范围开展纪念人民代表大会制度成立60周年知识竞赛，并于9月4日举行开奖仪式。通过人大代表履职平台发送“致区人大代表的一封信”，号召代表进一步坚定制度自信，更加负责地执行好代表职务，在推动全区经济社会的科学发展、率先发展和民主政治建设中发挥积极作用。

2014年9月16日，区人大常委会举行纪念人大制度建立60周年座谈会（人大办提供）

连续五年获得全省人大宣传信息工作先进单位 2012—2016年，柯桥区（原绍兴县）人大宣传信息工作经过全区人大宣传信息工作者的共同努力，连续5年获得全省人大宣传信息工作先进单位。

第三节　法制宣传

建立"一月一法"专题讲座制度　2007 年 4 月,县人大常委会建立"一月一法"专题讲座制度,之后每年进行。参加对象为常委会机关和镇、街道人大干部,以及与贯彻实施该法律相关的政府有关部门和"两院"、镇街道行政负责人;讲授的法律法规内容根据全区工作重点和人大常委会监督议题、代表视察内容确定,采取外请辅导和集中通读相结合的方法。2011 年、2012 年,还邀请政府部门负责人为人大常委会机关干部解读部门执法内容和业务工作。2013 年起,区人大常委会将"一月一法"讲座更改为"人大讲坛",在讲授内容上增加了讲解政策和经济社会发展热点问题等内容。2017 年 9 月,又首次将"人大讲坛"与区委中心学习组一起进行联合培训,参加对象扩大到区四套领导班子全体成员、区级机关部门和镇、街道主要领导,之后多次联合进行,以全面提升干部法律素养和依法履职能力,讲座的影响力进一步扩大。

县(区)人大常委会各年度专题讲座情况表

表 4-5-3

年度	讲座次数	讲座内容
2007 年	6 次	物权法和监督法、预算法、行政许可法、环境保护法、浙江宗教事务条例、代表法等
2008 年	10 次	劳动合同法、人口与计划生育法、村民委员会组织法、城乡规划法、监督法与乡镇人大工作、科技进步法、调解制度的历史沿革与时代创新及预防职务犯罪、统计法、危机管理与提升品牌等
2009 年	8 次	农业法、会计法、新医改方案、企业国有资产法、公司法、监督条例、土地管理法、品牌经营等
2010 年	10 次	产品质量法、水污染防治法、国土资源政策、财政预算业务、房地产知识、城乡规划法、代表法、选举法等
2011 年	8 次	民政业务知识、选举法、审计法、人民调解法、经贸业务知识、水法、宗教文化知识、城乡规划法、保险法等
2012 年	10 次	代表法、浙江省城市市容和环境卫生管理条例、法院业务知识、会计法、气象法、社会保险业务知识、行政强制法、科普法、水务知识、心血管保健知识
2013 年	9 次	预算法、安全生产法、旅游法、刑事诉讼法、浙江省农业机械化促进条例、台海形势、公安业务知识等

续表 4-5-3

年度	讲座次数	讲座内容
2014 年	8 次	监督法、宗教业务知识、森林法、司法业务知识、规划业务知识、人大宣传信息、劳动法、环境艺术等
2015 年	6 次	推进法治国家建设、预算法、档案法、宪法实施与法治中国建设、物权法、行政诉讼法等
2016 年	5 次	水法、大气污染防治法、食品安全法、刑法修正案(九)、全面两孩生育政策等

第四节　信访、慰问及老干部工作

一、信访工作

县十三届、县（区）十四届人大常委会把做好人大信访工作作为体察民情、反映民意的重要窗口和密切联系群众、增强履职针对性、促进社会和谐稳定和加强法制宣传的重要手段，不断完善常委会领导信访接待日和重要信访件批办制度。10 年间，共受理群众来访 835 批、来信 1943 件，十三届人大常委会还实行了下基层接待代表制度，通过代表表达群众诉求。通过做好信访者思想工作，认真处理和交办，跟踪督办，不断化解矛盾，解决群众问题。

县（区）人大常委会信访工作基本情况表

表 4-5-4

年度	接待群众来访			受理群众来信（件、批）	二者合计（件、批）	问题处理报结率(%)
	批数（批）	数量（人次）	问题信件（件）			
2007 年	76	—	106	242	348	—
2008 年	91	137	91	238	329	98
2009 年	87	128	—	220	220	98
2010 年	148	181	—	155	155	98
2011 年	114	187	—	134	134	—
2012 年	95	124	—	137	137	98
2013 年	77	118	—	162	162	—
2014 年	44	65	118	92	210	—
2015 年	61	90	61	63	124	—
2016 年	42	54	42	82	124	—

二、慰问帮扶工作

集中慰问人大代表　2010年，县人大常委会建立每年一次集中走访人大代表制度，至2015年一直坚持。集中走访在年初进行，由县(区)人大常委会主任和各副主任分别带队，分片看望和慰问县(区)人大代表。在慰问中，向代表通报常委会一年主要工作情况，征求对新一年人大工作的意见，送上新年祝福和反映人大常委会过去一年主要工作的邮册等纪念品，并对代表们一年来支持、配合和帮助常委会工作表示感谢。

2011年1月6日，区人大常委会有关领导带队到兰亭镇集中走访慰问人大代表(人大办提供)

慰问困难党员和群众　每年春节前和建党节，县(区)人大常委会领导和常委会机关党总支都要根据县委统一部署，组织开展扶贫济困捐款和走访慰问结对帮扶的困难群众活动，送上温暖和关怀。如，2011年新春来临之际，参加了扶贫济困“一日捐”“一笔捐”活动；中国共产党建党90周年之际，结合全县“千名干部联户献爱心”活动，组织各委室干部慰问结对帮扶的困难党员和群众，帮助解决一些实际困难；等等。此外，还组织参加慈善“一日捐”“一笔捐”、向灾区群众捐款等活动，如2008年5月向汶川地震抗震救灾捐款1.85万元、交纳“特殊党费”5.57万元，2010年4月向玉树地震灾区捐款1.73万元等。

2014年6月27日，区人大常委会分管领导走访帮扶村夏履双叶村并慰问贫困党员(人大办提供)

帮扶后进村(居)　县(区)人大常委会领导和机关按照县(区)委统一部署，开展结对帮扶经济相对贫困村(居)活动，协助做好后进村(居)整转工作。整转工作通过落实专班专人、规范运行管理、落实帮扶资金、协调推进项目、参与治理活动等方式进行。县(区)人大常委会机关2007年开始帮扶兰亭镇金庄村，村级年收入从2006年的8.9万元增长到

2008 年的 30 多万元；同年开始帮扶的兰亭镇新陈村，为其解决了 1700 多米“竹业道”等许多难题，推进了资源开发利用；2012 年帮扶夏履镇夏东村，为该村完成了建造加油站和农民公寓的基础工作，提供了宽阔的增收渠道；2015 年帮扶华舍街道解放居委会，两年整转任务一年完成。县人大常委会领导通过参加“蹲点调研谋发展”“进村入企大走访”“六联系”等活动，均负责联系一村（社区）进行帮扶，在增收入、办实事、解难题等方面取得明显成效。

三、老干部工作

各届县（区）人大常委会重视做好人大离退休干部工作，贯彻中央和省委对老干部工作的方针政策，每年有计划、有针对性组织老干部开展各种活动，每年两次向老干部通报常委会工作并征求意见，在日常生活中则给予更多关心、帮助。2015 年，中央和省、市、区委均出台了《关于进一步加强新形势下离退休干部工作的意见》，人大常委会老干部工作进一步改进。

老干部工作重点：（一）针对常委会机关离休干部进入高龄、高发病期，退休干部逐年增多的现状，精心设计活动载体、制订活动方案，把安全、宽松贯穿到活动整个过程；（二）在政治上尊重、思想上关心、生活上照顾，使老干部及时了解时事政治，了解常委会工作，寓思想政治工作于活动之中，确保老干部政策的贯彻落实；（三）重视细节，把关心、服务等贯穿于老干部晚年生活全过程，通过一个电话、一次上门、一次探望、一件实事等具体措施，体现组织对他们的关爱，力求老干部满意高兴。

老干部工作内容：（一）为老干部创造学习条件，包括订阅党报党刊、赠送《柯桥人大》等资料、按县（区）委部署组织开展集中教育活动等；（二）组织老干部参观考察及开展茶室集中活动，每年活动在 11 次以上，最多一年达 14 次；（三）日常上门走访老干部及老干部遗属，探望住院老干部，开展节日慰问等；（四）帮助老干部办理日常事务，如办理医疗费报销手续，提供赴外地就医车辆保障等。

2012 年 3 月 22 日，县人大常委会机关离退休老干部参观考察柯桥城市建设（人大办提供）

通过加强政治建设、改善生活待遇、优化服务管理，老干部在思想、政治上得到提升，生活上得到温暖。2012 年，县人大常委会机关离退休党支部被绍兴市委授予“五好”离退休党支部称号。

第五编

代表工作和代表活动

人民代表大会代表执行代表职务，包括大会期间的工作和闭会期间的活动两个方面。2010年10月代表法修改，明确代表享有7项权利、应尽7项义务，还作出了“扩大代表对本级人民代表大会常务委员会活动的参与”等许多新规定。县（区）第十三至十四届人民代表大会期间，人大常委会先后围绕各项监督议题以及代表和人民群众反响比较强烈的问题，组织代表进行视察、调研、评议和专题督查，邀请代表列席常委会会议、参加常委会重大活动，通过建立代表联络站等促进代表联系选民，组织代表学习培训、代表向选民述职并接受评议，建立代表履职档案并实施考评，督办代表建议、批评和意见并开展代表建议工作绩效评价和先进评比活动。人大代表采取多种形式保持同原选区选民和人民群众的经常联系，宣传法律政策，了解社情民意，听取和征询群众对公益性、政策性事项的意见和要求，围绕大局开展履职活动，还加强政治理论和法律业务学习，接受选民监督，努力提高履职能力，更好地代表人民的利益和意志，参加行使地方国家权力。

第一章　代表组织机制

第一节　代表工作任务

县十三届人大常委会遵循2006年5月县十二届人大常委会修订的加强代表工作暂行办法开展代表工作，同时建立了代表建议“直通车”等工作制度。

2012年3月，县十四届人大常委会依据监督法和修改后的代表法有关规定，再次修订加强代表工作的办法，在七个方面作出进一步完善：（一）增加副组长名额，便于更好组织代表活动；（二）明确代表在闭会期间以集体活动为主，以代表小组活动为基本形式；（三）规定镇人大主席团、县人大常委会街道工委指导、协助代表小组开展代表活动的职责；（四）要求人大常委会会议材料在会议召开的7日前送达列席会议的代表；（四）取消代表个人持证视察的规定；（五）取消确定1—2个镇街道为县人大常委会开展县、镇人大代表工作的联系点的规定；（六）提出加强代表依法执行职务和代表履职先进事迹宣传方法措施；（七）明确应及时做好代表辞职、罢免和出缺代表的补选等工作。

按照修订后的加强代表工作办法，县（区）人大常委会围绕10项基本任务开展代表工作，在此基础上进行探索创新。

健全代表小组　按照有利工作、便于开展活动的原则，将县（区）人大代表以镇、街道和县直机关为单位，划分并组成代表小组，并设组长一名、副组长一至二名，负责组织代表活动。按照代表以集体活动为主，以代表小组活动为基本形式的原则组织代表活动，每季度至少组织一次。同时，受省、市人大常委会的委托，协助本县的省、市人大代表组建好代表小组，做好联系代表和组织代表活动的服务工作。

加强研究指导 确定一名常委会副主任分管代表工作，并定期研究代表工作，主任会议每年至少讨论研究两次。由常委会代表工委及各街道工委具体负责联络与服务代表的工作，各工作（办事）机构分工联系镇、街道和县（区）直机关的代表小组。常委会代表工委和街道工委指导、协助代表小组健全日常工作制度，制定小组活动计划，明确活动的内容和形式，并以片为单位组织开展代表小组活动情况的交流。

经常联系代表 常委会组成人员按时参加所在的代表小组活动，每位组成人员常年固定联系 3 ~ 5 名基层县人大代表。平时下乡调查研究、了解情况时，也主动联系在当地的县人大代表，征求、倾听他们对各方面工作的意见和建议。常委会主任、副主任和专职委员按照每月十日“代表来访接待日”和每两个月一次下基层接待代表来访制度，轮流值班或下镇、街道接待代表，常委会代表工委会和办公室接待平时代表来访。

扩大代表参与 常委会各工作（办事）机构开展专题调研时，根据工作需要邀请有关代表参加，或者通过召开座谈会等形式听取代表对该项工作的反映。常委会举行会议时，根据审议内容邀请有关代表列席，听取代表意见。会议的有关材料在会议召开的七日前送达列席会议的代表。有计划地组织代表开展执法检查、工作视察、专题调研等活动，并根据需要组织代表参加特定问题调查，拓宽代表执行代表职务渠道。代表提出约见本级或下级国家机关工作人员要求的，由常委会代表工委给予联系安排。

督办代表建议 对县（区）人大代表在人大会议上提出的建议，在闭会期间提出的“直通车”代表建议，参加执法检查、工作视察、专题调研等活动中提出的意见和建议，由常委会代表工委转交有关机关或工作部门研究处理。常委会开展代表建议办理工作的监督，跟踪督促有关机关或工作部门如期办结代表建议并答复代表。每年确定一批重点督办建议进行重点督办，并由常委会各工作（办事）机构根据各自的对口联系范围，开展日常督办，征询代表意见，促进问题解决和建议落实。

提升代表能力 有计划地组织代表开展任职培训、法律知识培训和专题培训，通过丰富培训内容、突出培训重点、创新培训方式，帮助代表熟悉人民代表大会制度、掌握执行代表职务所必需的法律知识和相关专业知识，提高执行代表职务的综合能力。指导和服务代表撰写和提交议案建议，在人大会议召开之前，通过组织代表学习培训、调研视察、集体研讨等，提高代表建议质量。开展评比表彰优秀代表议案、建议和代表建议办理工作先进单位、个人活动，并协助承办单位与代表见面沟通等，推进代表议案建议工作。

激励代表履职 鼓励支持代表联系人民群众，通过实施“代表接待选民日”、公开代表基本信息、代表常年固定联系部分选民等制度，为代表联系群众创造条件，总结交流推广代表联系人民群众的经验和典型，激励代表了解民情，反映民意，推动有关问题的解决。每年在每个代表小组选择 1–2 个选区，开展代表向选民述职、选民评议代表工作活动，推行代表履职登记通报制度，强化代表接受选民监督的机制。利用新闻媒体和人大网站、杂志等载体，宣传代表依法执行职务和代表履职先进事迹，营造尊重代表权利、支持代表执行职务的良好社会氛围，激励代表依法执行代表职务。

通报工作动态　通过《会刊》、《绍兴县人大》刊物、“绍兴县人大”网站等途径，向县人大代表公开常委会工作；每年一次集中慰问代表、通报工作，使代表及时了解常委会的工作情况和对重大问题、重大事项的决议决定及审议意见，以更好地接受代表和群众监督。

搞好代表选举　依法做好代表换届选举和代表辞职、罢免及出缺代表的补选等工作，做好代表资格确认、报告、公告等工作，保证程序依法规范。

保障代表权益　督促有关部门和单位落实代表执行代表职务的必要保障。对阻挠代表依法行使职权或侵犯代表合法权益的行为或事件，由常委会有关工作机构调查，弄清事实，督促有关部门或单位及时纠正；情节严重的，送交司法机关依法处理。

2008 年 4 月 16—18 日，全省人大代表与选举任免工作座谈会在绍兴县召开(人大办提供)

第二节　代表小组划分

代表小组活动是实践人民代表大会制度的重要基础，代表通过具体的代表活动来发挥作用。2010年10月代表法修改，规定“代表在闭会期间的活动，以集体活动为主，以代表小组活动为基本形式。”代表通过小组活动，与人民群众保持密切联系，深入了解群众意愿和要求，掌握人民群众关心的热点难点问题，提出议案、建议、批评和意见，并为参加人大会议审议有关议案和报告做好准备；还通过小组活动，检查、督促“一府两院”的工作和法律、法规及人大决议、决定的贯彻实施，接受选民对代表的监督，履行代表应当履行的义务，从而实现代表有效参与管理国家事务、履行职务的重要目的。

县（区）人民代表大会代表小组的主要任务：一是组织开展学习培训。健全代表学习培训制度，组织代表学习、宣传、贯彻宪法和法律法规、党和国家方针政策、人大制度理论和履职知识，提高依法履职能力。二是开展视察和调研活动。重点围绕人民代表大会和常委会的议题，以及地方中心工作和群众普遍关心的热点、难点问题进行视察或调查，为人大会议和常委会会议期间的议政做好准备，也促进代表随时随地听取和反映人民群众的意见建议。三是联系选民和人民群众。通过代表小组座谈会、接待群众来访等方式，以及组织代表向选民报告履职情况等，保持与原选区选民的联系，接受原选区选民监督，听取和反映选民和人民群众的意见和要求，努力为人民服务。

2013年8月17日，县人大杨汛桥代表小组开展代表活动（人大办提供）

县第十三届、县（区）第十四届和区一届人民代表大会会议期间的代表团和代表小组划分已在本志第二编第一章记述，本节选辑闭会期间的代表小组划分情况（小组成员名单已在本志第一编第三章记述）。

县第十三届人民代表大会代表小组

柯桥街道代表小组：	组长	杨秀娟	副组长	张志根	
柯岩街道代表小组：	组长	韩金海	副组长	何存强	
华舍街道代表小组：	组长	陈尧根	副组长	马福林	徐冬泉
湖塘街道代表小组：	组长	宣伟刚	副组长	魏森林	
钱清镇代表小组：	组长	陈福寿	副组长	万爱法	
杨汛桥镇代表小组：	组长	余云海	副组长	陈阿坤	
夏履镇代表小组：	组长	尹王炳	副组长	陶去森	
马鞍镇代表小组：	组长	杨国良	副组长	蒋蓉萍	
齐贤镇代表小组：	组长	徐光炎	副组长	钱家林	谢如炎
安昌镇代表小组：	组长	傅青春	副组长	王新华	
福全镇代表小组：	组长	杨国胜	副组长	何国俊	
漓渚镇代表小组：	组长	陈　光	副组长	钱土根	
兰亭镇代表小组：	组长	孙岳传	副组长	张尚明	
孙端镇代表小组：	组长	蒋国洪	副组长	严大牛	
陶堰镇代表小组：	组长	徐寿增	副组长	王立勇	
富盛镇代表小组：	组长	金晓明	副组长	陶根夫	
平水镇代表小组：	组长	何国行	副组长	杨学夫	
王坛镇代表小组：	组长	孙建焕	副组长	黄金富	
稽东镇代表小组：	组长	金阿根	副组长	余叶娟	
区机关直属代表小组：	组长	娄刚强	副组长	刘玲美	

县(区)第十四届人民代表大会代表小组

柯桥街道代表小组：	组长	董金香	副组长	蒋建英	
柯岩街道代表小组：	组长	韩金海	副组长	高永清	
华舍街道代表小组：	组长	徐光炎	副组长	马福林	
湖塘街道代表小组：	组长	宣伟刚	副组长	魏森林	
钱清镇代表小组：	组长	孙忠富	副组长	周天祥	万爱法
杨汛桥镇代表小组：	组长	汪建中	副组长	陆兴法	

夏履镇代表小组： 组长 赵 凯 副组长 李三海
马鞍镇代表小组： 组长 任宏亮 副组长 杨国良
齐贤镇代表小组： 组长 陈尧根 副组长 钱家林
安昌镇代表小组： 组长 张国生 副组长 柯静杨
福全镇代表小组： 组长 何国行 副组长 叶水根 何国俊
漓渚镇代表小组： 组长 孙卫国 副组长 王炎富 朱建敏
兰亭镇代表小组： 组长 张咸良 副组长 孙岳传
孙端镇代表小组： 组长 郑雪奎 副组长 潘文娟
陶堰镇代表小组： 组长 徐寿增 副组长 王立勇 鲁仁忠
富盛镇代表小组： 组长 孟雁凤 副组长 倪宝根
平水镇代表小组： 组长 孙伟刚 副组长 杨国胜
王坛镇代表小组： 组长 金秀芳 副组长 徐慧娟
稽东镇代表小组： 组长 高洪水 副组长 丁炳方
区机关直属代表小组： 组长 俞俊海 副组长 章小玲

2014 年，区第十四届人民代表大会各代表小组组长、副组长个别有所调整，部分调整后的代表小组组长、副组长如下（孙端、陶堰、富盛三镇已划归越城区）。

柯桥街道代表小组： 组长 董金香 副组长 蒋建英 虞建妙
柯岩街道代表小组： 组长 韩金海 副组长 陈柏兴
湖塘街道代表小组： 组长 宣伟刚 副组长 罗建明
钱清镇代表小组： 组长 周天祥 副组长 万爱法
杨汛桥镇代表小组： 组长 陆兴法 副组长 陈阿坤
夏履镇代表小组： 组长 李三海 副组长 徐仁良
马鞍镇代表小组： 组长 陈新荣 副组长 陈晓寅
安昌镇代表小组： 组长 柯静杨 副组长 濮黎明
福全镇代表小组： 组长 何国行 副组长 何国俊
兰亭镇代表小组： 组长 孙岳传 副组长 张宝康
平水镇代表小组： 组长 杨国胜 副组长 杨 燕
王坛镇代表小组： 组长 徐慧娟 副组长 陶国强
稽东镇代表小组： 组长 丁炳方 副组长 沈关梁

区第一届人民代表大会代表小组

柯桥街道代表小组:	组长	柯静杨	副组长	虞建妙	王关林
柯岩街道代表小组:	组长	余建林	副组长	章生茂	陈柏兴
华舍街道代表小组:	组长	陈卫星	副组长	马福林	包如贵
湖塘街道代表小组:	组长	陈百千	副组长	丁来法	叶鑫弟
钱清镇代表小组:	组长	娄　钢	副组长	万爱法	金柏林
杨汛桥镇代表小组:	组长	张根木	副组长	王　芳	
夏履镇代表小组:	组长	孟国兴	副组长	周祖成	
安昌镇代表小组:	组长	吴林平	副组长	徐　锐	濮黎明
齐贤镇代表小组:	组长	沈悦兴	副组长	钱家林	沈如川
马鞍镇代表小组:	组长	余阳军	副组长	傅见林	叶燕芳
福全镇代表小组:	组长	沈百尧	副组长	何国俊	秋国良
漓渚镇代表小组:	组长	赵建兴	副组长	王炎富	朱建敏
兰亭镇代表小组:	组长	丁伟林	副组长	吴雅琴	陈志芳
平水镇代表小组:	组长	董江兴	副组长	杨　洁	宋智亮
王坛镇代表小组:	组长	滕　瑛	副组长	徐爱华	沈鸿炳
稽东镇代表小组:	组长	陆建祥	副组长	沈关梁	杨芬娟
区机关直属代表小组:	组长	章伟东	副组长	李华琴	

第三节　代表履职管理

县十三届人大常委会承袭上届做法，完善深化“双联三争”活动，以此加强代表履职管理，促进代表更好执行代表职务，促进代表小组更好组织代表活动，促进镇人大（人大街道工委）更好服务和保障代表履职。

“双联”即县人大常委会组成人员（镇人大主席团成员）联系代表，代表联系选民；“三争”即争创先进代表小组，争当优秀人大代表和先进人大工作者。由县人大常委会在每年年初提出活动指导意见，制定出台具体标准和评比细则，年底组织开展考核评比活动。其中，镇（街道）人大干部中的人大代表只参加先进人大工作者的评比，县级以上领导干部的人大代表和县人大常委会专职组成人员也不参加优秀县人大代表评比。

三项先进(优秀)的名额均在30%左右。县人大先进代表小组和先进人大工作者以片为单位,根据实绩进行考评推荐;优秀县人大代表以代表小组为单位,由代表小组根据本组代表履职实绩进行考评推荐。对评选出的先进(优秀)单位和个人,在次年人大会议预备会议或者其他专题会议上予以表彰。

2010年1月31日,县十三届人大第四次会议预备会议表彰先进代表小组等(人大办提供)

自2011年起,根据全国人大常委会有关领导的讲话精神,不再开展优秀代表评选活动,其他两项评选同时停止。之后,县十四届人大常委会也在通过对镇街道人大工作岗位目标责任制考核,实施代表履职登记制等来激励促进代表工作方面进行了尝试。据此,本节仅将2007—2010年县十三届人大常委会开展"双联三争"活动的评比结果记载于志。

县十三届人大期间先进代表小组一览表

表 5-1-1

年份	代表小组名称
2007	柯桥街道代表小组 孙端镇代表小组 平水镇代表小组 钱清镇代表小组 齐贤镇代表小组 福全镇代表小组
2008	柯岩街道代表小组 陶堰镇代表小组 王坛镇代表小组 钱清镇代表小组 马鞍镇代表小组 兰亭镇代表小组
2009	华舍街道代表小组 湖塘街道代表小组 杨汛桥镇代表小组 安昌镇代表小组 漓渚镇代表小组 富盛镇代表小组 稽东镇代表小组 县直属代表小组
2010	柯桥街道代表小组 陶堰镇代表小组 平水镇代表小组 夏履镇代表小组 齐贤镇代表小组 福全镇代表小组 县直属代表小组

县十三届人大期间优秀县人大代表一览表

表 5-1-2

年份	代表名单
2007	祁兴昌 汪传昌 沈久尔 沈冬云 祝赛青 高青泉 傅秋萍 虞建妙 鲍亚芳 缪华水 吴永福 陈茂兴 金国琴 周兴夫 高永清 章生茂 谭爱芬 马宝泉 马福林 王宝焕 徐冬泉 章国娟 王敏华 沈土根 胡炳海 魏森林 王立勇 单宝子 陈成松 赵正富 屠德忠 罗国庆 倪宝根 王金兔 冯华林 杨学夫 沈忠勇 宋兴隆 骆业奎 朱月芳 孙秋根 徐爱华 陶国强 余晋海 沈汉江 裘和贵 万爱法 王郎水 俞雅文 金柏林 徐其林 盛苗根 方秀娟 许志炎 陈阿坤 尹王炳 卢丽君 陈林夫 胡亚春 姚雅浓 程树林 丁生产 于文萍 马桂兴 马建刚 余金方 钱家林 徐杏木 张勤良 徐关浩 桑华娟 傅青春 濮匡正 王国英 何国俊 秋国良 王炎富 朱建敏 金立成 杨林江 张尚明 张国兴 刘玲美 杨菊萍 祝静芝 蒋才兴
2008	虞建妙 陈尧根 沈敏乐 王铼根 吴尧泉 沈冬云 高青泉 虞卫东 王翰樵 曹天龙 周兴夫 金灿新 陈正文 王源祥 陈柏兴 吴永福 朱调云 马友安 马福林 马银贤 徐冬泉 单月茶 李鹏勇 胡阿羊 魏森林 罗建明 王敏华 胡炳海 潘萍锋 黄一鸣 秦良州 鲁传林 陈成松 屠德忠 陶志岚 蒋金美 冯华林 杨学夫 骆业奎 王金兔 沈忠勇 宋兴隆 蔡家苗 丁贵根 王济华 马刚宏 章增荣 娄关全 金阿根 李海林 孔永华 谢兴长 王郎水 万爱法 徐其林 李秀霞 陈阿坤 许志炎 陶云森 卢丽君 姚雅浓 陈林夫 周伯林 陈永根 钱家林 谢如炎 孙志祥 费存良 沈如川 毛兴贤 丁生产 傅青春 徐关浩 张勤良 濮匡正 濮黎明 周建鑫 虞阿五 朱亚琴 陈文兰 钱汉宁 陈　光 吴雅琴 杨林江 张尚明 刘玲美 吴凤花 蒋才兴 施明朗

续表 5-1-2

年份	代表名单
2009	祁兴昌 沈久尔 沈冬云 沈祥星 高青泉 曹天龙 盛国娟 傅秋萍 鲍亚芳 缪华水 王爱仙 吴培生 何存强 陈国洪 陈茂兴 高玲娣 章生茂 马友安 马仕秀 马银贤 马福林 单月茶 徐冬泉 丁雅芬 陈炳源 俞伟芬 钱木根 王立勇 金开娟 黄一鸣 赵正富 陈成松 屠德忠 鲁传林 何小兴德 陶根夫 王金兔 冯华林 杨学夫 沈忠勇 宋兴隆 骆业奎 王晋候 孙秋根 徐爱华 陶国强 余晋海 沈汉江 裘和贵 田建华 金柏林 徐阿毅 盛苗根 漏兴福 魏中华 金良顺 周永利 庞宝根 金晓明 徐顺兴 陈永根 陈林夫 周伯林 钱立琦 于文萍 王玉英 孙志祥 沈如川 钱家林 韩文元 谢如炎 张勤良 徐关浩 傅青春 濮匡正 濮黎明 金尧兴 金关良 周建鑫 何方美 陈文兰 钱汉宁 钱建法 何鸣惠 张尚明 潘云峰 毛中萍 刘玲美 陈晓伟 凌渭土
2010	王翰樵 祁兴昌 沈冬云 张志根 陈尧根 郑建红 祝赛青 高青泉 虞卫东 虞建妙 吴培生 何存强 陈林川 陈柏兴 金灿新 金国琴 高永清 马友安 马仕秀 马银贤 马福林 单月茶 徐冬泉 沈土根 罗建明 胡玲香 俞伟芬 王立勇 冯华林 黄一鸣 陈成松 赵正富 秦良州 屠德忠 罗国庆 倪宝根 杨学夫 李炳炎 沈忠勇 宋兴隆 骆业奎 丁贵根 马刚宏 冯燕萍 蔡家苗 胡柏祥 娄关全 章增荣 万爱法 方小燕 金芬娟 周建英 高安良 魏雅萍 陈阿坤 周永利 庞宝根 金晓明 徐顺兴 叶燕芳 陈永根 陈林夫 周伯林 毛兴贤 孙志祥 余金方 沈如川 费存良 钱家林 谢如炎 张勤良 徐关浩 徐宝全 傅青春 濮黎明 朱亚琴 何国俊 秋国良 王炎富 朱建敏 陈　光 金立成 张尚明 张国兴 杨林江 毛中萍 刘玲美 陈晓伟 凌渭土

县十三届人大期间先进人大工作者一览表

表 5-1-3

年份	人大工作者名单
2007	李国兴 徐光炎 杨国胜 徐寿增 余云海 张志根 钱土良 严大牛 陶根夫 胡春峰 黄金富 傅关明 沈建祥 王新华 徐智煊 蒋志芬 宋子灿 全炎培 陈国芬 尉惠娟 张国富 陈　敏 叶忠法 袁德兴 王荣富 潘华君 钱国权
2008	马建刚 黄化强 陈福寿 丁炳芳 宋子灿 李光辉 全炎培 徐智煊 蒋志芬 陈文娟 张利民 胡春峰 余叶娟 沈建祥 孙君君 周东海 王荣富 袁　沣 钱国权 胡　爽 张小青 章卫东 盛月法 于丽华 沈　江 徐小青
2009	李国兴 杨秀娟 陈福寿 徐寿增 柯静扬 李三海 李光辉 钱土良 严大牛 陈文娟 蒋志芬 胡春峰 沈建祥 裘红萍 于丽华 尉惠娟 沈　江 倪华丰 骆金江 王荣富 袁　沣 钱国权 童海芳 张小青 叶忠法 徐小青
2010	宋金木 张光潮 杨秀娟 杨国良 杨国胜 丁炳方 李光辉 徐智煊 陆晓巍 谭震建 张利民 严大牛 鲁水土 胡春峰 朱海江 余叶娟 沈伟阳 丁春锋 孙君君 周东海 蒋志芬 于丽华 倪华丰 徐小青 钱国权 盛月法

第二章　代表联系群众

第一节　代表向选民述职

根据代表法的规定，由选民直接选举的代表应当以多种方式向原选区选民报告履职情况。2010 年 7 月至 8 月，由县人大常委会统一部署，经各镇人大主席团、人大街道工委组织，全县共有 14 个县人大代表小组的 47 名代表分别在 35 个大选区向选民述职，2340 余名选民代表听取代表述职，对代表履职情况进行评议。

绍兴县建立人大代表向选民述职并接受选民评议的制度，最初由兰亭镇人大主席团于 2002 年 10 月在个别选区进行尝试，2004 年 10 月至 11 月，县人大常委会在齐贤镇试点探索后逐步推行，之后齐贤镇、湖塘街道等部分镇街道经常性开展代表述职评议活动，该制度在实践中逐步完善。代表述职评议目的是三个：增强代表意识，依法执行好代表职务；增强政治意识，提高履职能力；增强选民意识，自觉接受选民监督，更好地围绕地方工作大局参加行使地方国家权力。内容为“三述三评”：述大会期间开展代表工作和闭会期间参加代表活动的情况，评代表意识强不强；述联系走访选民、反映社情民意、为人民群众办事、做好事的情况，评履职水平高不高；述带头学习宣传和贯彻执行党的政策、法律法规、人大决议决定及区委重大决策的情况，评自身形象好不好。述职过程分四个阶段进行：统一认识，周密组织；走访选民，征求意见；代表述职，组织评议；制订措施，搞好整改。每个选区一般推选出 15 ~ 20 名的选民代表，先由选民代表征求其他选民对代表履职的意见，之后组织召开代表述职会议，由选民代表听取代表履职报告，对代表履职提出建议意见，并进行满意度测评，再由代表作出整改承诺，会后落实整改。

2015 年 6—7 月，区人大常委会再次统一部署，各镇（街道）均选择 1~2 个大选区，由该选区选举产生的全体人大代表向选民述职并接受选民评议，同时邀请述职代表所在代表小组其他代表一同参加，接受教育和鞭策。

2015 年 6 月 19 日，柯桥街道第一选区的区人大代表向选民述职并接受评议（人大办提供）

第二节　代表接待日制度

2011 年 5 月 6 日，县人大常委会办公室发出《关于建立“代表接待日”制度的实施意见》，明确建立并实施“人大代表接待选民日”（简称“代表接待日”）制度。“代表接待日”工作分计划安排、发布公告、宣传动员、约请选民、开展接待、处理问题等六个环节。接待公告由各镇（街道）于接待日的 5 天前在各选区张贴，告知接待选民的具体时间和地点。在接待前 3 ~ 5 天告知参加接待代表的接待时间、地点，并事先让代表掌握接待的任务、程序和要求。代表接待时佩戴代表证，接待中选民反映的问题和意见，由代表在接待结束后归纳梳理，按照分级分类处理的原则，视情交由镇人大主席团（人大街道工委）或通过代表建议“直通车”函件提交县人大常委会代表工委处理。

第三节　代表联络站建设

建立实体代表联络站　2013 年 5 月，绍兴市人大常委会确定绍兴县兰亭镇为人大代表联络站建设试点单位，同年 7 月全市第一个代表联络站在兰亭镇建成并接待选民，省内外众多兄弟单位到兰亭镇考察取经。次年，区（2013 年 11 月绍兴县撤县设区）人大常委会在全区推行代表联络站建设。各镇、街道结合自身实际探索创新，共创制出 5 种联络站模式，即集中式联系选民（兰亭模式）、片区式联系选民（平水模式）、网格联系选民（安昌模式）、流动式联系选民（夏履模式）、走入式联系选民（街道模式）。各代表联

兰亭镇人大代表联络站建成，市人大常委会主要领导 2014 年 4 月 15 日到联络站指导工作（人大办提供）

络站有一个相对固定的接待场所，有一个让群众知晓的告示方式，有一套简便操作的接待机制，有一套办理建议的处置程序，有一些完善联络站的辅助手段。至 2014 年年底，全区各镇街道均建立起实体代表联络站。各级人大代表分别在各代表联络站接待选民，听取选民提出的问题，根据办理权限实行分类处置。联络站成为代表联系选民和群众的新平台。

镇（街道）代表联络站（室）及开展接待工作情况表

表 5-2-1

单位	年份	联络站（室）数	接待群众次数（次）	参加接待的代表人次（人次）	接待群众人次（人次）	受理问题（意见建议）（件）	已解决问题（办结）（件）
钱清镇	2014—2016 年	1 站 2 室	29	174	65	47	47
杨汛桥镇	2015—2016 年	1 站 1 室	24	65	79	66	66
夏履镇	2014—2015 年	1 站 11 室	17	197	68	50	38
福全镇	2014—2016 年	1 站 2 室	29	58	71	33	33
漓渚镇	2016 年	1 站 1 室	6	24	5	6	6
兰亭镇	2013—2016 年	1 站	111	117	163	118	111
马鞍镇	2014—2016 年	1 站 2 室	28	57	74	83	83
齐贤镇	2015—2016 年	1 站	17	41	62	12	12
安昌镇	2014—2016 年	1 站	36	48	108	84	76
平水镇	2014—2016 年	3 站	16	76	56	63	63
王坛镇	2014—2016 年	2 站	15	41	122	30	30
稽东镇	2014—2016 年	1 站 1 室	9	62	21	25	25
柯桥街道	2014—2016 年	1 站 4 室	81	152	464	154	143
柯岩街道	2014—2016 年	2 站	30	60	93	36	36
华舍街道	2014—2016 年	1 站 1 室	26	79	139	40	35
湖塘街道	2014—2016 年	1 站 2 室	23	69	118	32	28
合　计		20 站 27 室	497	1320	1708	879	832

说明：统计数据自首个代表联络站建立起至 2016 年年底止，由各镇、街道提供

代表登录省履职服务平台 2013年11月，浙江省人大代表履职服务平台建成启用，为全省各级人大代表反映民情、知情知政、学习交流提供了平台，绍兴县的省、市、县、镇四级人大代表和县、镇两级人大工作者也一并录入其中。代表履职服务平台具有向注册用户提供信息阅览查询、代表履职服务、邮件短信收发、文件资料接收和网络交流互动等五大功能，代表通过服务平台了解人大和"一府两院"工作情况，递交和查询代表议案、建议及办理情况，登记代表履职活动，联系人大和"一府两院"工作机构和社会公众，开展代表交流和学习培训等。人大常委会及"一府两院"相关部门也通过服务平台联系和服务代表，向代表发送文件、通知和资料，开展意见征集和网上交流，办理和回应代表议案、建议及闭会期间的工作建议等。

实现网上代表联络站全覆盖 2015年下半年，区人大常委会在柯桥街道开展人大代表网上联络站建设试点。2016年4月20日，全区人大代表网上联络站建设现场会在柯桥街道召开，推广柯桥街道试点经验。通过各镇（街道）开展宣传发动、开通网站、充实内容等三个阶段的工作，至2016年6月底，柯桥区成为全市首个实现网上代表联络站全覆盖的县（市、区），一个人大代表线上线下"全天候"联系选民和群众的新模式形成。2016年，全区网上代表联络站收到群众反映问题总共137个，通过协调解决的有91个。

全县网上代表联络站建设现场会场景（人大办提供）

第四节　领导干部代表带头进选区

2015年4月，区人大常委会出台《关于领导干部人大代表带头进选区的意见》，要求领导干部人大代表除平时采取多种形式保持同选区选民和人民群众的经常联系外，每年按统一要求进选区，宣传法律政策，了解社情民意，听取和征询群众对公益性、政策性事项的意见和要求，开展履职活动。当年5—6月，区委书记徐国龙，区委副书记、区

2015 年 5 月，区人大代表、区委书记徐国龙率先到柯桥街道进选区开展代表履职活动（人大办提供）

长阮建尧，区人大常委会主任吴晓，区政协主席孟柏千，区委副书记马芳妹等领导干部，先后以人大代表身份进选区听民情，征求意见建议。柯桥区此举也得到省、市有关领导的支持，副省长郑继伟，市委副书记、市长俞志宏，市政协主席陈长兴，市人大常委会副主任车晓端，副市长丁晓燕等领导干部，分别以代表身份进选区、进代表联络站接待选民并座谈。2016 年 5 月，区人大常委会办公室发出《关于开展“领导干部人大代表进选区月”活动的通知》，集中开展领导干部人大代表进选区活动。之后，确定每年 5 月或者 6 月为“领导干部人大代表进选区月”，由区人大常委会统一作出安排。

实施领导干部人大代表带头进选区制度，使领导干部的代表意识得到增强，一批群众期盼解决的重点、难点问题得到解决。实施当年，全区担任科级以上领导职务的 51 名人大代表进入原选区，共协调解决困难或者问题 109 个。次年，领导干部人大代表带头进选区 73 人次，收集选民反馈的问题 81 个，协调解决 56 个。2015 年 12 月，《浙江人大信息》（专刊）第 43 期刊载《绍兴市柯桥区实施领导干部人大代表带头进选区制度》，得到省人大常委会党组书记、副主任茅临生的批示肯定：此期信息请机要传送市县委书记、市县长和人大常委会主任参阅。全省多个地方的人大常委会派员到柯桥学习考察。

附：

绍兴市柯桥区实施领导干部代表带头进选区制度

［《浙江人大信息》（专刊）2015 年 12 月第 43 期登载］

编者按：今年 4 月以来，绍兴市柯桥区组织实施人大代表中的领导干部带头进选区制度，全区科级以上领导中的 51 名人大代表有序进入原选区广泛听取选民意见，协调处理群众反映的问题，取得较好的成效。

一、主要做法

1. 区委重视，各有关方面形成共识。区委书记徐国龙在年初区委人大工作会议上提出，要把密切人大代表与人民群众的联系作为夯实人大工作基础、更好发挥代表主体作用的重点，通过人大代表中的领导干部带头进选区，引导和激励全体人大代表更加主动积极地联系原选区选民。徐国龙还率先行动，利用休息时间先后3次赴柯桥街道第二选区听民意、察民情，开展代表履职活动。之后，区委、区人大常委会、区政府和区政协及“两院”领导中担任人大代表的其他16位区级领导下部，相继深入选区或进村入企，或参加代表接待站活动。至7月底，绝大多数担任代表职务的领导已进行了2015年度的第一次进选区活动。

2. 出台意见，两级人大精心组织。为规范领导干部代表进选区工作，区人大常委会要求建立有效机制，保持代表联系选民常态化。为此，出台了《领导干部人大代表带头进选区的意见》，明确了此项工作的对象、任务、原则和方法，要求每位领导干部人大代表除平时采取多种形式保持同原选区选民和人民群众的经常联系外，每年应管好统一要求参加选区所在地代表联络站（室）接待群众1次，深入选区走访选区内的组成单位和群众1次，并积极参加所在代表小组的集体活动。同时规定，领导干部代表进选区除宣传法律政策和了解社情民意以外，主要听取和征询群众对公益性、政策性事项的意见和要求，属于信访类别的问题一般不作为受理事项。意见还要求领导干部代表参加代表联络站（室）接待，由相关镇（街道）人大主席团（工委）具体安排并告知；走访选区内的组成单位和群众，由走访人员自行安排，相关镇（街道）人大主席团（工委）协助进行。

3. 积极协调，督促有关部门解决群众反映的问题。按照有关规定和工作方针，人大代表中副处级以上现职人员受理的事项，由受理人员批转或者协调有关部门进行处理并落实；区委管理干部受理的事项，属于区级机关职权范围内的，采取代表建议“直通车”形式，由区人大常委会代表工委按代表建议办理程序处理，属于镇、街道职权范围内的，交由相关镇人大主席团（人大街道工委）依照有关程序进行处理。如人大代表、区委书记徐国龙在接待选区群众后针对群众提出的整治滨河路夜排档环境污染等10项建议意见，带领机关8部门负责人进入选区现场办公，逐一落实办理责任。区委办、区人大办、区府办、区政协办及其他综合职能部门纷纷按照有关领导干部代表要求，做好解决问题的协调和督促工作。

4. 反馈情况，确保制度有效实施。为实现领导干部代表进选区的经常化，区人大常委会要求每位代表受理的所有问题的处理落实情况，均要求采取适当形式及时反馈给问题的群众。每位领导干部人大代表在每年年中和年底，将进选区和受理问题的处理情况等书面反馈区人大常委会，并由区人大常委会综合后书面通报相关人员和各代表小组，以促进领导干部人大代表进选区活动的持续和深入，同时激励和推动其他人大代表自觉地进选区、听民声，发挥好代表作用。

二、主要成效

一是增强了领导干部代表的代表意识。通过制度的实施，使领导干部代表更加深切感受到自己有一个领导职务，还有一个代表职务。正像区委书记徐国龙说的："领导干部人大代表带头走进选区，面对面倾听群众意见建议，既是人大代表的义务和责任所在，也是领导干部践行党的群众路线的生动体现。""要努力把群众的建议意见落实到实处，尽最大努力把群众反映的问题解决好，真正体现'民之所望，施政所向'。"区政协主席孟柏干在代表联络站接待群众后更是深有感触，"领导干部人大代表带头进选区能充分践行人大代表的职责，加强与选民间的联系，更好地为基层群众办实事、办好事，非常有意义。"

二是促进了一些难点问题的解决。通过实施带头进选区制度，代表建议解决难的问题得到有效破解。如许多新疆籍人员在柯桥城区宰羊卖肉，造成多处环境污染，群众怨声载道，但因涉及民族问题，10 多年来得不到有效治理。徐国龙代表通过实地调研和亲自协调处理，终使这一问题圆满解决，群众交口称赞。又如村级集体经济增收难、基层组织战斗力减退，群众呼声增多，区委组织部部长姚国海 2 次以代表身份深入选区，听取基层干部和群众对加强基层组织建设的意见，为区委出台加强基层党组织和基层政权建设的实施意见提供了更多的第一手材料。基层干部反映，领导干部代表进选区，面对面听取民意，实打实解决问题，点对点督查反馈，有利于一些难点、焦点问题的破解。

三是推动了干部工作作风更好转变。一些基层干部认为，领导干部以代表身份直接听真话、问实情，减少了"传声筒""过滤器"，同时没有地方领导陪同，不带秘书和随从，使基层干部和群众倍感亲近、敢讲实话，容易掌握真实情况。钱清镇梅东村会计金宝祥说："阮建尧区长以代表身份来选区座谈，不但要求我们尽情说事情、谈想法，还问得很多很细致，使我们确实感到好像在同亲人拉家常，心情特别舒畅。"平水镇平水居委会党支部书记陶月忠说："农村环境整治压力大，我们有怨言。区委马芳妹副书记以代表身份与村干部和群众坦诚交流，耐心解释，使大家豁然开朗，都觉得应该这样做。"不少基层干部和群众反映，领导干部以代表身份了解社情民意，取得的效果是以领导身份搞调研所难以获得的。

四是扩大了基层人大工作影响力。有些代表反映，领导干部代表参加人大会和其他代表活动，往往以领导身份听而不是以代表身份议，在普通代表心里自然形成了“领导”和“代表”的隔阂，通过此项活动，这个隔阂逐渐消除，代表的平等感增强。柯桥街道人大工委主任柯静杨认为，领导干部代表带头履行代表职责，从行动上表明了执行代表职务的重要性，自然提升了代表的社会地位，增强了人大工作影响力，对基层人大工作也是一种有力支持。在领导干部代表的带动下，全区各级人大代表纷纷参加“监督已治理的河”等活动，积极参与代表联络站接待工作，还有30多位区人大代表主动向选民述职并接受评议，基层人大工作得到有力推动。

第三章　代表集中活动

第一节　代表培训

县十三届、县（区）十四届人大期间，每届县（区）人大常委会都要组织县（区）人大代表开展1～2次的集中培训，同时由代表小组组织本组代表进行不定期的培训、学习和交流，提高代表的政治素质和履职能力。

代表履职经验培训　2007年1月16日，县人大常委会举办新选举产生的县十三届人大代表集中培训会。县人大代表王翰樵和金国琴在培训会上作经验介绍。已连任七届县人大代表的王翰樵回顾自己作为人大代表的经历和体会，表达了“作为代表，要珍惜荣誉，有使命感；履行职责，要高标准、严要求，有责任感；要以不断进取的精神，努力做好代表工作”等感受。

代表“应知应会”培训　2012年1月15日，县人大常委会组织新当选的200多名县十四届人大代表集中培训，邀请国务院政府特殊津贴享受者，绍兴市第四、五、六届人大代表，绍兴市政府土地储备中心副主任赵水阳，结合自身执行代表职务和实践谈切身感受，详细讲解人大代表履职的“应知应会”。

代表履职技能培训　2015年5月27日，区人大常委会组织区十四届人大代表和全区人大干部集中培训，邀请江苏省无锡市人大常委会原副秘书长陆介标主讲“人大代表履职技能”。陆介标从人大代表首先要解决的两个认识问题、人大代表的最基本职权、人大代表要处理好的关系等方面，讲解了与代表履职相关的问题，提出人大代表要做到“八个会”，即会调研、会视察、会质询、会评议、会询问、会约见、会持证视察、会沟通。

2015 年 5 月 27 日，绍兴市柯桥区人大代表培训会在区委党校举行（人大办提供）

代表履职问题培训 2017 年 1 月 11 日，区人大常委会举办新当选区人大代表培训会，邀请省人大常委会代表与选举任免工作委员会副主任袁薇作“关于人大代表履职的几个问题”专题讲座。袁薇围绕人大代表的地位和作用、权利和义务以及代表如何提好议案、建议，依法履职坚持的四条原则等内容进行详细讲解。

第二节 代表视察

县十三届、县（区）十四届人大期间，县（区）人大常委会围绕经济社会发展的重点工作和群众反响比较强烈的问题，每年几次组织部分人大代表进行集中视察、调研，有关部门负责人一同参加，通过视察、调研，提出建议意见，促进政府和有关部门解决问题。

视察两区开发建设 2007 年 6 月 20 日，组织柯桥等 6 个镇（街道）和常委会机关的 42 名人大代表，实地视察精功太阳能、点金照明、三鑫石化等企业和两个开发区的建设全貌，听取滨海工业区和柯桥经济开发区两区管委会负责人关于开发建设工作的汇报，认为两区开发建设坚持集约发展，用足用好资源，起点高、有速度、有强度，滨海工业区着眼创建省级生态工业示范区，柯桥经济开发区着眼建设科技新城，目标明确、定位正确、作风务实、服务优化，同时对进一步提升两区建设速

县人大代表视察开发区建设现场（人大办提供）

度和质量寄予厚望。

视察大香林二期开发建设情况　2007年8月30日，组织部分县人大代表实地视察大香林二期建设情况，听取鉴湖—柯岩旅游区管委会《关于大香林景区开发建设情况的报告》，认为大香林景区历史文化资源丰富，佛教文化底蕴深厚，提出要突出“大”文章、大目光，建设与大环境相符、与社会环境相结合，加强周边优美的生态环境的保护，使稽山鉴水的旅游品牌更加完美，完善配套设施，做好素食餐饮文化，积极引进人才，将大香林二期建设创出特色、做成精品等建议。

视察社会治安管理工作　2007年9月10日，组织部分县人大代表实地视察县看守所和县公安局强制戒毒所，观看柯桥城区社会治安实时动态防控系统演示，听取县公安局局长邢黎平《关于开展平安创建、加强社会治安管理工作情况的报告》，提出要认真落实“谁主管、谁负责”的原则，健全齐抓共管的工作机制，加强社会治安防控体系建设，健全严打防范工作机制，建立一支公正、高效、廉洁的政法队伍，建立一整套科学合理、管理有效的考核机制等建议。

视察“节能减排”工作　2007年10月17日，组织县机关和福全、钱清、安昌、马鞍、齐贤、漓渚等地的县人大代表，实地视察浙江亚太印花公司、大和纺织印染公司、怡创印染公司、东盛印染公司，听取县环保局局长裘江新《关于全县污染减排工作情况的汇报》，要求进一步统一思想，形成“节能减排”氛围，抓典型带动，抓技术改造，出台激励政策，帮助企业解决突出问题，严肃查处违法排污行为，健全和强化长效监管机制，真正把“节能减排”工作做实做好。

视察省级示范视察文明县城创建工作　2008年6月5日，组织部分人大代表实地视察柯桥街道管宁小区、育才社区、轻纺城果蔬市场、东升路市场改造升级工地以及轻纺城北市场等地的创建工作，听取县委宣传部、县公安局、县建设局及柯桥街道办事处等部门关于省级示范文明县城创建工作情况汇报，提出要进一步实行部门之间相互配合支持，对照创建标准来寻找薄弱环节，明确重点，限期完成任务，建立长效机制，确保创建圆满成功等建议。

视察农村社区卫生服务站工作　2008年8月26日，组织部分人大代表实地视察柯桥街道后梅社区、华舍街道兴越社区和安昌镇盛陵村社区卫生服务站，听取县卫生局负责人《关于绍兴县社区卫生服务工作的情况汇报》，提出要进一步完善医疗卫生服务网络，深化完善社区卫生服务站设施和人员配备，强化服务站功能，同时也要进一步加大对山区卫生服务站的扶持力度，让群众看得起病等建议。

视察鉴湖水系保护工作 2009 年 8 月 17 日，组织 10 多名人大代表乘船视察从湖塘西跨湖桥到柯岩风景区段的鉴湖水系，听取县环保局《关于鉴湖水系保护工作的情况报告》、县水利水电局《关于绍兴县河道清淤工作的情况报告》，提出要以实施新修订的《浙江省鉴湖水域保护条例》为契机，做好鉴湖水系保护“四个一”的工作，即建立一套班子加强领导和协调，制定一个规划明确近期、中期和长期目标，出台一个文件提出保护的实施意见和细则，开展一次大规模的集中整治使鉴湖水域水更清、环境更美，同时加强河道清淤工作，建立长效机制，完善补助政策，研究方法破解淤泥处置等难题。

视察交通重点工程 2009 年 12 月 17 日，组织 20 多名人大代表实地踏看杭甬铁路客运专线工程、萧甬铁路柯桥城区段高架改造工程的建设现场，听取县交通局《关于绍兴县大交通建设情况的汇报》，要求交通部门全力以赴，加快构建绍兴县公水铁基础设施立体发展的交通新格局。

视察水环境保护工作 2010 年 4 月 23 日，组织 50 多名县人大代表分 4 组分赴钱清、杨汛桥、安昌、齐贤、漓渚、福全等镇及城区街道，重点视察河道水质治理、企业污水处理、村和社区生活污水收集、农业面源污染治理等情况，听取县环保局《关于绍兴县水污染防治工作情况的汇报》，就加快印染企业集聚升级、加大对污染源的治理和监管、加强环境保护法律法规的宣传等方面提出了意见和建议。

视察中国轻纺城二次创业工作 2010 年 6 月 24 日，组织 20 多名县人大代表实地视察东升路针织布市场、老市场、柯东仓储中心、柯北坯布市场、国际会展中心和国家纺织面料馆，听取轻纺城管委会《关于深化中国轻纺城二次创业、加快建设纺织业“三个中心”的报告》，要求加大市场招商隆市力度，加强市场规划建设，提升市场管理服务水平，扩大市场国内外影响力。

代表视察中国轻纺城“二次创业”工作（创意大厦）现场（人大办提供）

视察大交通建设工作 2010 年 8 月 24 日，组织 20 多名县人大代表实地视察轻纺城仓储物流中心建设、杭甬运河绍兴段、104 国道钱清段改造工程、萧甬铁路柯桥城区段高架工程等现场，听取县交通局《关于绍兴大交通建设的情况汇报》，要求十分重视项目的进度、质量和安全，加强协调、接轨杭州，正确处理好“大交通”与“小交通”的关系。

视察代表建议办理工作　2010年11月8日，组织40多名县、镇人大代表，对“进一步提高笛扬路商业步行街品质”等12件重点督办代表建议和“直通车”建议的办理落实情况进行实地视察，听取建议承办单位的情况介绍，要求承办单位进一步提高思想认识，狠抓落实，巩固成果，切实做到依法高效办理，使群众的满意度越来越高。

视察全县农村宅基地置换工作　2011年4月26日，组织30多名人大代表实地视察县农村宅基地置换建设点齐贤镇东贤小区，听取县农办《关于绍兴县农村宅基地置换工作的情况报告》，就加大宅基地置换政策宣传力度、加强置换房建设质量监管、争取置换土地和资金保障、解决农民宅基地置换后顾之忧等提出了意见和建议。

视察城乡环境综合治理工作　2011年5月19日，组织60多名县、镇两级人大代表分4组，通过水路、陆路，分别视察漓渚江、松坞江、兰亭江水环境，孙端镇吴融村、齐贤镇兴齐村农村环境，柯桥城区环境，平水江水库及南部山区部分村庄环境整治情况，就城乡环境综合治理工作从源头治理、堵疏结合、建立健全机制、加大财政扶持等几个角度提出建议意见，并要求加强对经济薄弱村环境治理的支持，将环境综合治理工作推向深入，为早日实现“现代开放的柯桥城、繁荣生机的中心镇和美丽有序的新社区”目标而努力。

专题视察政府性投资项目建设情况　2011年7月28日，组织20多名县人大代表实地视察人利（体育中心）安置小区、水务大厦、北联托运市场项目建设情况，听取县发展和改革局局长邢玉清《关于全县政府性投资项目建设情况的报告》，要求防止规划不科学而造成政府性投资项目失误，高度重视工程质量尤其是安置房质量，高度重视项目绩效，注意避免超期安置补助费问题，通过向上争取资源努力解决制约因素等。

视察代表建议办理工作　2011年10月20日，组织30多名县人大代表实地视察安昌地理埋压缩式垃圾中转站、柯桥街道流动人口办证大厅、县疾控中心食品安全检测、县数字城管中心，听取相关代表提出的建议，要求深化办理工作措施，加大跟踪督办力度，加强与代表的沟通联系，注重办理工作实效，力争通过建议办理推动政府工作再上新台阶。

视察农贸市场改造提升工作　2012年1月9日，组织部分县人大代表实地视察柯桥轻纺城综合市场、立新农贸市场，听取县工商局局长寿志平《关于全县农贸市场改造提升工作情况的报告》，要求农贸市场改造提升的规划要科学、合理，改造提升后的长效管理机制要逐步建立。

视察农村环境综合整治工作　2012年4月23日，组织30多名县人大代表分成两组，分别实地视察柯岩街道河塔村、州山村，漓渚镇六峰村、棠棣村、棠一村，王坛镇新华村、南岸村，稽东镇占岙村、陈村等，要求突出重点、因地制宜，立足农村、农民实际，根据不同村情实施分类指导，建立长效保洁机制，抓好保洁队伍建设，持之以恒推进农村环境综合整治。

视察城市交通建设工作 2012年6月19日，组织30多名县人大代表，实地视察萧甬铁路高架工程制梁场、轻纺城立交架梁现场和柯桥站货场，听取县交通运输局局长缪智勇受县政府委托所作的相关工作情况汇报，要求督促建设单位能快则快，努力克服拆迁、征地、资金、施工等困难，加快铁路高架后八条南北道路的对接和车辆分流管理，加强宣传，让老百姓理解和支持工程建设。

代表视察萧甬铁路高架工程现场（人大办提供）

视察重点工程建设情况 2012年8月24日，组织30多名县人大代表实地视察瓜渚湖环湖步行道、公租房、夏威夷风情园等重点工程现场，听取县发改局局长王张泉受县政府委托所作的相关情况报告，要求把工程质量终身制和安全生产责任制落实到施工建设的全过程，努力把每一项工程都打造成优质工程、放心工程。

视察代表建议办理工作 2012年10月24日，组织20多名县人大代表实地视察柯东打卷服务中心、柯桥街道鉴湖园社区、柯桥国贸区停车场和天虹百货4个涉及代表建议办理工作现场，听取相关情况介绍，要求再接再厉巩固办理成果，建立问题解决长效机制，取得代表和承办单位的互相理解支持。

专题视察县储备粮储备工作 2013年4月10日，组织部分县人大代表实地浙江亚太粮食市场和县粮食储备中心，听取县粮食局《关于县级储备粮储备工作的情况报告》，要求从战略高度认识粮食安全的重要性，加大财政投入扶持力度，加快粮库整合建设，探索粮食轮换新机制，推进粮食市场提档升级，加强粮食管理队伍建设，营造关心粮食安全、珍惜爱护粮食的良好氛围。

视察历史文化村落保护和开发利用工作 2013年6月9日，组织部分县人大代表实地视察平水镇王化村、王坛镇青坛村和稽东镇冢斜村等古村落，听取县农办主任高青泉受县政府委托所作的《关于绍兴县历史文化村落保护和开发利用工作情况的汇报》，要求提高对古村落保护开发工作的认识，搞好古村落保护开发整体规划，完善古村落保护开发保障机制，扎实做好古村落开发的相关实际工作。

视察鉴湖水系保护工作 2013 年 8 月 7 日，组织部分省、市、县三级人大代表实地视察鉴湖的水环境状况，听取县环保局局长章金尧相关工作情况汇报，要求坚持“保护为主、合理利用、依法管理、惩防并举”的思路，继续加大对企业污水任人偷排漏排、建筑泥浆偷排行为的惩治力度，坚决排击小微企业的违法排污行为，加强保护区内居民集中点、工业集聚区内的污水收集纳管排放工作，在全社会形成自觉保护鉴湖水系意识，使鉴湖水系焕发新的魅力。

视察政府重点工程 2013 年 8 月 23 日，组织部分县人大代表实地视察鉴湖中学、绍兴金沙·东方山水国际商务休闲中心及浙江工业大学之江学院等项目建设现场，听取县发展和改革局局长王张泉受县政府委托所作的相关工作情况报告，要求全力攻坚、加快工程进度，加强跟踪督查、统筹协调，严格管理、精心施工，力争把每一个项目都建设成经得起历史检验的精品工程。

视察瓜渚湖景观、公共自行车服务系统、食品安全监管、畜产品安全监管等工作 2013 年 10 月 14 日，组织部分县人大代表视察瓜渚湖景观开发建设、公共自行车服务系统、食品安全监管、畜产品安全监管工作等 4 件代表建议的办理情况，听取相关部门的办理情况汇报，要求对瓜渚湖景观要加强公共设施管理，保障群众休闲、活动；对公共自行车服务系统要加强日常巡查，加快网点扩面；对食品安全监管要配足配强监管检测人员，保障经费，确保监管无盲点；对畜产品安全监管要加强市场日常巡查，打击私屠滥宰违法行为，加强集中屠宰场的管理，提升肉品的品质、品相。

专题视察“四院”工程建设情况 2014 年 4 月 29 日，组织部分区人大代表实地视察区第三医院易地重建、区口腔医院建设、区妇女儿童医院新建、区中医院扩建（老年康复医院建设）等工程项目建设现场，听取区卫生局局长李敏相关工作情况汇报，要求规划先行、使工程符合科学发展要求，加强部门协调、尽快解决“四院”建设中碰到的一些问题，以“四院”工程建设为契机完善和提升全区医疗卫生服务体系，努力营造和谐医患关系。

视察政府性投资项目建设情况 2014 年 6 月 17 日，组织部分区人大代表实地视察 0901 人防工程、体育中心（游泳水馆）、档案馆、公租房等建设项目，听取区发展和改革局局长王张泉《关于全区政府性投资项目建设情况的报告》，要求按照“积极有为，量力而行”原则加快工程进度，围绕“优质、安全、廉洁、高效”目标加强对项目的事前、事中、事后监督，强化要素保障使项目有地可落、有资金可建，注重项目协调联动，提升优化工作服务。

视察“五水共治”“三改一拆”等代表议案、建议办理工作 2014年8月26日，组织部分区人大代表实地视察柯岩梅墅水庄污水管网改造工程、双渎路内涝改造工程和华舍街道张溇村拆迁工程等3件代表议案、建议涉及的现场，听取区政府办、区住建局对代表议案、建议办理情况的汇报，要求保证代表议案、建议件件有人抓，事事有落实，攻坚克难、建好长效制度，提高议案、建议办理工作实效。

视察区政府实事工程工作 2014年10月28日，组织部分区人大代表实地视察柯岩街道阮三居委会文化礼堂、城区南北连通道路育才路建设、轻纺城立体停车场等政府实事工程项目，听取副区长周树森所作的《关于2014年政府十件实事进展情况的报告》，要求抓好实事工程建设的质量和安全管理，强化资金和土地等要素保障，完善项目长效管理机制，及早科学谋划好明年的实事项目，努力把政府实事工程办实、办好。

代表视察政府实事工程——城区南北连通道路育才路建设项目场景(人大办提供)

视察鉴湖水域保护治理工作 2015年4月13日，组织部分区人大代表实地视察鉴湖湖塘街道湖塘村西跨湖桥至柯岩街道海山村段水域，听取区水电局局长徐阿幼受区政府委托所作的《关于鉴湖水域保护治理工作情况的报告》，要求鉴湖水域保护治理工作朝着“清水、亲水、青水”三个标准努力，坚持“科学、依法、制度”治理，处理好当前与长远关系，转变生产发展方式，加大污染治理、水域绿化、沿线环境整治，建立长效管理机制，引导发动社会力量参与保护治理。

视察政府性投资项目建设工作 2015年6月25日，组织部分区人大代表实地视察坂湖公园项目现场、绍兴县监管中心(一期)项目现场、中国轻纺城物流仓储中心项目现场，听取区发改局局长蒋国洪受政府委托所作的《关于全区政府性投资项目建设情况报告》，要求强化责任落实，强化要素保障，加强要素统筹，优化资源配置，强化项目管理，在确保安全和质量的前提下加快工程进度。

视察议案决议实施和建议办理工作 2015年8月20日，组织部分区人大代表实地视察马鞍快速排涝干道整治一期工程、马鞍镇大鱼山村文化建设、柯开委梅轮电梯股份有限公司等现场，听取区水电局、区经信局、区文广局等主要负责人就柯桥区防洪排涝河道整治一期工程建设进展情况、区推进两化深度融合工作情况、农村基层文化建设工作情况的汇报，要求创新办理工作机制，加强跟踪督查，不断提高办理工作质量，促进议案建议真正落实解决。

视察政府实事工作 2015 年 10 月 21 日，组织部分区人大代表实地视察华舍街道西周安置小区、柯桥中学电子白板系统、柯桥街道居家养老服务中心（颐养园），听取区政府办公室所作的《关于 2015 年政府十件实事推进情况的报告》，要求履行好庄严承诺、不折不扣地完成实事工作，对照年初目标任务倒排时间、加快进度、抓紧扫尾，把质量安全放在第一位，并及早征求意见、谋划明年的民生实事。

视察平安建设和 G20 峰会安保工作 2016 年 5 月 20 日，组织部分区人大代表实地视察区客运中心安保工作、G20 峰会 104 国道柯桥检查站建设情况、区信息化实战中心等，听取区政府《关于平安建设和 G20 峰会安保工作情况的汇报》，要求切实把平安建设及 G20 峰会安保工作作为重要使命担当起来，敢于亮剑、勇于担当，切实守牢平安建设和护航 G20 任务的政治底线、稳定底线、安全底线，确保平安建设和 G20 峰会安保工作万无一失。

视察“五水共治”“五气合治”工作 2016 年 6 月 13 日，组织部分区人大代表实地视察钱清淤泥固化中心现场、浙江东方华强纺织印染有限公司，听取区“五水共治”、“五气合治”工作领导小组办公室《关于我区“五水共治”、“五气合治”工作情况的报告》，要求把生态意识转化为长效治理的定力，把环境压力转化为提升发展的动力，把群众诉求转化为全民参与的合力，优化生产结构调整，持之以恒地抓好生态治理和治水治气。

视察供销智慧乡村（淘实惠）实施工作 2016 年 8 月 17 日，组织部分区人大代表实地视察供销—淘实惠平水旗舰店、平水镇西湖桥村网店和区供销—淘实惠公司，听取区供销社主任金强受区政府委托所作的《关于我区供销智慧乡村（淘实惠）实施工作的情况报告》，要求认准发展方向、把握发展重点、形成发展合力，坚定信心、更好服务，推进创业创新。

视察政府性投资项目建设工作 2016 年 10 月 25 日，组织部分区人大代表实地视察区妇女儿童医院项目、区社会福利中心二期项目、区中心粮库项目、柯岩街道永进村“城中村”改造拆迁项目等政府性投资项目，听取区发改局受区政府委托所作的《关于全区政府性投资项目建设情况的报告》，要求加快项目建设进度，确保工程质量安全，强化后续监督管理，坚持积极有为、量力而行，确保项目顺利推进。

第三节 代表专题督查和约见

查找“母亲河溪”水污染源 2013年7月，县人大常委会按照省人大常委会《关于开展“关心母亲河溪，查找水污染源，恪尽代表职责”活动的通知》精神，组织省、市、县三级部分人大代表视察鉴湖水系的环境保护工作，同时下发通知，要求各镇（街道）组织人大代表开展视察活动，查找区域内主要河溪的水污染源。全县各镇（街）共组织各级人大代表视察312人次，其中市人大代表4人次，县人大代表92人次，镇人大代表216人次，共视察河溪56处。代表对全县水源保护工作表示认可，提出水污染源治理要打破地区之间的利益格局、部门之间各自为政的格局、治“表”不治“地下”的格局和只治显性污染源的格局，达到长治久安效果。

查找不适应全面深化改革要求的法律法规条文 2014年5月，区人大常委会根据省人大常委会的统一部署，组织各级人大代表开展“查找不适应全面深化改革要求的法律法规条文”主题活动。通过组织代表进村（社区）从生产、生活、工作中查找，由区“一府两院”及其部门对各自工作领域中进行自查寻找，由区人大常委会机关在代表议案建议中及召开有关人员座谈会研判查找，征集到对“与当前改革形势不相适应的法律法规条文或问题”的意见建议67条，其中涉及地方性法规26件。区人大常委会法工委经梳理分析，归纳出对法律法规的“立、改、废”意见建议51条，其他方面的意见建议16条，报省、市人大常委会在立法工作中参考。

督查“已治理的河”工作 2015年4月开始，根据省人大常委会统一部署，区、镇两级人大和市、区人大代表小组组织开展“人大代表监督已治理的河”主题活动。对219条已完成整治的河道实施“回头看”，现场观察河道治理情况，询问附近村民，记录整理发现的问题。政府和相关部门负责人全程陪同代表视察，对能现场解决的问题，当场部署落实，对需要研究部署的工作则抓紧推进，并及时向人

2015年5月13日，区人大钱清代表小组开展监督“已治理的河”活动（人大办提供）

大代表进行反馈。这一做法被《浙江人大信息》(专刊)登载,省人大常委会副主任袁荣祥批示:越城柯桥人大采用发动代表就地就近灵活监督的方法,实施“已治理的河”水质的监督,效果很好,我们环资委应认真总结推广这样的监督方式。

督查转型升级十大组合拳落实工作　2015年8月至11月,区人大常委会根据省人大常委会统一部署,组织全区各级人大代表开展转型升级十大组合拳落实情况及查找“基层群众办事审批难事项”专题监督活动。转型升级“十大组合拳”包括浙商回归、“五水共治”(治污水、防洪水、排涝水、保供水、抓节水)、“三改一拆”(对城市规划区内旧住宅区、旧厂区和城中村的改造,拆除违反土地管理和城乡规划等法律法规的建筑)、“四换三名”(“四换”即腾笼换鸟、机器换人、空间换地、电商换市,“三名”即名企、名品、名家)、“四边三化”(在公路边、铁路边、河边、山边等区域开展洁化、绿化、美化行动)、“一打三整治”(依法打击涉渔无船名号、无船籍港、无船舶证书的船舶,全面开展渔船“船证不符”整治、禁用渔具整治和污染海洋环境行为整治)、创新驱动、市场主体升级、小微企业三年成长计划、七大产业培育(信息、健康、环保、旅游、时尚、金融、高端装备等七个万亿级产业)等10个方面,通过组织和发动代表就地就近开展监督活动,并查找“基层群众办事审批难事项”,支持和推动政府积极破解转型升级的难点和障碍,保障各项重大措施的有效落实。副省长郑继伟、市长俞志宏、市政协主席陈长兴等于11月先后到相关人大代表联络站,以人大代表的身份就转型升级“十大组合拳”落实情况征求基层代表和群众的意见建议。各级人大代表纷纷听取民声、汇聚民智,助推转型升级工作。

开展贫困人口脱贫视察核查活动　2015年12月至2016年1月上旬,区人大常委会和各镇人大主席团根据省人大常委会的统一部署,组织省、市、区、镇各级人大代表进村入户,对年收入4600元以下贫困人口脱贫情况进行视察核查。通过人大代表分组对2014年底在册贫困人口进行逐户逐人走访、当面问询,还采取听取邻里和村(居、社区)反映等方式,一一核查贫困人口2015年以来收入情况、政府帮扶措施等,还对走访过程中了解到的名册以外的贫困对象进行了核查。区人大常委会及时汇总上报视察核查情况,并召开主任会议专题听取区政府关于柯桥区经济弱村和低收入农户奔小康工作情况的报告,分析扶贫脱贫工作中的问题和困难,提出精准扶贫、精准脱贫方面的建议意见。

开展查找各领域“短板”行动　2016年上半年,区人大常委会根据省、市人大常委会统一部署,上下联动组织开展查找“短板”专项行动。查找内容立足柯桥实际,涉及省市区各个层面,包括在思想理念、经济发展、民主法治、精神文明、民生事业、社会治理、生态环境等领域存在的“短板”,也包括人大工作和自身建设等方面存在的“短板”。通过一段时间的集中查找，共收集问题建议252条次，经归纳梳理出相关“短板”问题8个大类33条，分别交区政府或者报市人大常委会研究处理，力求将“短板”补成经济社会新一轮发展的“跳板”。

督查地方开展的重点工作 县（区）人大常委会和镇（街道）人大主席团（工委），每年根据党委开展的一些重点工作，组织人大代表进行专题督查，推动工作实施到位。如2009年9月30日，县人大常委会组织人大代表到稽东镇督查香榧旅游节期间景区环境卫生工作，同年12月督查稽东镇香榧林AAA级景区建设进展、集镇停车场建设情况，督查农贸市场、农庄、超市等食品安全工作；2012年9月23日上午，县人大代表兰亭镇代表小组代表督查娄宫二期拆迁安置房和阮港农民解困房建设情况；2015年8月25日，区人大常委会组织人大代表在马鞍镇督查滨海大河“河长制”管理工作；2017年8月，区人大常委会组织人大代表到福钱镇督查河道砌磡清淤、河道长效保洁管理情况；等等。

首次组织代表约见 2016年4月8日，区人大常委会组织部分代表视察防洪排涝河道整治一期工程，针对因滨海大河建设中位于马鞍镇、齐贤镇的两处拆迁工作滞后，导致该工程8年未完工的问题，徐光炎等5位代表事后书面提出约见政府及有关部门负责人的要求。2016年4月8日，区人大常委会组织5位代表约见政府及有关部门负责人，就这一工程的进展问题进行面对面的提问，区政府分管副区长和区水利水电局、财政局、马鞍镇政府、齐贤镇政府的主要负责人当场解答及作出承诺，促使拆迁工作全面完成。2017年5月17日，滨海大河齐贤官湖沿段开坝通水，至此，全长51.3公里、总投资16亿元的平原排涝快速通道终于全线贯通。

2016年4月8日，区人大代表约见政府及部门负责人见面会议在区行政中心举行（人大办提供）

第四节　代表评议基层站所工作

代表评议行政司法（基层站所）工作，是依法执行代表职务，加强人大监督工作的重要形式。评议活动由县（区）人大常委会统一部署，各代表小组在镇人大主席团、人大街道工委协助下具体组织进行。此外，由镇人大主席团、人大街道工委自行组织代表评议基层站所工作的活动也经常性地进行。

2008年评议基层站所33个　当年7月中旬至9月初，由县人大常委会统一部署，各镇人大主席团（人大街道工委）组织，县、镇两级人大代表参加，评议部分基层站、所的工作。共评议公安派出所9个、国土资源所8个、广电站4个、水利站和交警中队各3个、教管办和人民医院各2个、工商分局和地税分局各1个。评议活动中，代表们调查研究，走访选民6000余人。评议中提出的354项建议，有89项得到立即整改；分析综合提出的168项整改意见，有135项在11月底落实完毕。评议推动了被评议单位的工作，对其他派驻机构也是教育和促进，利于推进法治政府和法治社会建设。

2008年8月14日，夏履镇召开人大代表评议基层站所大会（人大办提供）

2010年评议基层站所16个　全县有10个镇（街道）组织县（镇）人大代表对16个基层站所进行了评议，评议的对象包括交警、国土管理、教育、广电、供水、派出所、地税、医院等工作单位，较好地促进了基层站所的依法行政和为民办事。马鞍镇不但组织代表评议滨海派出所的行政执法工作，促进其强化执法为民意识、加大打击违法犯罪力度、提高干警队伍办案能力和治安水平，形成“警、民上下联动，所、村相互支持”的局面，而且率先尝试了人大代表参与对村委干部的述职测评工作，通过代表“评村官”来促使解决农村干部中存在的一些问题，提高基层组织的民主意识和依法办事意识，同时扩大代表参与权、知情权。

第四章　代表建议、批评和意见办理

第一节　办理程序、方法和结果

县（区）人民代表大会会议期间收到的代表建议（含由代表议案转为代表建议处理的），在大会闭幕后的一个月内向有关机关和组织作出交办。交办前由县（区）人大常委会代表工委会同政府办室研究分析每件建议的内容和具体要求，根据部门（单位）的职能分解办理责任、确定交办方案，再联合召开交办会议，落实办理任务。承办单位应及时与提出建议的代表进行联系、沟通，采取走访、调研、面商、座谈以及电话、书信、电子邮件、传真等形式，了解代表提出建议的真实意图，听取代表对办理工作的意见。每年代表建议一般应在交办之日起的 3 个月内办理答复完毕；对涉及面广、难度较大，在规定时间内难以办结的，经交办机关同意可适当延期，但至迟不得超过 6 个月办理答复完毕。代表建议办理结束后，应及时对办理工作进行总结，并于每年 10 月底前将办理工作总结分别报送县（区）人大常委会代表工委和相关的联络委室、区政府办公室。县（区）人民代表大会闭会期间收到的代表建议，由县（区）人大常委会代表工委直接交有关部门（单位）办理。

绍兴市柯桥区人大代表建议办理工作流程图

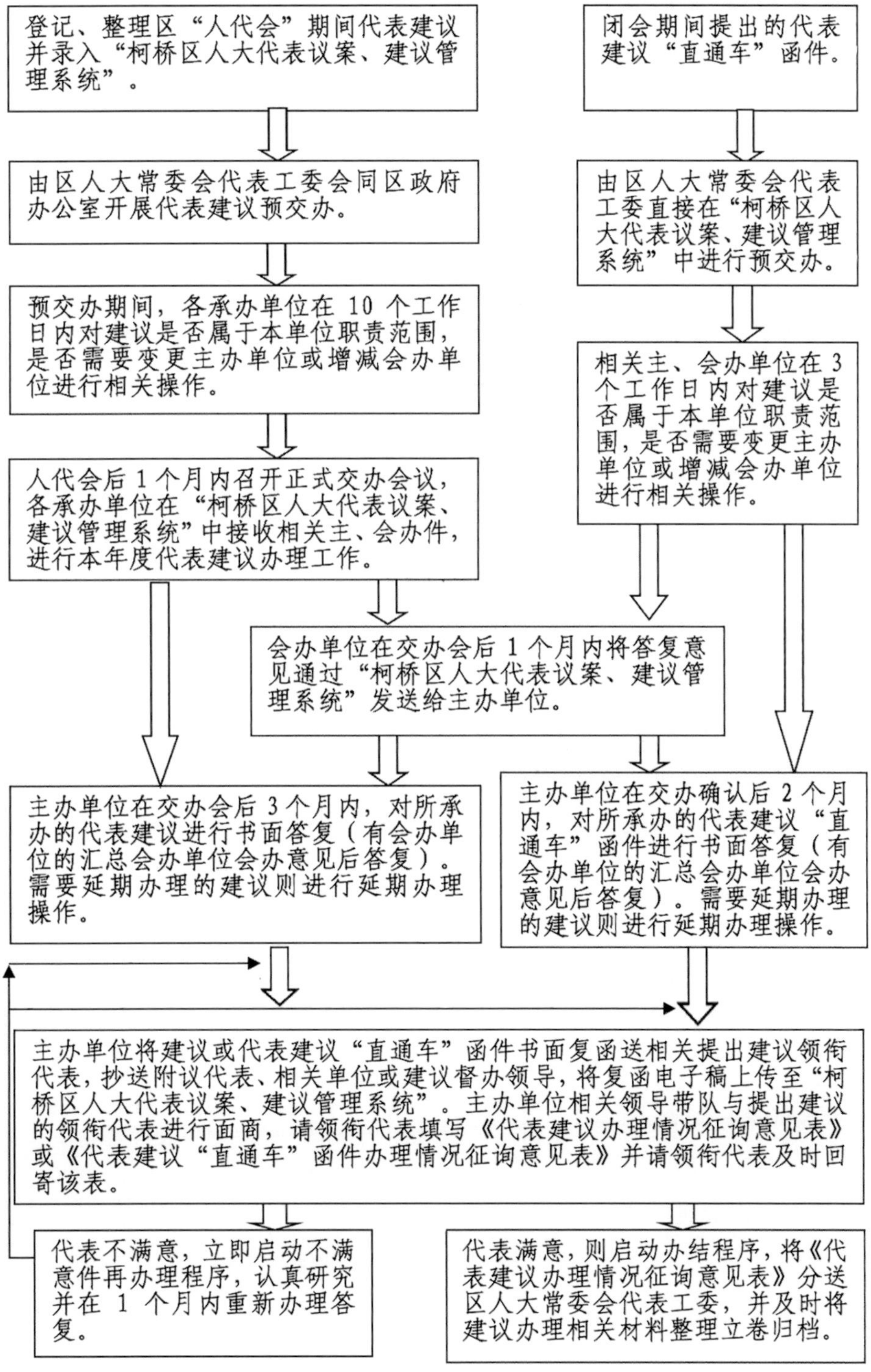

县十三届、县(区)十四届人民代表大会会议期间的代表建议办理情况表

表 5-4-1

届别	年份	交办件数	当年办理结果			领衔代表满意率
			解决或者基本解决的	部分解决或已列入计划的	作出解释或留作参考的	
十三届	2007 年	208 件	135 件，占 64.90%	46 件，占 22.12%	27 件，占 12.98%	99.03%
	2008 年	202 件	124 件，占 61.4%	51 件，占 25.2%	27 件，占 13.4%	99.50%
	2009 年	227 件	79 件，占 34.8%	95 件，占 41.6%	53 件，占 23.3%	97.70%
	2010 年	225 件	106 件，占 47.1%	90 件，占 40%	29 件，占 12.9%	99.10%
	2011 年	252 件	85 件，占 33.7%	112 件，占 44.4%	55 件，占 21.8%	—
十四届	2012 年	264 件	117 件，占 44.3%	101 件，占 38.3%	46 件，占 17.4%	—
	2013 年	265 件	101 件，占 38.1%	110 件，占 41.5%	54 件，占 20.4%	—
	2014 年	243 件	98 件，占 40.3%	118 件，占 48.6%	27 件，占 11.1%	—
	2015 年	225 件	105 件，占 46.7%	89 件，占 39.6%	31 件，占 13.8%	—
	2016 年	212 件	132 件，占 62.3%	53 件，占 25.0%	27 件，占 12.7%	—

第二节　督办形式创新

县人大常委会督办代表建议的基本程序和方法前志已有记述，本志侧重于记载县第十三届、县(区)第十四届人民代表大会期间，常委会督办代表建议的一些探索性做法。

开通代表建议“直通车”　2010 年 2 月，县人大常委会建立和实施了代表建议“直通车”制度，将闭会期间的代表建议改为通过“直通车”函件提交，以快速转达群众对县人大、“一府两院”和有关组织的意见和要求，并将办理单位的办理答复期限由原来的 3 个月缩短为 2 个月。制度实施当年，共有 58 位代表提交“直通车”函件 45 件，均由县人大常委会代表工委交付有关部门(单位)办理。兹辑录《绍兴县人大代表建议“直通车”实施办法》于后。

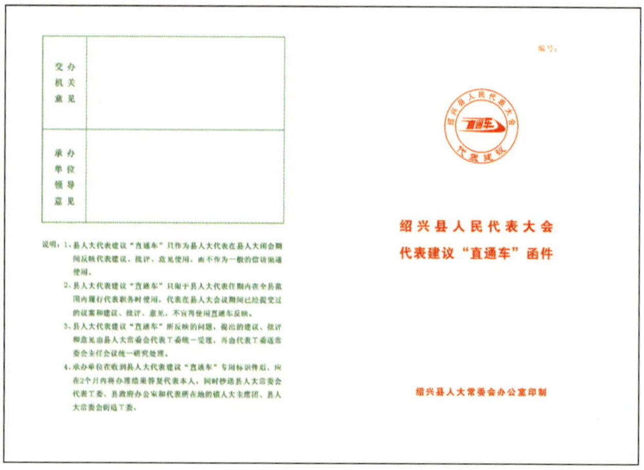

人大代表建议“直通车”标识件(人大办提供)

现场办公督办多年未办结积案　2009 年，县人大常委会对

县十三届人大以来，代表连续三年提出而尚未解决的建议进行集中督办。共列出此类代表建议16件，通过分析办理的必要性和可能性，选择其中几件，由县人大常委会副主任分别带队，先后召集交通、建设、水利水电等19个部门到柯岩、夏履、陶堰、稽东等镇（街道）开展建议办理现场办公，共商解决问题的办法，协调解决具体问题，使一些长期难以解决的问题得到了突破性解决。

组织代表视察督办　2009年，县人大常委会首次组织代表视察代表建议办理工作。9月14日，由常委会领导带队，组织32位人大代表分4个组，与承办单位负责人一起分赴10个镇（街道），对柯桥历史文化街区保护开发、小舜江上游溪流保洁工作、稽东垃圾液压中转站运行、杨汛桥江桥老桥建设、钱清行义桥改建、104国道钱清段改造等12件群众比较关注的建议落实情况进行视察，通过看现场、听汇报、摆问题、议措施，提出进一步办理的意见，推动办理工作走向深入。之后，县（区）人大常委会每年一次组织代表集中视察代表建议办理工作，促进代表建议落地见效。

县人大代表视察代表建议办理工作汇报会场景（人大办提供）

开展代表建议办理绩效评估　2013年，县人大常委会首次组织代表对承办单位办理代表建议进行绩效评估和满意度测评。常委会代表工委就县经信局、县环保局的办理工作走访代表，进行了解和调研，提案代表也征询了其他代表和部分选民的意见，代表工委还专门编印代表建议办理工作资料，向代表详细介绍22件代表建议原文、答复件原文和最新的办理情况。9月18日，40位代表建议的领衔或者附议代表，听取县经信局、县环保局办理共22件代表建议的情况汇报，对每件建议的办理结果逐一进行点评、开展无记名测评并当场宣布结果，促使办理工作从“答复满意”转向“绩效满意”。此项经验被省人大常委会为纪念人民代表大会成立 60 周年而编辑的《潮起钱塘——人大制度在浙江的实践创新》一书收录。2014 年、2015 年，常委会继续开展了这项活动。

实行代表建议网上交办和督办 2014 年，区人大常委会在互联网上开设了人大业务系统，建立网上代表建议办理平台，将全部代表建议的内容和答复件挂到网上，实时掌握办理情况、监控办理程序、规范办理答复、公开办理结果，之后又完善网上办理系统，实行了网上预交办和正式交办，为提高办理效率、纠正办理偏差、增强办理透明度搭建了平台。

网上代表建议办理系统场景（代表工委提供）

探索人大代表参与式办理 为解决代表建议办结率较低的问题，促使代表满意率、问题解决率"两提高"，2015 年 4 月，区人大常委会首先在区交通局探索实施参与式办理代表建议的方式，也就是在区交通局办理何国俊等 7 名代表提出的"关于要求加快镜水路延伸段建设的建议"过程中，由交通局邀请代表参与项目方案研讨审查、项目实施现场检查以及协助做好征地拆迁等工作，向代表通报办理情况，使代表对办理全过程一目了然。2016 年 5 月，区人大常委会又实施对区环保局主办"要求整治关停夏履江上游所有花岗岩开采加工厂的建议"进行参与式办理，取得显著成效。

附：

绍兴县人大代表建议"直通车"实施办法

（2010 年 2 月 23 日绍兴县十三届人大常委会第三十八次主任会议通过）

为进一步密切县人大及其常委会、县人民政府、县人民法院、县人民检察院与人大代表和人民群众的联系，充分发挥闭会期间的代表作用，保证人民群众的建议和意见通过人大代表，及时准确地反映到县级国家机关中来，使县级国家机关更好为人民服务，现就建立并实施县人大代表建议"直通车"制定如下实施办法。

一、县人大代表建议“直通车”是县人大代表在闭会期间反映代表建议、批评、意见的连续和延伸，其宗旨是让人大工作植根于代表，让代表履职植根于选民。代表应当与原选区选民保持经常联系，通过县人大常委会，快速准确地转达群众对县人大、县人民政府及其组成部门、县人民法院、县人民检察院和有关组织的建议、批评和意见，促进县级国家机关改进工作，更好地履行职责。

二、县人大代表运用“直通车”反映群众的愿望和要求，应当按照县人大及其常委会、县人民政府及其组成部门、县人民法院、县人民检察院和有关组织的职权范围，并严格依据代表建议、批评、意见的性质和条件进行。代表在县人大会议期间已经提交过的议案和建议、批评、意见，不再使用“直通车”反映；一般的群众信访件亦不宜使用“直通车”反映。

三、县人大代表建议“直通车”只限于县人大代表任期内在本行政区域执行代表职务时使用。代表运用“直通车”反映问题，提出建议、批评和意见，必须统一使用由县人大常委会办公室印制且印有专用标识的信封和信笺，并做到一事一件，同时署明代表的姓名、工作单位、地址和联系电话，写明代表所属的小组，直接寄送县人大常委会代表工委。

四、县人大代表建议“直通车”传递的主要内容为：对县人大及其常委会作出决议、决定执行情况和职权行使的意见、建议；对全县经济建设、社会发展、政治生活方面的重要建议、意见；人民群众普遍关心和需要向县人民政府及其组成部门、县人民法院、县人民检察院反映解决的热点、难点问题；对改进县人大及其常委会、县人民政府及其组成部门、县人民法院、县人民检察院及工作人员工作作风和工作方面的建议、批评和意见；县人大代表在日常工作中倾听到的重要意见、建议和社情民意等。

五、县人大代表建议“直通车”所反映的问题及提出的建议、批评和意见，由县人大常委会代表工委统一受理。常委会主任会议至少每月集中研究一次，并由代表工委根据常委会主任会议提出的处理意见，分别交由县人民政府、县人民法院、县人民检察院或有关组织（单位）处理，也可召开交办会议进行集中交办或专题交办。常委会主任会议认为不需要交付处理的事项，可以只作参考而不作交办；需要由县委决定的事项，则直接送交县委有关领导或工作部门处理。

六、县人大常委会、县人民政府及其组成部门、县人民法院、县人民检察院及有关组织在收到县人大代表建议“直通车”专用标识件后，应认真阅处并规定承办单位或承办人限期进行办理。办理结果须在2个月内书面答复代表本人，同时抄送县人大常委会代表工委、县人民政府办公室和代表所在地的镇人大主席团、县人大常委会街道工委；2个月内无法答复的，经报请县人大常委会主任会议同意，也可延迟到4个月内答复。代表只反映问题而不提出解决问题要求的，可以只作参考而不作答复。

七、县人大代表建议“直通车”所反映的问题及提出的建议、批评和意见，由县人大常委会副主任和相关委（室）根据主任会议提出的处理意见和有关领导批转办理的情况，按对口联系的部门进行督办或指导办理工作。县委、县政府领导批转办理的情况，由县委办公室、县人民政府办公室告知县人大常委会代表工委，以便及时督促办理。承办单位的处理落实情况由县人大常委会办公室通过适当形式定期进行通报，接受社会监督。

八、县人大各代表小组、各镇人大主席团和县人大常委会各街道工委应切实加强对县人大代表建议“直通车”这一代表履职新颖载体的宣传，协助“直通车”的实施，逐步形成一种群众有意见和问题向代表反映，代表有建议向人大常委会提出，人大常委会督促人民政府及其组成部门、人民法院、人民检察院和有关组织办理代表建议、批评、意见，解决群众问题的良性互动机制，充分发挥好“直通车”作用。

九、县人大代表建议“直通车”从2010年3月起正式实施，原下发的《绍兴县第十三届人民代表大会闭会期间代表建议、批评和意见专用纸》不再使用。

第三节　重点督办建议

县十三届、县（区）十四届人大期间，县（区）人大常委会每年选择10件左右的代表建议进行重点督办，带动代表建议办理工作。每件重点督办建议由一名常委会领导牵头、常委会相关办事工作机构人员参与，进行常年的联系和跟踪督促办理。与此同时，县（区）政府对重点督办建议也确定每件都有一名副县（区）长领办或者联系办理。常委会还每年召开一次重点督办建议办理情况汇报交流会，由提建议的代表和承办单位负责人集中进行面对面沟通商讨，促进重点督办建议办出更好效果。

2007年度重点督办建议目录一览表

表5-4-2

件号	主要案由	建议人姓名
3	妥善解决改制国有集体企业历史遗留问题	刘玲美等10位代表
4	尽快解决滩坑移民安置房用地遗留问题	严大牛等11位代表
15	建设县域南部人才公寓	杨学夫等11位代表

续表 5-4-2

件号	主要案由	建议人姓名
23	加大打击农村恶势力力度	虞阿五等11位代表
28	解决城镇退休老人实际问题	鲍亚芳等11位代表
82	改善群贤路交通信号灯设置	陈晓伟等10位代表
162	出台山区经济薄弱村建设物业用房具体实施办法	蒋金美等3位代表
177	进一步提高“村村通公交”成效	韩文元等11位代表
192	确保农村特别是山区公办幼儿园主导地位	卢丽君等5位代表
200	咬定“清水”目标,做深“治水”新篇	吴永福等9位代表

2008年度重点督办建议一览表

表 5-4-3

件号	主要案由	建议人姓名
2	尽快提高被征地农民养老金标准	周兴夫等11位代表
8	加快实施解放路延伸工程、加速推进平水副城开发建设	杨学夫等12位代表
30	加大对纺织业扶持力度	魏森林等11位代表
33	加快下埠公路扩建,切实解决群众行路难问题	宣卫刚等10位代表
56	积极提倡新农村建设少而精、稳步高效推进	王国英等10位代表
68	加快培育和拥有一流的城镇管理人才,推进新型城镇建设	王炎富等8位代表
79	拓宽莲西村至双叶村路段建设列入县交通计划项目	李妙根等2位代表
105	加强农村新社区卫生服务站建设	余叶娟等3位代表
177	加快改造安华公路建设	濮匡正等11位代表
196	政府高度重视并大力发展职业教育	李秀霞等4位代表

2009 年度重点督办建议一览表

表 5-4-4

件号	主要案由	建议人姓名
1	进一步深化当前城市管理体制改革	魏中华等 12 位代表
4	加快推进农村土地股份合作制	陈林川等 10 位代表
11	加强对民营企业执行会计法工作督查	吴培生等 10 位代表
29	切实加强农村恶势力整治	秋国良等 11 位代表
40	加快拆建原柯西工业园区行义桥	陈福寿等 10 位代表
41	加快杨汛桥江桥老桥建设进度	陈阿坤等 10 位代表
43	明确 104 国道钱清段改造时间	盛苗根等 12 位代表
64	依法监督促进万商路向西延伸工程全面完成建设	王翰樵等 12 位代表
122	加大农田水利基础设施建设投入	陶云森等 3 位代表
214	完善失土农民养老保险政策	马桂兴等 9 位代表

2010 年度重点督办建议一览表

表 5-4-5

件号	主要案由	建议人姓名
1	进一步提高笛扬路商业步行街品质	王翰樵等 21 位代表
2	加快推进我县农贸市场改造提升工程	金国琴等 12 位代表
28	妥善解决违法用地、违章建筑屡禁不止问题	马福林等 12 位代表
33	进一步落实“三集一化”、加速推进农村新社区建设	徐晓耿等 11 位代表
37	加强鉴湖水系保护、严查企业偷排漏排	罗建明等 10 位代表
43	尽快建成钱陶公路——上虞人民西路连接线工程	严大牛等 10 位代表
100	加快安昌古镇保护开发建设	王新华等 8 位代表
111	加强节能减排、加快印染化纤产业集聚提升	杨国良等 5 位代表
144	对湖中路与华齐路交汇口增设红绿灯	马桂兴等 5 位代表
164	加快柯北服装家纺市场隆市繁荣	徐爱华等 2 位代表

2011 年度重点督办建议一览表

表 5-4-6

件号	主要案由	建议人姓名
1	加快培育发展战略性新兴产业	陈林川等 11 位代表
25	加快建设夏泽水库	余建林等 10 位代表
41	拓宽 104 国道南复线福全段并延伸至福漓公路	虞阿五等 12 位代表
33	加快产业转型，大力发展绍兴县佛教旅游文化休闲产业	胡斌海等 11 位代表
22	进一步完善全县城乡生活垃圾无害化处理机制	马福林等 11 位代表
124	完善城管体制、合理规划疏导点等问题	虞建妙等 14 位代表
16	地方戏曲进校园	刘美玲等 10 位代表
42	尽早出台福兰新城建设总体规划	杨国胜等 11 位代表
251	对冢斜国家历史文化名村加强保护与开发	余晋海代表
128	在柯桥历史文化街区保护和开发中注重改善民生、注重功能更新，建设全国一流的历史文化街区	杨秀娟等 14 位代表

2012 年度重点督办建议一览表

表 5-4-7

件号	主要案由	建议人姓名
2	痛下决心限制污染行业发展	王铼根等 29 位代表
3	加快建设出海码头	余茂法等 14 位代表
12	坚定不移地抓好新农村环境整治	高永清等 10 位代表
13	加快制定铁路高架后主要道路连接口规划议方案	陈林川等 11 位代表
30	打击建筑领域经济违法犯罪行为	胡柏成等 10 位代表
69	加强社区医疗服务站药品管理	韩文元等 9 位代表
84	建立和完善社区管理机制	马福林等 10 位代表
90	推动县城商贸业健康发展	沈冬云等 12 位代表
155	进一步加强外来人口科普工作	杨林江等 9 位代表
185	加强河道环境治理与管理	陈尧根等 5 位代表

2013 年度重点督办建议一览表

表 5-4-8

件号	主要案由	建议人姓名
8	彻底解决港越路居民区防盗窗制作店扰民问题	鲍亚芳等 11 位代表
15	整治柯桥湖西路(瓜渚风情小区段)饭店油烟污染	沈祥星等 11 位代表
20	尽快筹建县妇幼保健医院	陈柏兴等 10 位代表
23	进一步加强食品安全监管	韩金海等 11 位代表
44	切实解决农村个人住房问题	孔永华等 10 位代表
61	推进滨海工业区公交枢纽工程建设	陈林夫等 10 位代表
70	解决交通拥堵问题	徐寿增等 11 位代表
127	加强城市社区管理用房规划	马福林等 4 位代表
146	做大做强传统特色(黄酒)、扶优黄酒产业基地建设	唐耀军等 5 位代表
150	加快下埠公路扩建,切实解决群众行路通行路难问题	胡炳海等 8 位代表

2014 年度重点督办建议一览表

表 5-4-9

件号	主要案由	建议人姓名
8	加强冢斜古村保护开发有关工作	余茂法等 14 位代表
11	加强我区大气污染防治杜绝雾霾天气	韩金海等 11 位代表
23	整合大香林一、二期资源打响旅游品牌	宣卫刚等 12 位代表
78	加快城区河道连通疏浚项目建设	沈祥星等 7 位代表
97	加快实施柯南与柯桥城区公交一体化	陈正文等 11 位代表
170	加大对农产品安全检测力度	柯静杨等 9 位代表
186	新建中、高档养老园区(老年公寓)	陈林夫等 4 位代表
198	从快、从严打击非法开采矿产资源	张宝康等 8 位代表
202	进一步做好企业风险防范工作	杨林江等 7 位代表
203	加快培养企业转型升级技能型实用人才	朱建敏等 6 位代表

2015 年度重点督办建议一览表

表 5-4-10

件号	主要案由	建议人姓名
29	五水共治过程中及时跟进加强生态复育工作	钱利红等 10 位代表
22	加快推广我区 LED 节能路灯	董仲江等 13 位代表
9	成立柯桥区水上派出所	王源祥等 10 位代表
59	要求职能部门对城区小区违章占地现象高度重视	徐冬泉等 6 位代表
72	依法加强对河流保护	陈茂兴等 3 位代表
102	对农村电力、移动、电信、广电等杆线进行清理整合	陈阿坤代表
136	对城乡居民医保险费实行银行代缴	费存良等 8 位代表
172	加大美丽乡村建设扶持力度,支持美丽乡村提档升级	金立成等 4 位代表
92	加强停车场规划建设,缓解车辆停放压力	孟争强等 4 位代表
159	加快镜水路延伸段建设	何国俊等 7 位代表

2016 年度重点督办建议一览表

表 5-4-11

件号	主要案由	建议人姓名
29	进一步加快集聚升级着力建设黄酒特色小镇	宣卫刚等 10 位代表
14	加快完善柯岩城市商贸功能	韩金海等 10 位代表
22	进一步支持和规范印染产业集聚升级	秦爱芬等 10 位代表
70	加强住宅小区消防通道安全管理	盛国娟等 11 位代表
183	加大对职业技术学校投入	陈林夫等 2 位代表
211	完善农村社区卫生服务体系建设	孙胜利等 10 位代表
36	给予小舜江移民户口合理征用补偿	唐勤江等 10 位代表
142	加强城镇停车场规范化建设	汪国琴等 7 位代表
140	整治关停夏履江上游所有花岗岩开采加工厂	李三海等 5 位代表
186	鼓励企业自愿退出印染行业	钱汉宁等 3 位代表

第四节　办理工作先进单位和先进工作者

县（区）人大常委会为激励代表提好议案和建议，鼓励承办单位提高办理质量，每年评出办理代表建议先进单位和先进工作者，在次年代表建议交办会上进行表彰。

办理人大代表建议先进单位名称和先进工作者一览表

表 5-4-12

年度	办理代表建议先进单位	办理代表建议先进工作者
2007 年	县政府办公室　县交通局　县建设局 县教育局　县公安局　县国土资源局 县农业局　县水务集团　县卫生局 柯岩—鉴湖旅游区	高伟根　高小林　王红坤　陶永兴 史立民　朱新刚　杨志刚　董海均 童绍君　高铁群　茹国顺　魏明悦 宋　颖　陈海潮　何舒力　赵惠兴
2008 年	县政府办公室　县交通局　县建设局 县教育局　县国土资源局　县公安局 县农业和农村工作办公室　县卫生局 县水利水电局　县经贸局　县社保局 县文广局	钟志文　郦志坚　章云海　邵　越 童绍君　孙安江　丁吉萍　董海军 杨伟忠　李佳定　郑向阳　黄晓祥 赵越红　盛红仙
2009 年	县政府办公室　县交通局　县建设局 县公安局　县水利水电局　县财政局 县人事局　县企业党工委　县教育局 县国土资源局　县劳动和社会保障局 县农业和农村工作办公室　县旅游局 县卫生局	娄国忠　冯胜富　章云海　赵万青 童绍君　王雅宝　俞锡锋　王国根 魏明悦　楼启明　黄晓祥　金迎阳 贾春兰　赵越红　沈琛幸　钱水清 屠新永　占国民　尉惠娟
2010 年	县政府办公室　县住房和城乡建设局 县交通运输局　县水利水电局 县旅游局　县国土资源局　县公安局 县环境保护局　县教育体育局	陈新荣　章云海　邵　越　章军民 黄晓祥　金传芳　王百通　叶海荣 马钦华　陆高峰　魏明悦　俞锡锋 劳国新　骆成方　尉惠娟　张建灵 陶　森　丁东萍　倪永亮　金迎阳 王　琰　徐春光

续表 5-4-12

年度	办理代表建议先进单位	办理代表建议先进工作者
2011 年	县政府办公室　县经济和信息化局 县交通运输局　县住房和城乡建设局 县人力资源和社会保障局　县公安局 县国土资源局　县水利水电局 县财政(地税)局 鉴湖—柯岩旅游度假区管委会	胡永堂　金传芳　童绍君　黄晓祥 周免仪　赵牡丹　徐　洁　劳国新 冯梁峰　俞国伟　唐　亮　王百通 尉惠娟　朱月锋　丁东萍　王国根 张　苗　濮建峰　楼建飞　金迎阳 王华良　成水凤　曾晓琴　徐　敏 张越彪　张海峰
2012 年	县委办公室　县政府办公室　县公安局 县农业和农村工作办公室　县规划局 县经济和信息化局　县交通运输局 县住房和城乡建设局　县水利水电局 县财政(地税)局　县教育体育局 县民政局　县城市管理委员会办公室	尹伟梁　胡永堂　高利江　魏方舟 丁　磊　詹月宝　周免仪　潘国昌 汪剑峰　莫桂芹　占国民　杨凌云 沈关弟　徐月芳　张致良　王解裕 韩耀华　孙安江　李庆明　李国权 黄婕斐　陈立明　沈　斌　李嫚嫚
2013 年	区政府办公室　区经济和信息化局 区农业和农村工作办公室　区公安局 区交通运输局　区住房和城乡建设局 区环境保护局　区教育体育局 区水利水电局　区国土资源局 区人力资源和社会保障局 区财政(地税)局	沈海风　胡永堂　张海峰　张越彪 裘　波　宋国煜　谢进昌　潘国昌 王其龙　沈张军　张　璐　祝剑波 丁贤灿　王　琰　黄刚樑　王金成 马　瑜　占国民　陈立明　吴　军 李利均　李宝福　朱敏芝　祝永浩 任阳海　马律军　冯梁峰
2014 年	区政府办公室　区经济和信息化局 区农业和农村工作办公室　区公安局 区交通运输局　区住房和城乡建设局 区环境保护局　区教育体育局 区人力资源和社会保障局 市国土资源局柯桥区分局 区水利水电局　区财政(地税)局 区旅游局　区城市管理委员会办公室	沈海风　胡永堂　诸米兰　章　松 王　琰　吴　坚　俞小炜　刘平进 韩耀华　王军林　王建新　张　璐 俞　伟　谢进昌　占国民　吴　军 单国民　祁　欢　祝越灿　王香宜 李利均　陈洪彬　任轶祺

续表 5-4-12

年度	办理代表建议先进单位	办理代表建议先进工作者
2015 年	区政府办公室　区发展和改革局 区农业和农村工作办公室 区经济和信息化局　区教育体育局 区公安局区财政(地税)局 区人力资源和社会保障局 区环境保护局　区住房和城乡建设局 区交通运输局　区综合行政执法局 区金融工作办公室 区城建投资开发集团有限公司 区交通投资建设集团有限公司	沈海风　胡永堂　沈伟娟　张越彪 陈　栋　刘平进　韩耀华　倪永亮 周　颖　谢进昌　俞　伟　占国民 周永江　韩越峰　潘　昊　陈国建 潘国昌　李利均　周小兰　金　妍 张卫娟
2016 年	区政府办公室　区发展和改革局 区农业和农村工作办公室　区商务局 区经济和信息化局　区交通运输局 市公安局柯桥区分局　区环境保护局 市国土资源局柯桥区分局 区住房和城乡建设局　区水利水电局 区综合行政执法局　区旅游局 区水务集团有限公司 区城建投资开发集团有限公司 区交通投资建设集团有限公司	沈海风　孙　莹　丁心惠　沈　琴(区农办) 史佳萍　王　好　陈永虎　单宇然　桑烨琳 占国民　周　颖　谢进昌　任颂义　陈立明 冯柏松　沈　琴(区商务局) 俞宝法　蒋礼达　黄小军　王嘉贤　陈　华 张　津　马颖琦

第六编
镇人民代表大会及街道人大工作

乡镇人民代表大会是乡镇级国家权力机关,人大街道工委是县(区)人大常委会在街道的工作机构。2007 年绍兴县全县为 15 个镇、4 个街道,2013 年 10 月根据国务院批复将孙端、陶堰、富盛三个镇划归越城区管辖,绍兴县也撤县建区。在 2007 年 2 月至 2017 年 2 月期间,县(区)所属各镇的人民代表大会均经历了镇第十五届、十六届和十七届始。镇人民代表大会认真履行各项法定职责,围绕各时期的政治、经济、文化、教育、民政以及群众迫切要求解决的问题作出决议决定,并依法选举镇人民代表大会主席、副主席、镇长、副镇长,监督镇人民政府的工作,在推动法律法规在基层的贯彻实施,促进基层民主政治建设和加强镇党委、政府与人民群众的联系等方面,都起着不可替代的作用(本志记述孙端、陶堰、富盛三镇的人大工作,时间段为 2007 年至 2013 年)。而 2015 年 8 月 29 日地方组织法修改,对乡镇人民代表大会主席团在本级人民代表大会闭会期间的职责作了明确;2016 年 7 月 29 日浙江省人大常委会又通过《浙江省乡镇人民代表大会工作条例》,其中规定乡镇人民代表大会会议每年至少举行 2 次,则进一步加强了乡镇人民代表大会行使职权的法制保障。与此同时,街道人大工作也在探索中逐步完善。

第一章　镇人民代表大会代表的选举

第一节　选举工作机构

选举法规定，乡镇选举委员会由县级人民代表大会常务委员会任命并受其领导，主持乡镇人民代表大会代表的选举。绍兴县各镇第十五届人民代表大会代表的选举机构在上志中已记述，本志记述县（区）所属各镇第十六届、第十七届人民代表大会代表的选举机构。各镇第十六届、第十七届人民代表大会代表的选举，分别于 2011 年下半年和 2016 年下半年，与县（区）人民代表大会代表选举同步进行，各镇均设立选举委员会，县（区）选举委员会在各街道和县直机关设立选举办事处。

绍兴县各镇第十六届人民代表大会代表的选举机构　2011 年 11 月 9 日，绍兴县第十三届人大常委会第三十五次会议决定，设立各镇选举委员会（试点镇除外），分别任命了 14 个镇的选举委员会组成人员（试点镇钱清镇已于 2011 年 8 月 22 日任命），由镇选举委员会主持镇第十六届人民代表大会代表的选举。

钱清镇选举委员会（试点镇）：

主　任：郦满峰

副主任：沈悦兴　周天祥　夏妙荣　陈立军　沈伟阳

委　员：陈功朝　孔万均　王关海　徐燕明　陶　翔　陈肖良　褚传统

杨汛桥镇选举委员会：

主　任：陆兴法

副主任：朱国庆　于国伟　丁春锋　胡倡华　陶云淼

委　员：陈百祥　娄金土　王潮芬　蒋利强　孙　莹　陈文龙　杨　垚

夏履镇选举委员会：

主　任：李三海

副主任：李洪根　姚伟方　蒋志芬　徐祥林

委　员：张水明　何晓霞　谭慧琴　章生洪　张成炳　王志洁　袁德兴

马鞍镇选举委员会：

主　任：杨国良

副主任：钱　均　章松命　余春花

委　员：李红兴　盛兴来　凌　玲　王红娣　金洪君　唐小燕

齐贤镇选举委员会：

主　任：陈尧根

副主任：胡金祥　骆红祥　王钦良　戴月华

委　员：罗为民　倪剑光　尹志刚　盛绛红　劳海方　金一超

安昌镇选举委员会：

主　任：柯静杨

副主任：张根木　沈永宝　陈月光

委　员：王卫成　沈雪芬　徐陆颖　施欣意　凌利君　朱国顺　李　瑶

福全镇选举委员会：

主　任：何国行

副主任：王永祥　赵阳泉　徐传宏　裘红萍

委　员：姚建炜　沈伟斌　蒋红红　方卫利　张志方　章卫东

兰亭镇选举委员会：

主　任：孙岳传

副主任：高鑫祥　沈月岗　李　菲　施关根

委　员：孙奇勇　樊步彦　徐世明　唐晓芳　徐永卫

漓渚镇选举委员会：

主　任：孙卫国

副主任：陈洪江　孙凯敏　宋彦扬　何　平

委　员：郭建华　林　强　全国锋　劳钢梁

孙端镇选举委员会：

主　任：潘文娟

副主任：朱晓燕　郑小坚　陶志军　张俊牯

委　员：施莹荣　李黎明　赵耐文　俞文妹　陶伟元　祝洪昌

陶堰镇选举委员会：

主　任：徐寿增

副主任：王宝新　蔡关忠　董世江　沈关顺

委　员：张华兴　孙乾荣　俞志宏　陶亚君　金慧芳　秦建伟　陈致云

富盛镇选举委员会：

主　任：丁洁青

副主任：杨　俊　王国根　盛　瑜　陶　明

委　员：何仙芳　吴琴英　尉　峰　胡建卫　裘　珂

平水镇选举委会员：

主　任：杨国胜

副主任：丁建军　潘胜强　潘建华

委　员：高卫军　李　阳　吴　蓥　徐晓玲　裘永波　陈国芳　许　盈

王坛镇选举委员会：

主　任：徐慧娟

副主任：蒋国强　孙　胃　单宇然　孟建权

委　员：徐国庆　骆金江　祝临江　董　莹　张元中

稽东镇选举委员会：

主　任：丁炳方

副主任：高丽萍　祝志华　胡伟炎　张韩松

委　员：王洪根　王尧林　刘春英　郑伟娟　林仁源　黄望通

柯桥区各镇第十七届人民代表大会代表的选举机构　2016 年 9 月 29 日，绍兴市柯桥区第十四届人大常委会第三十八次会议决定，设立各镇选举委员会，分别任命了 12 个镇的选举委员会组成人员，由选举委员会主持镇第十七届人民代表大会代表的选举。

钱清镇选举委员会：

主　任：娄　钢

副主任：孟文刚　陈立军　何晓霞　陆绍军

委　员:郑李定　陶　翔　吴志伟　褚传统　马杨文　沈国华　陈关琴　朱　鑫

杨汛桥镇选举委员会:

主　任:张根木

副主任:于国伟　胡倡华　蒋利强　茹伟炎

委　员:张水夫　翁佳佳　杨　垚　陈立兴　韩　维　李　坚　边军樑

夏履镇选举委员会:

主　任:孟国兴

副主任:鲁水土　陈伟堂　陈　锋　董　莹

委　员:何钢良　张成炳　周　青　何侠飞　朱月萍　章生洪　徐建东　盛继舟

安昌镇选举委员会:

主　任:吴林平

副主任:钱春风　盛建民　周东海

委　员:郦明刚　何雪堂　蒋力翔　施欣意　罗丽萍　俞斌辉　倪永梅　董小琴

齐贤镇选举委员会:

主　任:沈悦兴

副主任:强晓耕　沈雪芬　沈铁森　章月红

委　员:孔越标　倪剑光　屠高烽　陈雨旸　寿国灿　朱卫中　劳海方　沈林峰

马鞍镇选举委员会:

主　任:余阳军

副主任:马丽莉　王传海　王　慧

委　员:陈伟忠　盛兴来　马　骋　陈伟琴　韩云卿　唐小燕

福全镇选举委员会:

主　任:沈百尧

副主任:孙国森　蒋红红　马宇涛　毛佳丽

委　员:杨雪明　尹　莹　朱惠刚　胡亚芬　徐　斌　张　寅　寿志庆　陈银燕

漓渚镇选举委员会:

主　任:赵建兴

副主任:陈立华　孔万钧　余　蕾　胡春锋

委　员:谢克华　全国峰　丁越铭　王国英　诸良峰　章卫东　韩琴刚　寿棋金

兰亭镇选举委员会：

主　任：丁伟林

副主任：胡珊珊　张爱芝　楼建飞　朱海江

委　员：张朝江　罗书卿　王昊铿　唐晓芳　孙　颖　徐叶娟　金剑祥　陈敏儿

平水镇选举委员会：

主　任：董江兴

副主任：翁关水　余叶娟　周丽萍　宋永伟

委　员：冯新华　裘永波　徐鹏飞　徐小玲　余林峰　鲁孟涌　金海明　黄剑英　毛雁浬

王坛镇选举委员会：

主　任：滕　瑛

副主任：祁军森　袁　沣　林　强　谭耀庆

委　员：魏　建　骆金江　金　莹　章　琴　葛伟峰　张元中　李徐斌　孙明龙　陈亚琴

稽东镇选举委员会：

主　任：陆建祥

副主任：陈素娟　黄杨钦　吴　蓥　郑伟娟

委　员：章礼彬　王尧林　胡华杰　刘春英　陈海鑫　陆　奇　金江华　陈钰烨　金　晶

第二节　选举概况

乡镇人民代表大会每届任期五年，从本届乡镇人民代表大会举行第一次会议开始，到下届乡镇人民代表大会举行第一次会议为止。绍兴县各镇第十五届人民代表大会代表的选举情况，前志已作记述。本节记述绍兴县各镇第十六届、绍兴市柯桥区各镇第十七届人民代表大会代表的选举情况。两次选举均为县(区)两级人民代表大会代表同步换届选举，选举程序和方法已在第一编第二章中记述。

各镇第十六届人民代表大会代表的选举　选举日为 2011 年 12 月 25 日，试点单位钱清镇的选举日为 2011 年 9 月 23 日。全县 15 个镇共划分选举镇人民代表大会代表的选区 470 个，选民登记人数 488528 人，参加投票选举的选民 481446 人，依法选出镇十六届人大代表共

1044名。选举首次实行城乡按相同人口比例选举人大代表，更好地体现"人人平等、地区平等、民族平等"的原则。在当选的1044名镇人大代表中，妇女300名，占28.7%；非中共党员381名，占36.5%；工人农民810名，占77.6%（一线工人农民646名，占61.9%）；专业技术人员123名，占11.8%。当选代表结构较为合理，素质较高，具有较好的广泛性、先进性和代表性。

各镇第十七届人民代表大会代表的选举 选举日为2016年12月20日。全区12个镇共划分选举镇人民代表大会代表的选区368个，选民登记人数达423948人，参加投票选举的选民413863人，依法选出镇十七届人大代表共853名。此次换届选举未进行试点，选举工作按照选举的准备、选区划分和动员培训、选民登记、提名推荐和协商确定代表候选人、投票选举等阶段进行。当选的853名镇人大代表，妇女301名，占35.3%；非中共党员352名，占41.3%；工人农民473名，占55.5%（一线工人农民410名，占48.1%）；专业技术人员190名，占22.3%，结构合理，素质较高。

2016年12月1日，马鞍镇举行人大换届选举工作培训会（人大办提供）

各镇第十六届人民代表大会代表选举情况表

表6-1-1

单位	代表名额（名）	选区个数（个）	选民人数（人）	参加投票人数（人）	选出代表数（名）	其中：公务员（人）	工人农民（人）	一线工人农民（人）	专业技术人员（人）	妇女（人）	非中共党员（人）
钱清镇	93	42	56406	55866	93	9	72	60	12	25	37
杨汛桥镇	74	36	30042	28920	74	7	50	34	17	20	28
夏履镇	56	23	15522	15312	56	6	37	30	13	16	23
安昌镇	71	39	34354	34120	71	7	53	28	11	21	27

续表 6-1-1

单位	代表名额（名）	选区个数（个）	选民人数（人）	参加投票人数（人）	选出代表数（名）	其中：					
						公务员（人）	工人农民（人）	一线工人农民（人）	专业技术人员（人）	妇女（人）	非中共党员（人）
齐贤镇	81	31	47249	45532	81	12	63	48	6	19	28
马鞍镇	71	28	32764	31711	71	8	53	40	10	23	21
福全镇	71	35	37297	36863	71	6	59	51	6	19	26
兰亭镇	65	36	28789	28697	65	8	56	40	1	16	25
漓渚镇	59	24	21646	21341	59	7	41	35	11	19	24
孙端镇	69	32	35222	35003	69	8	59	44	2	22	26
陶堰镇	58	28	22202	22005	58	7	46	40	5	16	21
富盛镇	59	25	20528	20417	59	6	46	45	7	17	19
王坛镇	68	27	29414	28574	68	6	59	54	3	24	24
稽东镇	66	26	27597	27550	65	6	45	44	14	20	23
平水镇	84	38	50614	50367	84	8	71	53	5	23	29
合计	1045	470	489646	482278	1044	111	810	646	123	300	381

各镇第十七届人民代表大会代表选举情况表

表 6-1-2

单位	代表名额（名）	选区个数（个）	选民人数（人）	参加投票人数（人）	选出代表数（名）	其中：					
						公务员（人）	工人农民（人）	一线工人农民（人）	专业技术人员（人）	妇女（人）	非中共党员（人）
钱清镇	93	37	55760	54285	93	8	61	46	23	37	36
杨汛桥镇	74	36	30813	30412	73	8	46	38	18	19	29
夏履镇	56	22	16308	16070	56	5	32	29	15	17	22
安昌镇	71	30	33979	33105	71	7	39	35	24	23	26
齐贤镇	81	30	48225	46613	81	10	50	43	21	29	30
马鞍镇	71	28	36059	35125	71	7	19	15	17	18	26

续表 6-1-2

单位	代表名额（名）	选区个数（个）	选民人数（人）	参加投票人数（人）	选出代表数（名）	其中：					
						公务员（人）	工人农民（人）	一线工人农民（人）	专业技术人员（人）	妇女（人）	非中共党员（人）
福全镇	71	35	40005	39071	70	7	38	31	21	26	26
漓渚镇	59	24	22118	21117	59	8	30	26	14	19	21
兰亭镇	65	32	30970	30539	65	8	37	32	16	25	26
平水镇	84	39	53344	50658	82	6	25	22	2	27	29
王坛镇	68	28	30050	29126	68	7	44	41	14	36	29
稽东镇	66	27	26047	27742	64	6	52	49	5	25	28
合计	859	368	423678	413863	853	87	473	407	190	301	328

第三节　代表补选

按照选举法的规定："代表在任期内，因故出缺，由原选区或原选举单位补选。"补选镇人民代表大会代表由镇人民代表大会主席团主持，从公布选民名单到选举日的期限，不得少于十二日。补选的代表候选人情况要向选民介绍，并根据较多数选民的意见，确定补选代表候选人名单，在选举日的七日以前公布。补选代表时，代表候选人的名额可以多于应选代表的名额，也可以同应选代表的名额相等。

各镇第十五届人民代表大会代表补选　杨汛桥镇 2010 年 7 月 27 日选举陆兴法、朱国庆、丁春锋等 3 名代表。夏履镇 2008 年 1 月 11 日选举金晓明、娄钢 2 名代表，2009 年 2 月 3 日选举李三海 1 名代表，2009 年 12 月 21 日，选举赵凯 1 名代表，2010 年 12 月 20 日选举单崇军 1 名代表。平水镇 2009 年 1 月 12 日选举张爱武 1 名代表，2010 年 1 月 12 日选举阮建康 1 名代表。马鞍镇 2008 年 1 月 18—19 日选举包焕康、林建光 2 名代表，2010 年 8 月 3 日选举郑国芳 1 名代表，2011 年 1 月 23—24 日选举王斌彬、吴林平、徐忠良 3 名代表。漓渚镇 2009 年 4 月 16 日选举徐慧娟 1 名代表，2010 年 3 月 27 日选举李国兴 1 名代表，2010 年 8 月 11 日选举孙卫国 1 名代表。兰亭镇 2007 年 8 月 11 日选举潘文娟 1 名代表，2009 年 1 月 11 日选举张咸良 1 名代表。富盛镇 2008 年 1 月 22 日选举章金尧 1 名代表，2009 年 2 月 13 日选举鲁水土 1 名代表。王坛镇 2011 年 1 月选举金秀芳 1

名代表。稽东镇2008年1月11日选举朱力望1名代表，2010年3月2日选举缪智勇1名代表，2010年10月29日选举孟雁凤1名代表，2011年1月14日选举丁炳方1名代表。安昌镇、齐贤镇、陶堰镇、孙端镇资料缺失。

各镇第十六届人民代表大会代表补选　钱清镇2012年12月25日选举缪建军1名代表，2014年12月25日选举邹丰、沈海涛、娄刚等3名代表。杨汛桥镇2013年1月5日选举朱国庆1名代表，2014年12月15日选举王叶刚、陈晓峰、张根木、王新华、孙绍鹰、陈建刚等6名代表。夏履镇2012年11月16日选举王峻峰、陶政伟2名代表，2014年4月22日选举陈广见1名代表，2014年12月18日选举孟国兴、张水明2名代表，2015年5月29日选举沈琴梅1名代表，2016年7月20日选举章宇于1名代表。平水镇2014年4月25日选举张国生1名代表，2014年12月5日选举丁建军、陈月光2名代表，2014年12月10日选举徐传宏1名代表，2015年8月28日选举董江兴1名代表。马鞍镇2012年10月25日选举陈新荣1名代表，2013年1月15日选举阮伟良、郭利通、傅小森3名代表，2014年3月18日选举娄钢、陈钧2名代表，2014年12月30日选举李国刚、王华良2名代表，2016年8月19日选举余阳军1名代表。漓渚镇2014年4月20日选举裘剑平1名代表，2014年12月20日选举王永铭、施关根2名代表，2016年1月5日选举劳雪刚、赵建兴2名代表。福全镇2016年3月19日选举叶港1名代表，2016年7月30日选举沈百尧、徐兴建2名代表，2016年8月5日选举赵阳泉1名代表。兰亭镇2012年1月12日选举林建光、谭科2名代表，2013年1月18日选举俞秀根1名代表，2015年1月13日选举姚伟方、朱海江、傅良良3名代表，2015年6月17日选举丁伟林1名代表。王坛镇2012年11月选举郦满峰1名代表，2013年1月选举徐天明1名代表，2015年1月选举钱苗娣、林强、张爱忠3名代表，2015年10月选举王彪、滕瑛2名代表，2016年8月选举钱钧1名代表。稽东镇2012年10月30日选举赵凯1名代表，2013年1月16日选举孙胃1名代表，2013年8月16日选举韩彬翔1名代表，2014年12月16日选举许立峰、王磊2名代表，2015年10月28日选举俞园娟、钱伟2名代表，2016年8月3日选举陆建祥1名代表。安昌镇、齐贤镇、陶堰镇、孙端镇资料缺失。

2015年5月，夏履镇第十八小选区选民参加补选镇人大代表活动
（人大办提供）

第二章　镇人民代表大会会议

根据地方组织法规定，乡、民族乡、镇人民代表大会行使下列职权：（一）在本行政区域内，保证宪法、法律、行政法规和上级人民代表大会及其常务委员会决议的遵守和执行；（二）在职权范围内通过和发布决议；（三）根据国家计划，决定本行政区域内的经济、文化事业和公共事业的建设计划；（四）审查和批准本行政区域内的财政预算和预算执行情况的报告；（五）决定本行政区域内的民政工作的实施计划；（六）选举本级人民代表大会主席、副主席；（七）选举乡长、副乡长，镇长、副镇长；（八）听取和审查乡、民族乡、镇的人民政府的工作报告；（九）撤销乡、民族乡、镇的人民政府的不适当的决定和命令；（十）保护社会主义的全民所有的财产和劳动群众集体所有的财产，保护公民私人所有的合法财产，维护社会秩序，保障公民的人身权利、民主权利和其他权利；（十一）保护各种经济组织的合法权益；（十二）保障少数民族的权利；（十三）保障宪法和法律赋予妇女的男女平等、同工同酬和婚姻自由等各项权利。少数民族聚居的乡、民族乡、镇的人民代表大会在行使职权的时候，应当采取适合民族特点的具体措施。

第一节　会议的举行

2017 年之前，镇人民代表大会会议一般每年举行一次，而且多数在年初的 1 月召开，有选举任务的则增开人民代表大会会议。镇人民代表大会会议的一般议程为：听取和审议镇人民政府工作报告，听取和审议镇人大主席团工作报告，听取和审议镇财政预决算报告，听取和审议其他专项工作报告，审议代表建议意见办理情况报告，审议镇政府民生实事项目实施情况报告，处理代表议案，接受镇人民代表大会主席、副主席或镇人民政府镇长、副镇长的辞职请求，选举（补选）镇人大主席、副主席、镇长、副镇长，投票表决镇政府民生实事项目，通过有关决议决定，等等。因选举等原因增开的人民代表大会会议，主要是听取镇政府半年度工作报告，进行补选等。

2016 年 8 月，安昌镇第十六届人民代表大会第九次会议召开（人大办提供）

一、钱清镇历届人民代表大会各次会议

镇第十五届人民代表大会 共召开六次会议，时间分别为 2007 年 1 月 8—9 日（第一次）、2008 年 1 月 21—22 日（第二次）、2009 年 1 月 15—16 日（第三次）、2009 年 6 月 24 日（第四次）、2010 年 1 月 8—9 日（第五次）、2011 年 1 月 18—19 日（第六次）。第一次会议应到代表 93 人，实到代表 89 人，列席 321 人，选举镇人大主席 1 人、副主席 1 人，选举镇人民政府镇长 1 人、副镇长 5 人。第二次会议应到代表 91 人，实到代表 89 人，列席 320 人，选举镇人民政府副镇长 1 人。第三次会议应到代表 90 人，实到代表 88 人，列席 330 人。第四次会议应到代表 88 人，实到代表 83 人，列席 323 人，选举镇人大副主席 1 人，选举镇人民政府副镇长 1 人。第五次会议应到代表 86 名，实到代表 83 人，列席 354 人。第六次会议应到代表 87 名，实到代表 82 人，列席 340 人，选举镇人民政府镇长 1 人、副镇长 1 人。

镇第十六届人民代表大会 共召开八次会议，时间分别为 2011 年 9 月 28—29 日（第一次）、2013 年 1 月 19 日（第二次）、2014 年 1 月 17—18 日（第三次）、2014 年 10 月 18 日（第四次）、2015 年 1 月 13—14 日（第五次）、2015 年 8 月 14 日（第六次）、2016 年 1 月 7 日（第七次）2016 年 8 月 18 日（第八次）。第一次会议应到代表 93 人，实到代表 92 人，列席 230 人，选举镇人大主席 1 人、副主席 2 人，选举镇长 1 人、副镇长 4 人。第二次会议应到代表 87 人，实到代表 83 人，列席 203 人，选举副镇长 1 人。第三次会议应到代表 87 人，实到代表 75 人，列席 218 人。第四次会议应到代表 85 人，实到代表 79 人，列席 214 人，选举镇长 1 人。

第五次会议应到代表 85 人，实到代表 78 人，列席 214 人，选举镇人大主席 1 人，选举副镇长 2 人。第六次会议应到代表 87 人，实到代表 73 人，列席 215 人，选举镇人大副主席 2 人。第七次会议应到代表 86 人，实到代表 79 人，列席 218 人。第八次会议应到代表 85 人，实到代表 75 人，列席 218 人，选举镇人民政府镇长 1 人、副镇长 2 人。

镇第十七届人民代表大会 第一次会议召开时间为 2016 年 12 月 26—27 日（续）。应到代表 93 人，实到代表 91 人，列席 215 人，选举镇人大主席 1 人、副主席 2 人，选举镇人民政府镇长 1 人、副镇长 4 人。

二、杨汛桥镇历届人民代表大会各次会议

镇第十五届人民代表大会 共召开六次会议，时间分别为 2007 年 1 月 10—11 日（第一次）、2008 年 1 月 18—19 日（第二次）、2009 年 1 月 16—17 日（第三次）、2010 年 3 月 26—27 日（第四次）、2010 年 7 月 31 日（第五次）、2011 年 1 月 19—20 日（第六次）。第一次会议应到会代表 74 人，实际到会 66 人，列席 66 人，选举镇人大主席 1 人、副主席 1 人，选举镇人民政府镇长 1 人、副镇长 4 人。第二次会议应到会代表 70 人，实际到会 61 人，列席 51 人，选举副镇长 1 人。第三次会议应到会代表 70 人，实际到会 60 人，列席 53 人，选举镇人大主席 1 人，选举镇人民政府镇长 1 人。第四次会议应到会代表 67 人，实际到会 67 人，列席 156 人。第五次会议应到会代表 70 人，实际到会 57 人，列席 56 人，选举镇人大副主席 1 人，选举镇人民政府副镇长 2 人。第六次会议应到会代表 71 人，实际到会 69 人，列席 161 人，选举镇人大主席 1 人，选举镇人民政府副镇长 1 人。

镇第十六届人民代表大会 共召开六次会议，时间分别为 2013 年 1 月 12 日（第一次）、2014 年 1 月 17 日（第二次）、2014 年 5 月 16 日（第三次）、2015 年 1 月 13—14 日（第四次）、2015 年 9 月 30 日（第五）、2016 年 1 月 13—14 日（第六次）。第一次会议应到会代表 74 人，实际到会 73 人，列席 50 人，选举镇人大主席 1 人、副主席 2 人，选举镇人民政府镇长 1 人、副镇长 3 人。第二次会议应到会代表 74 人，实际到会 71 人，列席 48 人。第三次会议应到会代表 73 人，实际到会 71 人，列席 47 人。第四次会议应到会代表 71 人，实际到会 62 人，列席 48 人，选举镇人民政府镇长 1 人。第五次会议应到会代表 70 人，实际到会 70 人，列席 47 人。第六次会议应到会代表 70 人，实际到会 62 人，列席 45 人，选举镇人大副主席 1 人，选举镇人民政府副镇长 1 人。第七次会议应到会代表 70 人，实际到会 65 人，列席 41 人。

镇第十七届人民代表大会 第一次会议召开时间为 2016 年 12 月 26—27 日。应到代表 74 人，实际到会 74 人，列席 81 人，选举镇人大主席 1 人、副主席 2 人，选举镇人民政

府镇长 1 人、副镇长 3 人。

三、夏履镇历届人民代表大会各次会议

镇第十五届人民代表大会　共召开五次会议，时间分别为 2007 年 1 月 9—10 日（第一次）、2008 年 1 月 15—16 日（第二次）、2009 年 2 月 10—11 日（第三次）、2010 年 1 月 15—16 日（第四次）、2011 年 1 月 14—15 日（第五次）。第一次会议应到会代表 56 人，实际到会 53 人，列席 71 人，选举镇人大主席 1 人、副主席 1 人，选举镇人民政府镇长 1 人、副镇长 4 人。第二次会议应到会代表 55 人，实际到会 54 人，列席 71 人，选举镇人大副主席 1 人，选举镇人民政府镇长 1 人、副镇长 1 人。第三次会议应到会代表 55 人，实际到会 49 人，列席 84 人，选举镇人大主席 1 人。第四次会议应到会代表 55 人，实际到会 53 人，列席 79 人，选举镇人民政府镇长 1 人。第五次会议应到会代表 54 人，实际到会 52 人，列席 84 人，选举镇人民政府副镇长 1 人。

镇第十六届人民代表大会　共召开八次会议，时间分别为 2012 年 1 月 15—16 日（第一次）、2012 年 5 月 29 日（第二次）、2013 年 1 月 18—19 日（第三次）、2014 年 1 月 14—15 日（第四次）、2015 年 1 月 9—10 日（第五次）、2015 年 6 月 19 日（第六次）、2016 年 1 月 11—12 日（第七次）、2016 年 8 月 5 日（第八次）。第一次会议应到会代表 56 人，实际到会 55 人，列席 90 人，选举镇人大主席 1 人、副主席 1 人，选举镇人民政府镇长 1 人、副镇长 3 人。第二次会议应到会代表 56 人，实际到会 50 人，选举镇人民政府副镇长 1 人。第三次会议应到会代表 56 人，实际到会 52 人，列席 54 人，选举镇人大副主席 1 人，选举镇人民政府镇长 1 人、副镇长 1 人。第四次会议应到会代表 56 人，实际到会 51 人，列席 59 人。第五次会议应到会代表 55 人，实际到会 54 人，列席 61 人，选举镇人大主席 1 人、副主席 1 人，选举镇人民政府副镇长 1 人。第六次会议应到会代表 55 人，实际到会 53 人，选举镇人大副主席 1 人，选举镇人民政府副镇长 1 人。第七次会议应到会代表 56 人，实际到会 53 人，选举镇人大副主席 1 人，选举镇人民政府副镇长 1 人。第八次会议应到会代表 55 人，实际到会 53 人，选举镇人民政府镇长 1 人。

镇第十七届人民代表大会　第一次会议，时间为 2016 年 12 月 26—27 日（续）。应到会代表 56 人，实际到会 53 人，列席 89 人，选举镇人大主席 1 人、副主席 1 人，选举镇人民政府镇长 1 人、副镇长 3 人。

四、安昌镇历届人民代表大会各次会议

镇第十五届人民代表大会 共召开七次会议，时间分别为2007年1月6日（第一次）、2008年1月26—27日（第三次）、2009年1月14日（第四次）、2009年6月20日（第五次）、2010年1月15—16日（第六次）、2011年11月14日（第七次），第二次会议资料缺失。第一次会议应到代表71人，实际到会68人，选举镇人大主席1人、副主席1人，选举镇人民政府镇长1人、副镇长4人。第三次会议应到代表71人，实际到会65人，选举镇人大副主席1人，镇人民政府副镇长3人。第四次会议选举镇大主席1人，镇人民政府副镇长1人。第五次会议应到代表71人，选举镇人大主席1人。第六次会议应到代表70人，列席128人。第七次会议应到代表68人，实际到会62人，列席134人，选举镇人民政府副镇长1人。

镇第十六届人民代表大会 共召开九次会议，时间分别为2013年1月18—19日（第一次）、2013年8月31日（第二次）、2014年1月17—18日（第三次）、2014年6月6日（第四次）、2015年1月8—9日（第五次）、2015年6月30日（第六次）、2016年1月7—8日（第七次）、2016年8月4日（第八次），第九次资料缺失。第一次会议应到代表71人，实际到会67人列席128人，选举镇人大主席1人，副主席2人，选举镇人民政府镇长1人，副镇长4人。第二次会议应到代表70人，实际到会64人，列席102人。第三次会议应到代表68人，实际到会62人，选举镇人民政府副镇长2人。第四次会议应到代表68人，实际到会63人，列席25人。第五次会议应到代表66人，实际到会60人，列席37人，选举镇人民政府镇长1人。第六次会议应到代表68人，实际到会57人，列席66人，选举镇人大主席1人、副主席1人，选举镇人民政府副镇长2人。第七次会议应到代表67人，实际到会59人，选举人大副主席1人，选举镇人民政府副镇长1人。第八次会议应到代表66人，实际到会58人，列席51人。第九次会议应到代表65人，实际到会57人，选举镇人民政府镇长1人、副镇长1人。

五、马鞍镇历届人民代表大会各次会议

镇第十五届人民代表大会 共召开七次会议（部分资料缺失），时间分别为2007年1月5—6日（第一次）、2007年4月20日（第二次）、2008年1月18—19日（第三次）、2009年1月15日（第四次）、2010年1月15日（第五次）、2010年8月3日（第六次）、2011年1月23—24日（第七次）。第一次会议应到代表71人，实际到会62人，列席115人，选举镇人大主席1人、副主席1人，选举镇人民政府镇长1人、副镇长4人。第二次会议71，实际

到会68人。第三次会议应到代表71人,实际到会66人,列席119人,选举镇人民政府镇长1人、副镇长1人。第四次会议应到代表70人,实际到会65人,列席114人。第五次会议应到代表68人,实际到会63人,列席118人。第六次会议应到代表66人,实际到会61人,选举镇人大主席1人。第七次会议应到代表66人,实际到会58人。

镇第十六届人民代表大会 共召开九次会议,时间分别为2012年1月8—9日(第一次)、2012年4月4日(第二次)、2012年10月28日(第三次)、2013年1月22—23日(第四次)、2014年1月15日(第五次)、2014年3月12日(第六次)、2015年1月9—10日(第七次)、2016年1月5日(第八次)、2016年8月1日(第九次)。第一次会议应到代表71人,实际到会68人,列席100人,选举镇人大主席1人、副主席2人,选举镇人民政府镇长1人、副镇长4人。第二次会议应到代表71人,实际到会64人,选举镇人民政府副镇长1人。第三次会议应到代表69人,实际到会66人,选举镇人大主席1人。第四次会议应到代表70人,实际到会66人,列席113人,选举镇人大副主席1人,选举镇人民政府副镇长1人。第五次会议应到代表69人,实际到会67人,列席112人。第六次会议应到代表71人,实际到会66人,选举镇人民政府镇长1人。第七次会议应到代表71人,实际到会68人,列席104人,选举人大副主席1人,选举镇人民政府副镇长3人。第八次会议应到代表70人,实际到会55人,列席103人。第九次会议应到代表69人,实际到会64人,选举人大主席1人,选举镇人民政府镇长1人、副镇长1人。

镇第十七届人民代表大会 第一次会议召开时间为2016年12月26—27日(续)。

应到代表71人,实际到会71人,列席98人,选举镇人大主席1人、副主席2人,选举镇人民政府镇长1人、副镇长3人。

六、孙端镇历届人民代表大会各次会议

镇第十五届人民代表大会 共召开五次会议(部分资料缺失),时间分别为2008年1月23日(第二次)、2009年1月12日(第三次)、2010年1月13日(第四次)、2011年1月27日(第五次)。第二次会议应到会代表68人,实际到会66人,选举镇人大主席1人,选举镇人民政府副镇长1人。第五次会议应到会代表67人,实际到会60人,选举镇人大主席1人。

镇第十六届人民代表大会 共召开三次会议(2013年10月划归越城区后不再记入),时间分别为2012年1月12—13日(第一次)、2012年7月6日(第二次)、2013年1月19日(第三次)。第一次会议应到会代表69人,实际到会69人,选举镇人大主席1人、副主席2人,

选举镇人民政府镇长 1 人、副镇长 4 人。第二次会议（资料缺失）。第三次会议应到会代表 69 人，实际到会 69 人。

七、富盛镇历届人民代表大会各次会议

镇第十五届人民代表大会 共召开五次会议，时间分别为 2007 年 1 月 8—9 日（第一次）、2008 年 1 月 22—23 日（第二次）、2009 年 2 月 13—14 日（第三次）、2010 年 1 月 19—20 日（第四次）、2011 年 1 月 25 日（第五次）。第一次会议应到代表 59 人，实际到会 58 人，列席 62 人，选举镇人大主席 1 人、副主席 1 人，选举镇人民政府镇长 1 人、副镇长 4 人。第二次会议应到代表 59 人，实际到会 58 人，列席 68 人，选举镇人民政府镇长 1 人。第三次会议应到代表 59 人，实际到会 58 人，列席 65 人，选举镇人大副主席 1 人。第四次会议应到代表 58 人，实际到会 57 人，列席 60 人，选举镇人民政府副镇长 1 人。第五次会议应到代表 57 人，实际到会 56 人，列席 58 人，选举镇人大主席 1 人。

镇第十六届人民代表大会 共召开三次会议（2013 年 10 月划归越城区后不再计入），时间分别为 2012 年 1 月 9—10 日（第一次）、2013 年 1 月 4 日（第二次）、2013 年 1 月 18—19 日（第三次）。第一次会议应到代表 59 人，实际到会 58 人，列席 59 人，选举镇人大主席 1 人、副主席 1 人，选举镇人民政府镇长 1 人、副镇长 3 人。第二次会议应到代表 59 人，实际到会 59 人，列席 65 人。第三次会议应到代表 59 人，实际到会 57 人，列席 62 人，选举镇人大副主席 2 人，选举镇人民政府副镇长 1 人。

八、陶堰镇历届人民代表大会各次会议

镇第十五届人民代表大会 共召开五次会议，时间分别为 2007 年 1 月 8—9 日（第一次）、2008 年 1 月 22—23 日（第二次）、2009 年 2 月 16—17 日（第三次）、2010 年 1 月 19—20 日（第四次）、2011 年 1 月 19—20 日（第五次）。第一次会议应到代表 58 人，实际到会 58 人，列席 68 人，选举镇人大主席 1 人、副主席 1 人，选举镇人民政府镇长 1 人、副镇长 5 人。第二次会议应到代表 57 人，实际到会 56 人，列席 68 人，选举镇人民政府镇长 1 人、副镇长 1 人。第三次会议应到代表 56 人，实际到会 54 人，列席 78 人。第四次会议应到代表 55 人，实际到会 54 人，列席 79 人，选举镇人民政府镇长 1 人。第五次会议应到代表 56 人，实际到会 53 人，列席 78 人，选举镇人民政府副镇长 1 人。

镇第十六届人民代表大会 共召开二次会议（2013 年 10 月划归越城区后不再计入），时间分别为 2012 年 1 月 12—13 日（第一次）、2013 年 1 月 25—26 日（第二次）。第一次

会议应到代表 58 人，实际到会 58 人，列席 84 人，选举镇人大主席 1 人、副主席 2 人，选举镇人民政府镇长 1 人、副镇长 4 人。第二次会议应到代表 58 人，实际到会 56 人，列席 72 人，选举镇人民政府镇长 1 人。

九、漓渚镇历届人民代表大会各次会议

镇第十五届人民代表大会　共召开六次会议，时间分别为 2007 年 1 月 8 日（第一次）、2008 年 1 月 18 日（第二次）、2009 年 1 月 12 日（第三次）、2010 年 3 月 29 日（第四次）、2010 年 10 月 13 日（第五次）、2011 年 1 月 13 日（第六次）。第一次会议应到代表 58 人，实际到会 56 人，列席 85 人，选举镇人大主席 1 人、副主席 1 人，选举镇人民政府镇长 1 人、副镇长 4 人。第二次会议应到代表 57 人，实际到会 56 人，列席 93 人，选举镇人大主席 1 人。第三次会议应到代表 56 人，实际到会 54 人，列席 94 人。第四次会议应到代表 57 人，实际到会 53 人，列席 97 人。第五次会议应到代表 57 人，实际到会 53 人，列席 95 人，选举镇人大主席 1 人，副镇长 1 人。第六次会议应到代表 57 人，实际到会 54 人，列席 93 人，选举副镇长 1 人。

镇第十六届人民代表大会　共召开八次会议，时间分别为 2012 年 1 月 13 日（第一次）、2013 年 1 月 18 日（第二次）、2014 年 1 月 10 日（第三次）、2014 年 5 月 20 日（第四次）、2015 年 1 月 9 日（第五次）、2015 年 8 月 15 日（第六次）、2016 年 1 月 8—9 日（第七次）、2016 年 7 月 27 日（第八次）。第一次会议应到代表 59 人，实际到会 58 人，列席 102 人，选举镇人大主席 1 人、副主席 2 人，选举镇人民政府镇长 1 人、副镇长 4 人。第二次会议应到代表 57 人，实际到会 54 人，列席 108 人，选举副主席 1 人。第三次会议应到代表 57 人，实际到会 54 人，列席 112 人。第四次会议应到代表 57 人，实际到会 51 人，列席 111 人，选举镇人民政府镇长 1 人、副镇长 1 人。第五次会议应到代表 58 人，实际到会 55 人，列席 113 人，选举镇人大主席 1 人、副镇长 2 人。第六次会议应到代表 58 人，实际到会 51 人，列席 117 人，选举副镇长 1 人。第七次会议应到代表 58 人，实际到会 51 人，列席 117 人，选举镇人大主席 1 人、副主席 1 人，选举副镇长 1 人。第八次会议应到代表 55 人，实际到会 51 人，列席 120 人，选举镇人民政府镇长 1 人。

镇第十七届人民代表大会　共召开一次会议（续），时间为 2016 年 12 月 26—27 日。应到代表 59 人，实际到会 59 人，列席 110 人，选举镇人大主席 1 人、副主席 2 人，选举镇人民政府镇长 1 人、副镇长 4 人。

十、福全镇历届人民代表大会各次会议

镇第十五届人民代表大会 共召开六次会议，时间分别为2007年1月9—10日（第一次）、2007年7月（第二次）、2008年1月22—23日（第三次）、2009年3月2—3日（第四次）、2010年1月20日（第五次）、2011年1月13—14日（第六次）。第一次会议应到会代表70人，实际到会68人，列席108人，选举镇人大主席1人、副主席1人，选举镇人民政府镇长1人、副镇长5人。第二次会议应到会代表70人，实际到会69人，列席113人，选举镇人民政府副镇长1人。第三次会议应到会代表69人，实际到会67人，列席117人。第四次会议应到会代表69人，实际到会68人，列席119人，选举人大副主席1人。第五次会议应到会代表65人，实际到会63人，列席122人。第六次会议应到会代表66人，实际到会64人，列席119人，选举镇人民政府镇长1人。

镇第十六届人民代表大会 共召开七次会议，时间分别为2012年1月12—13日（第一次）、2013年1月22日（第二次）、2014年1月14日（第三次）、2015年1月13—14日（第四次）、2015年12月5日（第五次）、2016年1月16日（第六次）、2016年8月10日（第七次）。第一次会议应到会代表71人，实际到会69人，列席113人，选举镇人大主席1人、副主席2人，选举镇人民政府镇长1人、副镇长4人。第二次会议应到会代表70人，实际到会68人，列席116人。第三次会议应到会代表70人，实际到会67人，列席93人，选举镇人民政府副镇长1人。第四次会议应到会代表70人，实际到会62人，列席122人，选举镇人民政府镇长1人、副镇长1人。第五次会议应到会代表70人，实际到会65人，列席116人，选举镇人大副主席1人。第六次会议应到会代表69人，实际到会63人，列席122人，选举镇人大副主席1人，选举镇人民政府副镇长2人。第七次会议应到会代表70人，实际到会62人，列席108人，选举镇人大主席1人、副主席1人，选举镇人民政府镇长1人、副镇长1人。

镇第十七届人民代表大会 共召开一次会议（续），时间为2016年12月26—27日。应到会代表70人，实际到会66人，列席100人，选举镇人大主席1人、副主席2人，选举镇人民政府镇长1人、副镇长4人。

十一、兰亭镇历届人民代表大会各次会议

镇第十五届人民代表大会 共召开七次会议，时间分别为2007年1月8—9日（第一次）、2007年8月11日（第二次）、2008年1月25—26日（第三次）、2009年1月11—12日（第四次）、2009年8月25日（第五次）、2010年1月19—20日（第六次）、2011年1月19—

20日(第七次)。第一次会议应到会代表65人,实际到会61人,列席72人,选举镇人大主席1人、副主席1人,选举镇人民政府镇长1人、副镇长4人。第二次会议应到会代表64人,列席55人,选举镇人民政府镇长1人。第三次会议应到会代表65人,列席72人,选举镇人民政府副镇长2人。第四次会议应到会代表62人,列席82人,选举镇人民政府副镇长2人。第五次会议应到会代表63人,实际到会60人,列席55人,选举镇人民政府镇长1人。第六次会议应到会代表62人,列席79人。第七次会议应到会代表61人,实际到会59人,列席81人,选举镇人大副主席1人,选举镇人民政府镇长1人、副镇长1人。

镇第十六届人民代表大会 共召开七次会议,时间分别为2012年1月12—13日(第一次)、2013年1月18—19日(第二次)、2014年1月16—17日(第三次)、2014年10月21日(第四次)、2015年1月13—14日(第五次)、2015年6月17日(第六次)、2016年1月8日(第七次)。第一次会议应到会代表65人,实际到会65人,列席97人,选举镇人大主席1人、副主席2人,选举镇人民政府镇长1人、副镇长4人。第二次会议应到会代表63人,实际到会62人,列席100人,选举镇人民政府镇长1人。第三次会议应到会代表63人,列席103人,选举镇人民政府副镇长1人。第四次会议应到会代表62人,实际到会58人,选举镇人民政府镇长1人。第五次会议应到会代表62人,列席105人,选举镇人大副主席2人,选举镇人民政府副镇长3人。第六次会议应到会代表63人,选举镇人大主席1人。第七次会议应到会代表63人,列席119人。

镇第十七届人民代表大会 共召开一次会议(续),时间为2016年12月26—27日。应到会代表65人,实际到会63人,列席113人,选举镇人大主席1人、副主席2人,选举镇人民政府镇长1人、副镇长4人。

十二、齐贤镇历届人民代表大会各次会议

镇第十五届人民代表大会 共召开六次会议,时间分别为2006年11月8—9日(第一次),2008年1月24—25日(第二次),2009年2月8—9日(第三次),2009年6月26日(第四次),2010年1月19—20日(第五次),2011年1月17—18日(第六次)。第一次会议应到代表81名,实际到会79人,列席130人,选举镇人大主席1人、副主席1人,选举镇人民政府镇长1人、副镇长4人。第二次会议应到代表79名,实际到会78人,列席128人,选举镇人民政府镇长1人。第三次会议应到代表76人,实际到会71人,列席124人,选举镇人民政府副镇长1人。第四次会议应到代表80人,实际到会78人,列席133人,选举镇人民政府镇长1人。第五次会议应到代表75人,实际到会72人,列席147人。第

六次会议应到代表75人，实际到会71人，列席142人，选举镇人大主席1人，副主席1人。

镇第十六届人民代表大会 共召开九次会议，时间分别为2012年1月13—14日（第一次），2012年7月27日（第二次），2013年1月23日（第三次），2014年1月18日（第四次），2014年5月17日（第五次），2014年10月31日（第六次），2015年1月9日（第七次），2016年1月8日（第八次），2016年8月20日（第九次）。第一次会议应到代表81名，实际到会79人，列席162人，选举镇人大主席1人、副主席2人，选举镇人民政府镇长1人、副镇长4人。第二次会议应到代表79名，实际到会76人，列席128人，选举镇人民政府镇长1人。第三次会议应到代表80人，实际到会78人，列席125人，选举镇人民政府副镇长1人。第四次会议应到代表80人，实际到会78人，列席133人。第五次会议应到代表81人，实际到会79人，选举镇人大副主席1人。第六次会议应到代表81人，实际到会77人，列席13人，选举镇人大主席1人，选举镇人民政府副镇长2人。第七次会议应到代表79人，实际到会72人，列席122人。第八次会议应到代表80人，实际到会73人，列席126人。第九次会议应到代表78人，实际到会73人，列席85人，选举镇人大副主席2人，选举镇人民政府镇长1人、副镇长2人。

镇第十七届人民代表大会 第一次会议召开时间为2016年12月26—27日（续）。应到代表81人，实际到会79人，列席110人，选举镇人大主席1人、副主席2人，选举镇人民政府镇长1人、副镇长3人。

十三、平水镇历届人民代表大会各次会议

镇第十五届人民代表大会 共召开六次会议，时间分别为2007年1月8—9日（第一次）、2007年6月9日（第二次）、2008年1月21—22日（第三次）、2009年2月11—12日（第四次）、2010年1月22—23日（第五次）、2011年1月18—19日（第六次）。第一次会议应到代表84人，实际到会80人，列席180人，选举镇人大主席1人、副主席1人，选举镇人民政府镇长1人、副镇长4人。第二次会议应到代表83人，实际到会76人，列席10人，选举镇人民政府镇长1人。第三次会议应到代表83人，实际到会75人，列席179人，选举镇人民政府副镇长3人。第四次会议应到代表83人，实际到会76人，列席166人。第五次会议应到代表83人，实际到会75人，列席181人，选举镇人民政府镇长1人、副镇长1人。第六次会议应到代表81人，实际到会73人，列席196人，选举镇人民政府副镇长1人。

镇第十六届人民代表大会 共召开次九次会议，时间分别为2012年1月12—13日（第一次）、2012年6月28日（第二次）、2013年1月24日（第三次）、2014年1月17日（第四次）、

2014 年 6 月 6 日(第五次)、2015 年 1 月 13—14 日(第六次)、2015 年 8 月 21 日(第七次)、2016 年 1 月 12—13 日(第八次)、2016 年 8 月 22 日(第九次)。第一次会议应到代表 84 人,实际到会 77 人,列席 186 人,选举镇人大主席 1 人、副主席 2 人,选举镇人民政府镇长 1 人、副镇长 4 人。第二次会议应到代表 83 人,实际到会 78 人,列席 10 人,选举镇人民政府副镇长 2 人。第三次会议应到代表 80 人,实际到会 75 人,列席 157 人,选举镇人民政府副镇长 1 人。第四次会议应到代表 80 人,实际到会 72 人,列席 166 人。第五次会议应到代表 79 人,实际到会 72 人,列席 17 人,选举镇人民政府镇长 1 人。第六次会议应到代表 79 人,实际到会 74 人,列席 169 人,选举镇人大副主席 2 名,选举镇人民政府镇长 1 名、副镇长 4 名。第七次会议应到代表 79 人,实际到会 73 人,列席 59 人,选举镇人民政府副镇长 2 人。第八次会议应到代表 80 人,实际到会 74 人,列席 134 人,选举镇人民政府副镇长 1 人。第九次会议应到代表 80 人,实际到会 74 人,列席 50 人,选举镇人大主席 1 人。

镇第十七届人民代表大会 第一次会议召开时间为 2016 年 12 月 26—27 日(续)。应到代表 82 人,实际到会 78 人,列席 227 人,选举镇人大主席 1 人、副主席 1 人,选举镇人民政府镇长 1 人、副镇长 3 人。

十四、王坛镇历届人民代表大会各次会议

镇第十五届人民代表大会 共召开五次会议,时间分别为 2007 年 1 月 5—6 日(第一次)、2008 年 1 月 18—19 日(第二次)、2009 年 2 月 13 日(第三次)、2010 年 4 月 2 日(第四次)、2011 年 1 月 20 日(第五次)。第一次会议应到代表 64 人,实际到会 62 人,列席 120 人,选举镇人大主席 1 人、副主席 1 人,选举镇人民政府镇长 1 人、副镇长 4 人。第二次会议应到代表 64 人,实际到会 61 人,列席 115 人,选举镇人大主席 1 人,选举镇人民政府镇长 1 人。第三次会议应到代表 64 人,实际到会 62 人,列席 120 人。第四次会议应到代表 64 人,实际到会 62 人,列席 126 人。第五次会议应到代表 64 人,实际到会 61 人,列席 120 人,选举镇人大主席 1 人,选举镇人民政府镇长 1 人、副镇长 1 人。

镇第十六届人民代表大会 共召开七次会议,时间分别为 2012 年 1 月 12—13 日(第一次)、2013 年 1 月 25 日(第二次)、2014 年 1 月 17 日(第三次)、2015 年 1 月 13—14 日(第四次)、2015 年 10 月 20 日(第五次)、2016 年 1 月 8 日(第六次)、2016 年 8 月 27 日(第七次)。第一次会议应到代表 68 人,实际到会 67 人,列席 114 人,选举镇人大主席 1 人、副主席 1 人,选举镇人民政府镇长 1 人、副镇长 3 人。第二次会议应到代表 67 人,实际到会 64 人,列席 84 人,选举镇人大副主席 1 人,选举镇人民政府镇长 1 名、副镇长 2 人。第三次会议

应到代表67人，实际到会64人，列席87人。第四次会议应到代表67人，实际到会62人，列席78人，选举镇人大副主席2人，选举镇人民政府副镇长1人。第五次会议应到代表67人，实际到会60人，列席9人，选举镇人大副主席1人。第六次会议应到代表67人，实际到会60人，列席82人，选举镇人民政府副镇长1人。第七次会议应到代表67人，实际到会59人，列席76人，选举镇人大副主席1人，选举镇人民政府镇长1人、副镇长2人。

镇第十七届人民代表大会　第一次会议召开时间为2016年12月26—27日（续）。应到代表68人，实际到会64人，列席88人，选举镇人大主席1人、副主席2人，选举镇人民政府镇长1人、副镇长3人。

十五、稽东镇历届人民代表大会各次会议

镇第十五届人民代表大会　共召开五次会议，时间分别为2007年1月5—6日（第一次）、2008年1月17—18日（第二次）、2009年1月16日（第三次）、2010年3月25日（第四次）、2011年1月21日（第五次）。第一次会议应到会代表66人，实际到会62人，列席57人，选举镇人大主席1人、副主席1人，选举镇人民政府镇长1人、副镇长4人。第二次会议应到代表66人，实际到会61人，列席57人，选举镇人民政府镇长1人、副镇长1人。第三次会议应到代表66人，实际到会64人，列席58人。第四次会议应到65人，实际到会63人，列席59人。第五次会议应到代表65人，实际到会61人，列席59人，选举镇人大主席1人。

镇第十六届人民代表大会　共召开七次会议，时间分别为2012年1月12—13日（第一次）、2013年1月21日（第二次）、2014年1月17日（第三次）、2015年1月12—13日（第四次）、2015年8月13日（第五次）、2016年1月7—8日（第六次）、2016年8月20日（第七次）。第一次会议应到代表65人，实际到会65人，列席59人，选举镇人大主席1人、副主席1人，选举镇人民政府镇长1人、副镇长3人。第二次会议应到代表65人，实际到会64人，列席72人，选举镇人大副主席1人，选举镇人民政府副镇长1人。第三次会议应到代表65人，实际到会64人，列席89人，选举镇人民政府镇长1人。第四次会议应到代表65人，实际到会62人，列席79人，选举镇人大主席1人，选举镇人民政府镇长1人、副镇长1人。第五次会议应到代表63人，实际到会60人，列席79人，选举镇人民政府副镇长1人。第六次会议应到代表64人，实际到会60人，列席81人，选举镇人大副主席1人。第七次会议应到代表64人，实际到会59人，列席76人，选举镇人大主席1人。

镇第十七届人民代表大会　第一次会议召开时间为2016年12月26—27日（续）。应到代表64人，实际到会64人，列席81人，选举镇人大主席1人、副主席2人，选举镇人

民政府镇长1人、副镇长3人。

第二节 讨论决定重大事项

根据地方组织法规定，乡镇人民代表大会行使重大事项决定权，主要内容为：根据国家计划，决定本行政区域内的经济、文化事业和公共事业的建设计划；审查和批准本行政区域内的财政预算和预算执行情况的报告；决定本行政区域内的民政工作的实施计划等。各镇第十五、十六届人民代表大会会议决定的重大事项主要有：作出关于批准政府工作报告的决议；作出关于批准人大主席团工作报告的决议；作出关于批准上一年财政预算执行情况和本年财政预算（草案）报告的决议；作出接受镇人大主席、副主席或者镇长、副镇长辞职请求的决定等。兰亭镇各次人民代表大会会议，作出批准镇人民政府关于上次镇人民代表大会会议代表建议办理情况报告的决议。2007年或者2008年召开的各镇人民代表大会会议，通过了镇人民代表大会工作规则。夏履、福全、齐贤、马鞍、富盛、王坛、稽东等镇的第十五届人民代表大会各次会议，还作出关于表彰先进代表小组和优秀人大代表的决定。兰亭镇从2013年开始，马鞍、福全、漓渚、安昌等5个镇从2014年开始，另有9个镇从2015年开始，在镇人民代表大会会议上由代表票决当年实施的政府民生实事项目。此外，部分镇还就一些专项工作作出决议或者决定，如2008年1月3日钱清镇第十五届人民代表大会第一次会议作出关于《绍兴县钱清镇城镇总体规划(2007—2020)》的决议，2008年11月30日齐贤镇第十五届人民代表大会主席团受镇人民代表大会委托作出关于同意调整齐贤镇2008年度部分财政预算的决定，2013年1月25日陶堰镇第十六届人民代表大会第二次会议作出关于保护和开发白塔洋（百家湖）的决议，2016年1月8日王坛镇第十六届人民代表大会第六次会议作出关于《醉梅王坛”特色小镇建设三年行动计划》的决议等。

附一：

王坛镇第十六届人民代表大会第六次会议关于《醉梅王坛”特色小镇建设三年行动计划》的决议

（2016年1月8日王坛镇第十六届人民代表大会第六次会议通过）

王坛镇第十六届人民代表大会第六次会议，认真听取审议了单子岚所做的《“醉梅王坛”特色小镇建设三年行动计划》。会议认为，报告深刻贯彻落实了中共十八大、十八届五中全会精神和省市区系列决策部署，牢牢把握了创新、协调、绿色、开放、共享的发展理念，实事求是分析了王坛镇的既有资源与发展前景，各项目标层次分明、逻辑严谨，具体工作内容翔实、切实可行，会议决定批准这一计划方案。

会议指出，依托“梅花”主题，着力打造梅花特色小镇，是新形势下推进经济转型、优化整体形象、实现社会和谐的重大举措，是抢抓历史进程新机遇、抢占未来发展制高点的迫切需要。

会议号召，在三年行动计划内，部门、站所、村居等各方力量要紧紧围绕在镇党委的周围，坚定目标、理清思路、扎实工作，以经济高端化、镇域景观化、旅游品质化、社会和谐化作为开展工作的方向指引，坚持科学规划、因地制宜、统筹兼顾、以人为本等各项原则，落实各方责任，明确任务进程，强化组织配合，形成建设合力，为实现三年行动计划的各项目标不断努力！

附二：

“醉梅王坛”特色小镇建设三年行动计划

（2016—2018年）

实施“醉梅王坛”特色小镇建设，是王坛镇推进经济转型升级、开展美丽乡村建设、提升百姓民生福祉的重大决策，依据上级有关特色小镇建设要求，结合“醉梅王坛”的产业优势及城镇发展实际情况，特制定本行动计划。

一、指导思想

认真贯彻落实中共十八大、十八届五中全会精神和省市区系列决策部署，牢牢把握创新、协调、绿色、开放、共享的发展理念，积极适应和引领发展新常态，抢抓南部山区美丽乡村示范区建设的历史性机遇，大力开展“美丽乡村提升年”“休闲旅游推进年”“团队建设年”活动，着力推进经济高端化、镇域景观化、旅游品质化、社会和谐化，努力打造特色鲜明、体制机制灵活、人文气息浓厚、生态环境优美、多种功能叠加的“醉梅王坛”特色小镇。

二、目标任务

——经济高端化。总体依托“梅花”主题，着眼王坛镇发展特色小镇，实现王坛镇国民经济持续快速发展，经济增长质量和效益明显提高，通过产业发展引导周边村居的特色资源开发，使之作为“醉梅王坛”的配套功能得以全面发展。到2018年底，实现上市1家，新三板挂牌1家，引进养生度假项目1个。

——镇域景观化。以梅花作为镇区设计主题，打造全域大景区，着力打造梅花小镇。到2018年底，打造1条南部山区美丽乡村精品线路，建设王坛特色古镇，完善3条乡村休闲旅游精品线路，集中精力打造1个AAA级休闲旅游景区和6个生态休闲旅游特色村。

——旅游品质化。计划利用三年的时间，打造出一个极具地方特色的梅花小镇形象，融生产观光、展示体验、文化创意、休闲旅游于一体的特色小镇，醉梅王坛特色小镇将带动休闲体验经济和民宿经济的腾飞。到2018年底，实现游客接待数和直接营业额比2015年增长1倍；接待能力和吸纳就业能力明显增强，全镇建成民宿6个，特色农家乐5家，全年拥有接待能力10万人次。

——社会和谐化。珍惜和保护王坛镇生态环境，提高资源利用效率，加强民生保障服务，建设生态环境优良、自然风景优美、社会环境和谐的现代化镇。建成镇中心幼儿园和镇福利中心，新建办养老院1个、村文化礼堂4个、村卫生室3个。

三、基本原则

推进三年行动计划，必须坚持以下原则：

（一）科学规划、梯度推进。编制“醉梅小镇”建设总体规划，细化参数指标，分步实施，以点带面，实现镇村品质从初级到高级的跨越。坚持以梅花作为镇区的设计主题，提炼梅花元素，种植地域梅花品种，打造醉梅小镇。

（二）因地制宜、彰显特色。统筹整体结构布局，带动镇区周边以梅花为主题的特色生态展示空间发展，打造以镇区为中心的特色梅花小镇整体形象。立足各村资源禀赋，挖掘文化内涵，保护乡情美景，展现区域特色和山水风貌。

（三）统筹兼顾、生态优先。正确把握建设中的各种重大关系，联动推进美丽乡村和乡村旅游建设，加快发展社会各项事业，促进经济生态相协调，切实增强发展的全面性和协调性。坚持可持续发展，强化特色小镇建设的生态化进程。尊重场地现状，利用现状地貌进行景观再生设计，走“资源再利用”途径。

（四）镇村主导、以人为本。从解决百姓最关心最直接的利益问题入手，大力扶持就业创业，积极推动教育医疗优质均衡、社会保险提质扩面、群众文化繁荣惠民和社会公平正义，维护社会和谐稳定，让全镇人民共享发展成果。区级指导，镇村主导，部门支持，社会联动，调动一切积极力量，开创各行各业支持特色小镇建设的生动局面。

四、建设内容

（一）推进经济高端化建设。（略）

（二）推进镇域景观化建设。（略）

（三）推进旅游品质化建设。（略）

（四）推进社会和谐化建设。（略）

五、工作要求

（一）加强领导，落实责任。成立“醉梅王坛”特色小镇建设工作领导小组，主要负责特色小镇建设规划、谋划，重点开发项目决策咨询服务，组织督查考核等。各村（居）、办（所）要切实加强组织领导，把特色小镇建设相关内容列入重要议事日程，建立健全工作协调机构和工作机制。

（二）细化任务，分步推进。根据本行动计划，分解年度目标任务，强化工作落实。各线、单位要根据职能职责，制定本部门推进特色小镇建设具体实施细则，明确工作时序。各村（居）要加强组织领导，建立健全工作队伍，出台操作性强、责任上肩、持续长效的实施方案。全镇党员干部加强网格化管理，确保建设任务全面完成。要加大对各线工作考核力度，将相关任务纳入年度岗位目标责任考核体系。

（三）各方联动，合力推进。各办（所）、村（居）、企事业单位、协会组织要密切配合，主动参与，形成合力，建立健全运转高效的工作推进机制，迅速把特色小镇建设的具体要求和各项措施落到实处。通过规划引领、政策制定、综合协调，切实推进建设工作，同时加强统计和监测，聚焦重点节点，自觉整合资金、资源、项目，合力保障特色小镇建设有序推进。

第三节　代表票决镇政府民生实事项目

2012年底至2013年初，县人大常委会在兰亭镇进行政府民生实事代表票决试点。镇政府共征集到民生实事备选项目17个，提交代表票决的项目为12个，差额率为20%。在2013年1月18日召开的兰亭镇第十六届人民代表大会第二次会议上，经代表们无记名投票表决，按得票高低最终确定10只项目作为2013年镇政府实事工程。2014年，全区有兰亭、马鞍、福全、漓渚、安昌等5个镇实行票决制。2015年，又有钱清、夏履2个镇实施民生实事项目代表票决制。

2013年1月18日，兰亭镇第十六届人民代表大会第二次会议上，人大代表票决政府民生实事项目（濮耀魁摄）

2016年，全区各镇全部实施。2017年，政府民生实事项目代表票决制在区级层面正式落地。2017年，根据街道没有同级人民代表大会代表的特点，在柯桥街道试点实施民生实事项目代表票选制，并于2018在各街道实现全覆盖。

民生实事项目代表票决制分三个阶段六个环节进行：第一阶段，项目的征集和筛选；第二阶段，项目审议和票决；第三阶段，项目实施和监督。票决制采用差额表决方式，民生实事候选项目由人大主席团和镇政府同时向社会征集，并经筛选、商讨后提出建议项目后报经党委审核确定，数量各镇有所不同，如有的是九选六，有的是七选六、九选八、十二选十、十三选十等。在人民代表大会会议上经代表投票选择，在得票过半数的候选项目中按得票数从高到低排列，确定当年镇政府民生实事项目。

各镇人民代表大会会议首次票决出的政府民生实事项目一览表

表6-2-1

镇名	届次	项目名称
钱清	2015年十六届人大五次会议（十二选十）	1. 启动森林游步道建设工程 2. 实施西天竺狮林山道路排险及修复工程 3. 启动南复线钱清段改造提升工程 4. 实施西后街坝桥头停车场建设工程 5. 实施东小江综合治理及全国中小河流治理工程 6. 继续推进镇村两级生活污水治理工程 7. 推进医疗服务提升工程 8. 实施智慧天网延伸工程 9. 加强镇级消防队伍建设工程 10. 推进天然气扩网通气工程
杨汛桥	2016年十六届人大六次会议（十选八）	1. 配合完成浙江树人大学杨汛桥校区建设、投用工作，完成江夏公路（局部）、四灵庙路扩建工程的征地拆迁等工作 2. 完成杨江大道沿线立面改造整治及路面大修工程 3. 巩固“五水共治”成效，扎实开展中小河流治理工程，完成7个村的生活污水收集纳管工程 4. 稳妥逐步解决失土农民养老保险遗留问题 5. 深入开展“五气合治”工作，扎实开展工业小区和“低小散”块状行业整治回头看工作，完成浙江水泥厂关停搬迁工作 6. 积极创建国家卫生镇，提升环境卫生综合治理水平 7. 采取“梳、堵、清”相结合的方式，优化管理，对杨汛及江桥两个农贸市场周边秩序进行整治 8. 以麒麟、蒲荡夏、江桃为节点，积极构建美丽乡村精品线路

续表 6-2-1

镇名	届次	项目名称
夏履	2015 年十六届人大五次会议(九选六)	1. 继续推进农村住房解困工程 2. 继续实施以东江为主的中小河流治理工程 3. 启动三莲幼儿园建设工程 4. 实施完成一批新农村建设项目工程 5. 实施敬老院升级改造工程 6. 实施农村和工业园区及江夏线生活(工业)污水改造工程
福全	2014 年十六届人大三次会议(十二选十)	1. 实行住房困难户个人建房审批,多渠道解决农民住房困难问题,争取完成解困100 户 2. 启动双山村下溇自然村的拆迁和安置房建设工作 3. 新建一座福全镇农贸市场,进一步完善集镇功能 4. 投入清迁资金 1500 万元,完成禁养区内 71 户生猪养殖场清养关停工作 5. 投入清淤资金 400 万元,完成松坞江 11 万方清淤工程 6. 投入 2700 万元,完成尹大线“白改黑”和福全转盘红绿灯改造工程 7. 投入奖补资金 800 万元,巩固提高全镇环境卫生长效管理水平 8. 投入 150 万元,完成南复线(镜水路至日月路)路灯亮化工程 9. 投入 100 万元,完成福全镇敬老院扩建工程 10. 投入 650 万元,完成容山公路路面修复工程
漓渚	2014 年十六届人大三次会议(十选八)	1. 完成钱茅线漓渚段改造项目 2. 完成黄山畈、朱家坞两村小舜江自来水工程 3. 完成新街(新街大桥 – 横路段)改造工程 4. 实施集镇新街及工业园区生活污水收集管网建设 5. 启动集中居住区二期建设 6. 巩固深化“蓝天行动”,加强对“水、气、泥”污染的监管,实施涂层、植绒、拉毛等企业的废气整治 7. 新建、置换、改造相结合,解决现有住房困难户 1/3 以上;确定一个村作为农房用地授权审批试点 8. 清养关停 11 家畜禽养殖场,改善农村生产生活环境

续表 6-2-1

镇名	届次	项目名称
兰亭	2013 年十六届人大二次会议(十二选十)	1. 镇村卫生一体化管理工程 2. 文化惠民工程 3. “整洁兰亭”三级联创工程 4. “两江”综合整治工程 5. 小流域治理及山塘水库除险加固工程 6. 娄宫市场搬迁工程 7. 绍大线“兰亭书法景观大道”建设改造工程 8. 集镇生活污水收集二期工程 9. 城镇主要道路路灯及“电子眼”安装工程 10. 低保户危旧房改造及宅基地置换工程
齐贤	2016 年十七届人大一次会议(十二选十)	1. 美丽乡村示范带建设工程 2. 城乡环境整治提升工程(农村、两路两侧、城郊结合部的环境整治,主要道路沿线立面改造等) 3. 主要河道活水清淤工程 4. 齐贤集镇小城镇环境综合整治工程 5. 路网完善及公共交通提升工程(道路建设、公交线路优化等) 6. 便民服务工程(农村家宴服务中心、居家养老照顾中心、文化礼堂和公共卫生精品社区等) 7. 区域空气质量提升 8. 羊山公园争创 AAA 级景区创建工程 9. 滨海大河景观休闲带改造工程 10. 安置小区建设及住房解困工程
马鞍	2014 年十六届人大五次会议(十三选十)	1. 解困 50 户住房困难户 2. 实施滨海公交客运站建设 3. 完成致远大道生态廊道(二期)工程 4. 滨海文化活动公园建成投用 5. 实施镇中心幼儿园建设 6. 完成新围路改造提升工程 7. 完成 B1、B4 安置小区建设工程 8. 实施区域治安监控系统平台工程建设 9. 实施区域畜禽养殖污染源治理工程 10. 实施兴海小学扩建工程

续表 6-2-1

镇名	届次	项目名称
安昌	2014 年十六届人大四次会议（七选六）	1. 推进治水工程继续开展河道清淤，完后清淤 5 万立方米，清理涉河拦坝 5 处；推进全镇畜禽养殖的清养关停工作；全面推进农村、集镇生活污水收集工程；完成镇工业园区生活污水收集工程 2. 完善交通网络做好省重点工程钱滨线的拆迁征地及工程建设协调配合工作；完成兴安北路建设工程，启动和山路与兴安北路连接线改造工程 3. 加大农村住房解困力度推进大和片住房困难户翻扩建及项目新建，安昌片住房困难户的集中安置，力争 2014 年解决农民住房困难户的 80% 4. 推进印染产业集聚工程完成 2 家企业开工和 3 家企业落地工作；加大大气污染治理力度，在定型机二级静电废气装置覆盖并督促使用的基础上，推进"煤改气"工程全覆盖 5. 改善办学条件迁建总投资 4000 万元的白洋小学；完成中心幼儿园建设并投用 6. 推进古镇保护建设争创 AAAA 级景区；改造升级古镇游客服务中心；启动民间资金参与古镇建设
平水	2016 年十六届人大八次（十二选十）	1. 实施主要道路及集镇核心区范围内全区域亮化工程 2. 完成二院分院二级乙等医院创建验收工作 3. 完成投资 3000 万元的全国中小河流治理工程 4. 做好平王、绍甘、十赵沿线村落美丽乡村提升工程 5. 实施集镇区域内绍甘线两侧街容街景整治提升工程 6. 抓好投资近 2000 万元的若耶溪二期治理工程 7. 完成若耶溪两岸景观人行道改造工程 8. 实现村（居）居家养老服务中心全覆盖 9. 推进王化埃码尖等森林健身游步道建设 10. 实施集镇核心区范围内人行道小砌块修复工程
王坛	2016 年十七届人大一次会议（十选八）	1. 实施集镇环境综合整治，开展移民小区改造、集镇道路、绿化、提升、店招店牌、秩序等整治提升，打造风情小镇 2. 推进农村供水扩面工程，力争供水达到 160 米以下范围全覆盖 3. 实施 6000 米左右全国中小河流治理工程、1000 米南溪江治理工程 4. 完成镇社会福利中心主体建设 5. 完成镇文体活动中心主体建设 6. 完成 S212 省道改建工程征迁工作 7. 完成镇中心幼儿园搬迁开园工作 8. 加大农村环境整治力度，大力推进美丽庭院、美丽村庄创建

续表 6-2-1

镇名	届次	项目名称
稽东	2016 年十六届人大六次会议(十二选十)	1. 做好杭绍台高速公路稽东段的征地、拆迁、安置工作 2. 完成第三批 10 个自然村南部山区自来水供水扩面目标 3. 建设运动文化中心,启动镇体育馆(风雨操场)、香榧文化广场 4. 实质性启动镇社会福利中心主体工程建设 5. 实施全国中心小河流治理稽东项目区建设 6. 实施车谷线集镇段提升改造、香榧大道滨溪段建设、陈竹线沿线环境整治 7. 启动镇公交车站异地新建 8. 实施美丽乡村南部山区环线稽东段建设 9. 启动龙西至石呑道路建设、龙东道路延伸工程 10. 实施“天网”工程建设,实现监控设施村级全覆盖

第三章　镇人民代表大会主席团

第一节　主席团性质和职责

乡镇人民代表大会主席团为乡镇人民代表大会会议的领导机构和闭会期间的日常工作机构，主持本级人民代表大会会议，召集下一次人民代表大会会议，并负责处理本级人民代表大会闭会期间的日常事务。地方组织法第二条依据宪法第九十六条规定“县级以上的地方各级人民代表大会设立常务委员会”。依法可知，乡镇人大没有常设机关。地方组织法第十五条只规定：“乡、民族乡、镇的人民代表大会举行会议的时候，选举主席团。由主席团主持会议，并负责召集下一次的本级人民代表大会会议。乡、民族乡、镇的人民代表大会主席、副主席为主席团的成员。”依法可知，乡镇人大主席团是每次人大会议的主持者和下次人大会议的召集者；像县级以上各级人大会议主席团一样，只不过是人大会议期间的临时机构，而不是人大常设机构（机关）。

乡镇人大主席团依法作为人民代表大会会议的主持者和召集者，除了会议期间需要履行相应的法定职责外，还有以下法定职责：一是议案的提出和处置权。地方组织法第八条规定，主持乡镇人代会的主席团是提出议案的法定主体之一，对于乡镇政府和代表五人以上联名提出的议案，由主席团“决定是否列入大会议程”等的处置权。二是建议的交办权。地方组织法第十九条第二款明确，乡镇人代会期间的代表建议、批评和意见，“由本级人民代表大会主席团交有关机关和组织研究处理并负责答复”。三是选举人选的提名权。地方组织法第二十一条规定，乡镇人大会议所要选举的人大、政府的人选，“由本级人民代表大会主席团或者代表依照本法规定联合提名”。四是罢免案的提出权。地方组织法第二十六条规定，乡镇人大主席团有权提出对人代会选举对象的罢免权。

2015 年 8 月 29 日，十二届全国人大常委会第十六次会议通过了关于修改地方组织法、选举法、代表法（简称“三法”）的决定，立法明确了乡镇一级人大主席团在闭会期间的新职能。（一）赋予乡镇人大主席团闭会期间的相关工作职责并明确由主席团向大会报告闭会期间的工作，包括有计划地安排代表听取和讨论本级人民政府的专项工作报告，对法律、法规实施情况进行检查，开展视察、调研等活动；听取和反映代表和群众对本级人民政府工作的建议、批评和意见，向本级人民代表大会报告主席团在闭会期间的工作等。（二）明确乡镇人大主席团确认当选代表资格。（三）明确乡镇人大主席团安排代表闭会期间的活动。（四）进一步明确乡镇人大主席团可以安排代表视察或应代表要求持证视察。（五）明确代表视察、专题调研报告由乡镇人大主席团转交处理。（六）进一步明确乡镇人大主席团可以组织代表参加执法检查和其他活动。（七）明确乡镇人大主席团在闭会期间受理代表建议。（八）明确乡镇人大主席团要专门听取代表建议、批评和意见办理情况的报告，办理情况的报告应当予以公开。（九）明确乡镇人大主席团应当定期组织本级人民代表大会代表向原选区选民报告履职情况。

第二节　主席团成员构成

乡镇人民代表大会主席团由人民代表大会举行会议时，在代表中选举产生。根据《浙江省乡镇人民代表大会主席团组织条例》规定，乡、民族乡、镇人民代表大会主席团成员的名额为七人至十三人，人口特多的乡、民族乡、镇不超过十七人，2016 年 7 月通过的《浙江省乡镇人民代表大会工作条例》，对此作出同样规定。乡镇人大主席团成员不担任乡镇政府的职务。各镇第十五届人民代表大会一般配有人大主席 1 名、副主席 1 名，自镇第十六届人民代表大会开始均配有主席 1 名、副主席 2 名。

镇人民代表大会主席、副主席一览表

表 6-3-1

镇别	届别	人大主席、副主席		时间
钱清镇	十五届	主　席	陈福寿	2007 年 1 月至 2011 年 9 月
		副主席	傅关明	2007 年 1 月至 2009 年 1 月
		副主席	沈伟阳	2009 年 6 月至 2011 年 9 月

续表 6-3-1

镇别	届别	人大主席、副主席		时间
钱清镇	十六届	主　席	周天祥	2011 年 9 月至 2015 年 1 月
		主　席	娄　钢	2015 年 1 月至 2016 年 12 月
		副主席	方丽美	2011 年 9 月至 2015 年 8 月
		副主席	夏妙荣	2011 年 9 月至 2015 年 8 月
		副主席	何江祥	2015 年 10 月至 2016 年 12 月
		副主席	濮一鸣	2015 年 10 月至 2016 年 12 月
	十七届	主　席	娄　钢	2016 年 12 月起
		副主席	何江祥	2016 年 12 月起
		副主席	濮一鸣	2016 年 12 月起
杨汛桥镇	十五届	主　席	余云海	2007 年 1 月至 2009 年 1 月
		主　席	许志炎	2009 年 1 月至 2011 年 1 月
		主　席	陆兴法	2011 年 1 月至 2012 年 1 月
		副主席	陈文娟	2007 年 1 月至 2010 年 7 月
		副主席	丁春锋	2009 年 7 月至 2012 年 1 月
	十六届	主　席	陆兴法	2012 年 1 月至 2015 年 1 月
		主　席	张根木	2015 年 1 月至 2016 年 12 月
		副主席	王永铭	2012 年 1 月至 2015 年 1 月
		副主席	陈文娟	2012 年 1 月至 2016 年 12 月
		副主席	孙绍鹰	2015 年 1 月至 2015 年 8 月
		副主席	陈建刚	2015 年 1 月至 2016 年 12 月
		副主席	范红梅	2015 年 9 月至 2016 年 12 月
		副主席	孙益铭	2016 年 7 月至 2016 年 12 月
	十七届	主　席	张根木	2016 年 12 月起
		副主席	范红梅	2016 年 12 月起
		副主席	孙益铭	2016 年 12 月起
夏履镇	十五届	主　席	喻光耀	2007 年 1 月至 2009 年 2 月
		主　席	李三海	2009 年 2 月至 2012 年 1 月
		副主席	陶云森	2007 年 1 月至 2008 年 1 月
		副主席	孙君君	2008 年 1 月至 2012 年 1 月
	十六届	主　席	李三海	2012 年 1 月至 2015 年 1 月
		主　席	孟国兴	2015 年 1 月至 2016 年 12 月
		副主席	孙君君	2012 年 1 月至 2015 年 1 月
		副主席	陶政炜	2013 年 1 月至 2015 年 1 月
		副主席	张水明	2015 年 1 月至 2016 年 8 月
		副主席	沈琴梅	2015 年 6 月至 2016 年 12 月
	十七届	主　席	孟国兴	2016 年 12 月起
		副主席	沈琴梅	2016 年 12 月起

续表 6–3–1

镇别	届别	人大主席、副主席		时间
夏履镇	十七届	副主席	章生洪	2016 年 12 月起
福全镇	十五届	主　席	杨国胜	2007 年 1 月至 2012 年 1 月
		副主席	徐智煊	2007 年 1 月至 2009 年 3 月
		副主席	裘红萍	2009 年 3 月至 2012 年 1 月
	十六届	主　席	何国行	2012 年 1 月至 2016 年 8 月
		主　席	沈百尧	2016 年 8 月至 2016 年 12 月
		副主席	蒋　勇	2012 年 1 月至 2015 年 8 月
		副主席	赵茂林	2012 年 1 月至 2016 年 12 月
		副主席	金　峰	2015 年 12 月至 2016 年 12 月
		副主席	赵阳泉	2016 年 8 月至 2016 年 12 月
		副主席	陈国水	2016 年 1 月至 2016 年 12 月
	十七届	主　席	沈百尧	2016 年 12 月起
		副主席	朱惠刚	2016 年 12 月起
		副主席	赵阳泉	2016 年 12 月起
漓渚镇	十五届	主　席	陈永建	2007 年 1 月至 2008 年 1 月
		主　席	汤金尧	2008 年 1 月至 2010 年 1 月
		主　席	孙卫国	2010 年 1 月至 2012 年 1 月
		副主席	钱土良	2007 年 1 月至 2012 年 1 月
	十六届	主　席	孙卫国	2012 年 1 月至 2016 年 1 月
		副主席	肖志康	2012 年 1 月至 2016 年 1 月
		副主席	钱土良	2012 年 1 月至 2013 年 1 月
		副主席	宋国江	2013 年 1 月至 2015 年 1 月
		副主席	王永铭	2015 年 1 月至 2016 年 1 月
	十七届	主　席	赵建兴	2016 年 12 月起
		副主席	王永铭	2016 年 12 月起
		副主席	劳雪刚	2016 年 12 月起
兰亭镇	十五届	主　席	孙岳传	2007 年 1 月至 2012 年 1 月
		副主席	蒋志芬	2007 年 1 月至 2012 年 1 月
		副主席	冯志伟	2011 年 1 月至 2012 年 1 月
	十六届	主　席	孙岳传	2012 年 1 月至 2015 年 6 月
		主　席	丁伟林	2015 年 6 月至 2016 年 12 月
		副主席	冯志伟	2012 年 1 月至 2015 年 1 月
		副主席	施芬花	2012 年 1 月至 2015 年 1 月
		副主席	朱海江	2015 年 1 月至 2016 年 12 月
	十六届	副主席	傅良良	2015 年 1 月至 2016 年 12 月
	十七届	主　席	丁伟林	2016 年 12 月起
		副主席	杨海燕	2016 年 12 月起

续表 6-3-1

镇别	届别	人大主席、副主席		时间
兰亭镇	十七届	副主席	高群杰	2016 年 12 月起
齐贤镇	十五届	主　席	徐光炎	2007 年 1 月至 2011 年 1 月
		主　席	陈尧根	2011 年 1 月至 2012 年 1 月
		副主席	丁炳方	2007 年 1 月至 2011 年 1 月
		副主席	裘立新	2011 年 1 月至 2012 年 12 月
	十六届	主　席	陈尧根	2012 年 1 月至 2014 年 10 月
		主　席	沈悦兴	2014 年 10 月至 2016 年 12 月
		副主席	裘立新	2012 年 1 月至 2014 年 5 月
		副主席	徐峤峨	2012 年 1 月至 2016 年 1 月
		副主席	傅兴卫	2014 年 5 月至 2016 年 8 月
		副主席	郭利通	2016 年 8 月至 2016 年 12 月
		副主席	章松命	2016 年 8 月至 2016 年 12 月
	十七届	主　席	沈悦兴	2016 年 12 月起
		副主席	郭利通	2016 年 12 月起
		副主席	章松命	2016 年 12 月起
马鞍镇	十五届	主　席	杨国良	2007 年 1 月至 2012 年 1 月
		副主席	沈建祥	2007 年 1 月至 2011 年 11 月
		副主席	任侃民	2011 年 11 月至 2012 年 1 月
	十六届	主　席	杨国良	2012 年 1 月至 2012 年 10 月
		主　席	陈新荣	2012 年 10 月至 2016 年 8 月
		主　席	余阳军	2016 年 8 月至 2016 年 12 月
		副主席	任侃民	2012 年 1 月至 2013 年 1 月
		副主席	张明明	2012 年 1 月至 2015 年 1 月
		副主席	郭利通	2013 年 1 月至 2016 年 8 月
		副主席	王华良	2015 年 1 月至 2016 年 12 月
	十七届	主　席	余阳军	2016 年 12 月起
		副主席	王华良	2016 年 12 月起
		副主席	屠高烽	2016 年 12 月起
安昌镇	十五届	主　席	王　勤	2007 年 1 月至 2008 年 1 月
		主　席	柯静杨	2009 年 1 月至 2012 年 1 月
		副主席	王新华	2007 年 1 月起
		副主席	周东海	2008 年 1 月至 2011 年 1 月
	十六届	主　席	柯静杨	2012 年 1 月至 2016 年 12 月
		主　席	吴林平	2015 年 1 月至 2016 年 12 月
		副主席	周东海	2012 年 1 月至 2016 年 12 月
		副主席	倪爱凤	2012 年 1 月至 2016 年 12 月
		副主席	汪剑峰	2015 年 6 月至 2016 年 12 月

续表 6-3-1

镇别	届别	人大主席、副主席		时间
安昌镇	十六届	副主席	张祖伟	2015 年 6 月至 2016 年 12 月
	十七届	主　席	吴林平	2016 年 12 月起
		副主席	汪剑峰	2016 年 12 月起
		副主席	张祖伟	2016 年 12 月起
孙端镇	十五届	主　席	翁桂珍	2007 年 1 月至 2008 年 1 月
		主　席	马建刚	2008 年 1 月至 2012 年 1 月
		主　席	潘文娟	2011 年 1 月至 2012 年 1 月
		副主席	严大牛	2007 年 1 月至 2012 年 1 月
	十六届	主　席	潘文娟	2012 年 1 月至 2016 年 12 月
		副主席	严大牛	2012 年 1 月至 2012 年 12 月
		副主席	沈彩华	2012 年 1 月至 2012 年 12 月
陶堰镇	十五届	主　席	徐寿增	2007 年 1 月至 2012 年 1 月
		副主席	张利民	2007 年 1 月至 2012 年 1 月
	十六届	主　席	徐寿增	2012 年 1 月至 2017 年 1 月
		副主席	张利民	2012 年 1 月至 2017 年 1 月
		副主席	周光明	2012 年 1 月至 2017 年 1 月
富盛镇	十五届	主　席	方优美	2007 年 1 月至 2011 年 1 月
		主　席	丁洁青	2011 年 1 月至 2012 年 1 月
		副主席	陶根夫	2007 年 1 月至 2009 年 2 月
		副主席	鲁水土	2009 年 2 月至 2012 年 1 月
	十六届	主　席	丁洁青	2012 年 1 月至 2017 年 1 月
		副主席	杨卫江	2012 年 1 月至 2013 年 1 月
		副主席	王建良	2013 年 1 月至 2016 年 8 月
		副主席	赵秋凤	2013 年 1 月至 2016 年 8 月
平水镇	十五届	主　席	何国行	2007 年 1 月至 2012 年 1 月
		副主席	胡春锋	2007 年 1 月至 2012 年 1 月
	十六届	主　席	杨国胜	2012 年 1 月至 2016 年 8 月
		主　席	董江兴	2016 年 8 月至 2016 年 12 月
		副主席	胡春锋	2012 年 1 月至 2015 年 1 月
		副主席	蒋志君	2012 年 1 月至 2015 年 1 月
		副主席	徐传宏	2015 年 1 月至 2016 年 12 月
		副主席	陈月光	2015 年 1 月至 2016 年 12 月
	十七届	主　席	董江兴	2016 年 12 月起
		副主席	徐传宏	2016 年 12 月起
王坛镇	十五届	主　席	陈建兴	2007 年 1 月至 2008 年 1 月
		主　席	黄化强	2008 年 1 月至 2011 年 1 月
		主　席	卢宝良	2011 年 1 月至 2011 年 9 月

续表 6-3-1

镇别	届别	人大主席、副主席		时间
王坛镇	十五届	主　席	徐慧娟	2007 年 1 月至 2008 年 12 月
		副主席	黄金富	2009 年 2 月至 2012 年 1 月
		副主席	朱海江	2012 年 1 月至 2015 年 10 月
	十六届	主　席	滕　瑛	2013 年 1 月至 2014 年 11 月
		主　席	徐慧娟	2015 年 10 月至 2016 年 12 月
		副主席	宋国江	2012 年 1 月至 2014 年 11 月
		副主席	徐天明	2015 年 1 月至 2016 年 9 月
		副主席	林　强	2015 年 1 月至 2016 年 12 月
		副主席	张爱忠	2016 年 8 月至 2016 年 12 月
		副主席	朱海江	2016 年 12 月起
	十七届	主　席	滕　瑛	2016 年 12 月起
		副主席	宋国江	2016 年 12 月起
		副主席	张爱忠	2007 年 1 月至 2011 年 1 月
稽东镇	十五届	主　席	丁炳方	2007 年 1 月至 2012 年 1 月
		主　席	李国兴	2011 年 1 月至 2012 年 1 月
		副主席	余叶娟	2012 年 1 月至 2015 年 1 月
	十六届	主　席	陆建祥	2012 年 1 月至 2015 年 12 月
		主　席	丁炳方	2015 年 1 月至 2016 年 8 月
		主　席	沈百尧	2016 年 8 月至 2016 年 12 月
		副主席	余叶娟	2013 年 1 月至 2016 年 5 月
		副主席	孙　胃	2015 年 12 月至 2016 年 6 月
		副主席	钱　伟	2016 年 12 月起
	十七届	主　席	陆建祥	2016 年 12 月起
		副主席	张水明	2016 年 12 月起
		副主席	钱　伟	2007 年 1 月至 2008 年 12 月

第三节　主席团在闭会期间的活动

钱清镇人民代表大会主席团

镇第十五届人民代表大会期间　2007 年 4 月 20 日，组织市、县人大代表调研轻纺原料市场升级改造和“大钱门”国际贸易区开发建设工程，谋划商贸发展大计；9 月，组织人大代表督查代表建议办理落实情况；12 月 21 日，组织主席团成员视察督查重点民生工程——“一桥二路”工程。2008年4月8日和7月1日，分别组织县、镇人大代表集中评议“一办一所”工作；7月5日，组织部分县、镇人大代表视察“十大重点工程”建设进展情况。2010年6月29日，组织部分人大代表参观浙江华茂化纤有限公司“‘超细旦’涤纶丝”生产线技改项目。2011年2月，会同镇人民政府召开代表建议交办会议。

镇第十六届人民代表大会期间 2012年5月11日，组织县镇人大代表视察督查环境卫生整治工作；6月30日，组织镇人大代表视察督查战略性新兴产业和小城市建设情况；11月7日，听取2012年政府工作报告中提出的十大民生实事工程进展情况汇报；11月21日，组织开展土地政策法规专题讲座；12月3日，组织市县镇人大代表集中评议钱清交警中队工作。2013年3月27日，组织开展十八大精神专题讲座；5月23日，组织县镇人大代表视察督查“两校一院”工程和农村集体“三资”管理工作；8月20日，组织代表开展“关心母亲河溪，查找水污染源，恪尽代表职责”活动；11月1日至12月15日，组织县镇人大代表对钱清派出所工作进行评议；12月14日，组织县镇人大代表视察督查2013年度镇政府十大民生实事工程。2014年5月8日，组织镇人大代表开展“五水共治”、环境卫生视察督查活动；8月初至12月底，组织市区镇人大代表对镇政府工作进行届中评议；8月21日和25日，组织市区镇人大代表分二批视察督查小城市建设现场。2015年5月13日，组织区镇人大代表视察督查小城市建设、农村环境卫生和“三河”整治工作；7月3日，组织市区镇人大代表参加区人大代表向选民述职并接受评议活动；11月20日，组织市区镇人大代表视察督查“四边三化”整治、农村生活污水收集治理工程、美丽乡村建设和工业小区整治工作。2016年4月13日，组织区镇人大代表视察岭湖村工业小区整治、梅东村出租房整治、九岩村出租房整治、钱安线拆违、蜀风村农贸市场及家宴中心建设等工作；7月12日，组织区镇人大代表视察督查轨道交通开工仪式准备工作。

镇第十七届人民代表大会期间（待续） 2017年1月20日，组织区镇人大代表视察督查印染集聚企业生产经营情况。

杨汛桥镇人民代表大会主席团

镇第十五届人民代表大会期间 2007年6月21日，召集部分县镇人大代表，征求代表对新型城镇建设规划的意见；7月25日，组织县镇人大代表视察河道清草工作。2008年5月16日，组织开展安全生产督查；5月30日，组织县镇人大代表督查杨汛桥镇2008年重点项目——杨江大道、兴盛商务楼、光宇拆迁地块、紫薇花苑、经编产业园区、双尖山隧道等工程建设情况；国庆节前夕，组织部分县镇人大代表会同卫生部门、工商镇食品安全办等督查食品安全工作；12月19日，组织开展“双十”工程督查。2009年3月30日，开展推进“三个一批”项目建设工作督查；4月14日，召集部分人大代表、工商、税务部门和部分税收征管员专题研讨如何发展税源；7月28日至8月28日，组织县镇人大代表届中评议政府工作；11月12日，组织人大代表共商现代服务业发展大计。2010年4月，组织部分人大代表走访镇内企业，调研促进工业经济转型工作；8月31日，组织部分县镇人大代表督查全镇违法违章建筑整治情况；9月7日，组织人大代表听证土地利用总体规划。2011年5月，组织县镇人大代表视察“洁净城镇、美丽乡村”环境综合整治工作；7月15日，组织开展代表“接待日”活动。

镇第十六届人民代表大会期间 2012年1月7日，组织开展慰问新老县人大代表活动；4月17日，组织代表督查镇环境卫生整治情况；4月27日，组织县镇人大代表分3组实地查看全镇21个村居环境卫生状况并进行现场点评和打分。2013年6月19日，组织人大代表视察杨汛人行桥建设工作；8月17日，组织人大代表视察“母亲河”工作；8月13日，开展调研镇域范围内的新兴材料生产经营状况活动；9月30日，组织人大代表视察镇重点工程。2014年4月12日，组织人大代表视察世纪联华物流配送基地建设情况；12月3日，组织代表视察畜禽养殖专项清理工作；5月3日，组织人大代表参观第五届柯桥窗帘窗纱展览；5月20日，组织人大代表视察镇内生活污水管网建设情况；7月14日，听取镇政府上半年经济运行情况汇报，财政税收进度情况汇报；8月2日，组织人大代表关注“舌尖上的安全”工作；7月15日，组织人大代表调研节能减排工作。2014年9月15日，组织人大代表督查环境卫生工作；10月12日，组织人大代表视察调研全镇教育工作。2015年4月14日，组织人大代表督查治水长效管理工作；8月12日，组织人大代表视察“空心村”改造工作；8月13日，组织人大代表督促镇政府拆除广告牌；8月18日，组织人大代表视察生活污水收集工程；8月27日，组织人大代表视察督查政府实事工程建设；9月16日，组织人大代表视察重点工程建设进展情况；10月23日，组织人大代表视察食品药品安全工作；10月27日，组织人大代表视察农贸市场环境卫生秩序。2016年1月15日，组织人大代表视察已关停印染企业；8月5日，组织人大代表视察树人大学建设情况；8月12日，组织开展政府实事工程督查活动；11月11日，组织人大代表视察“五水共治”及环境卫生整治工作。

镇第十七届人民代表大会期间（待续） 2017年8月29日，组织人大代表开展助力文明集镇创建活动。

夏履镇人民代表大会主席团

镇第十五届人民代表大会期间　2007年8月中旬，动员全镇市、县、镇人大代表献爱心，帮助贫困学生安心求学，19位代表共捐助资金31100元；10月，组织部分人大代表并邀请负责村城建设的副镇长在越王峥村约访村民。2008年，组织县镇人大代表评议夏履镇人民医院和广电站的行政执法工作；5月9日，组织部分县镇人大代表视察越王峥风景旅游区开发建设的环山公路、入口广场工程和县小舜江一体化改造工程——莲增村小舜江改造工程；8月16日，组织县镇人大代表视察镇中心幼儿园在建工程；12月5日，组织县镇人大代表视察莲西—双叶通村公路建设工程和越王峥村农民公寓建设工程；9—12月，共组织人大代表40人次参加信访接待工作，协助解决信访问题。2009年7月18日，组织县镇人大代表听取全镇违法违章建筑整治工作情况汇报，视察政府实事工程和民生工程；7—11月，组织县镇人大代表届中评议政府工作；全年，组织人大代表下访接待群众98人次，共受理并办理答复问题56件。2010年4月10日，组织人大代表视察全镇各主要道路沿线的环境卫生；6月16日，组织人大代表视察河道保洁卫生工作；11月19日，组织人大代表视察政府8大实事工程落实情况；全年，共组织开展6次人大代表接访活动，代表接待群众87人次，收集意见24条。2011年，先后多次组织主席团成员及代表小组正副组长，视察钱夏公路绿化带提档改造工程（即十里银杏），埠头路绿化带改造工程，长通畈立面路面改造工程，环山路越王峥段改造工程及西南大通道集镇段一期等工程；分别在新中天、恒柏、强盛、大申开展代表小组活动，听取和了解政府主要实事工程进展情况和代表建议的答办情况；共组织代表接访5次，参与代表65人次，收集群众建议意见23件。

镇第十六届人民代表大会期间　2012年5月19日和11月2日，先后两次组织主席团成员、县人大代表和镇人大代表小组正副组长，视察夏履镇投资近1亿元的“两路两桥一市场一河一公寓”等六项重点工程；12月27日，组织代表集中评议镇国土资源所、镇人民医院两个站所一年来的行政执法等四方面工作；全年，分别在莲西、莲东、夏履桥、夏东等村开展代表接访活动4次，参与接访代表45人，接访群众38人次，当场向群众解释说明问题9个，收集汇总群众意见建议共15条。2013年，先后4次组织部分区镇人大代表视察督查全镇环境卫生、拆迁拆违、集镇道路改造二期工程等工作；全年，共组织人大代表开展代表接访活动4次，参与接访代表49人，受理群众意见建议经梳理后共12件。2014年，先后5次组织区镇人大代表视察督查“五水共治、三河整治、现代农业、企业生活污水整治、三资管理”等工作；全年，组织镇人大代表开展接访选民活动4次，参与接访代表48人，当面向群众说明解说问题9件，受理群众建议意见经梳理后14件；全年，组织开展人大代表小组活动4次，向代表通报人大工作情况和全镇各项重点工作进展情况；11月9日，组织人大代表和部分村委会主任到宁波、桐庐等地学习考察美丽乡村建设情况。2015年2月5日，组织区镇人大代表视察督查全镇环境卫生工作；2月9—13日，组织镇人大代表小组正副组长开展访贫问苦活动，共走访慰问困难户55户；4月16日、5月13日，2次组织人大代表跟踪视察督查“西溪江垃圾河”的治理情况；7月12日、11月3日，2次组织人大代表专项视察年初票决确定的6项民生实事工程实施情况；9月24日，组织部分区镇人大代表及钱清市场监督管理所对涉及群众民生的药店、市场、村级卫生所、中心小学食堂等单位进行食品药品安全卫生检查；10月18日，组织56名镇人大代表开展以“如何做好一名乡镇人大代表”为主题的培训活动；11月25日，组织代表对瑞丰银行夏履支行、夏履镇卫生院、镇新农办、社事办等开展行风评议活动；全年，组织开展代表接访活动6次，参与接访代表81人次，接受群众反映问题17例。2016年2月25日，组织部分区镇人大代表视察越王峥游步道建设工程；3月4日，组织代表就瑞丰银行夏履支行、夏履镇卫生院、镇新农办、社事办等4个基层站所（办）落实行风评议整改措施情况进行回访；3月12日，组织主席团全体成员会同部分镇机关干部在刚完成的中小河流治理工程莲中村河段岸边开展植树绿化活动；3月25日，组织区镇人大代表专项视察城乡面貌大整治行动开展情况；4月28日，组织人大代表视察五水共治暨旅游业开发工作；8月25日，组织部分区镇人大代表视察夏履镇2016年民生实事工程建设情况；11月4日，组织代表专题视察美丽乡村建设活动；全年，分别在6个村开展代表接访活动，参与接访代表78人次，接受群众反映问题27例。

镇第十七届人民代表大会期间（待续）

福全镇人民代表大会主席团

镇第十五届人民代表大会期间 2007年3月6日，专题研究部署代表建议督办工作；11月13日，组织部分县镇人大代表视察稽山印染公司“节能减排”工作，专项监督计划内财政执行情况。2008年1月，开展提高代表建议质量专题辅导；3月，邀请市县镇企业界人大代表评论镇商贸中心设计方案；6月，组织部分县镇人大代表视察在建中的秋瑾一小工程。2009年7月，组织人大代表视察220KV五洋变电所建设工作；全年，组织主席团成员、代表小组组长和部分县人大代表多次视察村镇给排水改造、拆迁工作、电视全覆盖等8项惠民工程。2010年4月，组织部分县镇人大代表视察检查校园安全工作；5月，组织部分县镇人大代表视察辖区内漓渚江、松坞江和印染企业的水污染防治工作；9月29日，组织县、镇人大代表听证土地利用总体规划；全年，多次组织县、镇人大代表视察环境卫生和违法违章建筑整治工作。2011年，多次组织县镇人大代表通过视察、提议案建议，督促解决群众住房困难问题；10月21日，组织部分县镇人大代表到兴联村开展接访群众活动。

镇第十六届人民代表大会期间 2012年1月12日，组织人大代表开展"双联三争"考核评比活动；3月7日，向镇政府交办镇第十六届人大一次会议代表建议；4月18日，组织人大代表视察集镇建设及有关重点项目落实情况；5月下旬，先后组织县镇人大代表开展有关法律法规的执法检查和环境整治督查工作；6月13日，对代表建议的办理情况进行检查回访；7月10日，组织督查全镇重点工作开展情况和基层站所工作情况；8月7日，组织人大代表向选民述职；9月19日，组织人大代表视察和听取专项法律法规执行情况的汇报；10月16日，组织代表开展评议相关执法部门工作；11月27日，听取关于执法检查情况和解决企业欠薪情况的汇报；12月20日，对各代表小组"双联三争"活动进行总结、交流与评比，部署开展人大代表与相关村"联姻"、助推发展活动。2013年3月14日，向镇政府交办镇第十六届人大二次会议代表建议；4月22日，组织主席团成员视察集镇建设及有关重点项目落实情况；9月，组织部分县镇人大代表督查镇十六届人大二次会议代表重点建议办理情况；10月，先后组织人大代表督查重点工程建设情况、评议相关执法部门工作；12月24日，对各代表小组"双联三争"活动进行总结、交流与评比。2014年3月12日，组织督查环境卫生情况；4月4日，举行人大代表建议办理面对面交流活动，报告办理情况，解答相关问题；5月16日，组织开展有关法律法规的执法检查；8月19日，组织人大代表向选民述职；9月23日，组织人大代表视察和听取专项法律法规执行情况的汇报。2015年3月13日，组织人大代表督查环境卫生工作；5月，组织开展有关法律法规的执法检查；6月30日，组织人大代表评价代表建议、意见办理答复工作；9月23日，组织人大代表视察和听取专项法律法规执行情况的汇报。2016年3月8日，组织开展环境卫生工作情况的督查；4月12日，组织人大代表视察实事工程落实情况；5月18日，组织开展有关法律法规的执法检查；6月14日，组织督查基层站所工作；8月10日，组织开展代表向选民述职活动；9月13日，组织代表视察和听取专项法律法规执行情况的汇报，听取政府重点工作及镇财政运行情况的汇报；10月20日，听取关于人大代表建议办理结果的汇报；12月28日，对各代表小组"双联三争”活动进行总结、交流与评比。

镇第十七届人民代表大会期间（待续） 2017 年 2 月，征集代表议案与建议。

漓渚镇人民代表大会主席团

镇第十五届人民代表大会期间 2007 年 5 月 29 日，组织部分县镇人大代表视察上半年政府工作、重点工程和实事工程；12 月 5 日，与镇总工会一起举办劳动法讲座。2009 年 2 月，专题召开人大代表“诸葛亮会”，共同商讨应对危机的对策；3 月 25 日，动员人大代表踊跃参与招商活动；5 月初，集中学习土地管理法、城乡规划法等有关法律法规，传达县人大常委会 15 号决议和镇政府《关于进一步严格土地管理有效制止违法违章建筑的意见》精神；6 月初到 9 月下旬，组织县镇人大代表开展届中评议政府工作；8 月 12 日，组织部分县镇人大代表专题视察大步村旧村拆迁改造工作；10 月，组织县镇人大代表视察重点工程大步村农村新社区拆迁改造地块和原绍兴矿冶厂尾矿库安全工程。2010 年 1 月，组织县镇人大代表调研视察大步社区旧村拆迁改造区块规划建设情况；4 月 14 日，组织县人大代表视察漓渚江水环境保护工作；4 月 28 日，组织人大代表实地视察朱家坞小学、棠棣小学、镇中心幼儿园；6 月 5 日，组织部分人大代表参与农村环境综合整治工作，当好环保宣传员、义务监督员、检验评判员；8 月，组织县人大代表、镇人大代表小组组长长视察漓渚环境卫生建设工作；12 月 31 日，组织部分县镇人大代表到镇幼儿园、小学、初中、成校和园艺学校调研各校办学情况，评议教育工作。2011 年 5 月 13 日，组织县镇人大代表视察大步村安置房工程的施工现场，听取分管副镇长关于农民住房解困工程的情况汇报；7 月 16 日，举行“七一”读书会，学习胡锦涛总书记“七一”重要讲话。

镇第十六届人民代表大会期间 2012 年 3 月 7 日，组织县镇人大代表赴滨海考察，听取滨海工业区管委会分管领导关于滨海工业区建设规划以及发展前景等情况介绍；6 月 29 日，组织代表听取关于漓渚镇社会治安、社会维稳工作情况报告和《中华人民共和国道路交通安全法》贯彻情况报告。2013 年 4 月 27 日，组织主席团成员和市县人大代表、镇人大代表小组组长听取瑞丰银行漓渚支行关于当前金融工作的情况汇报；5 月初，组织部分人大代表到柯北、滨海和当地印染企业实地考察，推进“蓝天行动”的落实；6 月 25 日，组织人大代表视察镇幼儿园新园建设工程；7 月 16 日，组织人大代表视察漓渚农副产品市场；8 月 24 日，组织部分市县镇人大代表听取镇政府关于“三资”管理改革工作情况报告；10 月 25 日，组织人大代表听取和讨论国、地税福全分局工作报告；11

月27日,组织人大代表讨论代表建议办理和惠民实事工程实施情况。2014年6月20日,组织人大代表评议漓渚镇五水共治、小微排污企业整治、生猪养殖场清养关停工作;8月12日,组织人大代表开展届中评议政府工作。2015年月8日,组织开展“人大代表督查已治理的河”活动;6月20日,组织人大代表向选民述职。2016年3月9日,组织人大代表视察印染企业关停整治工作;3月17日,组织人大代表视察分后线(兴园路)立面改造工程;4月8日,组织人大代表视察五水共治清淤工作;6月3日,组织人大代表视察三改一拆工作;10月26日,组织区人大代表集中研讨经济运行情况。

镇第十七届人民代表大会期间(待续) 2017年2月28日,召开代表建议交办会议。

兰亭镇人民代表大会主席团

镇第十五届人民代表大会期间 2007年3月28日,组织县人大代表视察解放水库、兰东水库、兰亭水库三只重点水库工作;4月上旬,组织县镇人大代表视察镇内排污管网;月1日,组织市县人大代表对漓铁球团厂的环境保护与治理情况开展视察活动;8月8日,组织人大主席团成员、县人大代表、镇人大代表小组长视察镇政府八大实事工程之一的工业集聚区“二纵三横”建设情况;11月9日,组织市县人大代表、镇代表小组组长督查回访存量土地项目进展情况。2008年6月上旬,组织县人大代表、镇人大主席团成员和镇代表小组长视察督查全镇企业存量土地项目;7月中旬,组织县人大代表、镇人大主席团成员、代表小组组长,就上年6月视察漓铁球团厂环境保护与治理情况时提出问题的解决情况进行回头看;8月7日,组织县镇人大代表视察娄宫拆迁安置房建设工程、绍大线路灯延伸安装工程、兰亭湖大道拓宽改造工程、桃阮新社区建设工程、山阴变11万伏变电所建设工程、咸亨佳苑一期建设工程和2008年实事工程建设情况;9月底,组织部分人大代表督查全镇《中华人民共和国科学技术普及法》执行情况;11月初,组织县镇人大代表对国庆前夕安全生产检查存在问题整改情况进行回头看,视察安全生产重点企业;11月22日,组织县人大代表、镇人大主席团成员、代表小组长与村、厂干部一起参加领导干部述廉评廉会。2010年3月下旬,组织部分县镇人大代表督查2010年“三个一批”项目建设进度;8月上旬,组织市县人大代表、镇人大代表小组长视察兰亭江治理工作。2011年10月中旬,组织县镇人大代表视察娄张公路、娄宫二期拆迁、兰南社区物业用房、谢庆公路二标、娄中路、文化艺术馆及2011年政府实事工程建设情况和环境综合整治实施情况;10月12日,组织县镇人大代表到星火江边参加全镇“建设森林城镇,全民参与植树”启动仪式,并参加植树活动。2012年5月30日,组织人大主席团成员、县人大代表、镇人大代表小组正副组长听取和视察镇政府关于全镇环境卫生整治实施情况；9 月 23 日，组织县人大代表督查娄宫二期拆迁安置房和阮港农民解困房建设情况。

镇第十六届人民代表大会期间 2013 年 5 月 24 日，组织镇人大第三代表小组代表视察里木栅、张家葑、娄宫、任家畈四个村的环境卫生情况；7 月 17 日，组织主席团成员、县人大代表、镇人大代表小组正副组长视察气环境、水环境和人居环境整治工作；11 月 19 日，组织镇人大主席团成员、县人大代表、镇代表小组正副组长视察 2013 年政府实事工程及政府投资项目实施情况。2014 年 8 月 8 日，组织市、区人大代表，镇人大主席团成员、代表小组正副组长视察全镇“五水共治”工作进展情况。2015 年 7 月 31 日，组织镇第二大选区 3 名区人大代表向选民述职并接受评议；11 月 7 日，组织人大代表视察生态建设工程，了解“三改一拆”、低小散企业整治、道路建设、环境整治等政府重点工作、民生实事工程进展情况。2016 年 1 月 11 日，组织区人大代表讨论“一府两院”工作报告（征求意见稿）；2 月 20 日，兰亭镇人大代表联络站如期开展人大代表接待群众日活动；7 月 23 日，组织镇人大代表视察政府重点工作——八大行动开展情况。

镇第十七届人民代表大会期间（待续）

齐贤镇人民代表大会主席团

镇第十五届人民代表大会期间 2007 年 4 月 25 日，组织人大代表视察政府事实工程建设情况；3 月 20 日，开展县人民代表大会会议代表建议征集工作；11 月 2 日，组织人大代表学习贯彻中共十七大精神。2008 年 1 月 21 日，开展县人民代表大会会议代表建议征集工作；8 月 1 日，讨论、研究评议齐贤水利中心站和国土所工作。2009 年 1 月 22 日，开展县人民代表大会会议代表建议征集工作；6 月 20 日，组织镇人大代表小组视察本届镇政府实事工程建设情况；6 月 20 日，组织人大代表小组视察该届镇政府实事工程建设情况；8 月 18 日，组织县镇人大代表开展届中评议政府工作；10 月 15 日，组织人大代表学习《中华人民共和国全国人民代表大会代表法》等相关的法律法规。2010 年 2 月 2 日，开展县人民代表大会会议代表建议征集工作；4 月 14 日，组织人大代表向青海玉树地震灾区捐款 15 万余元；8 月 11 日，组织人大代表视察镜水路施工现场、阳嘉龙安置小区和齐贤新区二期的羊山华庭建设工地；9 月 28 日，组织人大代表督查环境综合整治情况。2011 年 2 月 15 日，开展县人民代表大会会议代表建议征集工作。

镇第十六届人民代表大会期间 2012 年 2 月 5 日，开展县人民代表大会会议代表建议征集工作；7月15日，组织人大代表视察齐贤段施工现场和羊山广场建设工程；8月13日，组织人大代表听取镇城建办关于全镇违章建筑整治的汇报；8月16日，组织人大代表听取、审议2012年上半年的财政预算执行情况汇报；12月1日，组织人大代表听取、审议2012年财政预算调整情况汇报。2013年1月31日，开展县人民代表大会会议代表建议征集工作；4月17日，组织人大代表考察、调研关于羊山风景区纳入全县旅游开发体系的建议事项；5月24日，组织人大代表到中国轻纺城创意园开展实地调研；6月27日，组织人大代表调研羊山旅游开发工作；7月18日，组织人大代表视察金白山公路改造工程、镇基础设施改造工程；8月9日，组织人大代表视察镇西桥至茶亭桥段的街河水质情况、环境卫生等；11月15日，组织人大代表督查镇路面改造工程。2014年2月11日，开展县人民代表大会会议代表建议征集工作；5月30日，组织人大代表到齐贤中心小学开展"六一"慰问活动；6月9日，组织人大代表视察镇街河、箩娄整治情况；7月19日，组织人大代表巡视青旅项目拆迁现场；8月13日，组织代表开展届中评议政府工作活动。2015年1月15日，开展县人民代表大会会议代表建议征集工作；3月20日，组织人大代表调研食品安全工作情况；4月23日，组织人大代表巡查村（居）社区的环境卫生日常管理情况和集镇区域内主要道路（河道）。2016年1月6日，开展区人代会代表议案建议征集工作；3月25日，组织人大代表视察监督市政工程建设项目；5月7日，组织开展全镇民生工程实施情况调研活动。

镇第十七届人民代表大会期间（待续）　2017年1月9日，开展县人民代表大会会议代表建议征集工作；2月10日，组织代表走访企业。

马鞍镇人民代表大会主席团

镇第十五届人民代表大会期间　2007年3月，组织人大代表视察滨海工业区重点项目建设进度及工程安全生产工作；8月25日，组织人大代表视察督查马鞍望海小学和滨海小学二期的教育工程；11月，组织人大代表视察社会主义新农村建设和新时期治水工程。2008年5月，组织人大代表视察重点项目进度及工程安全生产工作；8月，组织人大代表视察督查全镇实事项目工作；9月，组织人大代表视察督查新农村新社区工作。2009年1月15日，组织人大代表为困难群众进行"春节助困一日捐"；3月9日，组织人大代表到镇敬老院参加老人集体祝寿文艺活动；7月4日，组织部分县、镇人大代表视察违法违章建筑整治工作；10月19日，组织部分县、镇人大代表对马鞍镇2009年重点民生实事工程——安滨公路新建、化工园区道路建设、柯海公路路灯安装、山外村至寺桥公路修建等项目进展情况进行督查。2010 年 1 月，组织县镇人大代表视察督查新社区实事工程，听取镇政府关于农村新社区实事工程实施情况汇报；1 月 18 日，组织述职测评大会，40 多名人大代表和选民认真听取村干部的年度工作述职，并在述职测评表上打分；9 月 10 日，组织县镇人大代表评议滨海派出所工作。2011 年 8 月，组织人大代表督查走村入户环境卫生工作；10 月 13 日，组织县、镇人大代表视察督查学校设施建设等工作。

镇第十六届人民代表大会期间 2012 年 3 月 31 日，组织人大代表视察督查集镇建设情况；4 月 27 日，召开县（镇）实事工程和环境卫生整治工作督查会议；6 月 22 日，组织人大代表视察督查印染产业集聚进展情况，组织开展县人大代表献爱心活动；11 月 28 日，组织开展代表建议办理答复后落实情况的督查工作；12 月 20 日，开展“爱心捐款”移交等工作。2013 年 2 月 4 日，组织人大代表视察环境卫生整治工作；4 月 24 日，组织人大代表开展食品药品安全检查；5 月 23 日，召开 2013 年十件实事进展情况督查会；6 月 19 日，组织开展县人大代表捐款献爱心活动；7 月 21 日，组织人大代表视察印染行业整治提升工作；7 月 26 日，讨论 2013 年上半年财政预算执行情况；8 月 22 日，开展三产服务发展情况视察调研工作；9 月 26 日，组织开展 2013 年十件实事进展情况再督查；11 月 5 日，开展人大代表建议落实情况督查。2014 年 4 月 22 日，组织人大代表督查河道治理工作；6 月 11 日，开展镇食品药品安全工作督查；6 月 18 日，开展政府性投资重点建设工程进展督查，听取并讨论教育工作汇报。2015 年 3 月 17 日，开展环境整治提升督查；4 月 17 日，组织督查河道治理工作；8 月 21 日，听取和讨论马鞍镇教育工作汇报；8 月 25 日，督查滨海大河“河长制”管理工作；9 月 6 日，督查农村生活污水治理工程；9 月 19 日，组织人大代表督查集镇立面“大整容”工程项目；11 月 9 日，组织开展“依法治国”专题讲座；11 月 14 日，开展进小微企业调查活动；11 月 30 日，组织督查政府十件实事工程完成情况。2016 年 3 月 30 日，组织人大代表视察马鞍镇排涝河拆迁工作；4 月 29 日，开展印染企业整治情况督查；5 月 26 日，组织视察食品安全工作；6 月 18 日，开展“五气共治”专题视察；6 月 20 日，开展领导干部人大代表进选区活动；7 月 7 日，组织人大代表视察垦造耕地项目建设情况；8 月 21 日，组织视察拆违整治工作。

镇第十七届人民代表大会期间（待续） 2017 年 2 月 10 日，组织观看换届选举纪律警示教育片。

安昌镇人民代表大会主席团

镇第十五届人民代表大会期间 2007年1月，组织县人大代表走访所在选区选民，倾听要求和呼声，征集对县人大常委会、县政府工作的意见。2008年6月，向镇人大代表发送代表建议办理答复书；9月27日，召开政府实事工程督办会，督促政府加快完成年初的办理承诺。2009年4月20日，组织部分人大代表参与镇政府组织的消防安全专项检查；6月28日，组织县镇人大代表听取镇政府实事工程进展情况报告；8月5日，组织部分县镇人大代表视察古镇入口广场、霞村小学、镇中学、国际村拆迁地块、四海氨纶公司和鼎丰铝业公司；11月21日，组织部分县镇人大代表视察镇域内环境特别是河道水质的状况；4月至12月底，在镇域内的市县镇人大代表中开展以"六个一"为主题的"重民生、勤履职、促发展"活动；组织部分县镇人大代表组成的执法检查组，就贯彻实施农业法的情况进行执法检查。2010年3月27日，11位市县镇的人大代表在"出口大会战"动员会上献计献策，表示要为安昌镇的自营出口贡献力量；6月，邀请杭州市人民政府专家咨询委员，杭州市第七、八、九、十、十一届人大代表，浙江省劳动模范，全国教育系统劳动模范——杨一青作题为"增强代表意识 发挥代表作用"的专题辅导；6月26日，组织部分县镇人大代表视察东昌小学、盛陵小学、九鼎小学、镇中心校、安昌中学和部分幼儿园；8月25日，组织人大代表专题商量如何通过"直通车"提代表建议问题，3位县人大代表当场提交了建议；8月28日，组织部分县镇人大代表视察环境卫生工作；11月6日，组织部分县镇人大代表视察镇政府年初承诺的八大实事工程、代表提出的九条建议办理情况；12月4日，镇人大代表小组举行人大工作研讨会。2011年3月16日，组织部分县镇人大代表视察"美丽古镇"环境整治工作；5月25日，组织部分县镇人大代表视察安昌镇"活水工程"，实地踏看了东模湖、西模湖、盐仓头、清风桥、三号桥河段建设工程。

镇第十六届人民代表大会期间 2012年6月28日，举办镇人大代表业务培训班；7月7日，组织部分人大代表视察督查全镇实事工程进展情况和代表意见建议办理情况；7月28日，组织部分人大代表听取和讨论镇政府上半年财政预算执行情况报告；8月18日，组织部分县镇人大代表督查企业安全生产和食品安全落实情况；9月28日，组织部分县镇人大代表视察镇区域内的部分基层站所工作；10月19日，组织部分县镇人大代表督查镇部分重点工程。2013年6月28日，组织部分县镇人大代表督查正在开展的"拆违控违"和"三资"管理工作；9月27日，组织部分县镇人大代表督查企业安全生产和

“蓝天行动”实施情况；10月19日，组织人大代表视察社会治安工作，听取派出所关于2013年以来的工作情况汇报。2014年1月12日，组织区人大代表视察“清水工程”建设情况；3月9日，组织部分区镇人大代表督查“五水共治”工作，包括国际村“三河”整治、海盐村清养现场、大山西“三河”整治、越新印染、盛陵村生活污水等；3月29日，组织部分区镇人大代表视察督查“五水共治”工作；6月，组织部分区镇人大代表专项督查实事工程；8月9日，组织部分代表听取镇政府上半年财政预算执行情况报告。2015年5月12日，组织部分区镇人大代表视察精品村（大山西村）创建成果；10月，组织部分人大代表开展为期两天半的食药品安全专项督查活动。2016年3月，组织人大代表专项督查“八大行动”进展情况；7月29日，组织人大代表视察美丽乡村建设、教育设施现代化、“五水共治”等工作。

镇第十七届人民代表大会期间（待续）

陶堰镇人民代表大会主席团

镇第十五届人民代表大会期间 2007年3月20日，组织人大代表征集区人代会建议和学习监督法、代表法；5月8日，听取和视察代表建议办理落实情况；7月1日，组织人大代表视察集镇污水处理工程；7月2日，组织部分人大代表赴平水法庭开展庭审旁听和评议；8月18日，组织人大代表视察垃圾集中清运工作；9月29日，组织人大代表视察悬渡畈中低田改造工程；10月15日，组织人大代表视察国道线交通安全工作。2008年1月22日，组织开展县人代会建议征集工作；3月23日，对陶堰交警中队落实执法评议整改意见的情况进行“回头看”；4月15日，听取陶堰国土资源所和陶堰派出所执法责任制实施情况报告；5月20日，听取镇政府关于平安创建的情况汇报；9月7日，发动县镇两级人大代表对104国道陶堰段15公里的亮化工程进行募捐。2009年1月2日，征集县人代会代表议案建议；4月15日，组织人大代表听取政府民生实事进展情况汇报，视察104国道路灯亮化、老街整治维修工作；9月8日，组织开展届中评议镇政府工作的集中评议活动；9月20日，联合县人大常委会代表工委召开“绍诸高速公路陶堰互通立交和平陶公路”两个重点建议现场督办会议；10月10日，组织开展工作人大专题讲座；11月，组织人大代表对工商所工作进行执法检查和评议。2010年2月1日，征集县人代会代表建议；4月6日，组织开展农业法执法检查；5月8日，组织开展水污染防治法执法检查；6月10日，组织开展“关于依法整治城乡违法违章建筑的决议”执行情况回头看；8月20日，组织人大代表对陶堰派出所开展专项执法检查和评议。

2011年2月15日，征集县人代会建议；8月10日，组织人大代表视察道路交通安全法贯彻实施情况；9月20日，组织人大代表视察政府民生实事项目进展情况；12月10日，组织人大代表视察食品安全法贯彻实施情况。

镇第十六届人民代表大会期间 2012年4月23日，组织人大代表对镇公共卫生服务中心进行执法检查和执法工作评议；9月8日，组织开展监督法学习培训；9月25日，组织开展水污染防治法学习培训；12月28日，征集区人代会代表议案建议。2013年4月8日，组织人大代表开展食品药品执法监督、检查和工作评议；6月10日，组织开展消防、交通法律知识讲座。（后划归越城区）

孙端镇人民代表大会主席团

镇第十五届人民代表大会期间 2007年5月，组织县镇人大代表督查全镇16个村的环境卫生保洁工作；6月份，组织在镇的部分县镇人大代表就职业病防治法贯彻情况对有关企业进行抽检，先后抽查了会稽山建材、爱德建材、捷利竹胶板等几家企业；9月15日，举办主席团成员培训班，培训宪法（摘录）、选举法（摘录）、地方组织法（摘录）、浙江省乡镇人民代表大会主席团组织条例等。2008年5月，组织县镇人大代表检查企业贯彻执行劳动合同法情况；10月，组织镇人大各代表小组组长和领衔代表跟踪督查镇第十五届人大二次会议上提出的10件代表建议办理情况，并由领衔代表对办理情况进行民主测评。2009年1月，组织部分县镇人大代表督查全镇32个规模以上企业的职工工资兑现发放情况；2月，组织县镇人大代表学习农业法；4月，组织人大代表开展“三联三帮”（每位代表联系一户低保户，帮助解决生产生活中的实际问题；联系一位贫困学生，帮助他们解决求学难的实际问题；联系一户种养大户，帮助解决科学种养的问题）活动；7月，组织部分县镇人大代表与大学生村官进行面对面交流，提出意见建议；11月，组织人大代表开展届中评议镇政府工作活动。2010年5月，组织县镇人大代表督查新河、许家埭、村头、张家沥等4个村的环境卫生整治情况；9月，组织人大代表督查政府实事工程实施情况。2011年5月，组织人大代表检查全镇各行政村环境卫生工作；6月，组织部分县镇人大代表视察镇小交通项目建设情况；7月，组织部分县镇人大代表检查全镇食品生产企业、集镇农贸市场、超市食品安全情况；8月26日，组织部分镇人大代表在榆林村开展代表接待日活动。

镇第十六届人民代表大会期间 2012年3月21日，县镇二级企业家人大代表10余人带头捐资建立帮扶基金，带动其他企业家慷慨解囊，首期认捐达到5300万元；7月

13日，组织部分县镇人大代表视察全镇校舍安全工程建设进展情况；8月30日，组织该镇1～8选区的人大代表在村头村委会议室开展接待选民活动；11月1日，组织部分县镇人大代表进行安全生产执法检查。2013年4月25日，组织部分县镇人大代表视察孙端贺家池现代农业休闲园区的规划、建设、经营情况；9月，组织部分县镇人大代表督查县公安局孙端派出所执法工作。（后划归越城区）

富盛镇人民代表大会主席团

镇第十五届人民代表大会期间　2007年4月16日，组织人大代表视察整治农村生活垃圾改善村庄环境工作。2008年7月12日，组织人大代表视察集镇建设推进改造拆迁工作；7月22日，动员和部署人大代表评议基层站所工作；12月5日，组织人大代表视察镇重点工程、集镇建设实施情况。2009年5月31日和6月10日，组织人大代表视察违法违章建筑整治工作；7月30日，组织人大代表集中评议镇政府工作；11月23日，组织人大代表视察镇实事工程建设情况。2011年4月1日，组织人大代表视察农村“双困户”解困工作和集镇商住建设情况；4月15日，组织人大代表视察农村“双困户”、集镇商住建设情况；5月23日，组织人大代表视察企业转型升级工作；8月2日，组织视察溪流保洁、山塘水库建设情况。

镇第十六届人民代表大会期间　2012年4月2日，组织人大代表视察对乡村旅游、土地卫片执法整改、河道保洁等情况；4月11日，听取镇人民政府对诸葛山景区建设、土地卫片执法整改和河道保洁视察工作，对诸葛山景区建设、土地卫片执法整改和河道保洁工作进行评议；4月18日、26日，组织人大代表督查环境卫生工作；5月8日，组织开展企业转型升级工作视察；5月23日，组织开展环境卫生工作评判活动；6月20日、28日，组织人大代表开展民情调研活动；8月22日，组织开展2012年度政府实事工程督查；10月29日，组织人大代表视察特色农业基地。2013年4月15日，组织人大代表视察环境卫生长效管理落实情况；7月25日，组织人大代表视察矿山管理工作。（后划归越城区）

平水镇人民代表大会主席团

镇第十五届人民代表大会期间　2007年1月8日，组织县镇人大代表进行题为《明确代表职责，依法行使职权》的代表业务知识辅导；8月7日，组织部分县镇人大代表参加王化隧道及改线工程方案评审会广泛征求建议意见；5月8日，组织督查道路交通安全法贯彻执行情况;7月下旬至8月中旬,组织县镇人大代表届中评议政府工作。2009年4月29日,组织县镇人大代表视察大坞岙垃圾填埋场运行情况和日铸岭隧道工程建设情况;6月,组织县镇人大代表视察日铸岭隧道施工现场。2010年1月8日,讨论决定调整平水镇2009年度部分财政预算执行情况报告;3月2日,邀请平水、王坛、稽东三镇人大代表、分管招商领导、企业负责人就如何改善投资环境问题进行座谈;4月21日,组织人大代表视察日铸岭隧道及接线工程建设情况;8月14日,组织部分人大代表再次督查违法违章建筑整治情况工作;8月25日,召集部分县镇人大代表就即将出台的农村宅基地置换方案征求建议意见;8月30日,组织4位县人大代表向120名选民述职,接受选民评议。2011年1月8日,讨论决定调整平水镇2010年度部分财政预算执行情况报告;4月8日,组织人大代表视察平水新城(平水镇)2011年度政府性投资重点项目(绍兴二院分院新建工程、平水镇中新建工程、平水新城〈平水镇〉新办公大楼、西湖桥龙腾城雕),听取政府性投资项目建设情况报告;7月11日,组织人大代表视察集镇环境整治情况和若耶溪整治情况,听取平水新城(平水镇)城区环境卫生整治工作、若耶溪环境卫生整治工作情况报告;9月2日,组织部分人大代表和县镇、村相关学前教育负责人、县教育局负责人,就平水镇学前教育发展现状及未来构想进行研讨。

镇第十六届人民代表大会期间 2012年3月31日,组织部分人大代表视察平水集镇环境卫生工作;7月3日,听取讨论镇政府半年度工作报告、镇财政预算上半年执行情况报告;8月31日至10月25日,组织人大代表评议平水工商所和平水镇教育总支工作;11月27—28日,组织县镇人大代表分二组督查全镇环境卫生工作。2013年4月26日,组织人大代表视察绍兴二院平水分院搬迁、平水镇中新大楼建设、平水镇新中心幼儿园运行和镇中安置房建设等情况,通报镇十六届人大三次会议代表建议办理落实情况;5月23日,组织人大代表检查有关村环境卫生工作及“三制”落实情况;6月25日,组织人大代表视察王化古村落历史文化的保护和开发工作;6月27日,组织人大代表视察平水大道延伸工程建设进展情况;8月28日至9月30日,组织人大代表评议平水人民医院、平水镇广电站的工作;10月31日,听取2013年镇政府十件实事工程建设进展情况、评议基层站所建议意见整改落实情况,部署镇人大代表联系选民接访的试点工作;11月25日,组织督查有关村环境卫生及长效机制建立情况。2014年2月20日,听取平水电子商务园区落户运行、日铸茶品牌服务中心回归平水、平水公交客运站建设等有关事宜汇报;4月22日,组织人大代表视察王化片区旅游接待中心建设进展情况,听取镇十六届人大四次会议代表建议答复情况,开展王化片区代表联络站接待选民活动;

5 月 21 日，听取全镇环境综合整治长效管理工作情况报告；6 月 30 日，组织人大代表视察镇政府重点工程“五水共治”、畜禽清养、集镇景观公园建设等工作，听取 2014 年度平水镇重点实事工程半年度建设进展情况；8 月 28 日至 9 月 19 日，组织人大代表届中评议镇政府工作。2015 年 7 月 1 日，听取全镇“小微”企业整治情况汇报和 2015 后镇政府十大实事工程上半年进展情况；7 月 22 日，组织人大代表向选民述职并接受评议；12 月 4 日，审查平水镇人民政府《平水镇土地利用总体规划(2006—2020 年)》(2014 调整完善版)。2016 年 3 月 4 日，组织镇人大代表视察平水大道延伸段运行情况；3 月 19 日，组织区镇人大代表视察美丽乡村建设情况；5 月 7 日，组织人大代表视察企业消防安全生产工作；7 月 8 日，组织人大代表视察平水卫生院。

镇第十七届人民代表大会期间(待续)

王坛镇人民代表大会主席团

镇第十五届人民代表大会期间　2007 年 2 月 6 日，组织县人大代表讨论政府工作报告征求意见稿及代表议案、意见建议内容；5 月 17 日，组织人大代表视察王坛集镇一期防汛工程，坎上村生活污水集中收集系统等；6 月 19 日，组织人大代表视察镇人民医院并对其工作进行评议；7 月 20 日，讨论人大工作规范化建设相关事项；9 月 30 日，组织开展培育税源经济等专项性调研；10 月 13 日，组织人大代表配合开展市级卫生镇考核验收工作，督查集镇环境卫生工作；12 月 18 日，对王坛镇派出所进行视察调研。2008 年 1 月 22 日，征集县人代会建议内容；4 月 23 日，听取关于村民委员会工作情况的报告；8 月 12 日，组织人大代表评议王坛镇派出所工作；9 月 13 日，组织人大代表学习有关法律法规。2009 年 1 月 23 日，征集县人代会建议；5 月 21 日，组织人大代表开展农业法执法检查，重点检查动物防疫、标准农田建设、水土保持等情况；7 月 21 日，组织人大代表开展届中评议政府工作集中评议；9 月 28 日，组织人大代表视察南岸村、两溪茶厂、集镇整治现状等；12 月 8 日，组织人大代表视察平水交警中队有关工作。2010 年 1 月 8 日，部署先进评选和调查贫困或因病致贫镇人大代表工作；3 月 26 日，评选先进和传达县人大代表“直通车”实施办法；4 月 15 日，组织人大代表学习《绍兴县人大代表建议“直通车”实施办法》，视察新联村陶元岭古道和新联、越联村河道保洁整治工作；7 月 5 日，向人大代表通报镇第十五届四次会议代表意见建议办理答复情况。2011 年 1 月 5 日，听取镇政府有关代表议案的办理情况报告；2 月 14 日，向人大代表通报镇人代会代表议案建议分解落实情况，征求关于县人代会的议案建议；7 月 7 日，反馈镇十五届人大五次会议代表所提建议意见办理情况，研究镇人大“代表接访日”实施意见；8月26日，组织人大代表视察镇派出所有关场所及设施，听取镇派出所半年度工作报告；10月27日，组织人大代表视察丹家村旧村改造、丹家村公交候车亭建设情况；11月24日，成立镇选举委员会，确定人大换届选举总体方案。

镇第十六届人民代表大会期间 2012年2月5日，征集区人代会建议；10月31日，组织人大代表听取代表建议意见办理情况，视察青坛村环境卫生整改和自来水改建、部分村水毁工程；12月31日，推荐2012年先进代表小组，布置各组优秀代表评选事项。2013年2月1日，征集区人代会建议；4月12日，组织县镇人大代表听取和视察环境整治精细化管理实施情况；6月13日，听取镇政府关于镇十六届人大二次会议建议意见办理情况报告；7月22日，听取镇政府关于上半年全镇经济社会发展主要目标任务执行情况报告；8月15日，组织人大代表视察镇政府2013年实事工程实施情况和城镇建设、新农村建设项目的实施情况，听取相关报告；10月18日，在以代表小组为单位组织代表走访选民、了解社情民意基础上，组织人大代表评议基层站所行政执法工作。2014年2月10日，征集区人代会建议；4月20日，组织人大代表视察环境整治工作；6月18日，组织人大代表视察政府民生工程、清水河道工作；8月5日，组织人大代表对部分建议意见办理情况进行检查，视察生态旅游建设工作；11月25日，组织人大代表视察镇政府实事工程建设和部分重点建议办理工作。2015年1月16日，征集区人代会建议；4月22日，组织人大代表视察南北溪改造工程、集镇工业园区道路建设工程情况；6月22日，组织人大代表视察集镇改造等工作；8月20日，组织人大代表视察生态旅游建设工作；11月23日，组织人大代表视察镇政府实事工程建设及部分重点建议办理情况。2016年1月5日，征集区人代会建议；5月22日，听取北片人大代表相关意见建议；5月26日，听取西片人大代表相关意见建议；6月29日，听取派出所、司法所、平水交警大队本届以来的工作报告。

镇第十七届人民代表大会期间(待续) 2017年1月12日，征求区人代会建议。

稽东镇人民代表大会主席团

镇第十五届人民代表大会期间 2007年3月20日，征集县人代会建议，组织学习监督法；4月17日，听取全镇垃圾收集、溪流保洁情况报告；5月9日，听取集镇、村居污水处理进展报告和移民小区、高山移民方案，讨论、研究组织评议学校教育、卫生院工作；7月2日，组织人大代表视察移民小区建设、小流域治理项目、自来水厂运转等重点实事工程；7 月 18 日，讨论、研究教育网点调整、村级幼教事业发展工作；9 月 30 日，组织人大代表视察下尉、裘村两个新农村建设试点村和占岙、陈村两个省级“兴村富民”建设村；10 月 18 日，组织人大代表视察台风后的溪流保洁、村庄卫生工作。2008 年 1 月 22 日，征集县人代会建议；4 月 23 日，讨论、研究评议平水地税分局、镇国土所工作；5 月 20 日，组织人大代表向汶川地震灾区人民捐款 10 万余元。2009 年 1 月 23 日，征集县人代会建议；4 月 15 日，组织人大代表开展农业法执法检查，重点视察动物防疫、标准农田建设、水土保持等工作情况；8 月 21 日，组织开展人大代表届中评议政府工作的集中评议活动；9 月 30 日，督查香榧旅游节期间景区环境卫生工作；10 月 10 日，组织人大代表旁听法院庭审。2010 年 2 月 1 日，征集县人代会建议；4 月 6 日，组织开展水污染防治法执法检查，重点视察小舜江源头水质保护、污水集中收集处理等情况；6 月 11 日，组织开展“关于依法整治城乡违法违章建筑的决议”执行情况回头看；7 月 23 日，组织人大代表向选民述职并接受选民评议；9 月 8 日，组织人大代表视察污水集中处理系统、竹田头社区服务中心、占岙桃岭省级一事一议道路建设项目；12 月 20 日，组织人大代表听取民政线工作汇报，视察镇垃圾处理中心、镇中心幼儿园建设。2011 年 2 月 15 日，征集县人代会建议；4 月 12 日，组织人大代表专题听取集镇建设情况汇报，视察集镇路面油化工程、香榧林景区一事一议重点工程建设、清水工程建设和城乡环境卫生整治情况；6 月 13 日，组织人大代表视察占岙、陈村精品社区建设；9 月 23 日，组织人大代表视察村级便民服务中心建设；12 月 15 日，组织人大代表视察食品安全法贯彻实施情况。

镇第十六届人民代表大会期间　2012 年 2 月 6 日，征集县人代会建议；4 月 23 日，组织人大代表到诸暨市赵家镇东溪村考察美丽乡村、香榧园建设；9 月 8 日，听取集镇管理情况汇报，督查香榧林 AAA 级景区建设进展、集镇停车场建设情况；9 月 25 日，组织开展食品安全知识讲座，督查农贸市场、农庄、超市等食品安全工作；10 月 10 日，组织人大代表分组督查全镇环境卫生情况；12 月 5 日，组织人大代表视察裘村下里溪“空心村”改造项目。2013 年 2 月 1 日，征集区人代会建议；4 月 12 日，组织人大代表视察裘村下里溪“空心村”改造、越北村一事一议交通道路建设工程；6 月 13 日，组织开展消防、交通法律知识讲座；7 月 22 日，督查规上企业食堂、农庄、蛋糕店等生产加工单位和餐饮服务场所的食品安全；8 月 15 日，组织人大代表视察小舜江南北溪主干道，召开“关心母亲河溪、查找水源污染、恪尽代表职责”座谈会；8 月 26 日，组织人大代表集中评议镇派出所、国土所工作；10 月 18 日，组织人大代表视察龙东村红豆杉基地 AA 级景区创建、小舜江北溪改造、车谷线拓宽等政府投资项目建设情况。2014 年 2 月 11 日，征集区人代会建议;3 月 20 日,督查主要河流保洁情况;6 月 19 日,听取关于推进主要道路两侧违法违章建筑整治工作的汇报,督查主要道路沿线拆迁拆违情况;12 月 5 日,组织人大代表视察冢斜村生活污水治理项目;12 月 15 日,召开届中政府工作评议意见整改情况通报会。2015 年 1 月 16 日,征集区人代会建议;3 月 11 日,组织人大代表视察尉村农村柴草压缩机生产和竹田头垃圾液压处理站情况,听取全镇环境卫生整治提升工作情况汇报;4 月 22 日,组织人大代表督查香榧大道(滨溪路段)建设项目、集镇综合市场工程建设、农房确权发证及农民住房解困情况;5 月 20 日,组织人大代表向选民述职;7 月 23 日,督查小餐饮、集镇环境卫生整治情况;11 月 6 日,组织人大代表面对面征求公交车站异地新建项目建议;12 月 10 日,组织人大代表开展年人均收入 4600 元以下的低端收入人口视察核查工作。2016 年 1 月 5 日,征集区人代会建议;3 月 15 日,组织人大代表督查杭绍台高速公路、美丽乡村环线等重点工程推进情况;6 月 20 日,督查小舜江南北溪治理三期工程大桥村段、中小河流治理综合整治俞谢骆段等重大水利工程项目。

镇第十七届人民代表大会期间(待续) 2017 年 1 月 10 日,组织人大代表视察镇社会福利中心、运动文化“一馆一广场”等民生实事项目建设情况。

第四章　镇人民代表大会工作的拓展及人大街道工委工作

按照法律规定，县（区）人民代表大会与乡镇人大之间是日常联系关系、工作指导关系和法律监督关系。县（区）人大常委会加强与镇人民代表大会联系的方式是：（一）每年召开2～3次的镇（街道）人大工作交流会或座谈会，传达有关会议和文件精神、总结和部署工作，在交流中明确镇、街道人大工作重点和方法；（二）每年组织人大干部集中学习、培训和外出考察，提高人大工作者的业务素质和工作能力；（三）实施县（区）人大常委会主任会

本期策划/关注乡镇人大建设

THE PEOPLE'S CONGRESS OF CHINA

“小”机关的“大”能量

——浙江省绍兴市柯桥区兰亭镇人大工作创新纪实

文/杨高相　孙信传

2014年6月16日，《中国人大》杂志第12期报道兰亭镇人大工作

（人大办提供）

议成员和办事工作机构分片联系镇人大主席团、人大街道工委的制度，同时邀请镇、街道人大工作者列席县（区）人大常委会会议；（四）指导各镇开好人大会议，规范议事程序和方法，依法补选镇人大主席、副主席、镇长、副镇长；（五）常委会主任会议成员和各办事工作机构分头参加镇人大主席团组织开展的重大活动，比如评议政府工作、代表向选民述职、代表选举等，在参与中进行联系和指导。县（区）人大常委会在联系、指导、监督镇人民代表大会依法履职中，积极鼓励和支持镇人大工作创新拓展。

第一节　镇街道人大工作规范化建设

2007 年上半年，县人大常委会在齐贤镇、湖塘街道试点，开展镇（街道）人大工作规范化建设。7 月 18 日，县人大常委会召开镇街道人大工作规范化建设会议，在全县各镇、街道普遍推行。规范化建设以“三建、二推、一普及”为重点，依法制定镇人民代表大会工作规则，建立和完善人大工作的各项制度，建立代表活动室和镇（街道）人大工作档案，推行代表履职考评制和代表信息公示制，建设农村的人大工作宣传阵地。至年底，各镇均制定《镇人民代表大会工作规则》；各镇（街道）普遍建立起 5 ~ 8 项的日常人大工作制度，建立县人大代表活动室 19 个、镇人大代表活动室 29 个，共设置大型宣传广告牌 34 块、宣传窗 38 个、永久性小型宣传广告 128 处；在全县共 313 个比较集中的地方公布县人大代表的姓名、照片、工作单位和联系电话，并建立专门的人大工作档案室或柜，对近 15 年来的人大工作资料进行全面整理归档，共建档案 1588 卷；各镇（街道）建立了代表联系选民记录簿、代表实绩登记簿和代表履职考评制度，基本形成了“有从事人大工作的基本规则，有一整

人大工作制度公开场景

（人大办提供）

人民代表大会制度宣传场景

（人大办提供）

套规范的工作制度，有代表活动场所，有人大知识、法律知识宣传阵地，有人大工作的专门档案”的“五有”格局，构建起了一个“运作规范，机制活跃，设施配套”的基层人大工作新平台。

附：

齐贤镇人民代表大会工作规则（节选）

第二章 镇人民代表大会

第五条 镇人民代表大会每届任期五年，从本届人民代表大会举行第一次会议开始，到下届人民代表大会举行第一次会议为止。

第六条 镇人民代表大会会议每年至少召开一次。经过五分之一以上的代表提议，可以临时召集镇人民代表大会会议。

镇人民代表大会会议必须有三分之二以上代表出席始得举行。

第七条 镇人民代表大会每届的第一次会议，须在本届人民代表大会代表选举完成后的两个月内，由上届镇人民代表大会主席团召集；届内的年度例会，一般不迟于当年二月底举行。

第八条 镇人民代表大会换届后的第一次会议，会期为两天。届内的年度例会，会期为一天半；有选举事项时，按第一次会议程序进行。

第九条 镇人民代表大会会议召开的时间、地点及会议议程的草案，应于会议举行的一个月前通知到代表小组。各代表小组组长应组织代表开展会前调查、视察活动，收集选民及代表意见、建议，充分做好与会准备。

临时召集的镇人民代表大会会议，不适用前款规定。

第十条 镇人民代表大会行使下列职权：

（一）在本行政区域内，保证宪法、法律、行政法规和上级人民代表大会及其常务委员会决议的遵守和执行；

（二）在职权范围内通过和发布决议；

（三）根据国家计划，决定本行政区域内的经济、文化事业和公共事业的建设计划；

（四）审查和批准本行政区域内的财政预算和预算执行情况的报告；

（五）决定本行政区域内的民政工作的实施计划；

（六）选举本级人民代表大会主席、副主席；

（七）选举镇人民政府镇长、副镇长；

（八）听取和审查镇人民政府的工作报告；

（九）撤销镇人民政府的不适当决定和命令；

（十）保护社会主义的全民所有财产和劳动群众集体所有的财产，保护公民私人所有的合法财产，维护社会秩序，保障公民的人身权利、民主权利和其他权利；

（十一）保护各种经济组织的合法权益；

（十二）保障少数民族的权利；

（十三）保障宪法和法律赋予妇女的男女平等、同工同酬和婚姻自由等各项权利。

第十一条　镇人民代表大会会议的主要议程是，听取和审议镇人民政府的工作报告，审查和决定本行政区域内的经济、文化事业和公共事业的建设计划，审查和批准财政预算和预算执行情况的报告，听取和审议镇人民代表大会主席团的工作报告，听取和审议代表议案及建议、批评、意见办理情况的报告，以及其他属于职权范围内需要大会审议决定的事项，并作出相应的决议或决定。

第十二条　镇人民代表大会举行会议的时候，不是代表的镇长、副镇长列席会议。有关机关、团体和事业、企业单位的负责人，经主席团决定，可以列席会议。本行政区域内的上级人民代表大会代表，可以应邀列席镇人民代表大会会议。列席人数一般不超过镇人民代表大会代表总数的三分之二。

第十三条　镇人民代表大会举行会议的时候，主席团、本级人民政府可以向本级人民代表大会提出属于本级人民代表大会职权范围内的议案，由主席团决定提交大会审议和表决。

镇人民代表大会代表五人以上联名，可以向本级人民代表大会提出属于本级人民代表大会职权范围内的议案，由主席团决定是否列入大会议程。

列入会议议程的议案，在交付大会表决前，提案人要求撤回的，经主席团同意，会议对该项议案的审议即行终止。

第十四条　不列入会议审议的议案，可以由镇人民代表大会授权主席团在闭会期间进行审议，并将审议情况向下一次人民代表大会报告，也可以转作建议、批评和意见处理。

第十五条　镇人民代表大会代表向本级人民代表大会提出的对各方面工作的建议、批评和意见，由镇人民代表大会主席团交镇人民政府和有关组织研究处理。

第十六条　镇人民代表大会进行选举和通过决议，以全体代表的过半数通过。

第十七条　镇人民代表大会进行选举时，必须根据法律、法规的规定，制定选举办法，并在主席团或代表联名提出候选人之前由大会通过。

第十八条　镇人民代表大会主席、副主席，镇长、副镇长的选举，遵循差额选举的原则，由本级人民代表大会主席团或者十人以上代表联合按应选名额提名候选人，按照选举办法规定的具体差额数，采用无记名投票方式选举产生。

镇人民代表大会主席，镇人民政府正职领导人员，如果提名的候选人只有一人，也可以等额选举。

第十九条　镇人民代表大会主席、副主席，镇长、副镇长出缺，应当召集镇人民代表大会会议进行补选，由本级人民代表大会依法决定选举办法。

选举办法可以规定等额选举或者差额选举，可以规定代表联名提出候选人，或者只是由主席团提出候选人。选举采用无记名投票方式。

第二十条　镇人民代表大会举行会议的时候，主席团或者五分之一以上代表联名，可以提出对人民代表大会主席、副主席，镇长、副镇长的罢免案，由主席团提请大会审议。

罢免案应当写明罢免理由。被提出罢免的人员有权在主席团会议或者大会全体会议上提出申辩意见，或者书面提出申辩意见。在主席团会议上提出的申辩意见或者书面提出的申辩意见，由主席团印发会议。

表决罢免案，采用无记名投票方式。

第二十一条　镇人民代表大会主席、副主席，镇长、副镇长，镇人民代表大会代表，可以向本级人民代表大会提出辞职，由大会决定是否接受辞职。接受辞职时，可采用无记名表决方式或者其他方式。

第二十二条　镇人民代表大会举行会议的时候，代表十人以上联名可以书面提出对本级人民政府的质询案。质询案必须写明质询对象、质询的问题和内容。

质询案由主席团决定交由受质询的机关在主席团会议或者大会全体会议上依法答复。受质询的机关必须在会议期间负责答复。

第二十三条　镇人民代表大会审议议案的时候，代表可以向镇人民政府及其所属各工作部门提出询问，由政府或有关工作部门派员说明。

第二十四条　镇每届人民代表大会第一次会议通过的代表资格审查委员会，负责审查镇人民代表大会本届内补选、另行选举和换届时选出的下一届代表的代表资格，并向镇人民代表大会主席团作出报告，行使职权至本届人民代表大会任期届满为止。

第二十五条　镇人民代表大会每次会议设立议案审查委员会，由主席团在本届的人民代表大会代表中提名，并提请镇人民代表大会预备会议通过，负责对代表提出的议案进行审查，并向主席团提出审查报告。

第二十六条　镇人民代表大会闭会后，主席团应及时向县人民代表大会常务委员会报告会议情况，并于一个月内交办会议期间代表提出的建议、批评和意见。

第二节　届中评议镇级政府工作

在每届乡镇人大的中期组织乡镇人大代表评议本级人民政府工作（简称“届中评议”），是绍兴县一项具有地方特色的人大工作制度，是乡镇人大监督工作的重要方式。1994 年，绍兴县人大常委会统一部署，首次在全县各乡镇开展“届中评议”活动，之后，又先后于 1997 年、2000 年、2003 年、2006 年、2009 年、2014 年连续七届乡镇人大组织开展了评议。2009 年，县人大常委会把“届中评议”扩展到了街道，即在街道由人大街道工委组织辖区内的市、县（区）人大代表评议街道办事处工作，并与乡镇“届中评议”同步进行，开启了人大街道工委监督工作新模式。2014 年 12 月 18 日，全国人大常委会办公厅研究室编印的《人大资讯》第 39 期，专刊登载了《绍兴市柯桥区人大组织开展“届中评议”政府工作的主要做法和成效》。

“届中评议”一般分组织准备、宣传动员、视察调研、集中评议、落实整改、反馈结果六个阶段进行，由县（区）人大常委会出台评议工作意见，统一制订评议计划。评议内容有：本届政府产生以来，经济社会各项目标任务特别是区委、区政府提出的重点工作完成情况；本届政府实事工程的完成情况和代表建议的办理落实情况；群众普遍关心的热点、难点问题的解决情况；创新社会治理和改进公共服务措施的情况；依法行政，廉洁从政，公开亮政，提高办事效率的情况。经过多次实践探索，“届中评议”已形成“五个结合”的工作机制，即听取政府工作报告与实地视察结合，专题调查与走访选民结合，代表小组评议与评议大会集中评议结合，代表评议与邀请其

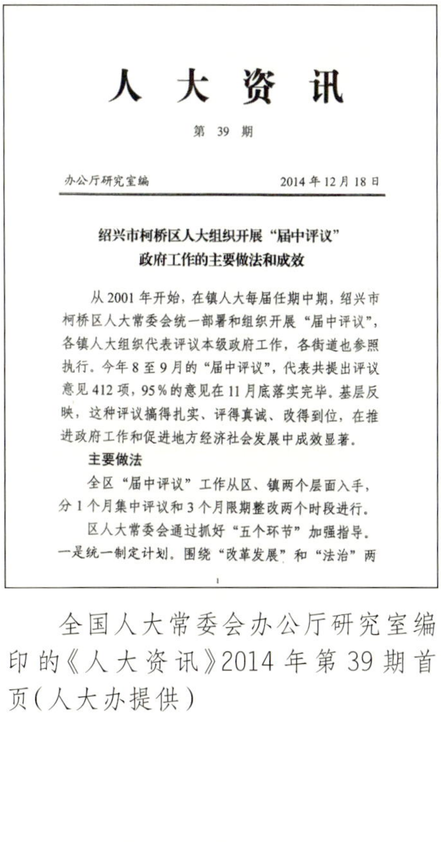
人大资讯

第 39 期

办公厅研究室编　　2014 年 12 月 18 日

绍兴市柯桥区人大组织开展“届中评议”
政府工作的主要做法和成效

从 2001 年开始，在镇人大每届任期中期，绍兴市柯桥区人大常委会统一部署和组织开展“届中评议”，各镇人大组织代表评议本级政府工作，各街道也参照执行。今年 8 至 9 月的“届中评议”，代表共提出评议意见 412 项，95% 的意见在 11 月底落实完毕。基层反映，这种评议搞得扎实、评得真诚、改得到位，在推进政府工作和促进地方经济社会发展中成效显著。

主要做法

全区“届中评议”工作从区、镇两个层面入手，分 1 个月集中评议和 3 个月限期整改两个时段进行。

区人大常委会通过抓好“五个环节”加强指导。一是统一制定计划。围绕“改革发展”和“法治”两

1

全国人大常委会办公厅研究室编印的《人大资讯》2014 年第 39 期首页（人大办提供）

2014 年 7 月，稽东镇召开人大届中评议镇政府工作动员会（人大办提供）

2014 年 8 月 29 日，柯岩街道区人大代表集中评议街道办事处工作会议召开（人大办提供）

他方面人员参议结合，汇报整改工作情况与民主评估效果相结合。有的镇（街道）还实施评议政府全面工作与评议副职领导分管线工作相结合，增强监督力度。各镇（街道）召开的评议动员会、集中评议会和整改情况通报会，县（区）人大常委会领导分头参加，开展指导和督促。

2007 年 2 月至 2017 年 2 月，各镇（街道）均 2 次组织开展“届中评议”。2009 年 7 月至 9 月，全县 1400 多名县、镇两级人大代表参加评议镇级政府工作，评议工作突出发展与法治两个重点，评议前召开专题调研座谈会 98 个，组织代表视察政府重点工作或重点项目 114 个，人大代表走访选民 3539 人次，在此基础上召开小组评议会 94 次、集中评议大会 1 次，代表提出评议意见共 672 条，有 131 条建议即时整改，其他意见大部分在 11 月底前落实。2014 年 8 月至 9 月，全区各镇、街道开展的“届中评议”，区镇人大代表在集中评议前共视察政府重点工作和重点项目 91 个，联系走访选民 4000 多人，召开各类座谈会

2014 年 12 月 26 日，钱清镇召开届中评议镇政府工作整改情况反馈会（人大办提供）

97个,开展代表小组评议66次,代表提出的共412项评议意见,在评议阶段落实102项,占到总数的24.7%,经过综合梳理形成的226项整改意见,在11月底得到落实的占95%。

第三节 人大常委会街道工委活动

县(区)人大常委会柯桥街道工委

2007年1月10日,组织新选举产生的县人大代表开展会前活动,向代表通报2007年人大街道工委工作思路及近期工作安排;4月6日,组织本街道34位县人大代表对外来人口管理工作进行专题视察;5月初,发起以“扶贫结对、献爱心”为主题的代表结对活动;5月26日,组织县人大代表专题视察柯桥城中村拆迁改造工作;8月3日,与政协柯桥街道工委及街道团委共同组织县人大代表、政协委员和团委委员集中视察城区文化市场管理工作;9月18日,组织县人大代表视察检查城区环境卫生工作;11月24日,组织县人大代表就如何提升代表议案建议质量进行专题培训;11月26日,组织部分县人大代表视察评议柯桥工商所行政执法工作。

2008年4月11日,组织县人大代表进行首次工作交流;5月,组织县人大代表视察街道社会治安综合治理工作,包括柯桥派出所城区主干道路视频监控系统、福年社区综治工作站、精诚橡塑机械有限公司“综治进民企”工作落实情况,以及街道综治工作“五A级”管理机制运行情况;7月11日,召开动员大会部署代表评议基层站(所)行政执法工作;11月28日,组织县人大代表视察老小区改造建设工程。

2009年3月26日—27日,向县环保局提出群众反映的有装满建筑泥浆的运输船舶在柯桥城区古运河倾倒泥浆问题,组织部分县人大代表会同县人大常委会城建环保工委、县环保局、柯桥水利中心站对古运河水质污染情况进行督查;6月20日,组织部分县人大代表督查街道开展国家卫生县城省级复查考核迎检工作;8月4日,组织县人大代表(邀请市人大代表、县政协委员)分三组视察柯桥城区实事工程、平安创建和经济运行情况;9月27日,与县政协柯桥街道工委联合举行县人大代表、政协委员专题学习贯彻十七届四中全会精神讨论会;12月19日,组织部分县人大代表视察柯桥城区学校开工建设和投入使用情况。

2010年4月13日,组织部分县人大代表就城区水环境保护工作进行走访座谈;6月,组织部分县人大代表视察城区社区卫生服务中心工作开展情况;8月12日,组织部分县人大代表实地督查城区违法违章建筑整治工作;8月19日,组织50多名青少年到县人民法院旁听一起聚众斗殴案件的庭审；9月19日，召开县人大代表建议办理情况交流会；12月份，组织部分县人大代表视察街道老小区改造工作。

2011年3月9日，组织部分县人大代表督查社区（居）组织换届选举工作；4月22日，组织县人大代表视察下市头马路市场整治情况；5月12日，组织县人大代表听取街道“三资”管理情况汇报；7月16日，组织县人大代表视察街道“大调解”工作，实地视察街道和柯桥派出所两个联合调解室；10月29日，组织部分县人大代表督查街道“门前三包”工作。

2012年3月19日，结合“进居入企大走访”行动开展困难家庭摸排，落实23户比较困难户由人大代表结对帮扶的任务；6月份，组织县人大代表视察城区农贸市场升级改造工作；10月26日，组织县人大代表视察柯桥城市经济转型升级情况，实地踏看龙禧中心、聚银国际等项目建设情况及天虹百货经营情况；11月16日，组织县人大代表和福年、立新、柯亭社区部分选民共同学习中共十八大报告精神。

2013年4月11日，组织街道部分县人大代表督查街道招投标工作；6月28日上午，组织县人大代表听取并讨论街道2012年财政决算及2013年财政预算执行情况报告；8月20日，组织县人大代表督查柯桥街道部分安置小区建设工作；9月25日，组织部分县人大代表视察街道居家养老照料服务中心工作；10月29日，组织部分县人大代表督查城区环境卫生整治工作，实地走访了梅巷小区、城市花园和蓝宝石公寓三个小区；11月份，组织人大代表专项督查车库整治工作。

2014年4月18日，组织区人大代表专项督查柯桥城区防盗窗加工店整治工作；5月9日，组织部分区人大代表督查河道周边环境整治工作；6月24日，组织区人大代表视察社区规范化建设工作，实地踏看大渡、梅陇、瓜渚湖三个社区的建设情况；8月19日，组织区人大代表视察街道“三改一拆”两项重点工作（瓜渚湖水质及沿岸违章建筑拆除、中梅拆迁地块及远东企业拆违地块），听取相关工作情况汇报。

2015年1月17日，组织部分区人大代表视察“环境卫生集中整治提升月”工作；3月21日，人大代表柯桥街道福年社区联络室成立，人大街道工委会议通过《关于建立人大代表柯桥街道社区联络室的实施意见》；3月28日，组织区人大代表实地踏看柯桥古镇现状，开展古镇历史文化街区保护开发工作联民议事活动；5月5日，组织部分区人大代表集中视察辖区内已治理的垃圾河、黑臭河；6月19日，召开人大代表述职评议大会，中泽居、管墅社区、黄社溇社区、蓝天集团、笛扬社区等5个选区的20位选民代表参加会议；6月26日，召开区人大代表督查街道财政预算编制与执行工作联民议事会议；7月17日，组织部分区人大代表视察督查居家养老工作，实地走访管墅、双渎等两个社区的居家养老服务照料中心；8 月 21 日，组织区人大代表视察社区环境卫生整治及国家卫生城市创建工作情况；9 月 18 日，组织区人大代表视察督查河道环境、水质提升工作，听取治水办相关工作汇报；10 月 17 日，组织区人大代表开展“视察城市经济发展联民议事”活动；11 月 4 日，与区市场监督管理局共同组织区人大代表专题调研辖区内小微企业发展情况。

2016 年 1 月 6 日，组织人大代表会前活动，讨论交流有效开展垃圾分类、城市停车管理文明执法、养老服务产业发展、交通治堵、城市储备土地管理等工作；3 月 31 日，组织区人大代表开展柯桥古镇历史文化街区保护开发搬迁工作联民议事活动；5 月 21 日，组织区人大代表视察“八大行动”进展情况并提出建议意见；7 月 20 日，组织区人大代表视察“五水共治”和大气污染防治工作；8 月 27 日，召开区人大代表督查街道财政预算编制与执行工作联民议事会议；9 月中旬至 12 月，组织开展区人大代表换届选举活动，至 12 月 20 日，柯桥街道 9 个大选区投票选举产生 25 名区人大代表；12 月 2 日，组织部分区人大代表视察城区老小区改造工程和大渡社区幸福示范社区创建工程，开展联民议事活动。

2017 年 1 月 7 日上午，举行街道的新一届区人大代表会议，总结街道人大工委 2016 年工作，提出 2017 年工作思路；2 月 19 日，区第一届人民代表大会第一次会议召开。

县（区）人大常委会柯岩街道工委

2007 年 1 月 23 日、6 月 5 日、6 月 23 日，分别组织部分人大代表视察阮社沿江公路、老岳渡路、文明路整治现场，督促解决道路阻塞等问题；年初，协调解决在瓜渚湖清淤中因部分淤泥溢流海山村河造成河水混浊的问题；3 月 29 日，组织县人大代表视察柯岩中心小学施工现场；9 月 28 日，组织县人大代表视察河塔村、埠头村、超超染整有限公司、塞特印染有限公司的治水情况，听取街道办事处新时期治水和企业节能减排工作情况汇报；12 月 28 日，组织县人大代表视察街道在建工程实施情况及治安工作。

2008 年春节前夕，动员和组织人大代表开展扶贫帮困献爱心活动，23 位代表个人捐款 37200 元，资助贫困户 44 户；7 月初，组织代表评议柯岩派出所、国土所行政执法工作和履行职能情况。

2009 年 5 月 23 日，组织区域内部分县人大代表对街道的重点排污企业设施运转情况进行视察督查；7 月，组织区域内县人大代表开展对办事处两年半工作进行评议；10 月 20 日，组织区域内部分县人大代表视察街道城管工作，检查代表关于城市管理方面建议的落实情况，听取鉴湖—柯岩旅游度假区城监中队和街道城管工作情况汇报。

2010 年 2 月 25 日，向鉴湖—柯岩旅游度假区管委会和街道办事处交办区人大代表建议意见12件，并于7月下旬组织代表对12件建议落实情况进行视察；3月27日，组织区人大代表视察柯岩中心小学；9月26日和27日，组织第二和第三选区5位县人大代表向选民述职并接受选民评议；12月22日，组织区域内县人大代表视察独山安置小区、柯南大道二期、104国道南复线拓宽等街道重点项目建设情况。

2011年年初，组织县人大代表视察余渚工业集聚区，向鉴湖—柯岩旅游度假区管委会和街道办事处提出将余渚工业集聚区的生活污水统一外排的建议；3月30日，组织县人大代表和政协委员视察县公安局柯岩派出所、柯岩中心幼儿园、索密克汽车配件有限公司、赵龙汽配、雷贝斯散热器有限公司，了解经济社会发展情况；5月17日，组织县人大代表视察红旗、永进村门前江河道环境整治工作；7月27日，组织县人大代表首次讨论街道2010年度财政决算和2011年度财政预算及上半年执行情况；7月28日，组织县人大代表、政协委员视察街道环境整治工作和现代农业生产；12月25日，全县人大代表选举日，街道区域内八个选区依法顺利选举产生县十四届人大代表22名。

2012年5月开始，成立县人大代表环境集中整治督查组，每组5人轮流督查街道环境整治工作；7月下旬，组织县人大代表专题听取街道2011年度财政决算和2012年度财政预算及上半年执行情况的报告；10月31日，组织县人大代表督查堰东、堰西、丁巷区块拆迁和鉴湖水庄与竹林阮社二期拆迁安置小区建设工作，听取相关情况汇报。

2013年2月，组织部分县人大代表视察竹林阮社二期、鉴水人家二期两个拆迁安置小区在建工地，督查工程进度；2013年4月26日，组织县人大代表督查食品药品安全工作；2013年7月以来，组织代表开展评议基层站所活动；2013年11月下旬至12月，动员人大代表支持村级组织换届选举工作，发挥桥梁纽带作用，建好言、献好策，及时向党工委反映群众的意见和呼声。

2013年6月下旬至8月上旬，组织县人大代表评议柯南交警中队和街道社区卫生服务中心的行政执法工作和履行职能情况；8月15日，组织县人大代表视察柯岩区域内鉴湖水系水质保护工作。

2014年1月，组织区人大代表视察3个政府性建设项目，并听取2013年街道政府性投资建设项目情况、村（居）委会换届选举工作情况、村居“三资”管理工作情况汇报；2月24日，研究决定成立人大代表“五水共治”监督小组，由代表当好监督员、宣传员和参谋员；4月30日，组织区人大代表视察街道“三河”整治工作；5月，组织区人大代表专题对柯岩中心幼儿园新建工程、阮社竹林小学扩建工程进行督查；7月，按照区人大常委会统一部署，组织市、区人大代表评议办事处二年半工作；12月24日，组织区人大代表视察柯岩中心幼儿园。

2015 年组织代表开展查找“基层群众办事审批难事项”专题监督活动，重点监督浙商回归、“五水共治”等十个方面工作的落实情况，查找基层群众在生产生活中遇到的办事审批难具体事项；4 月 20 日、29 日，组织市、区人大代表对区域内的河道水域特别是已治理的9条垃圾河、2条黑臭河开展督查，分解落实代表日常巡查“已治理的河”责任；6月24日，组织区人大代表对街道村（居）农村环境卫生状况进行回头看；6 月下旬和 7 月上旬，组织第二、第四选区的五位区人大代表向选区内选民述职，接受选民评议；10 月 21 日，组织区人大代表视察新未庄社区、马臻纪念馆等美丽乡村建设工作。

2016 年 3 月 25 日，组织区人大代表视察大香林兜率天宫景区，听取街道社区养老保险工作、工业经济发展和产业结构调整情况；6 月，按区人大常委会要求配合开展“领导干部人大代表进选区月”活动；9 月初至 12 月，开展区十五届人大代表换届选举工作，全街道 9 个选区于 12 月 20 日一次性选举产生 24 名区十五届人大代表；7 月 28 日，配合区人大常委会开展大气污染防治执法检查和“五水共治”、“五气合治”工作专项监督。

2017 年 1 月 10 日，组织新当选的 24 位区人大代表与老一届代表交流如何提好代表建议履好职。

县（区）人大常委会华舍街道工委

2007 年 6 月 12 日，组织县人大代表夜访农户，带去对特困学生的关爱，听取群众对热点难点问题的建议和意见；11 月 28 日，组织部分县人大代表视察“两湖”开发中的东周“拆迁”工程，听取街道办事处“拆迁”工作汇报。

2008 年 6 月 25 日，召开人大信息工作会议；6 月 27 日，组织部分县人大代表专题视察社会治安综合治理工作；7 月 17 日，召开人大代表评议基层站所工作动员会，部署评议工作。

2009 年 4 月 22 日，邀请县经管总站业务专家为街道 16 个村（居）的 62 名财务监督小组成员进行业务培训；8 月 5 日，召开代表评议办事处工作动员会，组织代表视察街道拆迁、社会稳定、经济发展等工作。

2010 年 6 月 30 日，组织部分县人大代表实地视察街道环境卫生整治工作；8 月，组织代表专题督查街道违章整治工作。

2011 年 5 月，组织县人大代表调研村级组织换届选举工作；6 月，组织人大代表开展“三个一”活动，共庆建党 90 周年；8 月 11 日，组织县人大代表实地踏看湖门村和沙地王村等村（居、社区），督查街道开展村（居、社区）违法违章建筑和环境卫生整治工作的情况。

2012 年 4 月，组织县人大代表开展“三个一”活动，深化环境卫生整治督查工作；6 月，组织县人大代表专题听取街道办事处关于前五个月工业经济形势的汇报并进行调研；当年，先后组织部分人大代表专项检查西周拆迁地块 580 户拆迁户集中腾空工作，专题调研街道村级组织换届选举工作；10 月 30 日，组织县人大代表视察华舍街道福利院项目建设情况，听取街道重点工程建设进度的报告。

2013 年 5 月 3 日，组织代表听取并讨论街道 2012 年度财政预算执行情况和 2013 年度财政预算（草案）的报告；该年，建立并实施每季一次向代表通报政府工作制度；该年，先后组织区人大代表视察华舍实验小学一期建设和街道福利院建设；4 月，组织县人大代表通过问卷调查和实地走访等形式，开展“提三力、促发展”活动；10 月，组织代表听取街道办事处 1—7 月街道重点工作进展情况通报；10 月下旬至 12 月，组织代表对柯桥城郊供电所、华舍街道社区卫生服务中心规范履职和依法办事、作风建设和职业道德、政务公开和规范收费、服务质量和工作效率、自身建设和廉洁自律等五个方面情况进行评议。

2014 年 2 月，组织区人大代表视察张溇二期地块拆迁项目拆迁工作进度；7 月，组织区人大代表监督 2014 年华舍街道社区工作者招聘工作。

2015 年 5 月 6 日，组织区人大代表视察华舍小学和华舍福利院建设情况；2015 年，组织区人大代表向选民述职并接受选民评议；5 月 20 日，组织领导干部人大代表进选区和选民进行面对面的交流；5 月份，组织人大代表分三组督查列入区委（街道）范围内的 15 条“三河”整治情况；10 月 28 日，组织区人大代表视察华舍街道拆迁安置工作，实地踏看万家人利花园、待驾桥小区、兴华小区、上午头大阪景园等安置小区，听取街道负责人相关工作汇报。

2016 年 6 月 3 日，组织区人大代表督查环境整治“八大行动”工作，实地检查大西庄村、兴华社区和东周社区，听取街道相关负责人关于生活污水治理设施运行情况、河道清淤进展情况以及环境优化工作的汇报；该年，组织人大代表开展为保障 G20 杭州峰会当好勇担矛盾的“督导员”、法律法规的“宣传员”、社区矫正的“监督员”的主题活动；9 月 28 日，组织区人大代表视察街道重点项目建设情况；该年，还组织代表视察浙江润昇新能源有限公司生物质多联产高端智能化装备制造项目，听取相关负责人对该项目建设情况的介绍。

2017 年 1 月 17 日，组织区人大代表讨论 2017 年街道人大工作思路。

县(区)人大常委会湖塘街道工委

2007年6月20日,组织县人大代表约谈街道办事处分管城管、农业、文教卫的三位副主任,听取新农村建设、新时期治水工程、型塘片教育网点调整等工作汇报;11月底,组织县人大代表到永信村、兴华村视察丰里畈中低产田改造和溪流砌坎工程;2007年,组织三名县人大代表向选民进述职,包括人代会期间和闭会期间的履职情况。

2008年4月29日,街道辖区的县人大代表发起倡议,为湖塘中学新建塑胶操场捐款,共资助20万元;12月26日,组织街道第四选区3位县人大代表向选民述职;该年,联系协调街道党工委、办事处、大香林建管委等多次开展县人大代表约谈活动,进行面对面交流。

2009年7月29日,组织县人大代表视察湖塘街道社区卫生服务工作;7—11月,组织县人大代表评议街道办事处工作。

2010年,先后组织县人大代表开展视察学校教育工作、评议派出所工作等活动;6月30日,组织部分县人大代表向选民述职。

2011年,组织县人大代表举行土地政策法规专题讲座;9月20日,组织2位县人大代表向选民述职并接受评议。

2012年,组织县人大代表开展会前活动;该年,将14位新一届人大代表的现任职务、工作单位、联系电话等信息对外公布,方便选民联系,接受选民监督。

2013年5月29日,组织辖区内的市、县人大代表视察大香林二期工程建设情况;6月中旬,组织部分县人大代表视察环境卫生整治工作;5月7日,组织代表视察豆制品加工小区各业主的生产场地,听取绍兴县天绿农产品加工有限公司和业主代表的情况介绍;9月27日,组织县人大代表视察湖中、鉴湖村原畜禽养殖基地及周边河流治理工作,听取街道办事处农业线负责人相关情况的汇报;12月30日,组织代表评议湖塘街道社区卫生服务中心工作。

2014年1月16日、17日,组织代表们分别与湖塘街道湖塘、型塘片村居负责人、企业家座谈,广泛征求各方面的意见;2014年,组织区人大代表督查推进民生工程建设落实;2014年,组织代表评议街道卫生服务中心工作。

2015年3月20日,组织部分区人大代表视察环境卫生整治工作,向街道办事处交办《关于人大代表督查环境卫生整治工作的意见》;6月29日,组织部分市、区人大代表视察鉴湖江及其部分支流水域保护治理工作,听取街道办事处开展五水共治工作的情况汇报;7月30日,组织第三、第五选区的5位人大代表向选民汇报履职情况,由选民评议和民主测评；9 月 30 日，组织市、区人大代表视察香林村美丽乡村建设现场，听取街道相关负责人关于美丽乡村建设工作的情况汇报；12 月 19 日，组织部分市、区人大代表会同部分市、区政协委员实地视察型塘敬老院建设现场。

2016 年 4 月 29 日，组织人大代表实地视察黄酒小镇会客厅、塔牌文化中心、会稽山酒厂等运行情况，听取相关部门负责人对黄酒小镇规划情况的汇报；6 月 8 日，组织部分区人大代表实地踏看湖塘村河道清淤现场，察看智慧天网建设终端建设情况，听取街道办事处相关负责人的线上工作汇报；8 月 26 日，组织部分市、区人大代表视察湖塘中学、湖塘小学、湖塘幼儿园，听取教育总支负责人关于湖塘教育优质均衡发展情况的汇报及型塘小学规划设计方案的介绍。

2017 年 2 月 10 日，组织新当选区人大代表培训座谈，由人大线、组织线分管负责人对新任代表进行履职培训。

编 后 记

《柯桥区人大志(2007—2017)》是在柯桥区人大常委会领导下建立编纂委员会,由区人大常委会研究室具体牵头负责编纂的志书。

《柯桥区人大志(2007—2017)》是在确定篇目、框架的基础上,于2018年8月确定人员,落实专人收集、整理资料,2019年9月完成初稿。区人大常委会各委室、各街道工委及各镇人大主席团密切配合,共同完成人大志资料的收集。初稿是在征求领导、专家、学者及老干部的意见后,经过编纂人员多次修改而形成的。定稿前,对志书逐编逐章进行修改,对历届人大常委会人员及任免人员名单等进行校对核实,最后于2019年底基本定稿,前后历时一年半。

本志是《绍兴县人大志(1996—2007)》的一部续志,上限始于2007年2月,下限止于2017年2月,全志共分6编24章,总计50万余字。从人大历届代表选举、人大会议召开、人大常委会会议、主任会议及人大代表履职,以及镇、街道人大工作等方面,比较完整、集中、清晰地记载了绍兴县(后改为绍兴市柯桥区)人大10年来的重大史实和真实历史轨迹。在编写过程中,一方面着力注重与前志的衔接,体现承上启下;另一方面力求创新求实,以"突出亮点、突出特色、突出重点"的编纂宗旨,客观、真实地记述了10年来县(区)人大及其常委会依法履行职责,全力推进县(区)经济转型发展、城乡统筹发展、社会和谐发展的历程,为研究县(区)人民代表大会及其常委会的历史留下了一份有价值的翔实资料。

在志书编纂工作中,柯桥区人大常委会领导高度重视,县(区)十四届、区一届人大常委会主任吴晓不但精心指导编纂工作,还亲自为志书撰写序。

本志编纂过程中得到绍兴市越城区人大常委会和柯桥区史志办的大力帮助,在此表示衷心的感谢！同时在此还要向县(区)人大常委会各委室和各镇、街道及已划归越城区的三个镇的人大相关工作人员的支持、帮助，表示诚挚的谢意！

由于编志工作是一项十分繁重、复杂的工作，编纂人员虽然主观上尽力，但因学识浅陋，水平有限，疏漏、缺点、错误之处在所难免，敬请广大读者批评指正。

绍兴市柯桥区人大志编纂委员会

2019 年 12 月

补 记

因新冠肺炎疫情影响等原因，使得原已完成定稿的《柯桥区人大志(2007—2017)》未能及时付诸出版社，故延误了出版发行时间，在此谨向广大读者致歉并敬请谅解！

另外，根据国家出版管理部门的规定，国家级领导人员图片原则上不得载入各类出版物，故本志除选用部分确因反映工作面貌需要的省级领导人员的图片入志以外，其他国家级和省部级领导人员到柯桥区（原绍兴县）视察调研的图片均不再录入，在此也一并说明。

绍兴市柯桥区人大志编纂委员会

2021 年 10 月

图书在版编目（CIP）数据

柯桥区人大志 ：2007—2017 / 绍兴市柯桥区人大志编纂委员会编. -- 北京 ：方志出版社，2021.11
ISBN 978-7-5144-4971-6

Ⅰ. ①柯… Ⅱ. ①绍… Ⅲ. ①地方各级人民代表大会—工作概况—柯桥区—2007—2017 Ⅳ. ① D624.554

中国版本图书馆 CIP 数据核字（2021）第 265534 号

柯桥区人大志（2007—2017）

编　　者：绍兴市柯桥区人大志编纂委员会
责任编辑：王　娜

出 版 者：方志出版社
地址　北京市朝阳区潘家园东里 9 号（国家方志馆 4 层）
邮编　100021
网址　http://www.zgfzcb.cn
发　　行：方志出版社图书营销中心
电话（010）67110500
经　　销：各地新华书店
印　　刷：绍兴市越生彩印有限公司

开　　本：787mm × 1092mm　　1/16
印　　张：28.75
字　　数：552 千字
版　　次：2021 年 11 月第 1 版　　2021 年 11 月第 1 次印刷
印　　数：0001 ～ 2000 册

ISBN　978-7-5144-4971-6　　定价：135.00 元

· 版权所有　翻印必究 ·